길라잡이 국어 어문 규정

나찬연

지은이 **나찬연**은 1960년에 부산에서 태어났다. 부산대학교 국어국문학과를 나오고(1986), 같은 학교 대학원에서 문학 석사(1993)와 문학 박사(1997) 학위를 받았다. 지금은 경성대학교 국어국문학과에서 교수로 재직하고 있으면서 국어학 분야의 강의를 맡고 있다.

  *홈페이지 : '**학교 문법 교실**(http://scammar.com)'에서는 이 책의 내용과 관련된 각 학습 자료를 온라인으로 제공합니다. 이 홈페이지의 자료실과 문답방을 이용하여 학교 문법에 관련된 다양한 자료와 정보를 이용할 수 있습니다.
  *전자메일 : ncy@ks.ac.kr

주요 논저

  우리말 이음에서의 삭제와 생략 연구(1993), 우리말 의미중복 표현의 통어·의미 연구(1997), 우리말 잉여 표현 연구(2004), 옛글 읽기(2011), 벼리 한국어 회화 초급 1, 2(2011), 벼리 한국어 읽기 초급 1, 2(2011), 제2판 언어·국어·문화(2013), 제2판 훈민정음의 이해(2013), 근대 국어 문법의 이해－강독편(2013), 표준 발음법의 이해(2013), 제5판 현대 국어 문법의 이해(2017), 쉽게 읽는 월인석보 서, 1, 2, 4, 7, 8, 9, 10, 11(2017~2022), 쉽게 읽는 석보상절 3, 6, 9, 11, 13, 19(2017~2019), 제2판 학교 문법의 이해 1, 2(2018), 한국 시사 읽기(2019), 한국 문화 읽기(2019), 국어 어문 규정의 이해(2019), 현대 국어 의미론의 이해(2019), 국어 교사를 위한 고등학교 문법(2020), 중세 국어의 이해(2020), 중세 국어 강독(2020), 근대 국어 강독(2020), 길라잡이 현대 국어 문법(2021), 길라잡이 국어 어문 규정(2021), 중세 국어 서답형 문제집(2021)

길라잡이 국어 어문 규정

©나찬연, 2021

1판 1쇄 발행_2021년 7월 30일
1판 2쇄 발행_2022년 7월 30일

지은이_나찬연
펴낸이_양정섭

펴낸곳_경진출판
  등록_제2010-000004호
  이메일_mykyungjin@daum.net
  사업장주소_서울특별시 금천구 시흥대로 57길(시흥동) 영광빌딩 203호
  전화_070-7550-7776 **팩스**_02-806-7282

값 18,000원
ISBN 978-89-5996-823-7 93710

머 리 말

『길라잡이 국어 어문 규정』은 현행의 '국어 어문 규정'의 내용을 중심으로 하여 '국어 어문 규정'의 핵심 내용을 기술한 책이다. 이 책은 국어 음운론과 문법론에 대한 지식이 없는 일반인도 이 책으로써 '국어 어문 규정'의 핵심 내용을 쉽게 익힐 수 있도록 구성하였다. 따라서 이 책이 일반인들에게 '국어 어문 규정'을 안내하는 역할(길라잡이)을 한다는 뜻에서 이 책의 제호(題號)를 '길라잡이 국어 어문 규정'으로 정하였다.

이미 시중에는 '(주)대한교과서'에서 간행한 『국어 어문 규정집』이 가장 많이 이용되고 있고, 또 이 규정집에 실린 해설을 원용하여 저술한 어문 규정 해설서도 많이 간행되어 있다. 그러나 『국어 어문 규정집』은 1988년에 간행된 이후에 새로운 내용이나 기술 방법에 변화를 주지 않은 채로 계속 간행하고 있어서, 독자들이 이 책으로써 국어의 어문 규정을 익히는 데에 불편을 겪고 있다. 지은이는 독자들이 겪고 있는 이러한 불편을 감안하여, 2019년에 '표준어 규정'을 비롯하여 4대 어문 규정의 내용을 상세하게 풀이하여 국어국문학 전공자용으로 『국어 어문 규정의 이해』(도서출판 월인)를 출간한 바가 있다. 지은이는 국어학을 전공하지 않은 일반인들도 쉽게 읽을 수 있도록 이 책의 내용 중에서 가장 핵심적인 것을 간추려서 『길라잡이 국어 어문 규정』을 새로 편찬하였다.

지은이는 『길라잡이 국어 어문 규정』의 체제를 크게 네 부분으로 짰다. 제1부에서는 '표준어 규정', 제2부에서는 '한글 맞춤법', 제3부에서는 '외래어 표기법', 제4부에서는 '국어의 로마자 표기법'의 규정에 대한 이론과 세부 규정을 자세하게 풀이하였다.

지은이는 '국어 어문 규정'에 대한 학습과 강의를 쉽고 편하게 할 수 있도록 이 책의 내용과 체제를 구성했다. 이를 위하여 첫째로 어문 규정의 세부 규정을 일반인의 수준에서 가급적이면 상세하게 풀이하였다. 독자들의 이해를 돕기 위해서는 국어 음운이나 문법에 관한 이론도 별도로 덧붙였다. 둘째로 어문 규정이나 해설 부분에 나오는 어려운 단어에는 뜻풀이를 달아서 독자들이 이 책의 내용을 학습하는 데에 도움을 주고자 하였다. 지은이의 이러한 의도가 들어맞아서 '국어 어문 규정'을 강의하는 분이나 이 책으로 수강하는 이들에게 조금이라도 도움이 되었으면 좋겠다.

『길라잡이 국어 어문 규정』은 '국어 어문 규정'과 '고등학교 문법'을 중심으로 하여 국어 어문 규범에 대한 기본적인 이론을 공부하는 이들에게 도움이 될 것이다. 특히 초·중등학교에서 국어를 가르치는 교사를 비롯하여, 국가나 지방에서 실시하는 '공무원 시험'이나 '한국어 교육 능력 검정 시험', 언론 기관의 입사 시험을 준비하는 이들에게 도움이 될 것으로 생각한다. 나아가서 대학교의 국어국문학과나 국어교육과의 학부 1·2학년 학생들이나 '국어과 중등 교사 임용 시험'을 준비하는 사람들은 이 책을 국어 어문 규범의 기초를 다지는 입문서로 활용할 수 있을 것이다. 그리고 『길라잡이 국어 어문 규정』의 내용을 익히고 나서 국어 어문 규범의 내용을 더욱 폭넓고 심도 있게 공부하고 싶은 사람들은, '도서출판 월인'에서 간행한 『국어 어문 규정의 이해』(2019)의 내용을 익히기 바란다.

지은이가 운영하고 있는 홈페이지인 '학교 문법 교실(http://scammar.com)'의 자료실에는 국어의 어문 규정과 관련된 학습 자료를 실어 두었다. 또한 이 홈페이지에는 문답방이 개설되어 있는데, 이 문답방의 게시판을 통하여 본 교재에 실린 내용에 대하여 독자들이 지은이에게 직접 질문하여 답변을 받을 수 있다.

부산대학교 대학원 국어국문학과에서 박사 과정을 수료한 나벼리 군은 이 책을 내는 데에 많은 도움을 주었다. 끝으로 새로운 책을 출간해 주신 '경진출판'의 양정섭 대표님께 머리말의 지면을 통해서 감사의 뜻을 전한다.

2021년 7월 1일
황령산 기슭의 연구실에서
지은이

차례

문교부 고시 제88-2호
1988. 1. 19.

표준어 규정

제1부 표준어 사정 원칙

제1장 총칙

【제1항】 표준어는 교양 있는 사람들이 두루 쓰는 현대 서울말로 정함을 원칙으로 한다.[1]

[풀이] 표준어의 사정 원칙

한 국가의 말은 어떠한 시기, 어떠한 지역, 어떠한 계층의 사람들이 쓰는 말이냐에 따라 그 모습이 달라진다. 곧 15세기의 말의 모습과 현대어의 모습은 차이가 있으며, 같은 현대어라고 하더라도 경상도 지역의 말과 서울 지역의 말의 모습에는 꽤 다름이 있다. 또 같은 서울 지역에서 사용하는 현대어라도 어떠한 계층의 사람들이 쓰느냐에 따라서도 말의 모습은 달라진다.

이렇게 다양한 말의 모습을 그대로 방치하면 정치·경제·교육·문화 등 국가의 모든 분야에서 큰 혼란을 겪게 된다. 그러므로 국가는 여러 가지 지역 방언 가운데에서 정치·경제·교육·문화의 중심이 되는 지역의 말을 바탕으로 하여 표준어를 정하게 된다. 곧 표준어는 위에서 밝힌 세 가지 조건(시대·지역·계층적인 조건)을 정하여, 특정한 시기의 특정한 지역에서 특정한 계층의 사람들이 쓰는 말로써 정한다. 이렇게 정한 표준어는 여러 지역 방언과 은어, 비어, 속어 등의 사회 방언을 규제하며, 각종 공공 기관 및 교육, 과학, 문화, 예술 분야 등 각 방면의 언어 생활에 기준이 된다.

제1항은 표준어의 조건을 명시한 것이다. 제1항의 내용 가운데 '교양 있는 사람들'은 계층적인 조건인데, 이 조건에 따라서 '비어·속어·은어' 등은 표준어의 범위에

---

1) 조선어 학회가 1933년에 제정한 <한글 맞춤법 통일안> 총론 제2항의 규정인 "표준말은 대체로 현재 중류 사회에서 쓰는 서울말로 한다."가 이렇게 바뀐 것이다. <한글 맞춤법 통일안>의 규정과 표현에서는 다소 차이가 있으나 실제로는 표준어 선정 기준이 바뀌지는 않았다.

서 제외된다. 그리고 '두루 쓰는'이라는 말은 많은 사람이 사용하는 '공통어 (common language)'로서의 특징을 언급한 것이다. '현대'는 표준어가 갖추어야 할 시대적 조건으로서 이 조건에 따르면 예전에는 쓰였으나 지금은 쓰이지 않는 고어나 사어 등은 표준어에서 제외된다. 마지막으로 '서울말'은 지역적 조건을 규정한 것으로, '서울 지역에서 널리 쓰이는 말'을 표준어로 삼는다는 것이다.[2]

【제2항】 외래어는 따로 사정한다.

[풀이] 외래어의 사정

'외래어'란 다른 언어 체계의 어휘를 국어의 체계에 빌려 와서 사회적으로 사용이 승인된 말을 이른다.

국어의 외래어는 예전에는 중국을 통해서 들어온 것들이 대부분이었다. 그렇지만 20세기 이후에는 국가 사이에 인적, 물적인 교류가 빈번해짐에 따라서 여러 언어에서 수많은 어휘들이 우리나라에 들어왔다. 이처럼 우리말에는 다양한 언어에서 차용된 어휘가 들어와 있지만, 대략 중국어, 영어, 일본어에서 들어온 말이 외래어의 대부분을 차지한다.

외래어는 외국어와는 달리 국어의 고유한 음운·문법·어휘 체계가 반영되는 것이 보통이다. 그러나 비록 외래어가 우리말의 체계 속에 동화되었기는 하지만 우리말과는 여러 가지의 면에서 차이가 나므로, 표준어 사정 원칙에서 다루지 않고 따로 사정하는 것이다.

---

2) <표준어의 규정> 제1항의 내용을 표준어를 사용하지 않으면 교양이 없는 사람이 된다는 것으로 해석할 수도 있다.(『국어 어문 규정집』(2012)의 196쪽 참조) 이렇게 해석하면, 서울을 제외한 나머지 지역 방언을 쓰는 사람은 모두 교양이 없는 사람이 되는 셈이다. 하지만 필자는 제1항의 규정을 문맥 그대로 해석해야 한다고 본다. 곧 현대 서울말 가운데에서도 교양이 있는 사람의 말과 교양이 없는 사람의 말이 있는데, 그중에서 표준어는 교양이 있는 사람들이 쓰는 말이라는 뜻으로 해석해야 한다. 이렇게 되면 현대 서울말 가운데서도 '비어·속어·은어' 등의 말은 표준어에서 제외된다. 표준어와 함께 지역 방언의 가치를 인정하고 표준어와 방언과의 관계를 상호 보완적인 관계로 해석하려는 추세를 감안할 때, 이 규정을 지역 방언의 화자를 비하하는 뜻으로 해석해서는 안 될 것이다.

제2장 발음 변화에 따른 표준어 규정

제2장의 내용은 <사정한 조선어 표준말 모음>(1936)에서 정한 표준말의 자음과 모음의 발음이 바뀐 결과로, 표준어를 새로 정할 필요가 생겨서 마련한 규정이다. 곧, 특정한 단어의 소리가 변하여 둘 이상의 단어 형태가 생겼을 때에, 이들 단어 형태를 표준어와 비표준어로 처리하는 원칙을 제시하는 규정이다.

제1절 자음

【제3항】 다음 단어들은 거센소리를 가진 형태를 표준어로 삼는다. (ㄱ을 표준어로 삼고, ㄴ을 버림.)

ㄱ	ㄴ	비　　고
끄나풀	끄나불	
나팔-꽃	나발-꽃	
녘	녁	동~, 들~, 새벽~, 동틀~.
부엌	부억	
살-쾡이	삵-괭이	
칸	간	1. ~막이, 빈~, 방 한 ~. 2. '초가삼간, 윗간'의 경우에는 '간'임.
털어-먹다	떨어-먹다	재물을 다 없애다.

[풀이] 어떤 단어 속의 일부 자음이 예사소리 혹은 된소리로 발음되는 것들이, [ㅋ, ㅌ, ㅍ, ㅊ] 등의 거센소리로 바뀌어서 굳어진 것들은 거센소리로 나는 형태를 표준어로 삼는다. 곧 예전에 있었던 '끄나불, 나발꽃, 녁, 부억, 삵괭이, 간, 떨어먹다'의 단어에서 일부 자음이 거센소리로 변함에 따라서 '끄나풀, 나팔꽃, 녘, 부엌, 살쾡이, 칸,

털어먹다'를 표준어로 삼았다.

【제4항】 다음 단어들은 거센소리로 나지 않는 형태를 표준어로 삼는다. (ㄱ을 표준어로 삼고, ㄴ을 버림.)

ㄱ	ㄴ	비 고
가을-갈이[1]	가을-카리	
거시기[2]	거시키	
분침[3]	푼침	

[풀이] 예전에는 거센소리의 형태를 취하고 있던 단어 중에서, 언중의 발음 습관이 예사소리로 굳어진 것은 예사소리 형태를 표준어로 정하였다. 곧 옛 어형인 '가을카리, 거시키, 푼침'의 자음 가운데 일부가 거센소리에서 예사소리로 바뀌어서 널리 쓰임에 따라서 '가을갈이, 거시기, 분침(分針)'을 표준어로 삼았다.

【제5항】 어원에서 멀어진 형태로 굳어져서 널리 쓰이는 것은, 그것을 표준어로 삼는다. (ㄱ을 표준어로 삼고, ㄴ을 버림.)

ㄱ	ㄴ	비 고
강낭-콩	강남-콩	
고삿[4]	고샅[5]	겉~, 속~.
사글-세	삭월-세	'월세'는 표준어임.
울력-성당	위력-성당	떼를 지어서 으르고 협박하는 일.

[풀이] 표준어나 맞춤법 규정은 언어 전문가를 대상으로 제정하는 것이 아니라 일반 언중을 대상으로 제정한다. 따라서 학술적인 면에서는 어원이 밝혀져 있지만 일반

---

1) 가을갈이: 가을에 논을 미리 갈아 두는 일[秋耕]이다.
2) 거시기: 말하는 도중에, 사람이나 사물의 이름이 얼른 떠오르지 아니할 때, 그 이름 대신으로 내는 말이다.
3) 분침(分針): 시계에서 분을 가리키는 긴 바늘이다.
4) 고삿: 지붕을 이을 때에 쓰는 새끼이다.
5) 고샅: '마을의 좁은 골목'의 뜻으로는 표준어이다.

언중들이 원래의 어원을 잘 모르고 있고, 또 원래의 어원과는 다른 형태로 널리 쓰이는 말은 어원에서 멀어져 굳어진 형태를 표준어로 삼는다.

위의 표제어들은 예전에는 '강남콩(江南-), 고샅, 삭월세(朔月貰), 위력성당(威力成黨)'에서 온 말로 여겨서 이들 어형을 표준어로 삼았다. 그러나 현재는 언중들이 이들 말의 어원을 거의 인식하지 못하고 있고, 현실 발음도 [강낭콩, 고삳, 사글세, 울력성당]으로 바뀌었다. 먼저, '강남콩(江南-)'은 원래 중국의 양쯔강의 남쪽에서 온 콩이라는 뜻으로 쓰였으나, 현재는 언중들이 이러한 어원을 인식하지 못하므로 현실 발음대로 '강낭콩'의 형태를 표준어로 쓴다. 예전에는 '고샅'은 '지붕을 이을 때에 쓰는 새끼'라는 뜻과 '좁은 골목이나 길'의 뜻으로 함께 쓰였으나, 전자의 뜻으로는 [고삳]으로 발음 바뀌었기 때문에 '고삳'만을 표준어로 삼았다. 그리고 '삭월세'와 '위력성당'은 한자말인 '朔月貰'와 '威力成黨'에서 온 말로 여겼으나, 실제로 이들 단어가 한자어에서 온 것인지 확실하지 않다. 따라서 언어 현실에서 널리 쓰이는 발음을 표준어 규정에 반영하여, 각각 '사글세'와 '울력성당'의 형태를 표준어로 삼았다.

다만, 어원적으로 원형에 더 가까운 형태가 아직 쓰이고 있는 경우에는, 그것을 표준어로 삼는다. (ㄱ을 표준어로 삼고, ㄴ을 버림.)

ㄱ	ㄴ	비 고
갈비	가리	~구이, ~찜, 갈빗-대.
갓모	갈모	1. 사기 만드는 물레 밑고리.
		2. '갈모'는 갓 위에 쓰는, 유지로 만든 우비.
굴-젓[6]	구-젓	
말-곁[7]	말-겻	
물-수란[8]	물-수랄	
밀-뜨리다	미-뜨리다	
적-이[9]	저으기	적이-나, 적이나-하면.
휴지	수지	

---

6) 굴젓: 생굴로 담근 젓이다.
7) 말곁: 남이 말하는 옆에서 덩달아 말하는 것이다.
8) 물수란(-水卵): 달걀을 깨어서 그대로 끓는 물에 넣어 반쯤 익힌 음식이다.
9) 적이: 꽤 어지간한 정도로.(부사)

[풀이] 어원의 원형에 가까운 어형과 어원의 원형에서 멀어진 어형이 함께 쓰이고 있을 때는, 어원의 원형에 가까운 형태를 표준어 삼았다. 이는 언어의 보수성에서 말미암은 것인데, 어원에서 멀어진 새로운 형태가 널리 쓰이기 전에는 가능한 한 어원에 가까운 형태를 표준어로 삼아서 언어의 급격한 변화를 막기 위함이다.

'굴젓, 말곁, 밀뜨리다, 적이'는 각각 그 밑말이 '굴〔蠣〕, 곁〔傍〕, 밀다〔推〕, 적다〔小〕'와 직접적인 관련성이 있다. 따라서 비록 어원의 형태와 달라진 '구젓, 말겻, 미뜨리다, 저으기' 등의 어형이 일부에서 쓰이고 있지만, 이들 어형을 버리고 어원적으로 원형에 가까운 형태인 '굴젓, 말곁, 밀뜨리다, 적이'를 표준말로 삼는다.

중세어 '갈비'가 현대어에서는 '갈비'와 '가리'로 변하였는데, 이들 어형 가운데 '갈비'가 어원에 가깝다. 비록 일부 극소수의 사람들이 '가리'를 쓰고는 있지만, 어원에 더 가까운 형태인 '갈비'를 훨씬 많이 쓰고 있으므로 이를 표준어로 삼는다. 그리고 '갓모'는 '사기를 만드는 물레의 밑고리 부분'의 명칭으로 그 형태가 '갓'과 유사하여 붙여진 이름이다. 따라서 '갈모'보다는 '갓모'를 어원의 형태에 가까운 말로 보고 표준어로 삼았다. '휴지'는 한자말 '休紙'에서 온 말이므로 '수지'보다는 어원의 형태에 가깝다. '물수란'은 '달걀을 깨어서 그대로 끓는 물에 넣어 반쯤 익힌 음식'을 지칭하는 말로서 '물-水卵'이 그 어원이다. 비록 '휴지'와 '수지', '물수란'과 '물수랄'이 함께 쓰이고는 있지만, '휴지'와 '물수란'이 어원에 가까운 형태이므로 이들을 표준어로 삼았다.

【제6항】 다음 단어들은 의미를 구별함이 없이, 한 가지 형태만을 표준어로 삼는다. (ㄱ을 표준어로 삼고, ㄴ을 버림.)

ㄱ	ㄴ	비 고
돌	돐	생일, 주기.
둘-째	두-째	'제2, 두 개째'의 뜻.
셋-째	세-째	'제3, 세 개째'의 뜻.
넷-째	네-째	'제4, 네 개째'의 뜻.
빌리다	빌다	1. 빌려 주다, 빌려 오다. 2. '용서를 빌다'는 '빌다'임.

[풀이] 형태가 유사하면서도 쓰임이 달라서 구분하여 쓰던 말들을 통일하여 하나의 형태만을 표준어로 정한 것이다. 곧 형태와 의미가 비슷하기 때문에 구별하기 어려워

서 언중이 많이 혼동하던 두 어형을 하나의 어형으로 통일한 것이다.

① **돌** : 그동안 '돌'은 생일의 의미로 사용하고, '돐'은 '한국 대학교 개교 30돐'처럼 주기의 의미로 써 왔다. 그러나 여기서는 그러한 구분을 없애고 어형을 '돌'로 통일하였다.

② **둘째, 셋째, 넷째** : 예전에는 '둘째, 셋째, 넷째'와 '두째, 세째, 네째'를 구분하여 사용하기로 하였다. 곧, 순서를 나타낼 때에는 '두째 학생, 세째 학생, 네째 학생'으로 표현했고, '앞에서 헤아려서 모두 몇 개가 됨'을 나타낼 때에는 '둘째, 셋째, 넷째'로 표현했다. 그러나 실제 언어 생활에서 언중들이 이 두 어형을 구별하여 사용하기가 어려웠기 때문에, 모두 '둘째, 셋째, 넷째'로 통일하여 쓰기로 하였다.

③ **빌리다** : 예전에 '빌다'는 '祝', '請', '乞', '借'의 여러 가지 뜻으로 쓰였으므로, 언중들이 '빌다'와 '빌리다(借)'의 의미를 혼동하는 경향이 있었다. 이러한 혼동을 막기 위하여 '빌다'는 '祝', '請', '乞' 의미로 쓰기로 하였고, '빌리다'는 "철수가 영이에게 돈을 빌렸다."처럼 '借'의 뜻을 나타내는 것으로 처리하였다. 그리고 '빌리어'에 '오다'나 '주다'를 붙여서, '차용(借用)'의 뜻으로는 '빌려 오다'로 표현하고 '대여(貸與)'의 뜻으로는 '빌려 주다'로 표현하는 것도 인정하였다.

다만, '둘째'는 십 단위 이상의 서수사에 쓰일 때에는 '두째'로 한다.

ㄱ	ㄴ	비 고
열두–째 스물두–째		열두 개째의 뜻은 '열둘째'로. 스물두 개째의 뜻은 '스물둘째'로.

[풀이] 제6항의 본항에서는 차례나 수량을 나타내는 말을 '둘째'로 통일하였다. 그런데 '열두째, 스물두째, 서른두째' 등과 같이 10단위 이상의 수가 쓰일 때에는 '둘'의 받침 소리 [ㄹ]이 분명하게 탈락한다. 이러한 현상을 감안하여 차례를 나타낼 적에는 '열두째, 스물두째' 등을 표준어로 삼는다. 그러나 수량을 나타낼 적에는 원래의 형태를 살려서 '열둘째, 스물둘째' 등의 말을 표준어로 삼는다. 따라서 서수사로 쓰여서 차례를 나타낼 때에는 '열두째 사람, 스물두째 사람' 등으로 표현하고, 수량을 나타낼 적에는 '사과를 열둘째 먹었다. 감을 서른둘째 땄다.'와 같이 표현한다.

【제7항】 수컷을 이르는 접두사는 '수-'로 통일한다. (ㄱ을 표준어로 삼고, ㄴ을 버림.)

ㄱ	ㄴ	비　　고
수-꿩	숫-퀑/숫-꿩	'장끼'도 표준어임.
수-나사	숫-나사	
수-놈	숫-놈	
수-사돈[10]	숫-사돈	
수-소	숫-소	'황소'도 표준어임.
수-은행나무	숫-은행나무	

　[풀이] 중세 국어에는 'ㅎ' 끝소리를 가지고 있던 체언들이 있었다. 이른바 'ㅎ 종성 체언'이라고 하는 것들인데, 지금의 '암·수'의 '수'도 역사적으로 보면 '수ㅎ'의 형태였다. 이렇게 중세 국어에 널리 쓰이던 '수ㅎ'은 현대어에서는 '암수'라는 단어 이외에는 어근으로 쓰이지 않고 접두사의 형태로만 쓰이게 되었다.

　그런데 접두사 '수ㅎ'이 붙어서 된 파생어에서 '수ㅎ'의 발음이 다양하게 변하였으므로, [ㅎ] 소리를 처리하는 방법이 문제가 된다. <표준어 규정>에서는 아래의 '다만 1'과 '다만 2'에 제시된 단어를 제외한 단어에서는 모두 '수-'로 통일하였다. 곧 이 접두사의 기본형을 '수-'로 잡은 것이다.

　다만 1. 다음 단어에서는 접두사 다음에서 나는 거센소리를 인정한다. 접두사 '암-'이 결합되는 경우에도 이에 준한다. (ㄱ을 표준어로 삼고, ㄴ을 버림.)

ㄱ	ㄴ	비　　고
수-캉아지	숫-강아지	
수-캐	숫-개	
수-컷	숫-것	
수-키와[11]	숫-기와	
수-탉	숫-닭	
수-탕나귀	숫-당나귀	

---

10) 수사돈: 사위 쪽의 사돈이다. '암사돈'은 며느리 쪽의 사돈이다.
11) 수키와: 두 암키와 사이를 어울러 엎어 이는 기와. 모양이 대통 반쪽과 같이 생겼다.

수-톨쩌귀[12]	숫-돌쩌귀	
수-퇘지	숫-돼지	
수-평아리	숫-병아리	

[풀이] '다만 1'에 제시된 예는 받침 /ㅎ/이 뒤 음절의 첫소리(파열음의 예사소리)와 동화하여 거센소리의 형태로 굳은 단어이다. <한글 맞춤법>에서는 이 단어들의 원형을 밝히지 않고 소리 나는 대로 적어서 '수캉아지, 수캐, 수키와' 등으로 적는다.

   (1) 수ㅎ+강아지 > 수캉아지   수ㅎ+개 > 수캐   수ㅎ+것 > 수컷
       암ㅎ+강아지 > 암캉아지   암ㅎ+개 > 암캐   암ㅎ+것 > 암컷

다만 2. 다음 단어의 접두사는 '숫-'으로 한다. (ㄱ을 표준어로 삼고, ㄴ을 버림.)

ㄱ	ㄴ	비 고
숫-양	수-양	
숫-염소	수-염소	
숫-쥐	수-쥐	

[풀이] '숫양, 숫염소, 숫쥐'의 세 단어를 단어 형성의 과정에서 사잇소리가 나는 것으로 처리하여 '숫-'의 형태를 표준어로 정하였다. 그러므로 이들 단어의 표준 발음을 사잇소리가 반영된 [순냥, 순념소, 수쮜]로 정하여 '숫양, 숫염소, 숫쥐'로 적었다.

제2절 모음

【제8항】 양성 모음이 음성 모음으로 바뀌어 굳어진 다음 단어는 음성 모음 형태를 표준어로 삼는다. (ㄱ을 표준어로 삼고, ㄴ을 버림.)

ㄱ	ㄴ	비 고
깡충-깡충	깡총-깡총	큰말은 '껑충껑충'임.

---

12) 수톨쩌귀 : 문짝에 박아서 문설주에 있는 암톨쩌귀에 꽂게 되어 있는, 촉이 달린 돌쩌귀.

-둥이	-동이	← 童-이. 귀-, 막-, 선-[13], 쌍-, 검-, 바람-, 흰-.
발가-숭이	발가-송이	센말은 '빨가숭이', 큰말은 '벌거숭이, 뻘거숭이'임.
보퉁이[14]	보통이	
봉죽[15]	봉족	← 奉足. ~꾼, ~들다.
뻗정-다리[16]	뻗장-다리	
아서, 아서라[17]	앗아, 앗아라	하지 말라고 금지하는 말.
오뚝-이	오똑-이	부사도 '오뚝-이'임.
주추[18]	주초	← 柱礎. 주춧-돌.

[풀이] 서울 지역에서는 예전에 양성 모음으로 발음하던 어형을 음성 모음의 어형으로 바꾸어서 발음하는 경향이 있다. 제8항에서 ㄱ의 항에서 제시된 단어의 본디 형태가 양성 모음이 쓰인 '깡총깡총, -동이, 발가송이, 보통이, 봉족(奉足), 뻗장다리, 앗아/앗아라, 오똑이, 주초(柱礎)'였다. 그러나 이들 단어에 실현된 양성 모음이었던 모음이 음성 모음으로 바뀌어서, '깡충깡충, -둥이, 발가숭이, 보퉁이, 봉죽, 뻗정다리, 아서/아서라, 오뚝이, 주추'로 굳어졌다. 제8항은 이렇게 양성 모음이 음성 모음으로 바뀌어서 굳어진 형태를 표준어로 삼는다는 규정이다.

다만, 어원 의식이 강하게 작용하는 다음 단어에서는 양성 모음 형태를 그대로 표준어로 삼는다. (ㄱ을 표준어로 삼고, ㄴ을 버림.)

ㄱ	ㄴ	비 고
부조(扶助)	부주	~금, 부좃-술.
사돈(査頓)	사둔	밭~, 안~.
삼촌(三寸)	삼춘	시~, 외~, 처~.

---

13) 선둥이: 쌍둥이 중에서 먼저 태어난 아이이다. 반대말은 '후둥이'이다.
14) 보퉁이: 물건을 보에 싼 덩이이다.
15) 봉죽(奉足): 주장하여 일을 하는 사람을 곁에서 거들어 도와줌. 혹은 그러한 사람이다.
16) 뻗정다리: 구부렸다 폈다 하지 못하고 늘 뻗치기만 하는 다리나 혹은 그러한 사람이다.
17) 아서, 아서라: '아서, 아서라'의 어원은 '빼앗는다'는 뜻을 나타내는 '앗아', '앗아라'의 형태였다. 그러나 이 말이 '하지 말라'는 뜻으로 쓰이는 금지사(禁止辭)로 바뀌어서 쓰이므로, 현실 발음을 반영하여 음성 모음 형태를 인정하게 되었다.
18) 주추: 기둥 밑에 괴는 돌 따위의 물건. 혹은 일의 바탕을 비유하는 말이다.

[풀이] 서울 지방 화자들을 중심으로 '부주, 사둔, 삼춘'이 널리 쓰이고 있다. 그러나 언중들이 아직까지는 한자 어원인 '부조(扶助), 사돈(査頓), 삼촌(三寸)'을 인식하고 있고, 또 중부 방언 지역을 제외한 나머지 방언 지역에서는 대체로 원래대로 '부조, 사돈, 삼촌'으로 발음하고 있다. 그러므로 제8항의 '다만'에서는 이들 단어의 형태 중에서 어원에 더 가까운 양성 모음 형태를 표준어로 삼았다.

【제9항】 'ㅣ' 역행 동화 현상에 의한 발음은 원칙적으로 표준 발음으로 인정하지 아니하되, 다만 다음 단어들은 그러한 동화가 적용된 형태를 표준어로 삼는다. (ㄱ을 표준어로 삼고, ㄴ을 버림.)

ㄱ	ㄴ	비 고
-내기	-나기	서울-, 시골-, 신출-, 풋-.
냄비	남비	
동댕이-치다[19]	동당이-치다	

[풀이] 'ㅣ' 역행 동화(모음 동화)란, 후설 모음 'ㅏ, ㅓ, ㅗ, ㅜ'가 그 뒤에 이어지는 전설 모음인 'ㅣ'에 동화되어, 전설 모음인 'ㅐ, ㅔ, ㅚ, ㅟ'로 바뀌는 현상을 말한다.

　　(2)　호랑이 → 호랭이, 고양이 → 고앵이, 먹이 → 멕이, 고기 → 괴기, 죽이다 → 쥑이다

'ㅣ' 역행 동화는 수의적 동화 현상이어서, '호랑이'와 '호랭이'가 모두 쓰이고 있다.
　그런데 'ㅣ' 역행 동화가 적용되는 단어들은 대단히 많다. 그러므로 'ㅣ' 역행 동화 현상으로 변동된 단어들의 형태를 모두 표준어로 인정해 버리면, 복수 표준어의 수가 크게 늘어 버린다. 또한 'ㅣ' 역행 동화 현상으로 생기는 발음 변화는 대체로 정상적인 발음 교육을 받지 못한 노년층이나 지역 방언을 사용하는 비교양 계층의 언중들에게서 많이 일어나는 현상이다. 이러한 점을 감안하여 'ㅣ' 역행 동화로 말미암아서 발음이 변한 말을 표준어로 인정하지 않는다.
　그러나 제9항에 제시된 '-내기, 냄비, 동댕이치다'는 '-나기, '남비, '동당이치다'에 'ㅣ' 역행 동화가 일어나서 완전히 굳어진 말로 보아서, 이들을 표준어로 삼았다.

---

19) 동댕이치다: 힘껏 마구 집어던지다.

[붙임 1] 다음 단어는 'ㅣ' 역행 동화가 일어나지 아니한 형태를 표준어로 삼는다. (ㄱ을 표준어로 삼고, ㄴ을 버림.)

ㄱ	ㄴ	비　　고
아지랑이	아지랭이	

[풀이] '아지랭이'는 원래 어형인 '아지랑이'가 'ㅣ' 역행 동화 현상에 따라 바뀐 말이다. 현대어에서는 '아지랑이'와 '아지랭이'의 두 형태가 다 쓰이고 있어서, 어원에 더 가까운 '아지랑이'를 표준어로 정했다.

[붙임 2] 기술자에게는 '-장이', 그 외에는 '-쟁이'가 붙는 형태를 표준어로 삼는다. (ㄱ을 표준어로 삼고, ㄴ을 버림.)

ㄱ	ㄴ	비　　고
미장이[20]	미쟁이	
유기장이[21]	유기쟁이	
멋쟁이	멋장이	
소금쟁이[22]	소금장이	
담쟁이-덩굴	담장이-덩굴	
골목쟁이[23]	골목장이	
발목쟁이[24]	발목장이	

[풀이] 'ㅣ' 역행 동화 현상이 적용되는 말 중에서 접미사 '-장이'와 '-쟁이'는 그 쓰임에 대한 명확한 규정이 없었다. 이 때문에 사전마다 표제어가 각각 달라서 실제 언어 생활에 불편이 컸던 말들이다.

　　<표준어 규정>에서는 이 말의 어원인 '장인(匠人)'의 뜻이 남아 있는 말은 '-장이'

---

20) 미장이 : 건축 공사에서 벽이나 천장, 바닥 따위에 흙, 회, 시멘트 따위를 바르는 일을 직업으로 하는 사람이다.
21) 유기장이(柳器-) : 고리버들로 고리짝이나 키 따위를 만들어 파는 일을 직업으로 하는 사람.
22) 소금쟁이 : 소금쟁잇과에 딸린 벌레이다.
23) 골목쟁이 : 골목에서 좀 더 깊숙이 들어간 좁은 곳이다.
24) 발목쟁이 : '발' 또는 '발목'의 낮은말이다.

를, 그 외는 '-쟁이'를 표준어로 정하여 두 어형의 쓰임을 구분하였다. 따라서 '미장이, 유기장이' 등은 '장인'의 뜻이 남아 있으므로 '-장이'의 형태를 표준어로 취하고, 나머지 단어는 '장인'의 뜻이 없으므로 '-쟁이'의 형태를 표준어로 취한다.

[참고] '양복장이'와 '양복쟁이', '갓장이'와 '갓쟁이'

'양복장이'와 '양복쟁이'는 둘 다 표준어이다. '양복장이'는 '양복을 만드는 일을 직업으로 삼는 사람'을 뜻하는 말로 쓰이고, 반면에 '양복쟁이'는 '양복을 입은 사람을 낮잡아서 일컫는 말'의 뜻으로 쓰인다. 그리고 '갓장이'는 '갓'을 만드는 것을 직업으로 삼는 사람으로 뜻으로, '갓쟁이'는 '갓'을 쓴 사람을 낮잡아 이르는 말로 쓰인다.

【제10항】 다음 단어는 모음이 단순화한 형태를 표준어로 삼는다. (ㄱ을 표준어로 삼고, ㄴ을 버림.)

ㄱ	ㄴ	비　　　고
괴팍–하다	괴팩-하다/괴팩-하다	
-구먼	-구면	
미루–나무	미류–나무	← 美柳~.
미륵	미력	← 彌勒. ~보살, ~불, 돌~.
여느[25]	여늬	
온–달	왼–달	만 한 달.
으레[26]	으례	
케케–묵다	켸켸 묵다	
허우대[27]	허위대	
허우적–허우적	허위적-허위적	허우적-거리다.

[풀이] 예전에 이중 모음으로 발음하던 단어가 지금에 와서 단모음으로 굳어진 것은 단모음의 형태를 표준어로 정하였다. 제10항에 제시된 단어는 이제는 완전히 단모음으로 어형이 바뀌어서 언중들이 그 어원을 인식하지 못하는 단어들을 골라서 새로

---

25) 여느: 그 밖의 예사로운. 또는 다른 보통의.(관형사)
26) 으레: ① 두말할 것 없이 당연히. ② 틀림없이 언제나.(부사)
27) 허우대: 겉모양이 좋은 몸집이다.

이 표준어로 정한 것이다.

이들 단어 가운데 '괴팍하다, 미루나무' 등은 한자말인 '괴팍(乖愎), 미류(美柳)'에서 온 말이다. 이들 단어의 어원을 생각하면 '괴팍하다, 미류나무'를 표준어로 삼아야 하지만, 현실 발음이 [괴팍하다]와 [미루나무]로 굳어졌으므로 '괴팍하다, 미루나무'의 형태를 표준어로 삼았다. 그리고 '으레'도 원래의 형태는 '의례(依例)'였는데, 이 형태가 '으례'로 바뀌었다가 다시 '으레'로 바뀌었다. 제10항에서는 '으례'가 '으레'로 굳어진 것으로 보고 기존의 '으례'를 버리고 '으레'를 표준어로 규정했다.

【제11항】 다음 단어에서는 모음의 발음 변화를 인정하여, 발음이 바뀌어 굳어진 형태를 표준어로 삼는다. (ㄱ을 표준어로 삼고, ㄴ을 버림.)

ㄱ	ㄴ	비　　고
-구려	-구료	
깍쟁이[28]	깍정이	1. 서울 ~, 알~, 찰~.
		2. 도토리, 상수리 등의 받침은 '깍정이'임.
나무라다	나무래다	
미수	미시	미숫-가루.
바라다	바래다	'바램[所望]'은 비표준어임.
상추	상치	~쌈.
시러베-아들[29]	실업의-아들	
주책	주착	←主着. ~망나니, ~없다.
지루-하다	지리-하다	←支離.
튀기[30]	트기	
허드레	허드래	허드렛-물, 허드렛-일.
호루라기	호루루기	

[풀이] 제11항은 모음의 발음이 바뀌어서 완전히 굳어진 어형을 표준어로 삼는다는 규정이다. 여기에 제시한 단어들은 모두 개별적이고 특수한 음운 변화를 겪었기 때문

---

28) 깍쟁이: '인색한 사람'을 욕하는 말. 매우 약빠른 사람을 얕잡는 말이다.
29) 시러베아들: '실없는 사람'의 낮은말이다.
30) 튀기: 종이 다른 두 동물 사이에서 난 새끼로서 종족이 다른 두 사람 사이에서 난 아이다.

에 특정한 항목으로 한데 묶어서 설명하기 어려운 것들이다.

먼저, '깍정이'가 '깍쟁이'로 변하여서 언중들이 '깍쟁이'를 더 많이 쓰고 있으므로, '깍쟁이'를 표준으로 삼았다. '나무래다'와 '바래다'는 방언으로 처리하여 '나무라다'와 '바라다'를 표준으로 삼았다. '주책'과 '지루하다'는 한자어 어원인 '주착(主着)'과 '지리(支離)'를 버리고 바뀐 형태를 표준어로 삼았다. '미수, 상추, 튀기'는 원래의 형태인 '미시, 상치, 트기'에서 모음이 바뀌었다고 보아서 바뀐 형태를 표준어로 삼았다. '시러베아들, 허드레, 호루라기'는 현실 언어에서 원래의 말인 '실업의아들, 허드래, 호루루기'보다 더 많이 쓰이므로, 바뀌어서 굳어진 형태를 표준어로 삼았다.

【제12항】 '웃-' 및 '윗-'은 명사 '위'에 맞추어 '윗-'으로 통일한다. (ㄱ을 표준어로 삼고, ㄴ을 버림.)

ㄱ	ㄴ	비　고
윗-넓이	웃-넓이	
윗-눈썹	웃-눈썹	
윗-니	웃-니	
윗-당줄[31]	웃-당줄	
윗-덧줄[32]	웃-덧줄	
윗-도리	웃-도리	
윗-동아리[33]	웃-동아리	준말은 '윗동'임.
윗-막이[34]	웃-막이	
윗-머리	웃-머리	
윗-목	웃-목	
윗-몸	웃-몸	~ 운동.
윗-바람[35]	웃-바람	
윗-배	웃-배	
윗-벌[36]	웃-벌	

---

31) 윗당줄: 망건당에 꿴 당줄이다.
32) 윗덧줄: 악보의 다섯 줄의 위에 붙는 덧줄이다.
33) 윗동아리: 긴 물체의 위쪽 부분이다.
34) 윗막이: 물건의 위쪽 머리를 막은 부분이다.
35) 윗바람: 문 위쪽에서 불어 오는 바람이다. 밖에서 들어오는 찬 기운이다.

윗-변	웃-변	수학 용어.
윗-사랑[37]	웃-사랑	
윗-세장[38]	웃-세장	
윗-수염	웃-수염	
윗-입술	웃-입술	
윗-잇몸	웃-잇몸	
윗-자리	웃-자리	
윗-중방[39]	웃-중방	

[풀이] 제12항에서 '윗'으로 표준어로 잡는 합성 명사들은 대체로 어휘와 개념적인 측면에서 볼 때에, 모두 '위'와 '아래'의 대립이 있는 말이다.

(3) 윗넓이/밑넓이, 윗눈썹/아랫눈썹, 윗니/아랫니, 윗당줄/아랫당줄, 윗덧줄/아랫덧줄, 윗도리/아랫도리, 윗동아리/아랫동아리, 윗막이/아랫막이, 윗머리/아랫머리, 윗목/아랫목, 윗몸/아랫몸, 윗바람/아랫바람, 윗배/아랫배, 윗벌/아랫벌, 윗변/아랫변, 윗사랑/아랫사랑, 윗세장/아랫세장, 윗수염/아랫수염, 윗입술/아랫입술, 윗잇몸/아랫잇몸, 윗자리/아랫자리, 윗중방/아랫중방

이처럼 '위'에 대립되는 '아래'나 '밑'을 어근으로 포함하는 대립어의 짝이 있는 합성 명사들은 '위'의 형태를 표준어로 삼는다.

그런데 제12항에 제시된 단어는 모두 [윈]으로 소리난다. 곧 이들 단어는 모두 합성 명사로서 앞의 명사 '위'와 뒤의 명사 사이에 사잇소리가 들어간 것으로 간주하여, 어근 사이에 'ㅅ'을 넣어서 '윗'의 형태로 처리하였다. 곧, 이들 합성 명사는 합성어를 구성하는 어근과 어근이 결합하는 과정에서 사잇소리가 첨가되므로, 앞 어근인 '위'와 '아래'에 사이시옷을 받쳐서 적은 형태를 표준어로 삼은 것이다.[40]

---

36) 윗벌: 단 한 벌로 된 옷의 윗도리에 입는 옷이다.

37) 윗사랑: 위채에 있는 사랑이다.

38) 윗세장: 지게나 걸채 따위에서, 위 부분에 가로질러 박은 나무이다.

39) 윗중방: 벽의 위쪽에 가로지른 중방이다.

40) <한글 맞춤법>의 제30항에 의하면 사이시옷은 뒷말의 첫소리가 예사소리에서 된소리로 바뀔 때에 붙이거나, /ㄴ, ㅁ/이나 모음으로 시작하는 뒷말의 앞에서 /ㄴ/ 또는 /ㄴㄴ/이 덧날 때에 붙인다. 따라서 뒷말의 첫소리가 원래부터 된소리나 거센소리일 때에는 사이시옷을 붙이지 않는다.

다만 1. 된소리나 거센소리 앞에서는 '위-'로 한다. (ㄱ을 표준어로 삼고, ㄴ을 버림.)

ㄱ	ㄴ	비 고
위-짝	웃-짝	
위-쪽	웃-쪽	
위-채	웃-채	
위-층	웃-층	
위-치마	웃-치마	
위-턱	웃-턱	~구름[上層雲].
위-팔	웃-팔	

[풀이] '다만 1'에 제시된 단어는 명사 '위' 뒤에 다른 명사가 결합하여 된 합성 명사들로서, '위'에 뒤에 실현된 명사의 첫소리가 된소리나 거센소리인 경우이다. 이와 같은 음운적 환경에서는 합성 명사 속에서 사잇소리가 실현되는지를 확인할 방법이 없으므로, 합성어의 어근 사이에 사이시옷을 붙이지 않는다.

(4) ㄱ. 위 + 짝 [위짝/윋짝] → $^?$위짝/$^?$윗짝
　　 ㄴ. 위 + 채 [위채/윋채] → $^?$위채/$^?$윗채

예를 들어 '위짝'은 '위'와 '짝'의 합성어인데, '짝'의 첫소리가 원래부터 된소리이기 때문에 발음상 사잇소리의 유무를 확인할 수 없는 것이다. 그리고 '위채'와 같이 뒤의 명사가 거센소리로 나는 단어들에서도 마찬가지다. 이러한 이유로 해서 된소리나 거센소리 앞에서는 사잇소리가 실현되지 않은 '위'가 붙은 말을 표준어로 삼는다.

다만 2. '아래, 위'의 대립이 없는 단어는 '웃-'으로 발음되는 형태를 표준어로 삼는다. (ㄱ을 표준어로 삼고, ㄴ을 버림.)

ㄱ	ㄴ	비 고
웃-국[41]	윗-국	
웃-기[42]	윗-기	

---

41) 웃국: 간장이나 술 따위를 담가서 익힌 뒤에 맨 처음에 떠낸 진한 국이다.

웃-돈	윗-돈	
웃-비⁴³⁾	윗-비	~걷다.
웃-어른	윗-어른	
웃-옷	윗-옷	

[풀이] '다만 2'의 단어는 발음이 [욷]으로 굳은 것으로 처리하여 '웃'을 표준어로 삼았다. 곧, 본항의 예처럼 '위'와 '아래'의 대립이 있는 합성 명사에 쓰이는 말은 '윗' 이나 '위'로써 표준어로 삼고, '다만 2'의 예처럼 '위'와 '아래'의 대립이 없는 합성 명 사에 쓰이는 말은 예외적으로 '웃'으로써 표준어로 삼는다. 곧 '윗넓이/밑넓이', '윗눈 썹/아랫눈썹', '윗니/아랫니' 등과 같은 말은 위와 아래의 대립이 있는 말이므로 '윗'을 쓴다. 반면에 '웃국, 웃기, 웃돈'과 같은 말은 위와 아래의 대립이 없는 말이므로 '웃' 을 표준어로 삼았다.

[참고] '웃옷'과 '윗옷'

'웃옷'은 그 뜻이 '맨 겉에 입는 옷'이므로 '아래옷'과 대립하지 않고, '겉옷의 안쪽 에 몸에 직접 닿게 입는 옷'이라는 뜻을 나타내는 '속옷'과 대립한다. 그러므로 위와 아래의 대립이 없는 말로 다루어서 '웃옷'을 표준어로 삼았다. 한편 '윗도리에 입는 옷'이라는 의미로 쓰이는 '윗옷'은 아랫도리에 입는 옷인 '아래옷'과 위와 아래로 대 립하므로, '윗옷'을 표준어로 삼았다. 정리해서 말하면, '웃옷'은 '속옷'과 대립적으로 쓰이고, '윗옷'은 '아래옷'과 대립하여 쓰이는 말이다.

【제13항】 한자 '구(句)'가 붙어서 이루어진 단어는 '귀'로 읽는 것을 인정하지 아니 하고, '구'로 통일한다. (ㄱ을 표준어로 삼고, ㄴ을 버림.)

ㄱ	ㄴ	비 고
구법(句法)	귀법	
구절(句節)	귀절	
구점(句點)	귀점	
결구(結句)	결귀	

---

42) 웃기 : 떡이나 포, 실과 따위를 괸 위에 모양을 내려고 얹는 재료이다. cf. 웃기떡.
43) 웃비 : 아직 빗기가 있으나 좍좍 내리다가 그친 비이다.

경구(警句)[44]	경귀	
경인구(警人句)	경인귀	
난구(難句)	난귀	
단구(短句)	단귀	
단명구(短命句)[45]	단명귀	
대구(對句)	대귀	~법(對句法).
문구(文句)	문귀	
성구(成句)	성귀	~어(成句語).
시구(詩句)	시귀	
어구(語句)	어귀	
연구(聯句)[46]	연귀	
인용구(引用句)	인용귀	
절구(絶句)	절귀	

[풀이] 예전에 한자어 '句'를 '구'와 '귀'로 달리 발음하여 혼란이 심했던 것을, 속음인 '귀'를 버리고 본음인 '구'를 취하여 통일하였다.

다만, 다음 단어는 '귀'로 발음되는 형태를 표준어로 삼는다. (ㄱ을 표준어로 삼고, ㄴ을 버림.)

ㄱ	ㄴ	비 고
귀-글[47]	구-글	
글-귀[48]	글-구	

[풀이] '귀글'과 '글귀'에서는 예외적으로 한자어 '句'를 '귀'로 발음하는 것을 표준어로 삼는다. 곧 옥편이나 사전에서는 한자 '句'의 훈과 음이 '글귀 구'로 이미 정해져 있고, 현실 발음도 [글뀌, 귀글]로 나므로 '글귀'와 '귀글'을 모두 표준어로 삼았다.

---

44) 경구: 사람을 놀라게 할 만큼 뛰어나게 잘 지은 시구이다.(= 경인구) 혹은 진리나 삶에 대한 느낌이나 사상을 간결하고 날카롭게 표현한 말이다.
45) 단명구: 글 안에, 글쓴이의 목숨이 짧으리라는 조짐이 드러나 있다고 보는 글귀이다.
46) 연구: 한 사람이 각각 한 구씩을 지어 이를 합하여 만든 시이다.
47) 귀글: 한시·동시·시조 따위에서 두 마디가 한 덩이씩 되게 지은 글이다.
48) 글귀: 글의 구나 절이다.

제3절 준말

【제14항】 준말이 널리 쓰이고 본말이 잘 쓰이지 않는 경우에는, 준말만을 표준어로 삼는다. (ㄱ을 표준어로 삼고, ㄴ을 버림.)

ㄱ	ㄴ	비 고
귀찮다	귀치 않다	
김[49]	기음	~매다.
똬리	또아리	
무	무우	~강즙, ~말랭이, ~생채, 가랑~, 갓~, 왜~, 총각~.
미다	무이다	1. 털이 빠져 살이 드러나다. 2. 찢어지다.
뱀	배암	
뱀-장어	배암-장어	
빔	비음	설~, 생일~.
샘[50]	새암	~바르다, ~바리.
생-쥐	새앙-쥐	
솔개	소리개	
온-갖	온-가지	
장사-치	장사-아치	

[풀이] 제14항에서는 본말과 준말이 있기는 하지만, 본말이 현실 언어에서 거의 쓰이지 않고 준말만 널리 쓰이면 준말만을 표준어로 정하였다.

제14항에 제시된 '귀찮다, 김, 똬리, 무, 미다, 뱀, 뱀장어, 빔, 샘(하다), 생쥐, 솔개, 온갖'에 대한 본말은 '귀치 않다, 김음, 또아리, 무우, 무이다, 배암, 배암장어, 비음, 새암(하다), 새앙쥐, 소리개, 온가지'였다. 그러나 발음의 변화 때문에 이러한 본말은 거의 쓰이지 않고 대신에 준말만 사용하게 되어 본말을 버리고 준말을 표준어로 삼게 되었다. 그리고 '장사치'는 명사 '장사'에 접미사 '-아치'가 결합된 파생어이지만, 언중

---

49) 김 : 논밭에 난 잡풀이다.
50) 샘 : 자기보다 나은 처지에 있는 이를 미워하는 일. 또는 그러한 마음이다.

들이 [장사치]로만 발음하고 있어서 본디의 형태를 버리고 준말을 표준어로 삼았다.

【제15항】 준말이 쓰이고 있더라도, 본말이 널리 쓰이고 있으면 본말을 표준어로 삼는다. (ㄱ을 표준어로 삼고, ㄴ을 버림.)

ㄱ	ㄴ	비 고
경황-없다	경-없다	
궁상-떨다	궁-떨다	
귀이-개	귀-개	
낌새	낌	
낙인-찍다	낙-하다/낙-치다	
내왕-꾼[51]	냉-꾼	
돗-자리	돗	
뒤웅-박[52]	뒝-박	
뒷물-대야[53]	뒷-대야	
마구-잡이	막-잡이	
맵자-하다	맵자다	모양이 제격에 어울리다.
모이	모	
벽-돌	벽	
부스럼	부럼	정월 보름에 쓰는 '부럼'은 표준어임.
살얼음-판	살-판	
수두룩-하다	수둑-하다	
암-죽[54]	암	
어음[55]	엄	
일구다[56]	일다	
죽-살이[57]	죽-살	

51) 내왕(來往)꾼 : 절에서 심부름하는 속인(俗人)이다.
52) 뒤웅박 : 박을 반으로 쪼개지 않고 둥근 채로 꼭지 근처에 구멍만 뚫거나 꼭지 부분을 베어 내거나 하고 그 속을 파낸 바가지이다.
53) 뒷물대야 : 음부나 항문을 씻는 물을 담아서 쓰는 대야이다.
54) 암죽 : 곡식이나 밤의 가루로 묽게 쑨 죽이다. 어린아이에게 젖 대신으로 먹인다.
55) 어음 : 일정한 금액을 일정한 날짜와 장소에서 치를 것을 약속하거나 위탁하는 유가 증권이다.
56) 일구다 : 논밭을 만들기 위하여 땅을 파서 일으키다.

퇴박-맞다[58]	퇴-맞다	
한통-치다[59]	통-치다	

[풀이] 제15항의 예는 준말과 본말 중에서 본말이 훨씬 널리 쓰이고 있으므로, 본말만을 표준어로 삼은 것이다. 본말에 대한 준말이 있을 때에 준말이 얼마간이라도 쓰이고 있으면 본말과 준말을 복수 표준어로 정할 수가 있다. 하지만 제15항에서 제시된 준말은 거의 쓰이지 않을 뿐만 아니라, 교양이 있는 말도 아니어서 준말의 형태를 표준어에서 제외한 것이다.

　　다만, 다음과 같이 명사에 조사가 붙은 경우에도 이 원칙을 적용한다. (ㄱ을 표준어로 삼고, ㄴ을 버림.)

ㄱ	ㄴ	비　고
아래-로	알-로	

'알로'는 '아래로'의 준말인데, 이 말을 교양 없는 말로 보고 표준어에서 제외했다.

　　【제16항】 준말과 본말이 다 같이 널리 쓰이면서 준말의 효용이 뚜렷이 인정되는 것은, 두 가지를 다 표준어로 삼는다. (ㄱ은 본말이며, ㄴ은 준말임.)

ㄱ	ㄴ	비　고
거짓-부리[60]	거짓-불	작은말은 '가짓부리, 가짓불'임.
노을	놀	저녁~.
막대기	막대	
망태기	망태	
머무르다	머물다	｝모음 어미가 연결될 때에는
서두르다	서둘다	｝준말의 활용형을
서투르다	서툴다	｝인정하지 않음.

---

57) 죽살이 : 죽음과 삶. 죽고 삶을 다투는 고생이다.
58) 퇴박맞다 : 마음에 들지 않아 물리침을 받다.
59) 한통치다 : 구별하지 아니하고 한데 합치다.
60) 거짓부리 : '거짓말'의 낮은말이다.

석새-삼베[61]	석새-베	
시-누이	시-뉘/시-누	
오-누이	오-뉘/오-누	
외우다	외다	외우며, 외워 : 외며, 외어.
이기죽-거리다[62]	이죽-거리다	
찌꺼기	찌끼	'찌꺽지'는 비표준어임.

[풀이] 제16항의 단어는 본말과 준말의 형태가 모두 널리 쓰이므로, 본말과 준말의 형태를 모두 표준어로 인정하여 결과적으로 복수 표준어를 설정한 것이다.

이 항에서는 특히 '머무르다, 서두르다, 서투르다'의 활용형을 제한하고 있다. 즉 '비고란'에서 이들 단어에 대하여 '모음 어미가 연결될 때에는 준말의 활용형을 인정하지 않는다.'고 하는 단서를 붙여 두고 있다.

(5) ㄱ. 머무르-+-고   서두르-+-다가   서투르-+-더라
    ㄴ. 머물-+-고   서둘-+-다가   서툴-+-더라

그런데 이들 단어의 어간에 모음으로 시작하는 어미인 '-어, -어야, -어도' 등이 결합하면, 본말의 활용 형태는 허용되지만 준말의 활용 형태는 허용하지 않는다.

(6) ㄱ. 머무르-+-어   → 머물러   [머물러]
    ㄴ. 서두르-+-어야   → 서둘러야   [서둘러야]
    ㄷ. 서투르-+-어도   → 서툴러도   [서툴러도]

(7) ㄱ. 머물-+-어   → *머물어   [머무러]
    ㄴ. 서둘-+-어야   → *서둘어야   [서두러야]
    ㄷ. 서툴-+-어도   → *서툴어도   [서투러도]

이들 단어의 어간에 모음으로 시작하는 어미 '-어, -어야, -어도' 등이 결합하면, (6)처럼 본말의 활용 형태는 허용되지만 (7)처럼 준말의 활용 형태는 허용하지 않는다. 곧

---

61) 석새삼베 : 240올의 날실로 짠 품질이 낮은 굵은 삼베이다.
62) 이기죽거리다 : 밉살스럽게 지껄거리며 짓궂게 빈정거리다.

(6)처럼 본말의 활용형인 '머물러, 서둘러야, 서툴러도' 등으로는 활용이 가능하다고 보아서 표준어로 삼지만,[63] (7)에서와 같이 준말의 어형에 어미가 직접 결합한 *머물어, *서둘어야, *서툴어야 등의 어형은 비표준어로 삼는다.

  그리고 본말인 '외우다'는 '말이나 글 따위를 잊지 않고 기억하여 두다.'나 '글이나 말을 기억하여 두었다가 한 자도 틀리지 않게 그대로 말하다.'의 뜻을 나타낸다. 이 말의 준말인 '외다'도 동일한 뜻을 나타내면서 어느 정도 널리 쓰이기 때문에, '외우다'와 '외다'를 복수 표준어로 삼는다.

제4절 단수 표준어

【제17항】 비슷한 발음의 몇 형태가 쓰일 경우, 그 의미에 아무런 차이가 없고 그 중 하나가 더 널리 쓰이면, 그 한 형태만을 표준어로 삼는다. (ㄱ을 표준어로 삼고, ㄴ을 버림.)

ㄱ	ㄴ	비 고
거든-그리다	거둥-그리다	1. 거든하게 거두어 싸다.
		2. 작은말은 '가든-그리다'임.
구어-박다	구워-박다	사람이 한 군데에서만 지내다.
귀-고리	귀엣-고리	
귀-띔	귀-틤	
귀-지	귀에-지	
까딱-하면[64]	까땍-하면	
꼭두-각시[65]	꼭둑-각시	
내색	나색	감정이 나타나는 얼굴빛.
내숭-스럽다[66]	내흉-스럽다	

---

63) '머무르다, 서두르다, 서투르다'가 '머물러, 서둘러, 서툴러' 등의 꼴로 활용하는 것은 이들 용언이 '르' 불규칙 용언이기 때문이다.
64) 까딱하면: '까딱하다'의 어간에 연결 어미 '-면'이 붙은 형태로, '조금 벗어나면'의 뜻이다.
65) 꼭두각시: 꼭두각시놀음에 나오는 인형이다.
66) 내숭스럽다: 속으로 엉큼스럽다.

냠냠-거리다	얌냠-거리다	냠냠-하다.
냠냠-이[67]	얌냠-이	
너[四]	네	~ 돈, ~ 말, ~ 발[68], ~ 푼.
넉[四]	너/네	~ 냥, ~ 되, ~ 섬, ~ 자.
다다르다	다닫다	
댑-싸리[69]	대-싸리	
더부룩-하다	더뿌룩-하다/듬뿌룩-하다	
-던	-든	선택, 무관의 뜻을 나타내는 어미는 '-든'임. 가-든(지), 말-든(지), 보-든(가), 말-든(가).
-던가	-든가	
-던걸	-든걸	
-던고	-든고	
-던데	-든데	
-던지	-든지	
-(으)려고	-(으)ㄹ려고/-(으)ㄹ라고	
-(으)려야	-(으)ㄹ려야/-(으)ㄹ래야	
망가-뜨리다	망그-뜨리다	
멸치	며루치/메리치	
반빗-아치[70]	반비-아치	'반빗' 노릇을 하는 사람. 찬비(饌婢). '반비'는 밥짓는 일을 맡은 계집종.
보습[71]	보십/보섭	
본새[72]	뽄새	
봉숭아	봉숭화	'봉선화(鳳仙花)'도 표준어임.
뺨-따귀	뺨-따귀/뺨-따구니	'뺨'의 비속어임.

---

67) 냠냠이: ① 어린아이의 말로, 먹고 싶은 음식을 이르는 말이다. ② 맛있는 음식을 먹고 싶어 하는 일을 비유적으로 이르는 말이다.

68) 발: 길이의 단위를 나타내는 의존 명사이다. 한 발은 두 팔을 양옆으로 펴서 벌렸을 때에 한 쪽 손끝에서 다른 쪽 손끝까지의 길이이다.

69) 댑싸리: 명아줏과의 한해살이풀인데, 줄기는 빗자루를 만드는 재료로 쓰인다.

70) 반빗아치: 반찬을 만드는 하인 노릇을 하는 여자이다.

71) 보습: 땅을 갈아 흙덩이를 일으키는 데 쓰는 농기구이다.

72) 본새: ① 어떤 물건의 본디의 생김새이다. ② 어떠한 동작이나 버릇의 됨됨이이다.

뻐개다[斫]	뻐기다	두 조각으로 가르다.
뻐기다[誇]	뻐개다	뽐내다.
사자-탈	사지-탈	
상-판대기	쌍-판대기	
서[三]	세/석	~ 돈, ~ 말, ~ 발, ~ 푼.
석[三]	세	~ 냥, ~ 되, ~ 섬, ~ 자.
설령(設令)	서령	
-습니다	-읍니다	먹습니다, 갔습니다, 없습니다, 있습니다, 좋습니다. 모음 뒤에는 '-ㅂ니다'임.
시름-시름	시늠-시늠	
씀벅-씀벅[73]	썸벅-썸벅[74]	
아궁이	아궁지	
아내	안해	
어-중간	어지-중간	
오금-팽이[75]	오금-탱이	
오래-오래	도래-도래	돼지 부르는 소리.
-올시다[76]	-올습니다	
옹골-차다[77]	공골-차다	
우두커니	우두머니	작은말은 '오도카니'임.
잠-투정	잠-투세/잠-주정	
재봉-틀	자봉-틀	발~, 손~.
짓-무르다	짓-물다	
짚-북데기	짚-북세기	'짚북더기'도 비표준어임.
쪽	짝	편(便). 이~, 그~, 저~. 다만, '아무-짝'은 '짝'임.
천장(天障)	천정	'천정부지(天井不知)'는 '천정'임.
코-맹맹이	코-맹녕이	
흉-업다[78]	흉-헙다	

73) 씀벅씀벅 : 눈꺼풀이 잇달아 움직이며 빨리 감겼다 떠졌다 하는 모양이다.
74) 썸벅썸벅 : 잘 드는 칼에 쉽사리 계속해서 베어지는 모양이나 그 소리이다.
75) 오금팽이 : '오금'의 낮은말. 무릎의 구부리는 안쪽을 낮추어 부르는 말이다.
76) -올시다 : 어떠한 사실을 평범하게 서술하는 종결 어미이다. 뜻 그것은 제 것이 아니올시다.
77) 옹골차다 : 매우 실속이 있게 속이 꽉 차 있다.

[풀이] 언중들이 특정한 단어를 두 가지 이상으로 발음하여 한 단어의 어형이 두 가지 이상으로 생길 수도 있다. 이들 복수의 단어 형태 가운데에서 한 쪽이 다른 쪽보다 현저하게 많이 사용된다고 판단되는 경우에는, 그 사용 빈도가 높은 어형을 표준어로 삼고 사용 빈도가 낮은 쪽을 비표준어로 정한다.

① '서/너'와 '석/넉' : '三'과 '四'를 나타내는 수 관형사가 '서/너'나 '석/넉'의 형태로 실현될 수도 있다.

(8) ㄱ. 사과 <u>세/네</u> **개**, 자동차 <u>세/네</u> **대**, 집 <u>세/네</u> **채**, ……
　　ㄴ. 금 <u>서/너</u> **돈**, 쌀 <u>서/너</u> **말**, <u>서/너</u> **발** 장대, 엽전 서/너 **푼**
　　ㄷ. 감초 <u>석/넉</u> **냥**, 좁쌀 <u>석/넉</u> **되**, 쌀 <u>석/넉</u> **섬**, 비단 <u>석/넉</u> **자**

'三'과 '四'를 나타내는 수 관형사는 일반적으로는 (8)의 (ㄱ)처럼 '세'의 형태로 실현된다. 그런데 이러한 수 관형사의 뒤에서 실현되는 의존 명사가 (ㄴ)처럼 '돈, 말, 발, 푼'일 때에는 '서'나 '너'의 형태로 실현되고, (ㄷ)처럼 의존 명사가 '냥, 되, 섬, 자'인 때에는 '석'이나 '넉'의 형태로 실현된다.

② '-습니다' : 예전에는 '-습니다'와 '-읍니다'를 구분하여서, '-습니다'를 '-읍니다'보다 더 깍듯한 표현으로 삼았다. 그러나 제17항에서는 '-습니다'와 '-읍니다'의 사이에 그러한 뜻의 차이가 분명하지 않으며, 일반적인 입말에서 '-습니다'가 훨씬 널리 쓰인다고 판단하여 '-읍니다'를 버리고 '-습니다'만 표준어로 쓰기로 하였다. 이와 마찬가지의 이유로 '-올시다'와 '*-올습니다' 중에서 '-올시다'를 표준어로 삼았다.

③ '-더-' : [ㅓ]와 [ㅡ]를 구분하지 못하는 일부 방언권의 화자들이 회상의 선어말 어미인 '-더-'기 실현된 형태인 '-던, -던가, -던지, -던데, -던고, -던지' 등을 '*-든, *-든가, *-든지, *-든데, *-든고, *-든지'로 발음하는 경향이 있으나, 이러한 발음 형태는 비표준어로 처리한다.

④ **아내** : '아내[妻]'는 어원적으로 보면 체언인 '안ㅎ[內]'에 파생 접미사인 '-애'가 붙어서 형성된 '안해'가 변해서 된 말이다. 이 '안해'는 15세기 때부터 20세기 초까지 널리 쓰였으나, 현대 국어에서는 대부분 이 형태가 '아내'로 바뀌어서 굳어졌다. 따라서 제17항에서는 옛 형태인 '안해'를 버리고 새 형태인 '아내'를 표준어로 삼았다.

---

78) 흥업다: 꽤 흥하다.

제5절 복수 표준어

【제18항】 다음 단어는 ㄱ을 원칙으로 하고, ㄴ도 허용한다.

ㄱ	ㄴ	비 고
네[79]	예	
쇠-	소-	-가죽, -고기, -기름, -머리, -뼈.
괴다	고이다	물이 ~, 밑을 ~.
꾀다[80]	꼬이다	어린애를 ~, 벌레가 ~.
쐬다	쏘이다	바람을 ~.
죄다	조이다	나사를 ~.
쬐다	쪼이다	볕을 ~.

[풀이] 동일한 개념을 나타내는 말이 비슷한 발음을 가진 두 가지 어형을 취할 때나 그 두 어형이 모두 다 널리 쓰이는 경우에는, 둘 다를 표준어로 삼는다.

대답말인 '네'와 '예'는 예전에는 '예'만을 표준어로 잡았으나, 서울 지역에서는 '네'가 더 널리 쓰이므로, '예'와 '네'를 복수 표준어로 정하였다.

'쇠'는 원래 15세기 국어에서 명사 '소[牛]'에 관형격 조사인 '-ㅣ'가 붙어서 된 형태인데[81], 이 '쇠' 뒤에 '가죽, 고기, 기름, 머리'가 붙어서 '쇠가죽, 쇠고기, 쇠기름, 쇠머리'가 형성되었다. 그런데 현대어에서는 '쇠'뿐만 아니라 '소'도 이러한 합성 명사에 널리 쓰임에 따라서 '소가죽, 소고기, 소기름, 소머리'도 표준어로 인정받게 되었다.

【제19항】 어감의 차이를 나타내는 단어 또는 발음이 비슷한 단어들이 다 같이 널리 쓰이는 경우에는, 그 모두를 표준어로 삼는다.(ㄱ, ㄴ을 모두 표준어로 삼음.)

---

79) 네: 윗사람의 부름에 대답하거나 묻는 말에 긍정하여 대답할 때 쓰는 말. 예 "네, 부르셨습니까?" "밥은 먹었니?" "네."

80) 꾀다: ① 그럴듯한 말이나 행동으로 남을 속이거나 부추겨서 자기 생각대로 끌다. 예 어린애를 사탕으로 꾀다. ② 벌레 혹은 사람 따위가 한곳에 많이 모여들어 뒤끓다. 예 음식물에 구더기가 꾀다. 술집에 구경꾼이 꾀다.

81) '-ㅣ'는 중세 국어에 쓰였던 관형격 조사의 형태이므로 '쇠가죽, 쇠고기, 쇠기름, 쇠머리'는 각각 '소의 가죽, 소의 고기, 소의 기름, 소의 머리'의 뜻을 나타낸다.

ㄱ	ㄴ	비 고
거슴츠레-하다[82]	게슴츠레-하다	
고까[83]	꼬까	~신, ~옷.
고린-내[84]	코린-내	
교기(驕氣)	갸기	교만한 태도.
구린-내[85]	쿠린-내	
꺼림-하다[86]	께름-하다	
나부랭이[87]	너부렁이	

[풀이] 어감이란 말소리나 말투의 차이에 따라서 다르게 나는 느낌을 말한다. 곧 같은 뜻을 가진 언어 형식이나 표현이 그 모음이나 자음을 바꾸는 것만으로도 그 느낌이 달라지는 경우를 어감의 차이라고 할 수 있다.

모음의 차이 때문에 어감의 차이를 보이는 예로는 '까맣다 : 꺼멓다', '자글자글 : 지글지글', '동글동글 : 둥글둥글' 등이 있다. 그리고 자음의 차이로 말미암아서 어감의 차이를 보이는 예로는 '감감 : 깜깜 : 캄캄', '단단하다 : 딴딴하다 : 탄탄하다', '빙빙 : 삥삥 : 핑핑' 등이 있다. 이렇게 어감의 차이를 보이는 단어는 일반적으로 별개의 단어로 취급하는 것이 보통이다.

제19항의 단어는 어감의 차이를 나타내는 것으로 판단되어 복수 표준어로 인정된 것들이다. 어감의 차이가 있다는 것은 엄밀히 말하면 별개의 단어라고 할 수도 있으나, 이들은 어원이 같고 그 어감의 차이가 대단히 작아서 복수 표준어로 처리한다.

---

82) 거슴츠레하다: 눈이 졸리거나 하여 정기가 풀리고 감길 듯하다.
83) 고까: 어린아이의 말로, 알록달록하게 곱게 만든 아이의 옷이나 신발 따위를 이르는 말이다.
84) 고린내: 썩은 풀이나 썩은 달걀 따위에서 나는 냄새와 같이 고약한 냄새.
85) 구린내: 똥이나 방귀 냄새와 같이 고약한 냄새.
86) 꺼림하다: 마음에 거리끼어 언짢은 데가 있다. (= 꺼림직하다)
87) 나부랭이: 헝겊, 종이 따위의 자질구레한 오라기.

제3장 어휘 선택의 변화에 따른 표준어 규정

앞에서 다룬 제2장은 원래는 하나였던 단어의 어형이 변하여 둘 이상의 어형이 생겼을 때에, 이들 어형을 처리하는 규정이었다. 이에 반하여 제3장은 동일한 의미를 나타내면서도 어형이 다른 단어들에 관한 것으로, 발음의 변화와는 관계없이 어떤 단어를 표준어로 선택한 것인가에 관한 문제를 다룬다. 다시 말해서 지역이나 계층의 차이 혹은 시간적 차이 때문에 다르게 쓰이는, 둘 이상의 어휘 중에서 특정한 어휘를 표준어로 선택하고 나머지 어휘를 비표준어로 처리한 결과의 변화에 따른 규정이다.

제1절 고어

【제20항】 사어(死語)가 되어 쓰이지 않게 된 단어는 고어로 처리하고, 현재 널리 사용되는 단어를 표준어로 삼는다. (ㄱ을 표준어로 삼고, ㄴ을 버림.)

ㄱ	ㄴ	비　　고
난봉[1]	봉	
낭떠러지	낭	
설거지-하다	설겆다	
애달프다	애닯다	
오동-나무	머귀-나무[2]	
자두	오얏	

[풀이] 말은 지역적 차이, 계층적 차이, 시간적 차이 때문에 끊임없이 변화를 일으킨다. 이러한 변화 때문에 원래 쓰이던 말이 쓰이지 않게 되어 생명력을 잃어버린 단어를 '사어(死語)'라고 한다. 제20항에서는 이러한 사어를 버려서 고어로 처리하고, 반

---

1) 난봉: 주색에 빠지는 일이나 허랑방탕한 짓을 하는 일이다. 囲 난봉을 부리다(피우다).
2) '오동나무'의 뜻으로는 버리지만, '운향과에 속한 낙엽 활엽 소교목'이란 뜻으로는 취한다.

면에 새롭게 생겨나서 언중들이 많이 쓰는 신조어를 표준어로 삼는다는 규정이다. 곧, '봉, 낭, 설겆다, 애닯다, 머귀나무, 오얏'은 고어로 처리하고, 각각 현대어에서는 이들 단어와 같은 의미로 쓰이는 '난봉, 낭떠러지, 설거지하다, 애달프다, 오동나무, 자두' 등을 표준어로 삼았다.

① 옛 형태인 '설겆다'는 현대어에서는 *설겆었다, *설겆으니, *설겆느냐, *설겆어라, *설겆자' 등의 활용형이 쓰이지 않기 때문에, 기본 형태인 '설겆다'를 설정할 수 없다. 따라서 '설겆다'는 버리고 '설거지하다'를 표준어로 삼았다.

② '애닯다'는 현대어에서 일부 노랫말에서는 쓰이고 있으나, '애닯으니, 애닯아서, 애닯은/애달운' 등의 활용 형태는 쓰이지 않는다. 따라서 '애닯다'를 고어로 처리하여 버리고, '애달프니, 애달파서, 애달픈' 등으로 활용하는 '애달프다'를 표준어로 삼았다.

③ '머귀나무'와 '오얏3)'은 현대어에서는 거의 쓰이지 않으므로 고어로 처리해서 버리고, 동일한 사물을 나타내는 '오동나무'와 '자두'를 표준어로 삼았다.

제2절 한자어

【제21항】 고유어 계열의 단어가 널리 쓰이고 그에 대응되는 한자어 계열의 단어가 용도를 잃게 된 것은, 고유어 계열의 단어만을 표준어로 삼는다.

(ㄱ을 표준어로 삼고, ㄴ을 버림.)

ㄱ	ㄴ	비 고
가루-약	말-약	
구들-장	방-돌	
길품-삯4)	보행-삯	
까막-눈	맹-눈	
꼭지-미역5)	총각-미역	
나뭇-갓6)	시장-갓	

---

3) 오얏: '오얏'은 한자 옥편(玉篇)에서 '李 오얏 리'의 훈(訓)으로 남아 있다.
4) 길품삯: 남이 갈 길을 대신 가 주고 받는 삯이다.
5) 꼭지미역: 한 줌 안에 들어올 만큼을 모아서 잡아맨 미역이다.
6) 나뭇갓: 산의 나무를 함부로 베지 못하게 단속하는 땅이나 산나무를 가꾸는 산이다.

늙-다리	노닥다리	
두껍-닫이[7]	두껍-창	
떡-암죽[8]	병-암죽	
마른-갈이[9]	건-갈이	
마른-빨래[10]	건-빨래	
메-찰떡[11]	반-찰떡	
박달-나무	배달-나무	
밥-소라	식-소라	큰 놋그릇.
사래-논	사래-전	묘지기나 마름이 부쳐 먹는 땅.
사래-밭	사래-답	
삯-말[12]	삯-마	
성냥	화곽	
솟을-무늬[13]	솟을-문(-紋)	
외-지다	벽-지다	
움-파[14]	동-파	
잎-담배	잎-초	
잔-돈	잔-전	
조-당수[15]	조-당죽	
죽데기[16]	피-죽[17]	'죽더기'도 비표준어임.
지겟-다리	목-발[18]	지게 동발의 양쪽 다리.
짐-꾼	부지-군(負持-)	

---

7) 두껍닫이: 미닫이를 열 적에 문짝이 옆벽에 들어가 가려져 있게 만든 것이다.

8) 떡암죽: 흰무리(입쌀 가루로만 켜가 없게 안쳐서 찐 시루떡) 말린 것을 빻아서 묽게 쑨 죽.

9) 마른갈이: 논에 물을 싣지 않고 가는 일이다.

10) 마른빨래: ① 흙 묻은 옷을 말려서 비벼 깨끗하게 하는 일. ② 휘발유, 벤젠 따위의 약품으로 옷의 때를 지워 빼는 일. ③ 새 옷을 입은 사람 곁에서 잠으로써, 자기 옷의 이를 옮기게 하여 없애는 일. ④ 물에 적시지 않은 빨랫감이나 빨아서 말린 빨래.

11) 메찰떡: ①찹쌀과 멥쌀을 섞어서 만든 시루떡이다. ②메꽃의 뿌리를 넣고 찐 찰떡이다.

12) 삯말: 삯을 주고 빌려 쓰는 말이나 삯을 받고 빌려 주는 말이다.

13) 솟을무늬: 피륙 따위에 도드라지게 놓은 무늬이다.

14) 움파: 겨울에 움 속에서 자란, 빛이 누른 파. 혹은 줄기를 베고 난 뒤 다시 줄기가 나온 파.

15) 조당수: 좁쌀로 묽게 쑨 당수이다.

16) 죽데기: 통나무의 표면에서 잘라 낸 널조각이다. 주로 땔감으로 쓴다.

17) 피죽: '피로 쑨 죽'이라는 뜻으로는 표준어이다.

18) 목발: '다리가 불편한 사람이 겨드랑이에 끼고 걷는 지팡이'라는 뜻으로는 표준어이다.

푼-돈	분전/푼전	
흰-말	백-말/부루-말	'백마'는 표준어임.
흰-죽	백-죽	

[풀이] 고유어와 한자어 가운데 고유어가 널리 쓰이고 한자어가 잘 쓰이지 않을 경우에는, 그 고유어만을 표준어로 삼는다.

【제22항】 고유어 계열의 단어가 생명력을 잃고 그에 대응되는 한자어 계열의 단어가 널리 쓰이면, 한자어 계열의 단어를 표준어로 삼는다.(ㄱ을 표준어로 삼고, ㄴ을 버림.)

ㄱ	ㄴ	비 고
개다리-소반[19]	개다리-밥상	
겸-상[20]	맞-상	
고봉-밥[21]	높은-밥	
단-벌	홑-벌	
마방-집[22]	마바리-집	馬房-.
민망-스럽다/면구-스럽다	민주-스럽다	
방-고래[23]	구들-고래	
부항-단지[24]	뜸-단지	
산-누에	멧-누에	
산-줄기	멧-줄기/멧-발	
수-삼	무-삼	
심-돋우개[25]	불-돋우개	
양-파	둥근-파	

---

19) 개다리소반(-小盤) : 상다리 모양이 개의 다리처럼 휜 막치 소반이다.
20) 겸상(兼床) : 둘 또는 그 이상의 사람이 함께 음식을 먹을 수 있도록 차린 상이다. 또는 그렇게 차려 먹는 것이다.
21) 고봉밥(高捧-) : 그릇의 전 위로, 수북하게 담은 밥이다.
22) 마방집(馬房-) : 말을 두고 삯짐을 싣는 일로 영업을 하는 집이다.
23) 방고래(房-) : 방의 구들장 밑에 있는, 불길과 연기가 나가는 길이다.
24) 부항단지(附缸-) : 부스럼의 피고름을 빨아내려고 부항을 붙이는 데 쓰는 자그마한 항아리.
25) 심돋우개(心-) : 등잔불의 심지를 돋우는 쇠꼬챙이이다.

어질-병	어질-머리
윤-달[26]	군-달
장력-세다[27]	장성-세다
제석[28]	젯-돗
총각-무[29]	알-무/알타리-무
칫-솔	잇-솔
포수	총-댕이

[풀이] 앞의 제21항과 반대로 고유어가 일상 생활에서 세력을 잃은 반면에 이에 대응되는 한자어가 널리 쓰이는 경우에는 한자어를 표준어로 삼는다.

제3절 방언

【제23항】 방언이던 단어가 표준어보다 더 널리 쓰이게 된 것은, 그것을 표준어로 삼는다. 이 경우, 원래의 표준어는 그대로 표준어로 남겨 두는 것을 원칙으로 한다. (ㄱ을 표준어로 삼고, ㄴ도 표준어로 남겨 둠.)

ㄱ	ㄴ	비 고
멍게	우렁쉥이	
물-방개	선두리	
애-순	어린-순	

[풀이] 여기서 말하는 방언은 표준어에 대립되는 개념으로 쓰이는 말로서, 표준어의 체계와 다른 체계를 가진 말을 이른다.

제23항에 실린 '멍게, 물방개, 애순'은 원래는 방언이었다. 그런데 이들 단어가 세력을 얻어서 지금은 원래 표준어였던 '우렁쉥이, 선두리, 어린순'보다 더 널리 쓰이게

---

26) 윤달(閏-) : 윤년에 드는 달이다. 달력의 계절과 실제 계절과의 차이를 조절하기 위하여, 1년 중의 달수가 어느 해보다 많은 달을 이른다.
27) 장력세다(壯力-) : 담이 차고 마음이 굳세어서 무서움을 타지 아니하다.
28) 제석(祭席) : 제사 때에 까는 돗자리이다.
29) 총각무(總角-) : 무청째로 김치를 담그는, 뿌리가 잔 어린 무이다.

되어, 이들 단어를 새로이 표준어로 인정한 것이다. 그리고 원래의 표준어였던 '우렁쉥이, 선두리, 어린순'은 비록 새로이 지정된 표준어보다는 덜 쓰이지만, 아직 학술 용어로 쓰이거나 특정 지역의 일부 토박이 화자들이 쓰고 있는 점을 고려하여 복수 표준어로 남겨 두었다.

【제24항】 방언이던 단어가 널리 쓰이게 됨에 따라 표준어이던 단어가 안 쓰이게 된 것은, 방언이던 단어를 표준어로 삼는다. (ㄱ을 표준어로 삼고, ㄴ을 버림.)

ㄱ	ㄴ	비　　고
귀밑-머리	귓-머리	
까-뭉개다	까-무느다	
막상[30]	마기	
빈대-떡	빈자-떡	
생인-손[31]	생안-손	준말은 '생-손'임.
역-겹다	역-스럽다	
코-주부	코-보	

[풀이] 이 항의 단어들은 제23항의 단어와 마찬가지로 원래 방언이었던 단어가 세력을 얻어 애초의 표준어보다 널리 쓰이는 말들이다. 그러나 이 항의 규정은 원래 표준어였던 말들이 완전히 방언에 밀려서 이제는 쓰이지 않게 되었으므로, 이들을 완전히 버린다는 점에서 제23항의 규정과 차이가 난다

첫째, 예전에는 '빈자떡'이 표준어였고 '빈대떡'은 방언이었으나, 지금은 '빈대떡'만이 널리 쓰이므로 이를 표준어로 삼는다. '역스럽다'를 버리고 '역겹다'를 표준어로 삼는 것도 마찬가지이다. 둘째, '생안손'은 '생으로 앓게 된 손(가락)'이란 뜻을 나타내던 표준어였는데, 지금은 방언이었던 '생인손'이 널리 쓰이게 되어서 표준어로 삼는다. 셋째, 원래 코가 큰 사람의 뜻을 나타내는 '코보'가 표준어로 쓰였으나, 신문에 연재되던 만화의 주인공으로 '코주부'가 널리 쓰이게 되자 '코주부'를 표준어로 정했다.[32]

---

30) 막상: 어떤 일에 실지로 이르러. 例 그는 집을 나서긴 했지만 막상 갈 곳이 없었다.
31) 생인손: 손가락 끝이 아리다가 곪는 병이다.
32) 코주부: 김용환 화백이 1952년부터 서울신문에 연재한 네 컷짜리 시사 만화의 이름이다.

제4절 단수 표준어

【제25항】 의미가 똑같은 형태가 몇 가지 있을 경우, 그 중 어느 하나가 압도적으로 널리 쓰이면, 그 단어만을 표준어로 삼는다. (ㄱ을 표준어로 삼고, ㄴ을 버림.)

-게끔(*-게시리), 겸사겸사(*겸지겸지/*겸두겸두), 고구마(*참감자), 고치다(*낫우다), 골목쟁이(*골목자기), 광주리(*광우리), 괴통(*호구), 국물(*멀국/*말국), 길잡이/길라잡이(*길앞잡이), 까다롭다/까탈스럽다(*까닭스럽다), 까치발(*까치다리), 꼬창모(*말뚝모), 나룻배(*나루), 납도리(*민도리), 농지거리(*기롱지거리), 다사스럽다(*다사하다), 다오(*다구), 담배꽁초(*담배꼬투리/*담배꽁치/*담배꽁추), 담배설대(*대설대), 대장일(*성냥일), 뒤져내다(*뒤어내다), 뒤통수치다(*뒤꼭지치다), 등나무(*등칡), 등때기(*등떠리), 등잔걸이(*등경걸이), 떡보(*떡충이), 똑딱단추(*딸꼭단추), 매만지다(*우미다), 먼발치(*먼발치기), 며느리발톱(*뒷발톱), 명주붙이(*주사니), 목메다(*목맺히다), 밀짚모자(*보릿짚모자), 바가지(*열바가지/*열박), 바람꼭지(*바람고다리), 반나절(*나절가웃), 반두(*독대), 버젓이(*뉘연히), 본받다(*법받다), 부각(*다시마자반), 부끄러워하다(*부끄리다), 부스러기(*부스럭지), 부항단지(*부항항아리), 붉으락푸르락(*푸르락붉으락), 비켜덩이(*옆사리미), 빙충이(*빙충맞이), 빠뜨리다(*빠치다), 뻣뻣하다(*왜긋다), 뽐내다(*느물다), 사로잠그다(*사로채우다), 살풀이(*살막이), 상투쟁이(*상투꼬부랑이), 새앙손이(*생강손이), 샛별(*새벽별), 선머슴(*풋머슴), 섭섭하다(*애운하다), 속말(*속소리), 손목시계(*팔목시계), 손수레(*손구루마), 쇠고랑(*고랑쇠), 수도꼭지(*수도고동), 숙성하다(*숙지다), 순대(*골집), 술고래(*술꾸러기/*술부대/*술보/*술푸대), 식은땀(*찬땀), 신기롭다(*신기스럽다), 쌍동밤(*쪽밤), 쏜살같이(*쏜살로), 아주(*영판), 안걸이(*안낚시), 안다미씌우다(*안다미시키다), 안쓰럽다(*안슬프다), 안절부절못하다(*안절부절하다), 앉은뱅이저울(*앉은저울), 알사탕(*구슬사탕), 암내(*곁땀내), 앞지르다(*따라먹다), 애벌레(*어린벌레), 얕은꾀(*물탄꾀), 언뜻(*펀뜻), 언제나(*노다지), 얼룩말(*워라말), -에는/-엘랑(cf. '-에는'과 '-엘랑'은 복수 표준어임.), 열심히(*열심으로), 열어젖히다(*열어젖뜨리다), 입담(*말담), 자배기(*너벅지), 전봇대(*전선대), 주책없다/주책이다

(cf. '주책없다'와 '주책이다'는 복수 표준어임.), 주책맞다/주책스럽다, 쥐락펴락(*펴락쥐락), -지만(*-지만서도), 짓고땡(*짓고땡이), 짧은작(*짜른작), 청대콩(*푸른콩), 칡범(*갈범)

[풀이] 제25항은 같은 뜻을 가진 두 가지 단어 가운데서 언중들 사이에 널리 쓰이는 단어만을 표준어로 인정한 규정이다. 앞의 제4절 제17항은 동일한 어원에서 출발하여 발음만 부분적으로 달라진 단어들 중에서, 널리 쓰이는 단어만 표준어로 삼는다는 규정이었다. 그러나 제25항에서 다루는 단어들은 발음의 변화와는 상관이 없이 동일한 뜻으로 쓰이는 단어들인데, 이들 가운데에서 훨씬 많이 쓰이는 단어만을 표준어로 삼고 잘 쓰이지 않는 단어들은 비표준어로 한다.

① '-게끔'과 '-게시리'는 둘 다 현실 언어에서 쓰이고 있다. 그런데 '-게시리'는 방언의 냄새가 강하고 또한 비슷한 뜻으로 쓰이는 연결 어미인 '-도록'이 표준어로서 널리 쓰이고 있다는 사실도 감안하여, '-게끔'을 표준어로 삼는다.

② '까탈스럽다'는 2016년에 '까다롭다'의 복수 표준어로 인정했다.

③ '*낫우다[療]'는 옛말의 형태를 그대로 유지하고 있는데, 현대어에서는 경상 방언에서만 쓰이고 있으므로 '낫우다'를 버리고 '(병을) 고치다'를 표준어로 삼는다.

④ '반나절'과 '나절가웃'에서 '나절가웃'은 '반나절'의 뜻으로는 비표준어로 처리하지만, '하루의 4분의 3'이라는 뜻으로는 표준어로 삼는다.

⑤ '붉으락푸르락', '쥐락펴락'뿐만 아니라 '*푸르락붉으락'과 '*펴락쥐락'이 가능할 것처럼 보인다. 그러나 이와 같이 '-락 ~ -락'으로 합성 부사가 된 단어는 '오락가락', '들락날락' 등과 같이 일정한 어순을 지켜서 형성된다.[33] 이러한 어순을 감안하여 상대적으로 널리 쓰이는 '붉으락푸르락', '쥐락펴락'만을 표준어로 삼는다.

⑥ '안절부절못하다'는 '못하다'가 붙지 않은 '*안절부절하다'와 의미적 차이 없이 쓰이고 있어서 언어 생활에 혼란을 가져오는 말이다. 따라서 이들 어형을 '안절부절못하다'로 고정하여 혼란을 막았다.

⑦ '-에는'과 '-엘랑'을 2016년에 복수 표준어로 인정했다.

⑧ '주책없다'와 '주책이다', 그리고 '주책맞다'와 '주책스럽다'도 를 각각 2016년과 2017년에 표준어로 인정했다.

---

33) '*가락오락', '*날락들락'은 잘못된 말이다.

⑨ '-지만'과 '-지만서도'는 둘 다 널리 쓰이는 말이지만, 이들 중에서 '-지만서도'
는 방언의 냄새가 강하다고 보아서 비표준어로 버리고 '-지만'만 표준어로 삼았다.

제5절 복수 표준어

【제26항】 한 가지 의미를 나타내는 형태 몇 가지가 널리 쓰이며 표준어 규
정에 맞으면, 그 모두를 표준어로 삼는다.

가는허리/잔허리, 가락엿/가래엿, 가뭄/가물, 가엾다/가엽다, 감감무소식/감감소
식, 개수통/설거지통, 개숫물/설거지물, 갱엿/검은엿, -거리다/-대다, 거위배/횟
배, 것/해, 게을러빠지다/게을러터지다, 고깃간/푸줏간, 곰곰/곰곰이, 관계없다/
상관없다, 교정보다/준보다, 구들재/구재, 귀퉁머리/귀퉁배기, 극성떨다/극성부
리다, 깃저고리/배내옷/배냇저고리, 까까중/중대가리, 꼬까/때때/고까, 꼬리별/
살별, 꽃도미/붉돔, 나귀/당나귀, 넝쿨/덩굴, 녘/쪽, 눈대중/눈어림/눈짐작, 느리
광이/느림보/늘보, 늦모/마냥모, 다기지다/다기차다, 다달이/매달, -다마다/-고
말고, 다박나룻/다박수염, 닭의장/닭장, 댓돌/툇돌, 덧장/겉장, 독장치다/독판치
다, 동자기둥/쪼구미, 돼지감자/뚱딴지, 되우/된통/되게, 두동무늬/두동사니, 뒷
갈망/뒷감당, 뒷말/뒷소리, 들락거리다/들랑거리다, 들락날락/들랑날랑, 딴전/딴
청, 땅콩/호콩, 땔감/땔거리, -뜨리다/-트리다, 뜬것/뜬귀신, 마룻줄/용총줄, 마
파람/앞바람, 만장판/만장중(滿場中), 만큼/만치, 말동무/말벗, 매갈이/매조미,
매통/목매, 먹새/먹음새, 멀치감치/멀찌가니/멀찍이, 먹통/산먹/산먹통, 면치레/
외면치레, 모내다/모심다, 모쪼록/아무쪼록, 목판되/모되, 목화씨/면화씨, 무심
결/무심중, 물봉숭아/물봉선화, 물부리/빨부리, 물심부름/물시중, 물추리나무/물
추리막대, 물타작/진타작, 민둥산/벌거숭이산, 밑층/아래층, 바깥벽/밭벽, 바른/
오른[右], 발모가지/발목쟁이, 버들강아지/버들개지, 벌레/버러지, 변덕스럽다/
변덕맞다, 보조개/볼우물, 보통내기/여간내기/예사내기, 볼따구니/볼퉁이/볼때
기, 부침개질/부침질/지짐질, 불똥앉다/등화지다/등화앉다, 불사르다/사르다, 비
발/비용(費用), 뾰두라지/뾰루지, 살쾡이/삵, 삽살개/삽사리, 상두꾼/상여꾼, 상

씨름/소걸이, 생/새앙/생강, 생뿔/새앙뿔/생강뿔, 생철/양철, 서럽다/섧다, 서방질/화냥질, 성글다/성기다, -(으)세요/-(으)셔요, 송이/송이버섯, 수수깡/수숫대, 술안주/안주, -스레하다/-스름하다, 시늉말/흉내말, 시새/세사(細沙), 신/신발, 신주보/독보(櫝褓), 심술꾸러기/심술쟁이, 쏨쓰레하다/쏨쓰름하다, 아귀세다/아귀차다, 아래위/위아래, 아무튼/어떻든/어쨌든, 하여튼, 여하튼, 앉음새/앉음앉음, 알은척/알은체, 애갈이/애벌갈이, 애꾸눈이/외눈박이, 양념감/양념거리, 어금버금하다/어금지금하다, 어기여차/어여차, 어림잡다/어림치다, 어이없다/어처구니없다, 어저께/어제, 언덕바지/언덕배기, 얼렁뚱땅/엄벙땡, 여왕벌/장수벌, 여쭈다/여쭙다, 여태/입때, 여태껏/이제껏/입때껏, 역성들다/역성하다, 연달다/잇달다, 엿가락/엿가래, 엿기름/엿길금, 엿반대기/엿자박, 오사리잡놈/오색잡놈, 옥수수/강냉이, 왕골기직/왕골자리, 외겹실/외올실/홑실, 외손잡이/한손잡이, 욕심꾸러기/욕심쟁이, 우레/천둥, 우지/울보, 을러대다/을러매다, 의심스럽다/의심쩍다, -이에요/-이어요, 이틀거리/당고금, 일일이/하나하나, 일찌감치/일찌거니, 입찬말/입찬소리, 자리옷/잠옷, 자물쇠/자물통, 장가가다/장가들다, 재롱떨다/재롱부리다, 제가끔/제각기, 좀처럼/좀체, 줄꾼/줄잡이, 중신/중매, 짚단/짚뭇, 쪽/편, 차차/차츰, 책씻이/책거리, 척/체, 천연덕스럽다/천연스럽다, 철따구니/철딱서니/철딱지, 추어올리다/추어주다, 축가다/축나다, 침놓다/침주다, 통꼭지/통젖, 파자쟁이/해자쟁이, 편지투/편지틀, 한턱내다/한턱하다, 해웃값/해웃돈, 혼자되다/홀로되다, 흠가다/흠나다/흠지다

[풀이] 제26항의 복수 표준어 규정은 발음의 변화는 상관없이 동일한 의미를 가진 두세 가지 단어가 대등한 세력으로 널리 익어져 쓰이는 경우, 그들 단어를 모두 표준어로 인정한다는 규정이다.

여기서는 복수 표준어 중에서 표준어 사정과 관련하여 문제가 되는 사항에 대하여 간략하게 논의한다.

① '-거리-'와 '-대-' : '-거리-'와 '-대-'는 동작 또는 상태를 나타내는 일부 어근 뒤에 붙어서 '그런 상태가 잇따라 계속됨'의 뜻을 더하는 접미사이다.

⑴ 서성거리다/서성대다, 출렁거리다/출렁대다, 비틀거리다/비틀대다

'-거리다'와 '-대다'는 의미적 차이도 분명하지 않고 둘 다 널리 쓰이므로, 복수 표준어로 삼았다.

  ② '-뜨리다'와 '-트리다' : '-뜨리다'와 '-트리다'는 몇몇 동사의 '-아/어' 연결형 또는 어간 뒤에 붙어서 강조의 뜻을 더하는 접미사이다.

    (2) ㄱ. 깨뜨리다/깨트리다, 밀뜨리다/밀트리다, 자빠뜨리다/자빠트리다
        ㄴ. 밀어뜨리다/밀어트리다, 넘어뜨리다/넘어트리다

'-뜨리다'와 '-트리다'의 두 가지 어형도 '-거리다'와 '-대다'의 경우와 마찬가지로 둘 다 널리 쓰이므로 복수 표준어로 삼는다. 이 두 어형 사이에 어감의 차이가 있는 듯하지만, 그 차이가 크지 않다고 보아서 복수 표준어로 처리한다.

  ③ '가뭄'과 '가물' : '가뭄〔旱〕'과 '가물'을 비교하면 의미적인 차이는 없으나 현대어에서는 '가뭄'이 더 널리 쓰이고 있다. 그러나 아직은 '가물'이 드물지만 쓰는 말로 인정하여 '가뭄'과 '가물'의 두 어형을 모두 표준어로 처리한다.

  ④ '가엾다/가엽다', '서럽다/섧다', '여쭙다/여쭈다' : '가엾다/가엽다', '서럽다/섧다', '여쭙다/여쭈다'는 두 가지 어형이 널리 쓰이고 있고 그 활용 형태도 다양하게 실현되므로 복수 표준어로 삼는다.

    (3) ㄱ. 가엾다 : 가엾어라, 가엾은, 가엾어, 가엾었다
        ㄴ. 가엽다 : 가여워라, 가여운, 가여워, 가여웠다

    (4) ㄱ. 여쭙다 : 여쭈워라, 여쭈운, 여쭈워, 여쭈웠다
        ㄴ. 여쭈다 : 여쭈어라, 여쭌, 여쭈어, 여쭈었다

    (5) ㄱ. 서럽다 : 서러워라, 서러운, 서러워, 서러웠다
        ㄴ. 섧다   : 설워라, 설운, 설워, 설웠다

(3~5)의 '가엾다/가엽다', '여쭙다/여쭈다', '서럽다/섧다' 등은 두 가지 어형이 모두 다 쓰이고 있으며, 각 어형에 대하여 여러 가지의 활용 형태가 다 쓰이고 있다. 그러므로 이들 어형은 모두 복수 표준어로 처리한다.

  ⑤ '-으셔요/-으세요' : '-으셔요'는 '-으시- + -어 + -요'로 형태소 단위로 분석된다.[34] 본말인 '-으시어요'가 줄어져서 '-으셔요'가 되었고, '-으셔요'의 변이형이 '-으세요'이다.

(6) 잡(어간)- + -으시- + -어 + -요 ⇨ 잡으셔요 / 잡으세요

문법적인 형태를 보면 '-으셔요'의 형이 어원에 가까워서 '-으셔요'만을 표준어로 삼았다. 그러나 현실 언어 생활에서 '-으세요' 형이 훨씬 많이 쓰이고 있는 점을 감안하여서 '-으세요'도 복수 표준어로 인정하였다.

　⑥ '-이어요/-이에요'와 '-여요/-예요': 서술격 조사의 '해요체 평서형'인 '-이어요/-이에요'와 '-여요/-예요'가 복수 표준어로 쓰인다. 여기서 '-이어요/ -이에요'의 형태는 자음으로 끝나는 체언 뒤에 쓰이며, '-여요/-예요'의 형태는 모음으로 끝나는 체언 뒤에 쓰인다.

　첫째, 자음으로 끝나는 체언 뒤에서는 '-이어요'의 형태가 쓰이는데, '-이어요'에서 종결 어미인 '-어'가 '-에'로 변한 형태가 '-이에요'이다.[35]

(7) ㄱ. 사람 + -이- + -어 + -요 → 사람이어요
　　ㄴ. 사람 + -이- + -에 + -요 → 사람**이에요**

문법적인 형태만 고려하면 앞의 '-으셔요/-으세요'와 마찬가지로 '-이어요' 형을 표준어로 삼는 것이 좋다. 그러나 이 말의 현실 발음이 [이에요]로 굳어 가고 있으므로, '-이어요'와 '-이에요'의 두 어형을 모두 복수 표준어로 인정하였다.

　둘째, 끝음절이 모음으로 끝나는 체언 뒤에는 '-여요/-예요'의 형태로 실현된다.

(8) ㄱ. 여자 + -이- + -어 + -요 → *여자(이어)요 → 여자여요
　　ㄴ. 여자 + -이- + -에 + -요 → *여자(이에)요 → 여자**예요**

(8)의 '여자'처럼 모음으로 끝난 명사 뒤에는, '-이어-/-이에-'의 형태가 '-여-/-예-'로 축약된 다음에, 다시 '-요'와 결합하여서 '-여요/-예요'의 형태로 된다.

　셋째, 형용사인 '아니다'의 어간인 '아니-'에 '-어요/-에요'가 직접 결합할 때에는, '아니어요/아니에요'로 쓰인다.

---

34) '-으시'는 주체 높임 선어말 어미이며, '-어'는 평서형 종결 어미, '-요'는 종결 보조사이다.
35) '-이어요'는 '-이- + -어 + -요'로 분석된다. 여기서 '-이-'는 서술격 조사이며, '-어'는 '해체'의 평서형의 종결 어미이며, '-요'는 높임의 뜻을 나타내는 종결 보조사이다.

(9) ㄱ. 아니- + -어 + -요 → 아니어요(본말) → *아(니어)요 → 아녀요(준말)

   ㄴ. 아니- + -에 + -요 → **아니에요**(본말) → *아(니에)요 → **아녜요**(준말)

'아니어요'와 '아니에요'의 준말이 각각 '아녀요'와 '아녜요'이므로, 결과적으로 '아니어요/아녀요', '아니에요/아녜요'의 네 가지 어형이 복수 표준어로 인정된다. 이들 네 가지 형태 중에서 '아니에요'의 형태가 가장 널리 쓰인다.

   ⑦ **'신'**과 **'신발'** : '신발〔履〕'은 단음절인 '신'만으로는 의사전달이 정확하게 되지 않을 것을 염려해서, 이를 보완하는 수단으로 '신'에 '발'이 덧붙어서 형성된 합성어이다. 이는 '빗자루'가 '비'에 '자루'가 붙어서 형성된 합성 명사인 것과 마찬가지이다.

   ⑧ **'알은척'**과 **'알은체'** : 합성 명사인 '알은척/알은체'36)에서 '알은'은 'ㄹ' 불규칙 용언인 '알다'가 활용한 꼴이므로, 원칙적으로는 그 어형을 '안'으로 잡아서 '*안척'이나 '*안체'로 잡아야 한다.

   (10) ㄱ. [알(어간)- + -ㄴ(관형사형 전성 어미) 척/체] → *안척/*안체

       ㄴ. [알- + -은 척/체] → 알은척/알은체

그러나 이 말의 발음이 [아른]으로 굳어 버린 점을 감안하여, '*안척/*안체'를 버리고 '알은척/알은체'를 복수 표준어로 정하였다.

   ⑨ **'우레'**와 **'천둥'** : '우레'는 어원적으로 보면 '울다'의 어간 '울-'에 명사 파생 접미사인 '-에'가 붙어서 만들어진 순우리말 파생어이다.

   (11) [울(울다, 鳴)- + -에(명사 파생 접미사)] → 우레

언중들이 이 말을 한자어에서 온 말로 잘못 생각하여 '우뢰(雨雷)'로 적는 경우가 많았는데, 이러한 현상을 바로잡아서 순우리말 '우레'만을 표준어로 삼았다. 그리고 '우레'와 의미가 유사하고 사이에 널리 쓰이는 **'천둥**(← 天動)'도 표준어로 처리하였다.

---

36) 알은척/알은체 : 어떤 일에 관심을 가지는 듯한 태도를 보이는 것이다.

제2부 표준 발음법[*]

제1장 총칙

> **제1항** 표준 발음법은 표준어의 실제 발음을 따르되, 국어의 전통성과 합리성을 고려하여 정함을 원칙으로 한다.[1)]

[제1항] 표준 발음법의 제정 원칙

〈 **표준 발음법** 〉같은 언어를 쓰는 사람들도 출신 지역이나 나이, 신분 등에 따라서 어휘나 문법 형태소뿐만 아니라 발음도 조금씩 다를 수가 있다.

첫째, 지역의 차이에 따라서 자음이나 모음의 발음이 차이날 수가 있다.

(1) ㄱ. 게[蟹]/개[犬], 덜다[減]/들다[擧], 살[肉]/쌀[米]

ㄴ. 사과[사과/*사가], 겨울[겨울/*게울], 쥐[쥐/*찌]

(2) ㄱ. 끝이[끄치/*끄시], 젖이[저지/*저시], 꽃을[꼬츨/*꼬슬]

ㄴ. 먹고[먹꼬/*먹꾸], 너도[너도/*너두]

예를 들어서 경상도 지역의 사람들은 대체로 (1ㄱ)처럼 모음 중에서 [에]와 [애], [어]와 [으]를 잘 구분하지 못하며, 자음 중에서 [ㅅ]와 [ㅆ]를 잘 구분하지 못한다. 그리고 이들 지역에서는 (1ㄴ)처럼 자음 뒤에 이어서 나는 이중 모음을 단모음으로 발음하는 경향이 강하다. 그리고 서울 지역의 일부 화자들은 (2ㄱ)처럼 앞 형태소의 음절의 끝소리인 'ㅌ, ㅈ, ㅊ'을 [ㅅ]으로 발음하거나, (2ㄴ)처럼 'ㅗ'를 [ㅜ]로 발음하는 경향이 있다. 이처럼 지역 언어를 쓰는 사람들에 따라서 발음에 차이가 있을 수 있다.

둘째, 말하는 사람 개인의 언어적인 습관에 따라서도 발음이 차이날 수 있다.

---

[*] '벼리한국어학당(htttp://byeori.net)'에서는 '표준 발음법'의 음성 자료를 제공하고 있습니다.

1) '표준 발음법'은 표준어의 한글 표기 형태에 대한 표준 발음을 규정한 것이므로, 음성이나 음운의 특성을 연구하는 국어 음운론의 규칙과는 차이가 있을 수 있다.

(3) ㄱ. 신문[신문/*심문], 신발[신발/*심발]

　　ㄴ. 손바닥[손빠닥/*솜빠닥], 듣보다[듣뽀다/*듭뽀다]

　　ㄷ. 감기[감기/*강기], 밥그릇[밥그른/*박그른]

(4) ㄱ. 뜯기다[뜯기다/*띧기다]

　　ㄴ. 어미[어미/*에미], 아지랑이[아지랑이/*아지랭이]

　　ㄷ. 지팡이[지팡이/*지팽이], 아비[아비/*애비]

(5) ㄱ. 부엌에[부어케/*부어게], 동녘이[동녀키/*동녀기]

　　ㄴ. 의사[의사/*이사], 깨끗이[깨끄시/*깨끄치]

예를 들어서 사람에 따라서는 (3)처럼 '신문'을 [*심문]으로, '손바닥'을 [*솜빠닥]으로, '감기'를 [*강기]로 발음할 수도 있으며, (4)처럼 '뜯기다'를 [*띧기다]로, '어미'를 [*에미]로, '지팡이'를 [*지팽이]로 발음하기도 한다. 그리고 '부엌에'를 [*부어게]로 발음하거나 '의사'를 [*이사]로 발음하는 사람도 있다.

이처럼 지역이나 개인적 습관에 따른 발음을 모두 허용하면 표준어를 운영하는 데에 큰 지장이 생긴다. 따라서 표준어를 정확하게 구사하기 위해서는, '표준 어휘'를 사용하는 것뿐만 아니라 '표준 발음'을 정확하게 이해하고 발음하는 것도 중요하다. <표준 발음법>은 이처럼 특정한 언어를 쓰는 화자들 사이에 발음하는 법이 서로 달라서 의사 소통에 지장이 생기는 것을 막기 위하여, 발음할 때의 표준을 정해 놓은 규정이다.

〈표준 발음법의 제정 원리〉 제1항에서는 표준어를 발음하는 법에 대한 일반적인 원칙을 제시하였다. 곧 제1항의 내용은 '표준어의 실제 발음'을 따른다는 기본적인 원칙 아래에서, '국어의 전통성'과 '국어의 합리성'을 고려해서 정한다는 것이다.

첫째, 표준 발음법은 기본적으로 '표준어의 실제 발음'을 따른다. 곧 <표준어 사정 원칙>의 총칙 제1항에서 표준어를 "교양 있는 사람들이 두루 쓰는 현대 서울말"로 규정함에 따라서, 지금 현재 교양 있는 서울 사람들이 <u>실제로 사용하는 발음</u>을 표준 발음으로 정한다는 것이다. 따라서 위의 예문 (1)과 (2)에 제시된 발음처럼 특정 지역에 편중되고 개인의 언어 습관에 따라서 발음하는 것은 표준어의 발음으로 인정하지 않는다는 것이다.

둘째, 국어의 '전통성'과 '합리성'은 국어사적인 전통성과 음운론적인 타당성을 말한다. 곧 현대 국어는 그 이전에 이미 고대 국어, 중세 국어와 근대 국어의 기반 위에서 형성된 언어 체계이다. 따라서 현대 국어에서 특정한 어휘의 발음에 여러 가지의 변이형이 생겼을 때에는 가급적이면 국어사적인 전통을 고려해서 표준 발음을 정한 다는 것이다.

⑹ ㄱ. ㅟ [y] / [wi]　　　　⑺ ㄱ. 馬 [말] cf. 言 [말 :]
　　ㄴ. ㅚ [ø] / [we]　　　　　ㄴ. 罰 [벌] cf. 蜂 [벌 :]
　　　　　　　　　　　　　　　ㄷ. 松 [솔] cf. 刷 [솔 :]

⑹에서 현대어에서 전설 고모음인 'ㅟ'와 전설 중모음인 'ㅚ'는 현실 언어에서는 대부분의 언중들이 이중 모음인 [wi]와 [we]로 발음하고 있다. 그러나 18세기 말부터 서울 지역의 언중들은 'ㅟ'와 'ㅚ'를 단모음인 [y]와 [ø]로 발음해 왔는데, <표준 발음법>에서는 이러한 국어사적인 전통을 감안하여 'ㅟ'와 'ㅚ'를 단모음으로 인정하고 있다. 그리고 근대 국어 이래로 현대 서울말에서는 ⑺처럼 단어에서 긴소리와 짧은 소리가 구분되어 쓰여 왔다. 그런데 경상도 지역의 언중들이나 젊은 사람들 중에서는 단어의 장단을 구분하지 않고 발음하는 사람이 많다. 이처럼 현실 언어에서 장단을 구분하지 않는 발음이 쓰이기는 하지만, 근대 국어 이후로 장단을 구분하여 발음하는 국어사의 전통에 따라서 장단을 구분하는 것을 표준 발음으로 정한다.

　그리고 현실 언어에서 사용되는 발음이 예전의 국어사적인 전통과 달라져 있다고 하여도, 국어 음운론의 이론적인 합리성에 근거하여 표준 발음을 정하는 경우도 있다.

⑻ ㄱ. 꽃을 [꼬츨/*꼬슬], 젖을[저즐/*저슬], 낮을[나즐/*나슬]
　　ㄴ. 멋있다[머딛따/머싣따], 맛있다[마딛따/마싣따]

(ㄱ)에서 '꽃을, 젖을, 낮을'은 비록 청소년 계층에서 [꼬슬], [저슬], [나슬]로 발음하는 경향이 있으나, '연음 법칙'이라는 음운론적인 규칙을 고려하여 [꼬츨], [저즐], [나즐]을 표준 발음으로 정했다. 그리고 (ㄴ)에서 '멋있다'와 '맛있다'도 현실 언어에서는 대부분 [머싣따]와 [마싣따]로 발음하고 있으나, 음절 끝소리 규칙과 연음 규칙의 음운론적 이론에 따라서 [머딛따]와 [마딛따]의 발음도 표준 발음으로 인정하고 있다.

　이처럼 '표준 발음'은 국어에서 실제로 사용되는 현실 발음을 기반으로 정하되, 국어사적인 전통성과 국어 음운론의 이론적 합리성을 고려하여 정한 것이다.

제2장 자음과 모음

> **제2항** 표준어의 자음은 다음 19개로 한다.
>
> ㄱ ㄲ ㄴ ㄷ ㄸ ㄹ ㅁ ㅂ ㅃ ㅅ ㅆ ㅇ ㅈ ㅉ ㅊ ㅋ ㅌ ㅍ ㅎ

[제2항] 자음의 종류

'자음(닿소리)'은 발음할 때에 목 안이나 입 안의 어느 부분이 막히거나 좁혀지거나 하여 밖으로 나가는 공기의 흐름이 장애를 받아서 나는 소리이다.

(1) [ㅂ, ㅃ, ㅍ, ㅁ ; ㄷ, ㄸ, ㅌ, ㅅ, ㅆ, ㄴ, ㄹ ; ㅈ, ㅉ, ㅊ ; ㄱ, ㄲ, ㅋ, ㅇ ; ㅎ]

〈표준 발음법〉의 제2항에서는 표준어의 자음을 (1)처럼 모두 19개로 정했다.

〈 **자음의 분류** 〉 국어의 자음은 발음할 때에, 능동부가 고정부에 작용하는 '조음 위치'와 발음하는 방법인 '조음 방법'에 따라서 분류된다. 이렇게 '조음 위치'와 '조음 방법'에 따라서 구분한 표준 발음의 자음 체계는 다음과 같다.

조음 방법 \ 조음 위치			입술소리 윗입술 아랫입술	잇몸소리 윗잇몸 혀끝	센입천장소리 센입천장 혓바닥	여린입천장소리 여린입천장 혀뒤	목청소리 목청 사이
무성음	파열음	예사소리	ㅂ p	ㄷ t		ㄱ k	
		된소리	ㅃ p'	ㄸ t'		ㄲ k'	
		거센소리	ㅍ p^h	ㅌ t^h		ㅋ k^h	
	마찰음	예사소리		ㅅ s			ㅎ h
		된소리		ㅆ s'			
	파찰음	예사소리			ㅈ tɕ		
		된소리			ㅉ tɕ'		
		거센소리			ㅊ $tɕ^h$		
유성음	비음		ㅁ m	ㄴ n		ㅇ ŋ	
	유음			ㄹ l			

[표 1. 자음의 체계]

〈 **자음의 발음법** 〉 자음을 발음할 때의 입의 모양을 설명하면 다음과 같다.

① **입술소리** : [ㅂ, ㅍ, ㅃ ; ㅁ]은 윗입술과 아랫입술이 닿아서 나는 '입술소리(양순음, 兩脣音)'이다.

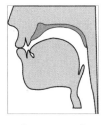 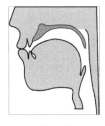

[ㅂ, ㅍ, ㅃ]　　　　　　　　[ㅁ]

이들 중에서 [ㅂ, ㅍ, ㅃ]은 허파에서 나오는 공기의 흐름을 두 입술로 막았다가 그 막은 자리를 터뜨리면서 내는 파열음(破裂音)이다. [ㅂ, ㅍ, ㅃ] 가운데서 [ㅂ]은 후두 근육에 힘을 들이지도 않고 내뿜는 공기를 세게 하지도 않으면서 발음하는 예사소리이며, [ㅍ]은 공기를 세게 내뿜어서 거세게 터뜨리면 내는 거센소리이다. [ㅃ]은 후두 근육에 힘을 주거나 목청 터짐을 동시에 일으키면서 발음하는 된소리이다. 입술소리 가운데서 [ㅁ]은 두 입술 사이를 막고 코로 공기를 내보내면서 내는 비음(鼻音)이다.

② **잇몸소리** : [ㄷ, ㅌ, ㄸ ; ㅅ, ㅆ ; ㄴ ; ㄹ]은 혀끝이 윗잇몸에 닿거나 가까이 접근하여서 나는 '잇몸소리(치조음, 齒槽音)'이다.

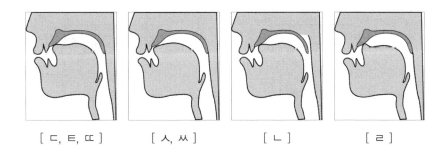

[ㄷ, ㅌ, ㄸ]　　　[ㅅ, ㅆ]　　　[ㄴ]　　　[ㄹ]

먼저 [ㄷ, ㅌ, ㄸ]은 혀끝을 윗잇몸에 닿게 해서 공기를 막았다가 터뜨려서 내는 파열음들인데, 이들 가운데서 [ㄷ]은 예사소리이며, [ㅌ]은 거센소리, [ㄸ]은 된소리이다. 그리고 잇몸소리 가운데서 [ㅅ, ㅆ]은 혀끝을 윗잇몸에 가까이 접근시켜서 공기를 좁은 틈 사이로 내보내면서 내는 마찰음인데, [ㅅ]은 예사소리이며 [ㅆ]은 된소리이다. [ㄴ]은 비음으로서 혀끝으로 윗잇몸을 막고 코로 공기를 내보내면서 내는 소리이다. 끝으로 [ㄹ]은 '유음(流音)'인데 이는 [라]의 첫소리를 발음할 때처럼 혀끝을 윗잇몸에 가볍게 대었다가 떼거나, [알]의 끝소리를 발음할 때처럼 혀끝을 윗잇몸에 댄 채 공기를 그 양 옆으로 흘려 내보내면서 내는 소리이다.

　③ **센입천장소리** : [ㅈ, ㅊ, ㅉ]은 앞혓바닥이 센입천장에 닿아서 나는 '센입천장소리(경구개음, 硬口蓋音)'이다.

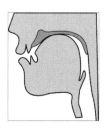

[ㅈ, ㅊ, ㅉ]

[ㅈ, ㅊ, ㅉ]은 모두 허파에서 나오는 공기를 막았다가 서서히 터뜨리면서 마찰을 일으켜서 내는 파찰음(破擦音)이다. 이들 가운데서 [ㅈ]은 예사소리이며, [ㅊ]은 거센소리이고, [ㅉ]은 된소리이다.

　④ **여린입천장소리** : [ㄱ, ㅋ, ㄲ ; ㅇ]은 뒤혀가 여린입천장에 닿아서 나는 '여린입천장소리(연구개음, 軟口蓋音)'이다.

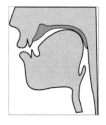

[ㄱ, ㅋ, ㄲ]

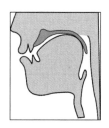

[ㅇ]

[ㄱ, ㅋ, ㄲ]은 혀의 뒷부분으로써 여린입천장을 막아서 허파에서 나오는 공기의 흐름을 막았다가 그 막은 자리를 터뜨리면서 내는 파열음(破裂音)이다. 이 가운데서 [ㄱ]은

예사소리이며, [ㅋ]은 거센소리, [ㄲ]은 된소리이다. 그리고 [ㅇ]은 비음으로서 혀의 뒷부분으로 여린입천장을 막고 코로 공기를 내보내면서 내는 소리이다.

⑤ **목청소리** : [ㅎ]은 목청 사이의 통로를 좁히고 공기를 그 좁은 틈 사이로 내보내어, 마찰을 일으키면서 내는 '목청소리(후음, 喉音)'이다.

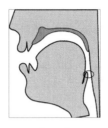

[ㅎ]

제3항 표준어의 모음은 다음 21개로 한다.

ㅏ ㅐ ㅑ ㅒ ㅓ ㅔ ㅕ ㅖ ㅗ ㅘ ㅙ ㅚ ㅛ ㅜ ㅝ ㅞ ㅟ ㅠ ㅡ ㅢ ㅣ

[제3항] 모음의 종류

'모음(母音, 홀소리, vowel)'은 조음 기관의 장애가 없이, 오로지 후두의 울림이 입안에서 공명을 얻어 나는 소리이다.

    (2) [ㅣ], [ㅔ], [ㅐ] ; [ㅡ], [ㅓ], [ㅏ] ; [ㅗ], [ㅜ], ……

(2)의 모음들은 모두 발음이 일어나는 동안에 공깃길이 막히거나 마찰되는 일이 없다. 오직 입이 벌어지는 정도(혀의 최고점의 높이)와 혀의 최고점의 전후 위치, 그리고 입술의 모양에 따라서 각각 다른 소리가 생길 뿐이다.

제4항 'ㅏ ㅐ ㅓ ㅔ ㅗ ㅚ ㅜ ㅟ ㅡ ㅣ'는 단모음(單母音)으로 발음한다.

  [붙임] 'ㅚ, ㅟ'는 이중 모음으로 발음할 수 있다.

[제4항] 단모음의 종류

⟨ **단모음의 분류** ⟩ 국어의 단모음은 대립적인 체계를 이룬다. 곧 국어의 단모음은 '혀의 최고점의 높이'를 기준으로 삼으면 '고모음, 중모음, 저모음'의 3단계로 대립하며, '혀의 최고점의 앞뒤'를 기준으로 삼으면 '전설 모음'과 '후설 모음'의 2단계로 대립한다. 그리고 전설 모음과 후설 모음은 입술의 모양에 따라서 각각 평순 모음과 원순 모음으로 대립된다. 이에 따라서 모음의 체계를 정리하면 [표 2]의 내용과 같다.

혀의 높이 ＼ 혀의 위치	전 설 모 음		후 설 모 음	
	평 순	원 순	평 순	원 순
고 모 음	ㅣ i	ㅟ y	ㅡ ɨ	ㅜ u
중 모 음	ㅔ e	ㅚ ø	ㅓ ə	ㅗ o
저 모 음	ㅐ ɛ		ㅏ a	

[표 2. 국어 단모음 음소의 대립 관계]

예를 들어서 /ㅣ/는 전설 고모음이면서 평순 모음이므로, 혀의 최고점의 높이를 기준으로 중모음인 /ㅔ/나 저모음인 /ㅐ/와 대립한다. 또한 /ㅣ/는 혀의 최고점의 앞뒤를 기준으로 후설 모음인 /ㅡ/와 대립하며, 입술 모양으로는 원순 모음인 /ㅟ/와 대립한다. 다음으로 /ㅚ/는 후설 중모음이면서 원순 모음이므로, 최고점의 높이를 기준으로 고모음인 /ㅜ/와 대립한다. 또한 /ㅚ/는 또한 최고점의 앞뒤를 기준으로는 /ㅔ/와 대립하며, 입술 모양으로는 평순 모음인 /ㅓ/와 대립한다.

⟨ **단모음의 발음법** ⟩ 다음은 국어의 단모음의 발음 요령을 간략하게 제시한다.

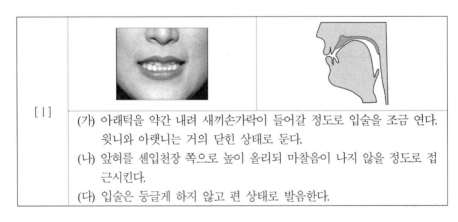

[ㅣ]	(가) 아래턱을 약간 내려 새끼손가락이 들어갈 정도로 입술을 조금 연다. 윗니와 아랫니는 거의 닫힌 상태로 둔다.
	(나) 앞혀를 센입천장 쪽으로 높이 올리되 마찰음이 나지 않을 정도로 접근시킨다.
	(다) 입술은 둥글게 하지 않고 편 상태로 발음한다.

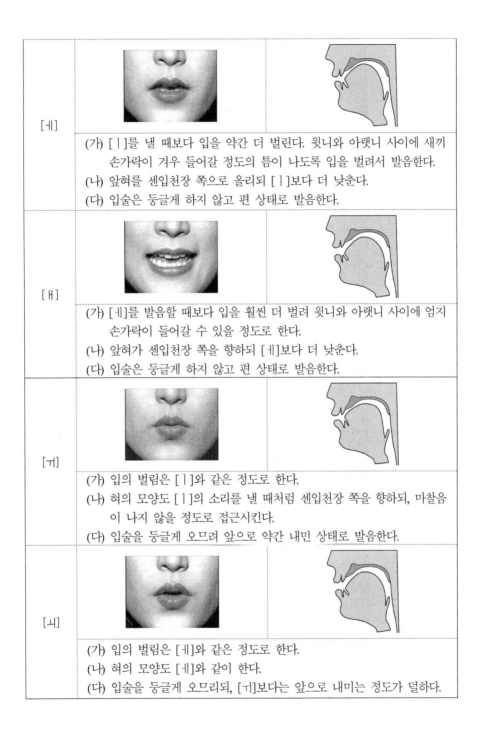

[ㅔ]	(가) [ㅣ]를 낼 때보다 입을 약간 더 벌린다. 윗니와 아랫니 사이에 새끼 손가락이 겨우 들어갈 정도의 틈이 나도록 입을 벌려서 발음한다. (나) 앞혀를 센입천장 쪽으로 올리되 [ㅣ]보다 더 낮춘다. (다) 입술은 둥글게 하지 않고 편 상태로 발음한다.
[ㅐ]	(가) [ㅔ]를 발음할 때보다 입을 훨씬 더 벌려 윗니와 아랫니 사이에 엄지 손가락이 들어갈 수 있을 정도로 한다. (나) 앞혀가 센입천장 쪽을 향하되 [ㅔ]보다 더 낮춘다. (다) 입술은 둥글게 하지 않고 편 상태로 발음한다.
[ㅟ]	(가) 입의 벌림은 [ㅣ]와 같은 정도로 한다. (나) 혀의 모양도 [ㅣ]의 소리를 낼 때처럼 센입천장 쪽을 향하되, 마찰음 이 나지 않을 정도로 접근시킨다. (다) 입술을 둥글게 오므려 앞으로 약간 내민 상태로 발음한다.
[ㅚ]	(가) 입의 벌림은 [ㅔ]와 같은 정도로 한다. (나) 혀의 모양도 [ㅔ]와 같이 한다. (다) 입술을 둥글게 오므리되, [ㅟ]보다는 앞으로 내미는 정도가 덜하다.

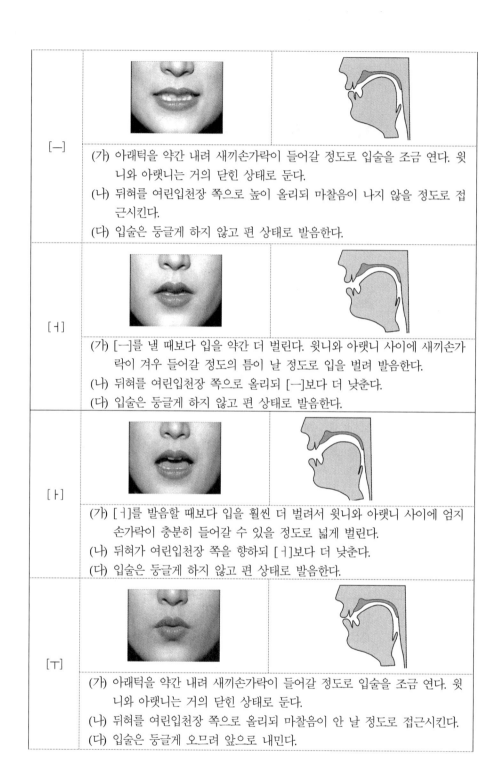

[一]	(가) 아래턱을 약간 내려 새끼손가락이 들어갈 정도로 입술을 조금 연다. 윗니와 아랫니는 거의 닫힌 상태로 둔다.
	(나) 뒤혀를 여린입천장 쪽으로 높이 올리되 마찰음이 나지 않을 정도로 접근시킨다.
	(다) 입술은 둥글게 하지 않고 편 상태로 발음한다.
[ㅓ]	(가) [一]를 낼 때보다 입을 약간 더 벌린다. 윗니와 아랫니 사이에 새끼손가락이 겨우 들어갈 정도의 틈이 날 정도로 입을 벌려 발음한다.
	(나) 뒤혀를 여린입천장 쪽으로 올리되 [一]보다 더 낮춘다.
	(다) 입술은 둥글게 하지 않고 편 상태로 발음한다.
[ㅏ]	(가) [ㅓ]를 발음할 때보다 입을 훨씬 더 벌려서 윗니와 아랫니 사이에 엄지손가락이 충분히 들어갈 수 있을 정도로 넓게 벌린다.
	(나) 뒤혀가 여린입천장 쪽을 향하되 [ㅓ]보다 더 낮춘다.
	(다) 입술은 둥글게 하지 않고 편 상태로 발음한다.
[ㅜ]	(가) 아래턱을 약간 내려 새끼손가락이 들어갈 정도로 입술을 조금 연다. 윗니와 아랫니는 거의 닫힌 상태로 둔다.
	(나) 뒤혀를 여린입천장 쪽으로 올리되 마찰음이 안 날 정도로 접근시킨다.
	(다) 입술은 둥글게 오므려 앞으로 내민다.

[ㅗ]		

(가) [ㅜ]를 낼 때보다 입을 약간 더 벌린다. 윗니와 아랫니 사이에 새끼손가락이 겨우 들어갈 정도의 틈이 나도록 입을 벌려 발음한다.
(나) 뒤혀를 여린입천장 쪽으로 올리되 [ㅜ]보다 더 낮춘다.
(다) 입술은 둥글게 내밀되 [ㅜ]보다는 정도가 약하게 한다.

[붙임] 'ㅟ'와 'ㅚ'의 발음

전설의 원순 모음인 'ㅟ'와 'ㅚ'는 원칙적으로는 단모음으로 규정한다. 즉 이들 모음은 각각 입술을 둥글게 한 채로 [ㅣ]와 [ㅔ]의 소리로 발음한다. 그러나 입술을 둥글게 한 뒤에 입술 모양을 평평하게 풀면서 [ㅣ], [ㅔ]로 발음하는 것도 허용하는데, 이렇게 발음하면 이들 모음은 이중 모음으로 발음하는 셈이 된다.

제5항 'ㅑ ㅒ ㅕ ㅖ ㅘ ㅙ ㅛ ㅝ ㅞ ㅠ ㅢ'는 이중 모음으로 발음한다.

다만 1. 용언의 활용형에 나타나는 '져, 쪄, 쳐'는 [저, 쩌, 처]로 발음한다.

    가지어→가져 [가저]   찌어→쪄 [쩌]   다치어→다쳐 [다처]

다만 2. '예, 례' 이외의 'ㅖ'는 [ㅔ]로도 발음한다.

    계집 [계 : 집/게 : 집]   계시다 [계 : 시다/게 : 시다]
    시계 [시계/시게](時計)   연계 [연계/연게](連繫)
    몌별 [몌별/메별](袂別)   개폐 [개폐/개페](開閉)
    혜택 [혜 : 택/헤 : 택](惠澤)   지혜 [지혜/지헤](智慧)

다만 3. 자음을 첫소리로 가지고 있는 음절의 'ㅢ'는 [ㅣ]로 발음한다.

    늴리리   닁큼   무늬   띄어쓰기   씌어
    틔어   희어   희떱다   희망   유희

다만 4. 단어의 첫음절 이외의 '의'는 [ㅣ]로, 조사 '의'는 [ㅔ]로 발음함도 허용한다.

주의 [주의/주이]   협의 [혀븨/혀비]

우리의 [우리의/우리에]   강의의 [강 : 의의/강 : 이에]

[제5항] 이중 모음

〈 **이중 모음의 개념** 〉 모음 중에는 혀가 일정한 자리에서 다른 자리로 옮겨 가는 소리가 있는데, 이를 '이중 모음(二重母音, diphthong)'이라고 한다.

> (3) ㄱ. 'ㅣ'계 이중 모음: [ㅖ, ㅒ, ㅕ, ㅑ, ㅠ, ㅛ]
>
>   ㄴ. 'ㅜ'계 이중 모음: [ㅞ, ㅙ, ㅝ, ㅘ, (ㅟ), (ㅚ)]
>
>   ㄷ. [ㅢ]

(3)의 소리들은 처음에는 [j]나 [w], [ɯ]의 '반모음'의 모양으로 소리를 내다가 나중에는 단모음으로 내는 이중 모음이다. 여기서 '반모음(반홀소리, 半母音, semi-vowel)'은 단모음과는 달리, 소리를 낼 때에 입술과 혀가 어느 한 자리에 머물지 않고, 움직이는 동안에 나는 짧고 약한 '과도음(過渡音, 滑音, gliding sound)'이다.

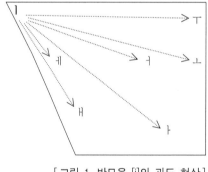

[그림 1. 반모음 [j]의 과도 현상]

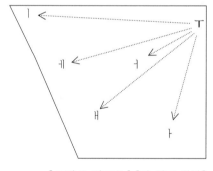

[그림 2. 반모음 [w]의 과도 현상]

예를 들어서 [ㅑ]는 극히 짧은 순간 동안에 [ㅣ]를 발음하고 곧이어 단모음인 [ㅏ]를 발음하는 이중 모음인데, 이때 혀가 [ㅣ]의 자리에서 [ㅏ]의 자리로 이동하면서 나는 과도음이 반모음인 [j]이다. 그리고 [ㅘ]는 혀가 [ㅜ]의 자리에서 [ㅏ]의 자리로 이동하면서 내는 과도음인데, 이 과정에서 혀가 [ㅜ]의 자리에서 [ㅏ]의 자리로 이동하면서 나는 과도음이 반모음인 [w]이다.

〈**이중 모음의 발음법**〉현대 국어의 이중 모음은 단모음에 덧붙은 반모음에 따라서, 'ㅣ계 이중 모음', 'ㅜ계 이중 모음', '[ㅢ]'의 세 가지 유형으로 나뉜다.

① 'ㅣ'계 이중 모음의 발음법

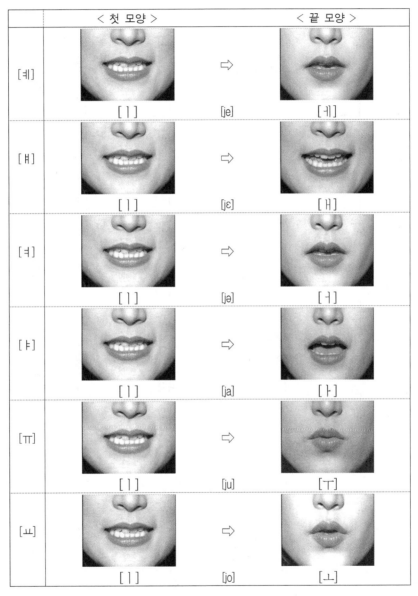

	< 첫 모양 >		< 끝 모양 >
[ㅖ]	[ㅣ]	[je]	[ㅔ]
[ㅒ]	[ㅣ]	[jɛ]	[ㅐ]
[ㅕ]	[ㅣ]	[jə]	[ㅓ]
[ㅑ]	[ㅣ]	[ja]	[ㅏ]
[ㅠ]	[ㅣ]	[ju]	[ㅜ]
[ㅛ]	[ㅣ]	[jo]	[ㅗ]

[표 3. 'ㅣ'계 이중 모음의 발음법]

② 'ㅜ'계 이중 모음의 발음법

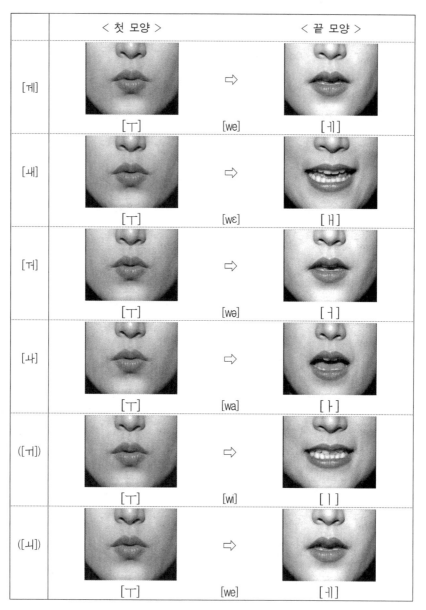

	< 첫 모양 >		< 끝 모양 >
[ㅞ]	[ㅜ]	[we]	[ㅔ]
[ㅙ]	[ㅜ]	[wɛ]	[ㅐ]
[ㅝ]	[ㅜ]	[wə]	[ㅓ]
[ㅘ]	[ㅜ]	[wa]	[ㅏ]
([ㅟ])	[ㅜ]	[wi]	[ㅣ]
([ㅚ])	[ㅜ]	[we]	[ㅔ]

[표 4. 'ㅜ'계 이중 모음의 발음법]

③ 이중 모음 /의/의 발음법

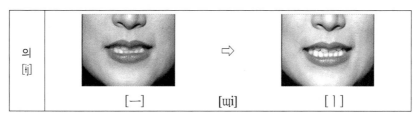

| 의 [ᅴ] | [ㅡ] | [ᄥi] | [ㅣ] |

[표 5. 이중 모음 [의]의 발음법]

[다만 1] '져, 쪄, 쳐'의 발음

일반적으로 [ㅈ, ㅉ, ㅊ] 이외의 자음 다음에서는 이중 모음인 [ㅕ]는 제 음가대로 발음된다.

⑷ 겨레 [**겨**레], 자녀 [자**녀**], 며느리 [**며**느리], 달력[달**력**]

⑸ ㄱ. 당기- + -어 → 당겨 [당**겨**]

　ㄴ. 지니- + -어 → 지녀 [지**녀**]

　ㄷ. 저미- + -어 → 저며 [저**며**]

　ㄹ. 끌리- + -어 → 끌려 [끌**려**]

⑷와 ⑸에서 체언이나 용언에서 [겨], [녀], [며], [려] 등에서 이중 모음인 '卜'가 제 음가인 [ㅕ]로 발음되는 것을 확인할 수 있다.

　그런데 용언의 활용형에서 자음인 [ㅈ, ㅉ, ㅊ] 다음에 실현되는 '져, 쪄, 쳐'의 '여'는 [ㅕ]로 발음되지 않고 [ㅓ]로만 발음된다.

⑹ ㄱ. 가지어 → 가져 [가**저**],　다지어 → 다져 [다**저**]

　ㄴ. 살찌어 → 살쪄 [살**쪄**],　찌어　 → 쪄 [**쪄**]

　ㄷ. 다치어 → 다쳐 [다**처**],　바치어 → 바쳐 [바**처**]

⑺ ㄱ. 굳히어 → 굳혀 [구**처**]

　ㄴ. 잊히어 → 잊혀 [이**처**]

　ㄷ. 붙이어 → 붙여 [부**처**]

(6)에서 '가져, 살쪄, 다쳐' 등은 '가지어, 살찌어, 다치어'의 준말인데 이처럼 센입천장소리인 [ㅈ, ㅉ, ㅊ] 다음에서는 이중 모음인 [ㅕ]는 발음되지 않고 단모음인 [ㅓ]로만 발음된다. (7)의 '굳혀, 잊혀, 붙여' 등도 [구처, 이처, 부처] 등으로 발음된다. 비록 <한글 맞춤법>의 제36항에 따라서 '가져, 살쪄, 다쳐, 굳혀, 잊혀, 붙여'로 적지만 현실 발음은 [가저, 살쩌, 다처, 구처, 이처, 부처]로 발음한다.

[다만 2] '예'와 '례' 이외의 '예'의 발음

'예'와 '례'에서 '예'는 본음대로 [예, 례]로 발음하지만, '계, 몌, 폐, 혜'에서와 같이 '예, 례' 이외의 '예'는 대체로 [ㅔ]로 발음하는 경우가 많다. 이러한 현실 발음을 고려하여 '예, 례'를 제외한 경우에는 '예'를 [ㅔ]로 발음하는 것도 허용한다.

    (8) ㄱ. 계집[**계** : 집/**게** : 집], 계시다[**계** : 시다/**게** : 시다], 시계[시**계**/시**게**](時計), 연계 [연**계**/연**게**](連繫)

          ㄴ. 몌별 [**몌**별/**메**별](袂別)

          ㄷ. 개폐 [개**폐**/개**페**](開閉)

          ㄹ. 지혜 [지**혜**/지**혜**](知慧), 혜택[**혜** : 택/**헤** : 택](惠澤)

[다만 3, 4] 'ㅢ'의 발음

'의'는 제1음절에서 자음 없이 쓰이면 [ㅢ]로 발음되지만, 자음 다음에 실현되면 [ㅣ]로만 발음된다. 그리고 '의'는 둘째 음절 이하에서는 [ㅣ]로도 발음되고, 조사 '의'는 [ㅔ]로도 발음된다. '다만 3'과 '다만 4'에서는 이렇게 현실 발음에서 'ㅢ'가 [ㅣ]나 [ㅔ]로 쓰이는 현상을 인정한 것이다.

    첫째, 자음을 첫소리로 가지고 있는 음절의 '의'는 [ㅣ]로만 발음한다.

    (9) 무늬 [무**니**], 보늬 [보**니**], 오늬 [오**니**], 하늬바람 [하**니**바람], 늴큼 [**닝**큼], 씌어 [**씨** 어], 희망 [**히**망], 희다 [**히**다]

(9)의 단어에서처럼 자음 다음에 실현되는 '의'는 반드시 [ㅣ]로만 발음된다. 그러나 <한글 맞춤법>의 제9항에서는 (9)와 같은 단어에 쓰인 관습적인 표기를 인정하여, "'의'나, 자음을 첫소리로 가지고 있는 음절의 'ㅢ'는 'ㅣ'로 소리가 나는 경우가 있더

라도 'ㅢ'로 적는다."라고 규정하였다.2) 이렇게 되면 <한글 맞춤법>에 따르는 표기와 현실 발음에 큰 차이가 생기게 되는데, 이를 보완하기 위하여 <표준 발음법>에서 "자음을 첫소리로 가지고 있는 음절의 'ㅢ'는 [ㅣ]로만 발음한다."라고 규정하였다. 결국 '무늬, 보늬, 오늬, 하늬바람, 늴큼, 씌어, 희망, 희다' 등으로 적더라도, 실제로는 [무니, 보니, 오니, 하니바람, 닁큼, 씨어, 히망, 히다]로 발음해야 한다.

둘째, 단어의 첫음절 이외의 'ㅢ'는 [ㅣ]로 발음함을 허용하고, 조사 '의'는 [ㅔ]로 발음함도 허용한다.

　　(10) 주의[주의/주이], 협의[혀븨/혀비], 성의[성의/성이]

　　(11) 우리의[우리의/우리에], 강의의[강 : 의의/강 : 이에]

(10)의 '주의, 협의, 성의'와 같이 첫음절 이외의 음절에서 실현되는 '의'는 [ㅢ]로 발음하여 [주의, 혀븨, 성의]로 발음하는 것이 원칙이다. 하지만 현실 발음에서는 이때의 '의'를 대체로 [ㅣ]로도 발음하기 때문에 [주이, 혀비, 성이]로 발음하는 것도 허용한다. 그리고 (11)에서와 같이 조사 '의'도 언어 현실에서 [ㅔ]로 발음하는 것을 수용하여 [ㅔ]로 발음하는 것을 허용한다.

제3장 음의 길이

제6항 모음의 장단을 구별하여 발음하되, 단어의 첫음절에서만 긴소리가 나타나는 것을 원칙으로 한다.

　(1) 눈보라 [눈 : 보라]　　말씨 [말 : 씨]　　밤나무 [밤 : 나무]
　　　많다 [만 : 타]　　　　멀리 [멀 : 리]　　벌리다 [벌 : 리다]

　(2) 첫눈 [천눈]　　　　　참말 [참말]　　　쌍동밤 [쌍동밤]
　　　수많이 [수 : 마니]　　눈멀다 [눈멀다]　떠벌리다 [떠벌리다]

　다만, 합성어의 경우에는 둘째 음절 이하에서도 분명한 긴소리를 인정한다.

---

2) <한글 맞춤법>에서는 자음 다음에서 실현되는 'ㅢ'를 'ㅣ'로 적으면 글자 생활에 큰 혼란을 주기 때문에, 기존에 'ㅢ'로 적어 오던 표기 관습은 존중하여 표기 방법을 규정한 것이다.

반신반의 [반 : 신 바 : 늬 / 반 : 신 바 : 니]   재삼재사 [재 : 삼 재 : 사]

[붙임] 용언의 단음절 어간에 어미 '-아/-어'가 결합되어 한 음절로 축약되는 경우에도 긴소리로 발음한다.

보아→봐 [봐 :]   기어→겨 [겨 :]   되어→돼 [돼 :]

두어→둬 [둬 :]   하여→해 [해 :]

다만, '오아→와, 지어→져, 찌어→쪄, 치어→쳐' 등은 긴소리로 발음하지 않는다.

[제6항] 모음의 길이

자음과 모음과 같은 분절적인 요소뿐만 아니라 비분절적인 소리도 단어의 뜻을 분화하는 기능을 할 수 있다. 이러한 소리를 '운소(韻素, suprasegmental features)'라고 하는데, 운소의 종류로는 음(音)의 '길이', '높이', '억양' 등이 있다.

국어에서 소리의 '길이(長短, length)'는 하나의 모음을 소리내는 데에 걸리는 시간에 따라서 결정되는 운소인데, 음소와 마찬가지로 말의 뜻을 분화하는 데에 중요한 구실을 할 수 있다.

제6항에서는 음의 길이에 따른 대립인 긴소리와 짧은소리의 두 가지 발음을 표준 발음으로 인정한다. 그리고 긴소리는 단어의 제1음절에서만 인정하고 둘째 음절 이하에서는 짧게 발음하는 것으로 정했다.

(1) ㄱ. [目]   [눈]   —   [눈 :] [雪]

ㄴ. [馬, 斗] [말]   —   [말 :] [言]

ㄷ. [夜]   [밤]   —   [밤 :] [栗]

ㄹ. [罰]   [벌]   —   [벌 :] [蜂]

ㅁ. [松]   [솔]   —   [솔 :] [刷]

(1)의 단어들은 첫음절의 모음이 긴소리와 짧은소리로 대립하면서 의미가 분화된다. 곧, [눈]과 [눈 :]은 긴소리와 짧은 소리로 대립하면서 '目'의 뜻과 '雪'의 뜻으로 분화되고, [말]과 [말 :]도 소리의 길이에 따라서 '馬/斗'와 '言'의 뜻으로 분화된다. 나머지 [밤]과 [밤 :], [벌]과 [벌 :], [솔]과 [솔 :] 등도 마찬가지로 첫음절의 길이에 따라서 의미가 분화된다.

(2) ㄱ. 눈보라[**눈** : 보라], 말씨[**말** : 씨], 밤나무[**밤** : 나무]

    ㄴ. 많다[**만** : 타], 설다[**설** : 다], 멀리[**멀** : 리], 벌리다[**벌** : 리다], 없다[**업** : 따], 내다[**내** : 다], 뺀다[**뺀** : 따], 세다[**세** : 다], 없다[**업** : 따] ; 몰다[**몰** : 다], 돌다[**돌** : 다], 웃다[**욷** : 따]

(3) ㄱ. 첫눈[천**눈**], 참말[참**말**], 쌍동밤[쌍동**밤**]

    ㄴ. 수많이[수 : **마**니], 낯설다[낟**썰**다], 눈멀다[눈**멀**다], 떠벌리다[떠**벌**리다], 맥없다[매**겁**따], 힘없다[히**멉**따], 성내다[성**내**다], 침뱉다[침**밷**따], 힘세다[힘**세**다] ; 눈멀다[눈**멀**다], 휘몰다[휘**몰**다], 떠돌다[떠**돌**다], 비웃다[비**욷**따]

그러나 둘째 음절 이하에서는 긴소리의 발음이 거의 실현되지 않고 있다. 따라서 첫 음절에서는 긴소리로 발음되는 단어도, 그것이 합성어 속에서 둘째 음절 이하에서 실현될 때에는 긴소리로 발음되지 않는다. 곧 (2)에서 '<u>눈</u>보라, <u>말</u>씨, <u>밤</u>나무 ; <u>많</u>다, <u>멀</u>리, <u>벌</u>리다'와 같이 첫음절에서는 긴 소리로 발음되는 단어들이, (3)의 '첫<u>눈</u>, 참<u>말</u>, 쌍동<u>밤</u>, 수<u>많</u>이, 눈<u>멀</u>다, 떠<u>벌</u>리다'처럼 복합어를 형성하는 과정에서 둘째 음절 이하에 위치하면, 짧은 소리로 바뀐다.

[다만] 합성어에서 분명히 긴소리로 나는 발음

앞에서 살펴본 바와 같이 긴소리는 단어의 첫음절에서만 인정한다. 그러나 다음과 같이 합성어의 둘째 음절 이하에서 분명하게 긴소리로 나는 것은 긴소리를 인정한다.

(4) ㄱ. 반신-반의(半信半疑)   [**반** : 신 # **바** : 니][3]

    ㄴ. 재삼-재사(再三再四)   [**재** : 삼 # **재** : 시]

    ㄷ. 반관-반민(半官半民)   [**반** : 관 # **반** : 민]

    ㄹ. 선남-선녀(善男善女)   [**선** : 남 # **선** : 녀]

    ㅁ. 전신-전화(電信電話)   [**전** : 신 # **전** : 화]

(4)에서 '반신-반의, 재삼-재사, 반관-반민, 선남-선녀, 전신-전화'와 같은 단어들은 모두 합성어의 어근 사이에 어느 정도의 쉼(휴지)을 둘 수 있는 것이 특징이다. 이처럼 어근 사이에 놓여 있는 쉼 때문에 뒤 어근의 첫음절을 긴소리로 발음할 수 있다.[4]

---

3) '#'의 기호는 어말(단어의 끝)의 위치를 나타낸다.

[붙임] 단음절 어간에 어미 '-아/-어'가 결합되어 한 음절로 축약되는 경우

용언에서 단음절로 된 어간에 [ㅏ]나 [ㅓ]로 시작하는 어미인 '-아/-어', '-아라/-어라', '-았다/-었다' 등이 결합하여서 한 음절로 축약될 때에는, 축약된 모음은 긴소리로 발음한다.

(5) ㄱ. 보-+-아→봐[봐ː], 고-+-아라→과라[과ː라], 쏘-+-았다→쐈다[쏻ː따]

ㄴ. 되-+-어→돼[돼ː], 뵈-+-어라→봬라[봬ː라], 하-+-았다→했다[핻ː따]

ㄷ. 두-+-어→둬[둬ː], 꾸-+-어라→꿔라[꿔ː라], 주-+-었다→줬다[줟ː따]

ㄹ. 기-+-어→겨[겨ː], 띠-+-어라→뗘라[뗘ː라], 치-+-었다→쳤다[첟ː따]

(ㄱ)에서 용언의 어간인 '보-, 고-, 쏘-'에 어미인 '-아, -아라, -았다'가 붙어서 활용한다. 이때 어간의 모음과 어미의 모음이 하나의 음절인 [ㅘ]로 축약되는 과정에서 모음이 긴소리로 발음된다.

이렇게 축약 과정에서 긴소리로 되는 현상은 모음으로 끝나는 어근에 사동이나 피동의 접미사가 붙어서 사동사나 피동사가 형성되는 과정에서도 마찬가지로 일어난다.

(6) ㄱ. 싸-+-이-+-다→쌔다[쌔ː다]

ㄴ. 쏘-+-이-+-다→쐬다[쐬ː다]

ㄷ. 누-+-이-+-다→뉘다[뉘ː다]

ㄹ. 펴-+-이-+-다→폐다[폐ː다]

ㅁ. 트-+-이-+-다→틔다[티ː다]

(ㄱ)에서 '싸이다'는 어근인 '싸-'에 사동 접미사인 '-이-'가 붙어서 파생되었는데, '싸이다'가 '쌔다'로 축약되는 과정에서 모음이 긴소리로 발음된다.

[다만] 활용할 때에 축약된 모음을 예외적으로 짧은 소리로 발음하는 경우

어간과 어미가 결합하여 활용하더라도, 다음의 두 가지 경우에는 축약된 모음을 예

---

4) 그러나 첩어(疊語)처럼 같은 음절이 반복적으로 실현되어서 두 음절을 구성하는 때에는, 둘째 음절을 긴소리로 발음하지 않는다. (보기) 반반(半半)[반ː**반**], 영영(永永)[영ː**영**], 시시비비(是是非非)[시ː**시비비**], 간간(間間)이[간ː**가니**], 서서(徐徐)히[서ː**서히**]

외적으로 짧은 소리로 발음한다.

(7) ㄱ. 오-+-아→와[와], 지-+-어→져[저], 찌-+-어→쪄[쩌], 치-+-어→쳐[처]

ㄴ. 가-+-아→가[가], 자-+-아→자[자], 서-+-어→서[서], 켜-+-어→켜[켜]

(ㄱ)처럼 '오아'가 '와'로 축약되고 '지어'가 '져'로, '찌어'가 '쪄'로, '치어'가 '쳐'로 축약될 때에는 긴소리로 발음하지 않는다. 그리고 (ㄴ)에서 '가아'가 '가'로 축약된 것처럼 동일한 모음이 실현되는 과정에서 모음이 탈락하여도 긴소리로 발음하지 않는다.

제7항 긴소리를 가진 음절이라도, 다음과 같은 경우에는 짧게 발음한다.

1. 단음절인 용언 어간에 모음으로 시작된 어미가 결합되는 경우

감다[감 : 따]-감으니[가므니]   밟다[밥 : 따]-밟으면[발브면]

신다[신 : 따]-신어[시너]   알다[알 : 다]-알아[아라]

다만, 다음과 같은 경우에는 예외적이다.

끌다[끌 : 다]-끌어[끄 : 러]   떫다[떫 : 따]-떫은[떨 : 븐]

벌다[벌 : 다]-벌어[버 : 러]   썰다[썰 : 다]-썰어[써 : 러]

없다[업 : 따]-없으니[업 : 쓰니]

2. 용언 어간에 피동, 사동의 접미사가 결합되는 경우

감다[감 : 따]-감기다[감기다]   꼬다[꼬 : 다]-꼬이다[꼬이다]

밟다[밥 : 따]-밟히다[발피다]

다만, 다음과 같은 경우에는 예외적이다.

끌리다[끌 : 리다]   벌리다[벌 : 리다]   없애다[업 : 쌔다]

[붙임] 다음과 같은 복합어에서는 본디의 길이에 관계없이 짧게 발음한다.

밀-물   썰-물   쏜-살-같이   작은-아버지

[제7항] 음절의 긴소리가 예외적으로 짧은소리로 발음되는 예

제7항은 원래는 긴소리로 발음되던 음절이 짧게 발음되는 경우를 규정한 것이다. 곧 원래는 긴소리로 발음되던 용언의 어간이 다음과 같은 경우에는 예외적으로 짧은 소리로 발음된다.

[1] 단음절인 용언의 어간에 모음으로 시작되는 어미가 결합되는 경우에는, 어간의 긴소리는 짧은소리로 바뀌어서 발음된다.

(8) ㄱ. 넘대[넘 : 따] – 넘으니[너므니]　　(9) ㄱ. 괴대[괴 : 다] – 괴어[괴어]

　　ㄴ. 묻대[묻 : 따] – 물을[무를]　　　　　ㄴ. 꾀대[꾀 : 다] – 꾀어서[꾀어서]

　　ㄷ. 밟대[밥 : 따] – 밟은[발븐]　　　　　ㄷ. 쏘대[쏘 : 다] – 쏘았다[쏘앋따]

　　ㄹ. 살대[살 : 다] – 살아서[사라서]　　　ㄹ. 호대[호 : 다] – 호았다[호앋따]

　　ㅁ. 닮대[담 : 따] – 닮아도[달마도]　　　ㅁ. 쥐대[쥐 : 다] – 쥐어도[쥐어도]

　　ㅂ. 밉대[밉 : 따] – 미우면[미우면]　　　ㅂ. 뉘대[뉘 : 다] – 뉘어야[뉘어야]

　　ㅅ. 붓대[붇 : 따] – 부어도[부어도]　　　ㅅ. 쉬대[쉬 : 다] – 쉬어라[쉬어라]

　　ㅇ. 안대[안 : 따] – 안아[아나]　　　　　ㅇ. 쑤대[쑤 : 다] – 쑤어서[쑤어서]

(8)의 예는 (ㄱ)의 '넘-'처럼 자음으로 끝나는 어간에 모음으로 시작하는 어미인 '-으니'가 결합된 활용이며, (9)의 예는 (ㄱ)의 '괴-'처럼 모음으로 끝나는 어간에 모음으로 시작하는 어미가 결합된 활용이다. (8)과 (9)에서 단음절로 된 어간의 모음은 자음으로 시작하는 어미 앞에서는 [넘 : 따], [괴 : 다]처럼 긴소리로 발음되지만, 모음으로 시작하는 어미와 결합하면 [너므니]와 [괴어]처럼 짧은소리로 발음된다.5)

['1'의 '다만'] 용언의 어간이 모음으로 시작되는 어미 앞에서 규칙적으로 짧게 발음되는데도 불구하고, 다음의 '끌다, 떫다, 멀다, 벌다, 썰다, 없다, 엷다, 웃다, 적다, 적다' 등의 용언은 <u>예외적으로</u> 본래의 긴소리가 그대로 유지된다.

---

5) 반면에 용언의 어간이 다음절이면, 그 뒤에 모음으로 시작하는 어미가 오더라도 어간의 긴소리는 바뀌지 않고 그대로 발음된다. (보기) '걸치대[걸 : 치다] – 걸쳐[걸 : 처]', '더럽대[더 : 럽따] – 더러운[더 : 러운]', '졸리대[졸 : 리다] – 졸려[졸 : 려]'

(10) ㄱ. 끌다[끌 : 다] – 끌어[끄 : 러] – 끈[끈 :]

ㄴ. 떫다[떨 : 따] – 떫어[떨 : 버] – 떫은[떨 : 븐]

ㄷ. 멀다[멀 : 다] – 멀어[머 : 러] – 먼[먼 :]

ㄹ. 벌다[벌 : 다] – 벌어[버 : 러] – 번[번 :]

ㅁ. 썰다[썰 : 다] – 썰어[써 : 러] – 썬[썬 :]

ㅂ. 얼다[얼 : 따] – 얼어[어 : 더] – 얼은[어 : 든]

ㅅ. 없다[업 : 따] – 없어[업 : 써] – 없으니[업 : 쓰니]

ㅇ. 엷다[열 : 따] – 엷어[열 : 버] – 엷은[열 : 븐]

ㅈ. 웃다[욷 : 따] – 웃어[우 : 서] – 웃은[우 : 슨]

ㅊ. 작다[작 : 따] – 작아[자 : 가] – 작은[자 : 근]

ㅋ. 적다[적 : 따] – 적어[저 : 거] – 적은[저 : 근]

(10)의 단어들은 (8~9)와 같은 음운론적 환경인데도 어간의 긴소리가 모음으로 시작하는 어미 앞에서 짧은소리로 바뀌지 않았다. 이들은 모두 제7항의 1의 규칙에 대한 예외로 처리한다.

[2] 단음절로 된 용언의 어간에 피동과 사동의 접미사인 '-기-, -리-, -이-, -히-' 등이 붙어서 형성된 사동사나 피동사에서는, 어간의 긴소리가 짧은 소리로 바뀐다.

(11) 감다[감 : 따] – 감기다[감기다]   안다[안 : 따] – 안기다[안기다]

옮다[옴 : 따] – 옮기다[옴기다]   넘다[넘 : 다] – 넘기다[넘기다]

알다[알 : 다] – 알리다[알리다]   울다[울 : 다] – 울리다[울리다]

꼬다[꼬 : 다] – 꼬이다[꼬이다]   쏘다[쏘 : 다] – 쏘이다[쏘이다]

죄다[죄 : 다] – 죄이다[죄이다]   떼다[떼 : 다] – 떼이다[떼이다]

밟다[밥 : 따] – 밟히다[발피다]

(11)에서 단음절 어간인 '감-'는 [감 : -]으로 발음되는데, 이 어간에 피동 접미사인 '-기-'가 붙어서 파생된 '감기다'는 어간이 짧은소리로 바뀌어서 [감기다]로 발음된다.

['2'의 '다만] 앞의 (10)에서 '끌다, 벌다, 썰다, 졸다, 없다, 웃다' 등은 모음으로 시작되는 어미 앞에서 예외적으로 어간의 긴소리를 유지하였다. 이러한 어간에 접미사

가 붙어서 파생된 피동사나 사동사는 일반적으로 본래의 긴소리로 발음한다.

(12) 끌다[끌 : 다] – 끌리다[끌 : 리다]   벌다[벌 : 다] – 벌리다[벌 : 리다]
     썰다[썰 : 다] – 썰리다[썰 : 리다]   졸다[졸 : 다] – 졸리다[졸 : 리다]
     없다[업 : 따] – 없애다[업 : 쌔다]   웃다[욷 : 다] – 웃기다[욷 : 끼다]

(12)에서 '끌다'의 어간은 긴소리인 [끌 : -]로 발음되는데, 이들은 모음으로 시작하는 어미와 결합해도 어간의 긴소리가 본래대로 유지되는 특징이 있다. 이러한 어간에 파생 접미사가 붙어서 '끌리다'가 파생될 때에는 예외적으로 본래의 긴소리가 그대로 유지되어서 [끌 : 리다]로 발음된다.

[붙임] 용언의 관형사형 어미와 체언이 합쳐져서 형성된 합성어 중에는, 원래의 관형사형은 긴소리로 나지만 합성어에서는 짧은 소리로 바뀌는 예가 있다.

(13) ㄱ. 밀다[밀 : 다] – 밀물[밀물]   (밀- + -ㄹ + 물)
     ㄴ. 써다[써 : 다] – 썰물[썰물]   (써- + -ㄹ + 물)
     ㄷ. 쏘다[쏘 : 다] – 쏜살같이[쏜살가치]   (쏘- + -ㄴ + 살)
     ㄹ. 작다[작 : 따] – 작은아버지[자그나버지] (작- + -은 + 아버지)

(ㄱ)에서 '밀다'는 [밀 : 다]로 발음되어서 어간이 긴소리이다. 그런데 '밀다'의 관형사형인 '밀'에 '물'이 결합되어서 합성어 '밀물'이 형성되는 과정에서 '밀'이 짧은소리로 발음된다.

그러나 용언의 관형사형 어미와 체언이 결합된 모든 합성어에서 관형사형의 어간의 긴소리가 짧은소리로 바뀌는 것은 아니다. '먼동', '헌데' 등에서 용언의 관형사형인 '먼'과 '헌'은 원래의 긴소리 그대로 발음된다.[6]

---

6) 제7항의 규정은 용언이 활용할 때에만 적용되고 체언에 조사가 결합할 때에는 적용되지 않는다. 곧 체언에 조사가 결합할 때에는 자음으로 시작된 조사나 모음으로 시작된 조사나 관계 없이 언제나 본래의 긴소리대로 발음한다. (보기) '눈[雪]이[누 : 니]', '밤[栗]을[바 : 믈]', 발[簾]에서[바 : 레서], '솔[刷]로[솔 : 로]'

제4장 받침의 발음

제8항 받침소리로는 'ㄱ, ㄴ, ㄷ, ㄹ, ㅁ, ㅂ, ㅇ'의 7개 자음만 발음한다.

국어의 자음은 총 19개인데 이들 자음 중에서 음절의 끝소리(종성)에서 발음될 수 있는 자음은 'ㄱ, ㄴ, ㄷ, ㄹ, ㅁ, ㅂ, ㅇ'의 7개로 한정된다. 이러한 제약 때문에 음절의 끝 자리에 이 일곱 자음 이외의 자음이 오게 되면 이 7개의 자음 중의 하나로 바뀌어서 발음되는데, 이 현상을 '음절의 끝소리 규칙'이라고 한다.

'음절의 끝소리 규칙'은 그것이 적용되는 소리의 종류에 따라서 '평파열음화'와 '자음군 단순화'로 나눌 수 있다.

제9항 받침 'ㄲ, ㅋ', 'ㅅ, ㅆ, ㅈ, ㅊ, ㅌ', 'ㅍ'은 어말 또는 자음 앞에서 각각 대표음 [ㄱ, ㄷ, ㅂ]으로 발음한다.

닦다 [닥따]	키읔 [키윽]	키읔과 [키윽꽈]	옷 [옫]
웃다 [욷 : 따]	있다 [읻따]	젖 [젇]	빚다 [빋따]
꽃 [꼳]	쫓다 [쫃따]	솥 [솓]	뱉다 [밷 : 따]
앞 [압]	덮다 [덥따]		

[제9항] 평파열음화(일곱끝소리되기)

국어의 음절의 끝에서 발음되는 자음은 'ㄱ, ㄴ, ㄷ, ㄹ, ㅁ, ㅂ, ㅇ'의 일곱 개뿐이다. 이에 따라서 일곱 자음 이외의 홑자음이 끝소리 자리에 올 적에는 이 일곱 자음 중의 하나로 바뀌어서 발음된다.

(변동 전)		(변동 후)	
(1) ㄱ. ㄱ, ㄲ, ㅋ	→	[ㄱ]	(여린입천장소리)
ㄴ. ㅅ, ㅆ ; ㅈ, ㅊ ; ㅌ	→	[ㄷ]	(잇몸소리)
ㄷ. ㅍ	→	[ㅂ]	(입술소리)

예를 들어서 (ㄱ)처럼 여린입천장소리인 'ㄲ, ㅋ'이 끝소리(종성)로 쓰일 때에는 [ㄱ]으로, (ㄴ)처럼 잇몸소리인 'ㅌ, ㅅ, ㅆ'과 센입천장소리인 'ㅈ, ㅊ'이 끝소리로 쓰일 때에

는 [ㄷ]으로 발음된다. 그리고 (ㄷ)처럼 'ㅍ'이 끝소리로 쓰일 때에는 [ㅂ]으로 발음된다. 이들은 모두 된소리나 거센소리의 파열음이나 마찰, 파찰음 등이 동일한 조음 위치에서 발음되는 평파열음(平破裂音, 예사소리의 파열음)으로 바뀌는 현상이다.

(2) ㄱ. 낚시[**낙씨**], 닦고[**닥꼬**]
　　 ㄴ. 키읔[키윽], 부엌[부억], 동녘[동**녁**]

(3) ㄱ. 옷[**옫**], 낫[**낟**], 벗고[**벋꼬**] ; 갔고[**갇꼬**], 있다[**읻따**]
　　 ㄴ. 낮[**낟**], 늦고[**늗꼬**], 빚다[**빋따**] ; 낯[**낟**], 꽃[**꼳**], 쫓다[**쫃따**]
　　 ㄷ. 솥[**솓**], 밭[**받**], 같고[**갇꼬**], 뱉다[**뱉 : 따**]

(4) 잎[**입**], 늪[**늡**], 앞[**압**], 무릎[무**릅**], 깊다[**깁**따]

(2~4)의 예들은 모두 홑받침이 종성의 자리에서 7개 자음 중의 하나로 바뀐 예이다. (2)에서는 된소리 파열음인 'ㄲ'과 거센소리 파열음인 'ㅋ'이 평파열음인 [ㄱ]으로 바뀌었다. (3)에서는 마찰음인 'ㅅ, ㅆ'과 파찰음인 'ㅈ, ㅊ', 거센소리의 파열음인 'ㅌ' 등이 평파열음인 [ㄷ]으로 바뀌었다. (4)에서는 끝소리의 자리에서 거센소리의 파열음인 'ㅍ'가 평파열음인 [ㅂ]으로 바뀌었다. (2~4)에서 일어난 변동을 종합적으로 판단해 보면, 예사소리의 파열음이 아닌 자음이 음절의 끝소리 자리에서 평파열음(예사소리의 파열음)인 [ㄱ, ㄷ, ㅂ]으로 바뀐 변동이다.

제10항 겹받침 'ㄳ', 'ㄵ', 'ㄼ, ㄽ, ㄾ', 'ㅄ'은 어말 또는 자음 앞에서 각각 [ㄱ, ㄴ, ㄹ, ㅂ]으로 발음한다.

넋 [넉]	넋과 [넉꽈]	앉다 [안따]	여덟 [여덜]
넓다 [널따]	외곬 [외골]	핥다 [할따]	값 [갑]
없다 [업 : 따]			

　　다만, '밟-'은 자음 앞에서 [밥]으로 발음하고, '넓-'은 다음과 같은 경우에 [넙]으로 발음한다.

(1) 밟다 [밥 : 따]　　　　밟소 [밥 : 쏘]　　　밟지 [밥 : 찌]
　　 밟는 [밥 : 는 → 밤 : 는]　밟게 [밥 : 께]　　 밟고 [밥 : 꼬]

(2) 넓-죽하다 [넙쭈카다]　　넓-둥글다 [넙뚱글다]

{참고} 자음군 단순화(겹받침 줄이기)

국어에서 실현될 수 있는 겹받침은 'ㄳ, ㄵ, ㄶ, ㄼ, ㄽ, ㄾ, ㅀ, ㅄ, ㄺ, ㄻ, ㄿ'의 11개가 있는데, 이들 겹받침은 자음 앞이나 휴지 앞에서 한쪽의 자음이 탈락한다. 이들 겹받침 가운데서 'ㄳ, ㄵ, ㄶ, ㄼ, ㄽ, ㄾ, ㅀ, ㅄ'은 뒤의 자음이 탈락하여서 각각 [ㄱ, ㄴ, ㄴ, ㄹ, ㄹ, ㄹ, ㄹ, ㅂ]으로 변동한다. 반면에 'ㄺ, ㄻ, ㄿ'은 앞의 자음이 탈락하여 각각 [ㄱ, ㅁ, ㅂ]으로 변동한다. 제10항은 전자의 변동 현상을 규정한 것이고 제11항은 후자의 변동 현상을 규정한 것이다.

[제10항] 겹받침 중에서 뒤의 자음이 탈락하는 경우

제10항에서는 '자음군 단순화'가 적용되어서, 뒤 자음이 탈락하는 예를 제시하였다. 곧, 두 개의 자음으로 된 겹받침 중에서, 어말의 위치나 자음으로 시작된 조사나 어미 앞에서 'ㄳ'은 [ㄱ]으로, 'ㄵ'은 [ㄴ]으로, 'ㄼ, ㄽ, ㄾ'은 [ㄹ]로, 'ㅄ'은 [ㅂ]으로 바뀐다.

> (5) ㄱ. 'ㄳ' → [ㄱ]: 몫[목], 삯[삭]
> ㄴ. 'ㄵ' → [ㄴ]: 앉고[안꼬], 얹지[언찌]
> ㄷ. 'ㄼ' → [ㄹ]: 여덟[여덜], 넓게[널께] cf. 밟게[밥께], 넓죽하다[넙쭈카다]
> ㄹ. 'ㄽ' → [ㄹ]: 외곬[외골], 물곬[물꼴]
> ㅁ. 'ㄾ' → [ㄹ]: 핥다[할따], 훑고[훌꼬]
> ㅂ. 'ㅄ' → [ㅂ]: 없고[업꼬], 값[갑]

이와 같이 겹받침이 탈락하는 것은 자음 사이의 소리의 강도가 다르기 때문이다. 곧 자음의 소리는 조음 위치에 따라서 '여린입천장소리 > 입술소리 > 잇몸소리'의 순서로 강도가 정해져 있다. 음절의 끝소리에 실현되는 겹자음에서는 두 소리 중에서 강도가 센 쪽이 남고 강도가 약한 쪽이 탈락한다. 예를 들어서 (ㄱ)의 'ㄳ'에서, 'ㅅ'에 음절 끝소리 규칙을 적용하면 [ㄷ]으로 바뀐다. 이때 'ㄳ'의 겹자음에서 앞소리인 [ㄱ]은 여린입천장소리이고 [ㄷ]은 잇몸소리이므로, [ㄱ]과 [ㄷ] 중에서 강도가 센 [ㄱ]이 남고 강도가 약한 [ㄷ]이 탈락한다. 그리고 (ㄴ)의 겹받침인 'ㄵ'에서 'ㅈ'에 음절 끝소리 규칙을 적용하면 [ㄷ]으로 바뀌므로, 'ㄵ'의 겹자음들은 앞 소리와 뒤 소리가 모두 다 잇몸소리이다. 따라서 'ㄵ'의 겹자음에서는 강도가 센 유성 자음인 /ㄴ/이 남고 강도가 약한 무성 자음인 [ㅈ]이 탈락한다.(양순임 2011:194 참조)[7]

> **제11항** 겹받침 'ㄺ, ㄻ, ㄿ'은 어말 또는 자음 앞에서 각각 [ㄱ, ㅁ, ㅂ]으로 발음한다.
>
> 닭[닥]   흙과[흑꽈]   맑다[막따]   늙지[늑찌]
> 삶[삼ː]   젊다[점ː따]   읊고[읍꼬]   읊다[읍따]
>
> **다만**, 용언의 어간 말음 'ㄺ'은 'ㄱ' 앞에서 [ㄹ]로 발음한다.
>
> 맑게[말께]   묽고[물꼬]   얽거나[얼꺼나]

[제11항] 겹받침 중에서 앞의 자음이 탈락하는 경우

제11항에서는 '자음군 단순화'가 적용되어서, 앞 자음이 탈락하는 예를 제시하였다. 곧, 겹받침인 'ㄺ', 'ㄻ', 'ㄿ'은 어말의 위치나 자음 앞에서, 겹받침의 선행 자음인 'ㄹ'이 탈락하여 각각 [ㄱ, ㅁ, ㅂ]으로 발음된다.

(6) ㄱ. 닭[닥], 닭도[**닥또**] ; 칡[칙], 칡도[**칙또**] ; 흙[흑], 흙과[**흑꽈**]

　　ㄴ. 맑다[**막따**], 맑지[**막찌**], 맑소[**막쏘**] ; 늙다[**늑따**], 늙지[**늑찌**], 늙소[**늑쏘**]

(7) ㄱ. 삶[삼ː], 앎[암ː]

　　ㄴ. 닮다[**담ː따**], 닮지[**담ː찌**] ; 젊다[**점ː따**], 젊지[**점ː찌**]

(8) 읊다[**읍따**], 읊고[**읍꼬**]

(6~8)에서 겹받침의 앞 자음이 탈락하여서 'ㄺ'은 [ㄱ]으로, 'ㄻ'은 [ㅁ]으로, 'ㄿ'은 [ㅂ]으로 발음된다. 이와 같은 겹받침 중의 앞 자음이 탈락하는 것은 조음 위치에 따라서 결정되는 '여린입천장소리 > 입술소리 > 잇몸소리'의 강도에 따른 것이다.

[다만] 용언의 어간 말음인 'ㄺ'은 'ㄱ'으로 시작하는 어미의 앞에서 동일한 어간 소리 'ㄱ'이 탈락하고 [ㄹ]로 발음한다.

(9) ㄱ. 맑게[말께], 묽고[물꼬], 얽거나[얼꺼나]

　　ㄴ. 늙게[늘께], 늙고[늘꼬], 늙거나[늘꺼나]

---

7) (5ㄷ)의 '여덟'과 '넓게'에서 'ㄼ'은 예외적으로 이러한 규칙을 어기고, 센 소리인 [ㅂ]이 탈락하고 약한 소리인 [ㄹ]이 남는다. 그러나 '밟다'는 밟다[밥ː따], 밟소[밥ː쏘], 밟지[밥ː찌], 밟는[밥ː는→밤ː는], 밟게[밥ː께], 밟고[밥ː꼬]'로 발음하고, '넓죽하다'는 '넓죽하다[넙쭈카다], 넓둥글다[넙뚱글다]'로 발음되어서 규칙에 맞게 약한 소리인 [ㄹ]이 탈락한다.

결국 용언의 어간에 실현되는 겹받침 'ㄺ'은 체언의 경우와는 달리 뒤에 오는 어미의 자음의 종류에 따라서 두 가지로 발음된다. 곧 'ㄺ'은 앞의 (6ㄴ)처럼 'ㄷ, ㅈ, ㅅ'으로 시작하는 어미 앞에서는 [ㄱ]으로 발음되지만 (9)처럼 'ㄱ'으로 시작하는 어미의 앞에서는 겹받침 중에서 같은 소리를 나타내는 'ㄱ'을 탈락시키고 [ㄹ]로 발음된다.[8]

제12항 받침 'ㅎ'의 발음은 다음과 같다.

1. 'ㅎ(ㄶ, ㅀ)' 뒤에 'ㄱ, ㄷ, ㅈ'이 결합되는 경우에는, 뒤 음절 첫소리와 합쳐서 [ㅋ, ㅌ, ㅊ]으로 발음한다.

   놓고 [노코]　　　좋던 [조ː턴]　　　쌓지 [싸치]　　　많고 [만ː코]
   않던 [안턴]　　　닳지 [달치]

   [붙임 1] 받침 'ㄱ(ㄺ), ㄷ, ㅂ(ㄼ), ㅈ(ㄵ)'이 뒤 음절 첫소리 'ㅎ'과 결합되는 경우에도, 역시 두 음을 합쳐서 [ㅋ, ㅌ, ㅍ, ㅊ]으로 발음한다.

   각하 [가카]　　　먹히다 [머키다]　　　밝히다 [발키다]　　　맏형 [마텽]
   좁히다 [조피다]　　　넓히다 [널피다]　　　꽂히다 [꼬치다]　　　앉히다 [안치다]

   [붙임 2] 규정에 따라 'ㄷ'으로 발음되는 'ㅅ, ㅈ, ㅊ, ㅌ'의 경우에도 이에 준한다.

   옷 한 벌 [오탄벌]　낮 한때 [나탄때]　꽃 한 송이 [꼬탄송이]　숱하다 [수타다]

2. 'ㅎ(ㄶ, ㅀ)' 뒤에 'ㅅ'이 결합되는 경우에는, 'ㅅ'을 [ㅆ]으로 발음한다.

   닿소 [다쏘]　　　많소 [만ː쏘]　　　싫소 [실쏘]

3. 'ㅎ' 뒤에 'ㄴ'이 결합되는 경우에는, [ㄴ]으로 발음한다.

   놓는 [논는]　　　쌓네 [싼네]

   [붙임] 'ㄶ, ㅀ' 뒤에 'ㄴ'이 결합되는 경우에는, 'ㅎ'을 발음하지 않는다.

---

8) 파생어인 '갉작갉작하다, 갉작거리다, 굵다랗다, 굵직하다, 긁적거리다, 늙수그레하다, 늙정이, 얽죽얽죽' 등에서는 겹받침인 'ㄺ'의 뒤에 /ㄱ/이 아닌 소리로 시작하는 형태가 붙었다. 따라서 겹받침 'ㄺ'은 [ㄱ]으로 발음한다. [ㄹ]로 발음되는 경우에는 한글 맞춤법 제21항에서 아예 '말끔하다, 말쑥하다, 말짱하다' 등과 같이 'ㄹ'만을 받침으로 적도록 하였다.(『국어 어문 규정집』(2012:245)의 내용을 참조)

않네[안네]   않는[안는]   뚫네[뚤네→뚤레]

뚫는[뚤는→뚤른]

* '뚫네[뚤네→뚤레], 뚫는[뚤는→뚤른]'에 대해서는 제20항 참조.

4. 'ㅎ(ㄶ, ㅀ)' 뒤에 모음으로 시작된 어미나 접미사가 결합되는 경우에는, 'ㅎ'을
발음하지 않는다.

낳은[나은]   놓아[노아]   쌓이다[싸이다]   많아[마 : 나]

않은[아는]   닳아[다라]   싫어도[시러도]

받침의 'ㅎ'은 그 앞뒤에 결합되는 소리에 종류에 따라서 여러 가지로 발음되는데,
제12항에서는 'ㅎ'에 관련하여 나타나는 발음 현상을 한데 묶어서 다루었다.

[1] 'ㅎ'과 'ㄱ, ㄷ, ㅈ'이 결합하여 [ㅋ, ㅌ, ㅊ]으로 발음되는 경우

어간의 끝 받침9)으로 나타나는 'ㅎ'이나 겹받침인 'ㄶ, ㅀ'의 뒤에 'ㄱ, ㄷ, ㅈ'의 예
사소리로 시작하는 어미가 결합될 때에는, 어간의 끝 받침 'ㅎ'이 어미의 예사소리와
합쳐져서 [ㅋ, ㅌ, ㅊ]으로 발음된다.10)

(10) ㄱ. ㅎ + ㄱ → ㄱ + ㅎ → [ㅋ] : 좋고[조 : **코**], 많고[만 : **코**], 앓고[알**코**]

ㄴ. ㅎ + ㄷ → ㄷ + ㅎ → [ㅌ] : 좋던[조 : **턴**], 많던[만 : **턴**], 앓던[알**턴**]

ㄷ. ㅎ + ㅈ → ㅈ + ㅎ → [ㅊ] : 좋지[조 : **치**], 많지[만 : **치**], 앓지[알**치**]

(10)의 'ㅎ + ㄱ', 'ㅎ + ㄷ', 'ㅎ + ㅈ'에서 'ㅎ'과 'ㄱ, ㄷ, ㅈ'의 자리가 바뀌어서 'ㄱ + ㅎ',
'ㄷ + ㅎ', 'ㅈ + ㅎ'이 된 다음에, 예사소리인 'ㄱ, ㄷ, ㅈ'과 'ㅎ'이 거센소리인 [ㅋ, ㅌ,
ㅊ]으로 줄어진다.11) 이러한 현상은 용언의 활용 형태에서만 나타나는 것이 특징이다.

---

9) '끝 받침'은 어떠한 형태소(단어, 어근)의 끝음절의 받침 소리를 가리키는 말로 사용한다.

10) 다만, 예외적으로 '싫증'은 뒤의 'ㅎ'의 뒤에서 실현되는 'ㅈ'이 거센소리로 되지 않고 된소리
인 [실쯩]으로 발음한다.

11) 이처럼 'ㅎ'과 예사소리의 자리가 바뀌는 현상을 'ㅎ 끝소리 자리 옮기기'라고 한다.(허웅
1986:280 참조.)

[1-붙임 1] 'ㄱ, ㄷ, ㅂ, ㅈ'과 'ㅎ'이 합쳐져서 [ㅋ, ㅌ, ㅍ, ㅊ]으로 발음되는 경우

앞의 본항과는 반대의 순서로, 예사소리의 받침인 'ㄱ, ㄷ, ㅂ, ㅈ'이 뒤 음절의 첫소리인 'ㅎ'과 결합되는 경우에도, 역시 두 소리가 축약되어서 거센소리인 [ㅋ, ㅌ, ㅍ, ㅊ]으로 발음된다.

    (11) ㄱ. 국화[구콰], 각하 [가카] ; 정직하다[정지카다], 먹히다 [머키다], 밝히다 [발키다]
           ㄴ. 맏형 [마텽] ; 숱하다[수타다], 굿하다[구타다]
           ㄷ. 입학[이팍] ; 급하다[그파다], 좁히다 [조피다], 입히다[이피다], 넓히다[널피다]
           ㄹ. 꽂히다[꼬치다], 잊히다[이치다], 앉히다 [안치다], 얹히다[언치다]

(ㄱ)은 'ㄱ'과 'ㅎ'이 합쳐져서 거센소리인 [ㅋ]으로, (ㄴ)에서는 'ㄷ'과 'ㅎ'이 합쳐져서 거센소리인 [ㅌ]으로, (ㄷ)에서는 'ㅂ'과 'ㅎ'이 합쳐져서 거센소리인 [ㅍ]으로, (ㄹ)에서는 'ㅈ'과 'ㅎ'이 합쳐져서 거센소리인 [ㅊ]으로 발음된다.

[1-붙임 2] 둘 이상의 단어가 이어져서 한 마디로 발음되는 경우

첫째, 둘 이상의 단어가 이어져서 하나의 마디(구, 句)로 발음될 때에는 [1]의 본항과 같은 '자음 축약' 현상을 적용하여서 발음한다.

    (12) ㄱ. 밥 한 사발[바판사발]　　　cf. [밥 # 한 # 사발]
           ㄴ. 국 한 대접[구칸대접]　　　cf. [국 # 한 # 대접]

(ㄱ)에서 '밥'의 끝 소리인 'ㅂ'이 '한'의 첫소리인 'ㅎ'과 합쳐져서 [ㅍ]으로 발음되며, (ㄴ)에서 '국'의 끝 소리인 'ㄱ'이 '한'의 첫소리인 'ㅎ'과 합쳐져서 [ㅋ]으로 발음된다. 다만, (12)의 '밥 한 사발'과 '국 한 대접'을 단어마다 끊어서 발음할 때에는 각각 [밥 한 사발]이나 [국 한 대접]으로 원래대로 발음한다.

둘째, '평파열음화(제9항의 규정)'에 따라서 'ㅅ, ㅈ, ㅊ, ㅌ'이 음절의 끝소리에서 [ㄷ]으로 발음되는 경우에도, [제12항─1]과 같은 자음 축약을 적용해서 발음한다.

    (13) ㄱ. 옷 한 벌[옫 # 한벌→오탄벌], 못 형벌[몯 # 형벌→무텽벌]
           ㄴ. 낮 한때[낟 # 한때→나탄때], 온갖 힘[온 : 갇 # 힘→온 : 가팀]

ㄷ. 꽃 한 송이[꼰#한송이 → 꼬탄송이], 몇 할[멷#할 → 며탈]

ㄹ. 숱하다[숟#하다 → 수타다]

(14) [온#한#벌], [묻#형벌], [낟#한#때], [온 : 갇#힘], [꼰#한#송이], [멷#할], [숟#하다]

(13)에서 앞 말인 '옷, 낮, 꽃, 숱'에 '평파열음화'가 먼저 적용되어서 [온, 낟, 꼰, 숟]으로 바뀐 뒤에 앞 음절의 끝소리인 'ㄷ'과 뒤 음절의 첫소리인 'ㅎ'이 축약되어서 [ㅌ]으로 발음된다. 다만, (13)의 단어를 끊어서 발음할 때에는 (14)처럼 자음 축약이 일어나지 않는 상태로 발음한다.

[2] 'ㅎ(ㄶ, ㅀ)' 뒤에 'ㅅ'이 결합되는 경우에는, 'ㅅ'을 [ㅆ]으로 발음한다.

[2]에서는 받침 'ㅎ'이 마찰음인 'ㅅ'과 결합할 때에는 거센소리로 발음되는 것이 아니라, 된소리인 [ㅆ]으로 발음된다.

(15) ㄱ. 닿소[다쏘], 닿사오니[다싸오니], 닿습니다[다씀니다]

ㄴ. 끊소[끈쏘], 끊사오니[끈싸오니], 끊습니다[끈씀니다]

ㄷ. 싫소[실쏘], 싫사오니[실싸오니], 싫습니다[실씀니다]

(15)에서 '닿소', '끊소', '싫소'는 각각 [다쏘], [끈쏘], [실쏘]로 발음된다. 이러한 현상은 예사소리인 'ㅅ'과 대립되는 거센소리의 짝이 없기 때문에, 'ㅎ'이 'ㅅ'과 결합하면 거센소리로 축약되지 않고 된소리인 [ㅆ]으로 바뀌는 것이다.

[3] 'ㅎ' 뒤에 'ㄴ'이 결합되는 경우에는, [ㄴ]으로 발음한다.

'ㅎ' 받침으로 끝나는 어간에 '-는(다), -네, -나, -느냐'처럼 'ㄴ'으로 시작되는 어미가 결합하면, 받침 'ㅎ'은 [ㄴ]으로 비음화되어서 발음된다.

(16) ㄱ. 놓는[논는], 놓네[논네], 놓나[논나], 놓는다[논는다], 놓느냐[논느냐]

ㄴ. 쌓는[싼는], 쌓네[싼네], 쌓나[싼나], 쌓는다[싼는다], 쌓느냐[싼느냐]

ㄷ. 찧는[찐는], 찧네[찐네], 찧나[찐나], 찧는다[찐는다], 찧느냐[찐느냐]

(17) 놓는[*논는 → 논는], 놓네[*논네 → 논네], 놓나[*논나 → 논나], 놓는다[*논는다 → 논는다], 놓느냐[*논느냐 → 논느냐]

예를 들어서 (ㄱ)의 '놓는다'는 먼저 어간의 받침인 'ㅎ'이 '평파열음화'에 따라서 [ㄷ]으로 바뀌어서 [*논는다]로 발음된다. 그 다음에 [*논는다]에 다시 '비음화'가 적용되어서 [**논는다**]로 바뀐다.12)

[3-붙임] 'ㄶ, ㅀ' 뒤에 'ㄴ'이 결합되는 경우에는, 'ㅎ'을 발음하지 않는다.

국어에서 실현될 수 있는 겹받침은 모두 11개가 있는데, 이들 겹받침은 '자음군 단순화'에 따라서 자음 앞이나 휴지 앞에서 한쪽의 자음이 탈락한다. 이들 겹받침 가운데에서 'ㄶ, ㅀ'은 뒤의 자음이 탈락하여서 각각 [ㄴ, ㄹ]로 발음된다.

(18) ㄱ. 않는[**안**는], 않네[**안네**], 않나[**안나**], 않는다[**안는다**], 않느냐[**안느냐**]

ㄴ. 뚫는[*뚤는 → **뚤른**], 뚫네[*뚤네 → **뚤레**], 뚫나[*뚤나 → **뚤라**], 뚫는다[*뚤는다 → **뚤른다**], 뚫느냐[*뚤느냐 → **뚤르냐**]

예를 들어서 (ㄱ)에서는 '않다, 끊다, 많다'처럼 'ㄶ'으로 끝나는 용언의 어간에 [ㄴ]으로 시작하는 어미가 결합하였다. 이 경우에는 '평파열음화'에 따라서 어간의 겹받침 중에서 뒤의 'ㅎ'이 탈락하여 [안네, 끈네, 만네]로 바뀐다. 그리고 (ㄴ)에서는 '뚫다, 끓다'처럼 'ㅀ'으로 끝나는 용언의 어간에 'ㄴ'으로 시작하는 어미인 '-네'가 결합하였다. 이 경우에도 먼저 '평파열음화'에 따라서 'ㅎ'이 탈락하여 [*뚤네, *끌네]로 바뀐 다음에, 다시 유음화가 적용되어서 [뚤레, 끌레]로 발음된다.

[4] 'ㅎ(ㄶ, ㅀ)' 뒤에 모음으로 시작된 어미나 접미사가 결합되는 경우

'ㅎ(ㄶ, ㅀ)' 뒤에 모음으로 시작된 어미나 접미사가 결합되는 경우에는, 'ㅎ'을 발음하지 않는다.

(19) ㄱ. 넣어[너어], 넣으니[너으니], 넣을[너을], 넣은[너은]

ㄴ. 많아[마나], 많으니[마느니], 많을[마을], 많은[마는]

---

12) 그런데 어간의 받침 'ㅎ'이 실제로 'ㄷ'으로 변동하는 것인지를 확인할 방법이 없다. 다만, '놓는'이 [논는]으로 발음되고 '놓소'가 [노쏘]로 발음되는 과정을 설명할 때에, 음절 끝에서 'ㅎ'이 'ㄷ'으로 먼저 변동한 다음에 비음화나 된소리되기가 적용되었다고 설명하는 것이 편리하기 때문이다.

ㄷ. 옳아[오라], 옳으니[오르니], 옳을[오를], 옳은[오른]

(20) ㄱ. 쌓이다[싸이다], 쌓이니[싸이니], 쌓일[싸일], 쌓인[싸인]

ㄴ. 끊이다[*끄니다*], 끊이니[*끄니니*], 끊일[*끄닐*], 끊인[*끄닌*]

ㄷ. 끓이다[*끄리다*], 끓이니[*끄리니*], 끓일[*끄릴*], 끓인[*끄린*]

(19)에서 어간이 'ㅎ'으로 끝나는 용언인 '넣다, 많다, 옳다' 등에 모음으로 시작하는 어미에 결합하여서 어간의 'ㅎ'이 탈락한다. 그리고 (20)에서는 '쌓다, 끊다, 끓다'처럼 'ㅎ'으로 끝나는 어간에 파생 접미사 '-이-'가 붙어서 파생 용언이 되는 과정에서 어근의 [ㅎ]이 탈락하여 [싸이다, 끄니다, 끄리다] 등으로 발음된다.

이러한 현상은 [ㅎ]이 모음과 모음 사이에서 유성음화하며 약화됨으로써 일어나는 현상이다. 곧 [ㅎ]이 (19)과 (20)처럼 처럼 유성음과 유성음의 사이에서는 원래의 무성의 후두 마찰음인 [h]의 음가를 유지하지 못하고, 유성의 후두 마찰음인 [ɦ]으로 바뀌었다. 이에 따라서 언중들이 약화된 [ɦ]의 소리를 하나의 음소로 인식하지 못하므로, [ㅎ]이 탈락한 것으로 생각하는 것이다.[13]

{ 참고 } 한자어나 복합어에서, 모음과 'ㅎ'이 결합되거나 또는 'ㄴ, ㅁ, ㅇ, ㄹ'과 'ㅎ'이 결합된 경우에는 본음대로 발음하는 것이 원칙이다.

(21) 경제<u>학</u>(經濟學), 광어<u>회</u>(廣魚膾)

(22) ㄱ. 신<u>학</u>(神學), 전<u>화</u>(電話), 피곤<u>하</u>다(疲困-)

ㄴ. 임<u>학</u>(林學), 셈<u>하</u>다

ㄷ. 공<u>학</u>(工學), 상<u>학</u>(商學), 경영<u>학</u>(經營學)

ㄹ. 실<u>학</u>(實學), 철<u>학</u>(哲學), 실<u>하</u>다, 팔<u>힘</u>

(21)처럼 한자어 복합어인 '경제학'과 '광어회'의 'ㅎ'은 앞 형태소의 모음 뒤에서 'ㅎ'을 그대로 발음한다. 그리고 (22)에서 '신학, 임학, 공학, 실학' 등의 예는 복합어 안에

---

13) (19)와 (20)의 예문에서 [ㅎ]이 유성음화된 [ɦ]는 실제로 존재하는 소리이다. 곧 용언의 활용 과정에서 '넣으니, 넣을, 넣은'처럼 매개 모음인 [ㅡ]가 실현되는 것을 보면, 후두 유성 마찰음 인 [ɦ]이 존재하는 것을 알 수 있다. 만일 '넣다'의 받침 [ㅎ]이 존재하지 않는다면, '넣으니, 넣을, 넣은'의 활용형은 '너니, 널, 넌'처럼 실현되어야 한다. 이른바 'ㅎ' 불규칙 용언인 '하얗다'는 '하야니, 하얄, 하얀' 등으로 매개 모음이 실현되지 않는다.

서 'ㄴ, ㅁ, ㅇ, ㄹ' 뒤에 'ㅎ'이 실현되었는데, 이들 단어의 'ㅎ'도 원칙적으로 [ㅎ]으로 발음한다. 다만, (22ㄹ)의 '실학, 철학, 실하다, 팔힘'처럼 'ㄹ' 뒤에 'ㅎ'이 실현될 때에는 'ㄹ'을 뒤의 음절로 연음시키면서 'ㅎ'이 섞인 소리로 발음한다.(『국어 어문 규정집』(2012:247) 참조.)

제13항 홑받침이나 쌍받침이 모음으로 시작된 조사나 어미, 접미사와 결합되는 경우에는, 제 음가대로 뒤 음절 첫소리로 옮겨 발음한다.

깎아 [까까]	옷이 [오시]	있어 [이써]	낮이 [나지]
꽂아 [꼬자]	꽃을 [꼬츨]	쫓아 [쪼차]	밭에 [바테]
앞으로 [아프로]	덮이다 [더피다]		

[제13항] 홑받침과 쌍받침의 연음 규칙

어떠한 형태소의 끝음절의 받침은 모음으로 시작하는 형식적이고 의존적인 형태소(어미, 조사, 접미사)가 이어 나올 때에, '평파열음화'를 적용받지 않고 뒤 형태소의 첫 음절의 첫소리로 이어서 발음된다.[14] 제13항은 홑받침이나 'ㄲ, ㅆ'과 같은 쌍받침에 적용되는 연음 규칙이다.

(23) ㄱ. 밥이[바비], 무릎을[무르플]
ㄴ. 밭에서[바테서], 젖이[저지]
ㄷ. 꽂이다[꼬치다], 옷이[오시]
ㄹ. 국이[구기], 부엌에서[부어케서]

(24) ㄱ. 잎었다[이벋따], 엎으니[어프니]
ㄴ. 걷었다[거덛다], 같아서[가타서]
ㄷ. 벗어[버서], 있었다[이썬따], 낮은[나즌]
ㄹ. 먹으면[머그면], 깎아[까까], 깎이다[까끼다]

(23)의 예는 체언과 조사가 결합하는 과정에서 체언의 받침 소리가 뒤 조사의 음절 첫

---

14) 이러한 음운 변동 현상을 '연음 규칙(連音規則, 소리 이음, linking)'이라고 하는데, 보편적인 음운 변동 현상이다.

소리로 옮겨서 발음된다. 곧 (23ㄱ)의 '밥-이'는 체언에 주격 조사가 결합하는 과정에서, 앞 형태소의 받침 소리인 'ㅂ'이 뒤 형태소의 첫음절로 옮겨서 [바비]로 발음된다. 그리고 (24)의 예는 용언의 어간과 어미가 결합하는 과정에서, 어간의 받침 소리가 어미의 첫소리로 어어서 발음된다. 예를 들어서 (24ㄱ)의 '입었다'에서는 앞 형태소의 끝소리인 'ㅂ'이 뒤 형태소의 첫소리로 옮겨서 각각 [이벋따]로 발음된다.15)

제14항 겹받침이 모음으로 시작된 조사나 어미, 접미사와 결합되는 경우에는 뒤엣것만을 뒤 음절 첫소리로 옮겨 발음한다.(이 경우, 'ㅅ'은 된소리로 발음함.)

넋이 [넉씨]	앉아 [안자]	닭을 [달글]	젊어 [절머]
곬이 [골씨]	핥아 [할타]	읊어 [을퍼]	값을 [갑쓸]
없어 [업ː써]			

[제14항] 겹받침의 연음 규칙

제14항도 연음 규칙의 한 유형인데, 'ㄳ, ㄵ, ㄺ, ㄻ, ㄽ, ㄾ, ㄿ, ㅄ' 등의 겹받침 중에서 두 번째 받침이 뒤 음절로 연음되는 현상을 규정했다.

(25) ㄱ. 넋이[넉**씨**], 곬이[골**씨**], 값이[갑**씨**], 흙이[흘**기**], 여덟이[여덜**비**]
　　 ㄴ. 없어서[업**저**서], 읽어[일**거**], 젊어[절**머**], 핥아[할**타**], 읊어[을**퍼**], 없어[업ː**써**]

(ㄱ)의 '값이'는 끝소리가 겹받침인 체언과 모음으로 된 조사가 결합하였는데, 겹받침의 두 번째의 소리인 'ㅅ'이 뒤 음절의 첫소리로 옮겨서 [갑씨]로 발음된다.16) 그리고 (ㄴ)의 '없어서'는 끝소리가 겹받침인 어간과 모음으로 시작하는 어미가 결합하면서, 겹받침의 두 번째 소리인 'ㅈ'이 뒤 음절의 첫소리로 옮겨서 [업저서]로 발음된다.

연음의 과정에서 옮겨진 받침 소리는 본음대로 발음되는 것이 원칙이지만, 연음된 소리가 예외적으로 바뀌는 경우가 있다.

---

15) 제12항에서 규정한 'ㅎ'의 탈락과 제17항에서 제시할 '구개음화'와 '불규칙 활용'에서는 제13항의 규칙이 적용되지 않는 경우가 있다.
16) 이러한 변동 현상은 '된소리되기(경음화)'에 해당한다. 된소리되기에 대하여는 <표준 발음법> 제6장의 내용을 참조하기 바란다.

(26) ㄱ. 끊어서[끄너서], 끊으니[끄느니], 끊어라[끄너라], 끊었다[끄넏따]

ㄴ. 앓아서[아라서], 앓으니[아르니], 앓아라[아라라], 앓았다[아랃따]

ㄷ. 훑이다[훌티다 → 훌치다]

(26)에서 (ㄱ)과 (ㄴ)처럼 'ㄶ, ㅀ'의 뒤에 모음으로 시작하는 어미가 실현되면, '끊어서[끄너서]'와 '앓아서[아라서]'처럼 'ㅎ'이 탈락한다. 그리고 (ㄷ)처럼 'ㄾ'의 뒤에 모음으로 시작한 파생 접사가 '-이-'가 실현되면, '훑이다[훌치다]'처럼 뒤 음절로 연음된 'ㅌ'에 구개음화가 적용되어서 'ㅌ'이 [ㅊ]으로 바뀐다.

그리고 겹받침 'ㄳ, ㄵ, ㅄ'인 때에는 'ㅅ'을 뒤 음절로 연음하되, 된소리인 [ㅆ]으로 발음한다.(된소리되기)

(27) ㄱ. 넋이[넉씨], 넋을[넉쓸] ; 몫이[목씨], 몫을[목쓸]

ㄴ. 곬이[골씨], 외곬으로[외골쓰로]

ㄷ. 값이[갑씨], 값에[갑쎄] ; 없이[업 : 씨], 없으면[업 : 쓰면]

(27)에서는 'ㄳ, ㄵ, ㅄ'의 겹받침으로 끝나는 체언이나 조사 뒤에 모음으로 시작하는 조사나 어미가 결합하였다. 곧 '넋이[넉씨], 곬이[골씨], 값이[갑씨]'처럼 두 번째 겹받침인 'ㅅ'이 뒤 음절의 첫소리로 연음되면서, 앞 음절에 남아 있던 받침 소리인 [ㄱ, ㄹ, ㅂ]과 이어지면서 'ㅅ'이 된소리인 [ㅆ]으로 발음된다.

제15항 받침 뒤에 모음 'ㅏ, ㅓ, ㅗ, ㅜ, ㅟ' 들로 시작되는 실질 형태소가 연결되는 경우에는, 대표음으로 바꾸어서 뒤 음절 첫소리로 옮겨 발음한다.

밭 아래 [바다래]　　늪 앞 [느밥]　　젖어미 [저더미]　　맛없다 [마덥따]

겉옷 [거돋]　　　　헛웃음 [허두슴]　　꽃 위 [꼬뒤]

다만, '맛있다, 멋있다'는 [마싣따], [머싣따]로도 발음할 수 있다.

[붙임] 겹받침의 경우에는 그 중 하나만을 옮겨 발음한다.

넋 없다 [너겁따]　　닭 앞에 [다가페]　　값어치 [가버치]　　값있는 [가빈는]

[제15항] '음절 끝소리 규칙'이 적용된 뒤에 일어나는 연음 법칙

형태소의 끝 자음 뒤에 [ㅏ, ㅓ, ㅗ, ㅜ, ㅟ]의 모음17)으로 시작하는 실질 형태소(어근)가 이어 나올 때에는, '음절 끝소리 규칙(평파열음화, 자음군 단순화)'이 적용된 다음에 연음 규칙이 적용된다.

〈 평파열음화와 연음 규칙 〉 '평파열음화'가 적용된 다음에 연음 규칙이 이어서 적용되는 경우가 있다.

첫째, 단어와 단어가 이어져서 된 구의 단위에서, '평파열음화'가 적용된 다음에 다시 연음 규칙이 적용되는 수가 있다.

(28) ㄱ. 옷 안에 [**옫**#안에 → 오다네]
ㄴ. 밭 아래 [**받**#아래 → 바다래]
ㄷ. 늪 앞　[**늡**#압 → 느밥]
ㄹ. 꽃 위　[**꼳**#위 → 꼬뒤]

곧 (ㄱ)의 '옷 안에'와 (ㄴ)의 '밭 아래'에서는 평파열음화에 따라서 앞의 단어가 [옫]과 [받]으로 변동한 다음에, 다시 연음 규칙이 적용되어서 [오다네]와 [바다래]로 발음된다. 그리고 (ㄷ)의 '늪 앞'과 (ㄹ)의 '꽃 위'도 각각 평파열음화와 연음 규칙을 차례로 적용받아서 [느밥]과 [꼬뒤]로 발음된다.

둘째, 어근과 어근이 결합하여서 형성된 합성어에서도 '평파열음화'가 적용된 다음에 다시 연음 규칙이 적용될 수가 있다.

(29) ㄱ. 겉옷　[**겉옫** → 거돋]
ㄴ. 헛웃음 [**헏**우슴 → 허두슴]
ㄴ. 젖어미 [**젇**어미 → 저더미]

---

17) 뒤의 실질 형태소가 'ㅏ, ㅓ, ㅗ, ㅜ, ㅟ'의 모음으로 시작하는 것으로 제한한 것은, 앞 형태소가 'ㅣ, ㅑ, ㅕ, ㅛ, ㅠ'로 시작하는 형태소와 결합하면 연음이 일어나지 않기 때문이다. 곧, '앞일[암닐], 꽃잎[꼰닙], 한여름[한녀름]'처럼 앞 형태소와 뒤 형태소 사이에 사잇소리인 [ㄴ]이 첨가되는 경우가 있다. 그리고 뒤 형태소의 모음이 'ㅐ, ㅔ, ㅚ'인 것도 연음이 일어나는 조건에서 제외하였는데, 이는 표준어에서 그러한 음성 조건에 있는 형태소가 결합하는 예가 드물기 때문이다. 단, '조국애[조구개], 국외[구괴/구궤]'와 같은 단어에서는 예외적으로 연음이 일어난다.(『국어 어문 규정집』(2012)의 249쪽 내용을 참조)

(30) ㄱ. 값있다 [**갑읻따** → **가빋따**]

ㄴ. 맛없다 [**맏업따** → **마덥따**]

(29)의 '겉옷'과 (30)의 '값있다'는 어근과 어근이 결합되어서 형성된 합성어이다. 이들은 앞 어근의 끝소리에 '평파열음화'가 먼저 적용되어서 각각 [걷]과 [갑]으로 변동한 다음에, 다시 연음 규칙이 적용되어서 최종적으로 [거돋]과 [가빋따]로 발음된다. 이처럼 뒤 형태소가 실질 형태소(= 어근)이면 앞 형태소와 뒤 형태소 사이에 쉼(휴지, pause)이 있어서 음절 끝소리 규칙이 먼저 적용된 다음에, 앞 형태소의 끝소리가 뒤 음절로 연음되는 것이다.

[다만] '맛있다'와 '멋있다'의 발음

'맛있다'와 '멋있다'는 어근과 어근이 결합되어서 형성된 합성 용언이므로, 평파열음화와 연음 규칙을 적용하여서 [마딛따]와 [머딛따]로 발음하는 것이 원칙이다. 그러나 실제로는 언중들이 [마싣따]와 [머싣따]로 발음하는 것이 일반적이므로, 이러한 언어 현실을 감안하여 [마싣따]와 [머싣따]로 발음하는 것도 인정한다.[18]

[붙임] '자음군 단순화'와 '연음 규칙'

국어에서 실현될 수 있는 겹받침은 'ㄳ, ㄵ, ㄶ, ㄺ, ㄳ, ㄽ, ㄶ, ㅄ, ㄺ, ㄻ, ㄿ'의 11개가 있는데, 이들은 자음이나 휴지 앞에서 한쪽의 자음이 탈락한다. 이러한 변동 현상을 '자음군 단순화(겹받침 줄이기)'라고 한다. 이 현상에 따르면 겹받침 가운데서 'ㄳ, ㄵ, ㄶ, ㄺ, ㄳ, ㄽ, ㄶ, ㅄ'은 뒤의 자음이 탈락하며, 'ㄺ, ㄻ, ㄿ'은 앞 자음이 탈락한다.

'붙임'의 규정은 겹받침으로 끝나는 앞 형태소에서 자음군 단순화를 먼저 적용하고 난 다음에, 남은 홑받침을 뒤 음절로 연음하여 발음하는 것을 규정한 것이다.

(31) ㄱ. 넋 없다 [**넉** # **업따** → **너겁따**]

ㄴ. 닭 앞에 [**닥** # **아페** → **다가페**]

---

18) 이러한 발음은 '맛있다'와 '멋있다'의 두 단어에만 국한되므로, '옷 있다[오딛다], 빛있다[비딛따], 꽃 있다[꼬딛따], 솥 있다[소딛따]' 등은 '[*옷싣다], [*비짇따], [*고칟따], [*소틷따]' 등으로 발음하지 않는다.

(32) ㄱ. 값어치 [갑#어치 → 가버치]

ㄴ. 값있는 [갑#있는 → 가빈는]

(31)의 '넋 없다'와 '닭 앞에'에서는, '넋'과 '닭'의 겹받침이 줄어들어서 각각 [넉]과 [닥]으로 변동한 다음에, 남은 홑받침을 뒤 형태소의 첫음절로 연음하여 [너겁다]와 [다가페]로 발음한다. 그리고 (32)의 '값어치'와 '값있는'의 합성어 구성에서도, 먼저 앞 형태소인 '값'에 자음군 단순화가 적용되어 [갑]으로 바뀐 다음에, 남은 홑받침 'ㅂ'을 뒤 형태소의 첫음절로 연음하여서 [가버치]와 [가빈는]으로 발음된다.

제16항 한글 자모의 이름은 그 받침 소리를 연음하되, 'ㄷ, ㅈ, ㅊ, ㅋ, ㅌ, ㅍ, ㅎ'의 경우에는 특별히 다음과 같이 발음한다.

디귿이 [디그시]	디귿을 [디그슬]	디귿에 [디그세]
지읒이 [지으시]	지읒을 [지으슬]	지읒에 [지으세]
치읓이 [치으시]	치읓을 [치으슬]	치읓에 [치으세]
키읔이 [키으기]	키읔을 [키으글]	키읔에 [키으게]
티읕이 [티으시]	티읕을 [티으슬]	티읕에 [티으세]
피읖이 [피으비]	피읖을 [피으블]	피읖에 [피으베]
히읗이 [히으시]	히읗을 [히으슬]	히읗에 [히으세]

[제16항] 한글 자모의 이름에 대한 발음

한글 자음 글자에 대한 이름은 원래 초성의 발음과 종성의 발음을 모두 표현하기 위하여, 첫음절의 초성과 둘째 음절의 종성을 동일하게 하였다.[19] 이러한 자음 글자 중에서 'ㄱ, ㄴ, ㅁ, ㅂ, ㅅ, ㄹ'의 이름을 발음할 때에는, 그 뒤에 모음으로 시작하는 조사가 결합하면 원칙적으로 자음의 이름의 받침 소리를 그대로 연음하여 발음한다.

(33) 기역 + -이 → [기여기], 니은 + -을 → [니으늘], 미음 + -의 → [미으믜/미으메]

비읍 + -에 → [비으베], 시옷 + -이 → [시오시], 리을 + -을 → [리으를]

---

19) 한글 자모의 명칭에 대한 역사적인 유래에 대하여는 이 책 133쪽과 나찬연 2013:261 이하의 내용을 참조하기 바란다.

(33)에서 한글 자모의 이름은 받침의 원래 소리를 그대로 모음으로 시작하는 조사에 연음하여 발음된다. 곧 '기역'과 '니은'에 모음으로 시작하는 조사가 결합하면, 각각 [기여기]와 [니으늘]처럼 받침이 원래 소리 그대로 뒤 음절의 첫소리로 연음된다.

그런데 'ㄷ, ㅈ, ㅊ, ㅋ, ㅌ, ㅍ, ㅎ'은 현실 언어에서 별다른 이유 없이 받침의 원래의 음가대로 발음되지 않고 다른 소리로 바뀌어서 뒤의 음절로 연음된다.

(34) ㄱ. 디귿+-이→[디그시/*디그디], 지읒+-을→[지으슬/*지으즐]
　　　치읓+-의→[치으싀/*지으싀], 티읕+-에→[티으세/*티으테]
　　　히읗+-이→[히으시/*히으히]
　　ㄴ. 키읔+-이→[키으기/*키으키]
　　ㄷ. 피읖+-을→[피으블/*피으플]

(ㄱ)의 'ㄷ, ㅈ, ㅊ, ㅌ, ㅎ'은 자음의 이름의 끝 받침이 [ㅅ]으로 바뀌어서 연음되고, (ㄴ)의 'ㅋ'과 (ㄷ)의 'ㅍ'은 각각 [ㄱ]과 [ㅂ]으로 바뀌어서 발음된다. 자모의 이름에 대한 이러한 언어 현실의 발음을 반영하여서 제16항의 규정을 만든 것이다.[20]

제5장 음의 동화

'동화(同化, assimilation)'는 이처럼 발음을 편하게 하기 위하여 인접한 두 음운이 서로 닮는 현상을 말하는데, 주로 앞이나 뒤의 소리의 조음 위치나 조음 방법이 비슷해지거나 같아지는 현상이다. 이러한 동화 현상의 종류로는 '구개음화, 비음화, 유음화,

---

20) 표준 발음법의 제16항에서 'ㄷ, ㅈ, ㅊ, ㅋ, ㅌ, ㅍ, ㅎ'의 자음 글자의 이름을 현실 발음을 반영하여 예외적으로 허용한 것은 문제가 있다. 곧 서울 지방의 젊은 사람들은 '꽃이[꼬치], 밤낮으로[밤나즈로], 솥은[소튼], 무릎을[무르플], 부엌에[부어케]'를 [*꼬시], [*밤나스로], [*소슨], [*무르블], [*부어게]로 발음하는 경향이 강하지만, 이들 발음을 표준 발음으로 인정하지는 않는다. 반면에 이와 동일한 발음 현상인데도 제16항의 자음 글자 명칭에 대한 발음은 현실 발음을 반영하여서, 표준 발음으로 인정한 것은 모순된다. 그리고 제16항의 자음 글자의 이름에 대한 현실 발음을 인정하게 되면, <한글 맞춤법>의 제4항에서 규정한 자모의 표기 형태와 <표준 발음법>에서 규정한 발음이 아주 달라져 버린다. 그리고 제16항의 현실 발음을 인정하게 되면 '국어의 전통성과 합리성을 고려한다'라고 하는 표준 발음법 제1항의 대원칙을 어기게 되는 문제가 생긴다.

자음의 위치 동화, 모음 동화, 모음 조화' 등이 있다.

제17항 받침 'ㄷ, ㅌ(ㄾ)'이 조사나 접미사의 모음 'ㅣ'와 결합되는 경우에는, [ㅈ, ㅊ]으로 바꾸어서 뒤 음절 첫소리로 옮겨 발음한다.

> 곧이듣다 [고지듣따]　　　　굳이 [구지]　　　　미닫이 [미다지]
> 땀받이 [땀바지]　　　　밭이 [바치]　　　　벼훑이[21] [벼훌치]

[붙임] 'ㄷ' 뒤에 접미사 '히'가 결합되어 '티'를 이루는 것은 [치]로 발음한다.

> 굳히다 [구치다]　　　　닫히다[다치다]　　　　묻히다 [무치다]

[제17항] '구개음화'에 따른 표준 발음

'구개음화(口蓋音化)'는 앞 형태소(어근)의 끝 받침 'ㄷ, ㅌ'이 모음 'ㅣ'나 이중 모음인 'ㅑ, ㅕ, ㅛ, ㅠ'로 시작되는 형식 형태소(서술격 조사, 파생 접미사 등)와 만날 때에, 'ㄷ, ㅌ'이 센입천장소리인 [ㅈ, ㅊ]으로 바뀌는 변동 현상이다.

　(1) 밭이[바치], 끝이[끄치], 솥이다[소치다]

　(2) ㄱ. 곧이듣다[고지듣따], 굳이[구지], 미닫이[미다지], 땀받이[땀바지]
　　　ㄴ. 벼훑이[벼훌치], 붙이다[부치다]

(1)에서 체언인 '밭, 끝, 솥'에 주격 조사인 '-이'와 서술격 조사인 '-이다'가 결합하면서, 체언의 끝 받침인 'ㅌ'이 뒤 음절로 연음한 다음에 [ㅊ]으로 바뀌었다. 그리고 (2)에서는 용언의 어근인 '곧-, 굳-, 닫-, 받- ; 훑-, 붙-'에 파생 접미사인 '-이/-이-'가 결합하면서 어근의 받침 'ㄷ'과 'ㅌ'이 각각 [ㅈ]와 [ㅊ]로 바뀌었다.

[붙임] 'ㄷ' 뒤에 '히'가 결합되어서 동화된 [티]는 [치]로 발음한다.

'걷히다, 굳히다, 닫히다, 묻히다' 등은 용언의 어근에 사동이나 피동의 파생 접미사인 '-히-'가 붙어서 사동사나 피동사가 형성되는 과정에서 'ㅌ'이 [ㅊ]으로 바뀐다.

---

21) 벼훑이: 두 개의 나뭇가지나 수숫대 또는 댓가지의 한끝을 동여매어 집게처럼 만들고 그 틈에 벼 이삭을 넣고 벼의 알을 훑는 농기구이다.

(3) 걷히다[거티다→거**치**다], 굳히다[구티다→구**치**다], 닫히다[다티다→다**치**다], 묻
   히다[무티다→무**치**다]

예를 들어서 '걷히다'는 어근의 끝소리 'ㄷ' 뒤에 파생 접미사인 '-히-'가 붙었는데,
이 경우는 다음과 같은 변동 과정을 거친다. 먼저 'ㄷ'과 'ㅎ'이 '자음 축약'에 따라서
한 음소로 축약되어서 [ㅌ]이 된 다음, 이 'ㅌ'이 그 뒤의 'ㅣ'에 이끌려서 구개음인
[ㅊ]으로 바뀐 것이다.

제18항 받침 'ㄱ(ㄲ, ㅋ, ㄳ, ㄺ), ㄷ(ㅅ, ㅆ, ㅈ, ㅊ, ㅌ, ㅎ), ㅂ(ㅍ, ㄼ, ㄿ, ㅄ)'은 'ㄴ,
ㅁ' 앞에서 [ㅇ, ㄴ, ㅁ]으로 발음한다.

먹는[멍는]	국물[궁물]	깎는[깡는]
키읔만[키응만]	몫몫이[몽목씨]	긁는[긍는]
흙만[흥만]	닫는[단는]	짓는[진 : 는]
옷맵시[온맵씨]	있는[인는]	맞는[만는]
젖멍울[전멍울]	쫓는[쫀는]	꽃망울[꼰망울]
붙는[분는]	놓는[논는]	잡는[잠는]
밥물[밤물]	앞마당[암마당]	밟는[밤 : 는]
읊는[음는]	없는[엄 : 는]	값매다[감매다]

[붙임] 두 단어를 이어서 한 마디로 발음하는 경우에도 이와 같다.

책 넣는다[챙넌는다]	흙 말리다[흥말리다]	옷 맞추다[온맏추다]
밥 먹는다[밤멍는다]	값 매기다[감매기다]	

{ 참고 } 자음 동화

'자음 동화(子音同化)'는 어떠한 음절의 끝 자음이 그 뒤에 오는 음절의 첫 자음과
만날 때에, 어느 한쪽이 다른 쪽 자음을 닮아서 그와 비슷하거나 같은 자음으로 바뀌
거나 양쪽이 서로 닮아서 두 소리가 다 바뀌는 현상이다. 이와 같은 자음 동화의 종
류로는 '비음화(鼻音化)'와 '유음화(流音化)'가 있다.

[제18항] 파열음의 비음화

'파열음의 비음화'는 앞 형태소의 받침인 'ㄱ, ㄷ, ㅂ'이 그 뒤에 'ㅁ, ㄴ'으로 시작한 형태소가 이어질 때에, 'ㄱ, ㄷ, ㅂ'이 각각 동일한 조음 위치에서 발음되는 비음인 [ㅇ, ㄴ, ㅁ]으로 바뀌는 역행 동화 현상이다.

  (4) ㄱ. [ㄱ-ㅁ]→[ㅇ-ㅁ] : 국물[**궁**물], 떡만[**떵**만]
      ㄴ. [ㄱ-ㄴ]→[ㅇ-ㄴ] : 막내[**망**내], 먹는다[**멍**는다]

  (5) ㄱ. [ㄷ-ㅁ]→[ㄴ-ㅁ] : 맏며느리[**만**며느리]
      ㄴ. [ㄷ-ㄴ]→[ㄴ-ㄴ] : 닫는[**단**는], 받는다[**반**는다]

  (6) ㄱ. [ㅂ-ㅁ]→[ㅁ-ㅁ] : 밥물[**밤**물], 법문[**범**문], 밥먹다[**밤**먹다]
      ㄴ. [ㅂ-ㄴ]→[ㅁ-ㄴ] : 잡느냐[**잠**느냐], 접는다[**점**는다]

(4)의 '국물'에서는 여린입천장소리의 파열음인 'ㄱ'이 비음인 'ㅁ'에 동화되어서 [ㅇ]으로 바뀌었으며, (5)의 '맏며느리'에서는 잇몸소리의 파열음인 'ㄷ'이 'ㅁ'에 동화되어서 [ㄴ]으로 바뀌었다. 그리고 (6)의 '밥물'에서는 입술소리의 파열음인 'ㅂ'이 'ㅁ'에 동화되어서 같은 자리에서 발음되는 [ㅁ]으로 바뀌었다. 이들 변동은 모두 조음 위치는 변하지 않은 상태에서 조음의 방법만 파열음에서 비음으로 바뀐 것이다.

그런데 형태소와 형태소가 결합할 때에 '파열음의 비음화'만 일어날 수도 있지만, 특정한 변동 현상이 일어난 다음에 다시 파열음의 비음화가 일어날 수도 있다.

첫째, '평파열음화'가 적용된 다음에 파열음이 비음으로 바뀌는 경우가 있다.

  (7) ㄱ. 부엌문[부억문→부엉문], 키읔만[키윽만→키웅만], 깎는[깍는→깡는]
      ㄴ. 짓는[짇는→진는], 있는[읻는→인는], 젖멍울[젇멍울→전멍울], 쫓는[쫃는→쫀는], 붙는[붇는→분는], 낳느냐[낟느냐→난느냐], 놓는[녿는→논는]
      ㄷ. 앞마당[압마당→암마당], 잎만[입만→임만]

(ㄱ)의 '부엌문', (ㄴ)의 '짓는', (ㄷ)의 '앞마당'은 평파열음화에 따라서 각각 [부억문], [짇는], [압마당]으로 변동한 다음에, 다시 파열음이 비음화되어서 [부엉문], [진는], [암마당]으로 실현되었다.

둘째, '자음군 단순화'가 적용된 다음에 파열음이 비음으로 바뀌는 경우가 있다.

(8) ㄱ. 값나가다[갑나가다→감나가다], 없는[업는→엄는], 몫몫이[목목씨→몽목씨], 삯
만[삭만→상만]

　　ㄴ. 흙만[흑만→흥만], 긁는[극는→긍는], 밟는[밥 : 는→밤 : 는]

(ㄱ)의 '값나가다'와 (ㄴ)의 '흙만'은 먼저 자음군 단순화 규칙에 따라서 끝 자음인 'ㅅ'
과 'ㄹ'이 탈락하여 각각 [갑나가다]와 [흑만]으로 바뀌었다. 이어서 [갑나가다]와 [흑
만]에서 파열음이 비음화되어서 각각 [감나가다]와 [흥만]으로 실현되었다.

　　셋째, 자음군 단순화와 평파열음화가 함께 적용된 다음에, 파열음이 비음으로 바뀌
는 경우가 있다.

(9) 읊는다[읇는다→읍는다→음는다]

'읊는다'는 '자음군 단순화'와 '평파열음화'가 적용되어서 [읍는다]로 바뀐 다음에, 다
시 파열음이 비음화되어서 [음는다]로 실현되었다.

　　비음화에 의한 변동은 보편적 · 필연적 변동이기 때문에 동일한 음운적 환경에서는
예외 없이 반드시 일어나는 음운 변동이다.[22]

[붙임] 두 단어가 이어질 때에 일어나는 파열음의 비음화

두 단어를 이어서 한 마디로 발음할 때에도, 마찬가지로 파열음이 비음이 된다.

(10) ㄱ. 책 넣는다[챙넌는다], 밥 먹는다[밤멍는다]

　　ㄴ. 옷 맞추다[온맏추다], 닻 놓다[단노타]

　　ㄷ. 흙 말리다[흥말리다], 값 매기다[감매기다]

(ㄱ)의 '책 넣는다', (ㄴ)의 '옷 맞추다', (ㄷ)의 '흙 말리다'는 두 단어로 된 구인데, 이
경우에도 파열음의 비음화가 일어나서 [챙넌는다], [온맏추다], [흥말리다]로 발음된
다.

---

22) '보편적 변동'과 '한정적 변동', '필연적 변동'과 '임의적 변동' 등 '변동의 유형'에 대해서는
　이 책 164쪽 이하의 내용을 참조하기 바란다.

> **제19항** 받침 'ㅁ, ㅇ' 뒤에 연결되는 'ㄹ'은 [ㄴ]으로 발음한다.
>
> 담력[담ː녁]　　　　침략[침냑]　　　　강릉[강능]
>
> 항로[항ː노]　　　　대통령[대ː통녕]
>
> **[붙임]** 받침 'ㄱ, ㅂ' 뒤에 연결되는 'ㄹ'도 [ㄴ]으로 발음한다.
>
> 막론[막논→망논]　　　　백리[백니→뱅니]　　　　협력[협녁→혐녁]
>
> 십리[십니→심니]

[제19항] 한자어의 받침 'ㅁ'과 'ㅇ' 뒤에 이어지는 'ㄹ'의 [ㄴ] 되기

한자어의 복합어에서 앞 형태소의 끝 받침인 'ㅁ'이나 'ㅇ'의 뒤에 이어지는 'ㄹ'은 비음화되어서 [ㄴ]으로 발음된다.

(11) ㄱ. 담력[담ː**녁**], 침략[침**냑**], 감량[감**냥**],

ㄴ. 강릉[강**능**], 항로[항ː**노**], 대통령[대ː통**녕**]

(ㄱ)의 '담력'에서는 앞 형태소의 끝 받침인 'ㅁ' 뒤에 이어지는 'ㄹ'이 비음화되어서 [담ː녁]으로 발음된다. 그리고 (ㄴ)의 '강릉'에서는 앞 형태소의 끝 받침인 'ㅇ' 뒤에 이어지는 'ㄹ'이 비음화되어 [강능]으로 발음된다.

[붙임] 받침 'ㄱ, ㅂ'의 뒤에 연결되는 'ㄹ'의 [ㄴ] 되기

한자어의 복합어에서 앞 형태소의 끝 받침인 'ㄱ'과 'ㅂ' 뒤에 이어지는 유음 'ㄹ'이 비음화되어서 [ㄴ]으로 바뀐 다음에[23], 다시 역행 동화로서 'ㄱ'과 'ㅂ'의 파열음이 비음화되어서 각각 [ㅇ]과 [ㅁ]으로 발음된다. 이 변동 현상은 '순행 동화'가 적용된 뒤에 '역행 동화'가 다시 적용되는데, 결과적으로 '상호 동화'가 일어난 것이다.

---

23) '몇 리'는 관형사와 의존 명사 사이에서 제19항의 [붙임] 규정에 따른 발음 변화와 유사한 변화가 일어나는 예이다. '몇 리'는 먼저 '평파열음화'에 따라서 [멷리]로 바뀌고 나서, 다음으로 유음의 비음화에 따라서 [멷니]로 바뀌고, 끝으로 파열음의 비음화가 일어나서 [면니]로 변동하였다. 받침 'ㄱ, ㅂ'의 뒤가 아니라 'ㄷ'의 뒤라는 조건이 다르기는 하지만 'ㄹ'의 [ㄴ]으로 바뀌고 나서 파열음의 비음화가 이루어지는 것은 동일하다.

(12) ㄱ. 섭리[섭**니**→**섬니**], 십리[십**니**→**심니**], 압력[압**녁**→**암녁**], 협력[협**녁**→**혐녁**)]

ㄴ. 막론[막**논**→**망논**], 박람회[박**남**회→**방남**회], 백로[백**노**→**뱅노**], 백리[백**니**→**뱅니**]

(ㄱ)의 '섭리'는 유음인 'ㄹ'이 [ㄴ]으로 비음화되어 순행 동화가 일어나서 [섭니]로 바뀐 뒤에, 파열음 'ㅂ'이 [ㅁ]으로 비음화됨에 따라서 역행 동화가 일어나서 [**섬니**]로 변동하였다. 그리고 (ㄴ)의 '막론'은 유음인 'ㄹ'이 [ㄴ]으로 비음화되어서 [막**논**]으로 바뀐 다음에, 다시 파열음 'ㄱ'이 [ㅇ]으로 비음화됨에 따라서 [**망논**]으로 바뀌었다.

제20항 'ㄴ'은 'ㄹ'의 앞이나 뒤에서 [ㄹ]로 발음한다.

(1) 난로 [날 : 로]　　　　신라 [실라]　　　　천리 [철리]

광한루 [광 : 할루]　　대관령 [대 : 괄령]

(2) 칼날 [칼랄]　　　　물난리 [물랄리]　　줄넘기 [줄럼끼]

할는지 [할른지]

[붙임] 첫소리 'ㄴ'이 'ㅀ', 'ㄾ' 뒤에 연결되는 경우에도 이에 준한다.

닳는 [달른]　　　　뚫는 [뚤른]　　　　핥네 [할레]

다만, 다음과 같은 단어들은 'ㄹ'을 [ㄴ]으로 발음한다.

의견란 [의 : 견난]　　임진란 [임 : 진난]　　생산량 [생산냥]

결단력 [결딴녁]　　　공권력 [공꿘녁]　　　동원령 [동 : 원녕]

상견례 [상견녜]　　　횡단로 [횡단노]　　　이원론 [이 : 원논]

입원료 [이붠뇨]　　　구근류 [구근뉴]

[제20항] 'ㄴ'의 'ㄹ' 되기

'유음화(流音化)'는 앞 형태소의 끝 받침인 'ㄹ'에 이어서 뒤 형태소의 첫소리인 'ㄴ'이 실현되거나 반대로 'ㄴ'에 이어서 'ㄹ'이 실현될 때에, 비음인 'ㄴ'이 유음인 'ㄹ'에 동화되어서 [ㄹ]로 발음되는 음운 변동의 현상이다.

[1] 앞 형태소의 'ㄴ'이 뒤 형태소의 'ㄹ'에 동화되어서 [ㄹ]로 바뀌는 경우

한자어로 된 복합어에서 앞 형태소의 끝 받침인 'ㄴ'이 뒤 형태소의 첫소리인 'ㄹ'

에 동화되어서 [ㄹ]로 바뀌어서 발음된다.(역행 동화)

(13) 광한루[광할루], 권력[**궐**력], 난로[**날**로], 대관령[대**괄**령], 만리[**말**리], 산림[**살**림], 신라[**실**라], 천리[**철**리]

예를 들어서 '광한루'에서는 앞 형태소의 끝 받침인 'ㄴ'이 뒤 형태소의 첫소리인 'ㄹ'에 동화되어서 [ㄹ]로 바뀌어서 [광할루]로 실현되었다. (13)에 제시된 단어는 모두 한자어로 형성된 복합어인데, 모두 의존 형태소와 의존 형태소가 결합된 것이 특징이다.

[2] 앞 형태소의 'ㄹ'에 뒤 형태소의 'ㄴ'이 동화되어서 [ㄹ]로 바뀌는 경우

복합어에서 뒤 형태소의 첫소리인 'ㄴ'이 앞 형태소의 끝 받침인 'ㄹ'에 동화되어서, [ㄹ]로 바뀌어서 발음된다.(순행 동화)

(14) ㄱ. 길눈[길**룬**], 달나라[달**라**라], 달님[달**림**], 물난리[물**랄**리], 설날[설**랄**], 줄넘기[줄**럼**끼], 칼날[칼**랄**], 땔나무[땔 : **라**무]
ㄴ. 할는지[할**른**지], 먹을는지[머글**른**지]
ㄷ. 갈 놈[갈**롬**], 바람 잦을 날[바람자즐**랄**]

예를 들어서 (ㄱ)에서 복합어의 예인데, '길눈'에서는 앞 음절의 끝 받침인 'ㄹ'에 동화되어서 뒤 음절의 첫소리인 'ㄴ'이 [ㄹ]로 바뀐다. 그리고 (ㄴ)에서 '할는지, 먹을는지'는 용언의 활용형에서 'ㄹ' 뒤에 이어지는 'ㄴ'이 [ㄹ]로 바뀐다. 그뿐만 아니라 (ㄷ)처럼 관형사형 어미 '-을' 뒤에 'ㄴ'으로 시작하는 체언이 이어질 때에도, 체언의 첫소리 'ㄴ'이 [ㄹ]로 바뀌어서 발음된다.

[붙임] 앞 형태소의 끝 받침인 'ㅀ', 'ㄾ'에 뒤 형태소의 'ㄴ'이 동화되어서, 'ㄴ'이 [ㄹ]로 바뀌는 경우

앞 형태소의 끝 받침인 'ㅀ', 'ㄾ' 뒤에 뒤 형태소의 첫소리인 'ㄴ'이 이어질 때에는, 'ㅀ', 'ㄾ'이 자음군 단순화에 따라서 'ㄹ'로 바뀐 다음에, 'ㄴ'이 다시 [ㄹ]로 바뀌어서 발음된다.(순행 동화)

(15) ㄱ. 끓는[끌는→끌른], 앓느냐[알느냐→알르냐], 닳네[달네→달레]
     ㄴ. 핥는[할는→할른], 핥느냐[할느냐→할르냐], 훑네[훌네→훌레]

(ㄱ)의 '끓는'과 (ㄴ)의 '핥는'은 먼저 앞 형태소의 자음군 단순화에 따라서 'ㅎ'이 탈락하여 [끌는]과 [할는]으로 바뀌었다. 그 다음에 뒤 형태소의 'ㄴ'이 앞 음절의 'ㄹ'에 동화되어서 [ㄹ]로 바뀌어서 [끌른]과 [할른]으로 발음된다.[24]

[다만] 자립적인 한자어의 끝 받침 'ㄴ' 뒤에 'ㄹ'로 시작하는 파생 접사가 결합하면, 뒤의 'ㄹ'이 [ㄴ]로 바뀐다.

자립적인 한자어 어근의 끝 받침인 /ㄴ/ 다음에 /ㄹ/로 시작하는 접사가 이어지면, 특이하게 /ㄹ/이 /ㄴ/에 동화되어서 /ㄴ-ㄴ/으로 실현된다.

(16) 결단-력[결딴**녁**], 공권-력[공꿘**녁**], 동원-령[동원**녕**], 보존-료[보존**뇨**], 상견-례[상견**네**], 생산-량[생산**냥**], 신문-로[신문**노**], 음운-론[음운**논**], 임진-란[임진**난**], 입원-료[이뤈**뇨**]

예를 들어서 '결단-력'은 자립적으로 쓰이는 '결단'에 접미사인 '-력'이 붙어서 형성된 파생어이다. 그런데 이 때에는 접미사인 /ㄹ/이 앞 어근 끝 소리인 /ㄴ/에 동화되어서 / ㄴ/으로 바뀐다.

제21항 위에서 시적한 이외의 자음 동화는 인정하지 않는다.

감기 [감 : 기]	(× [강 : 기])	옷감 [온깜]	(× [옥깜])
있고 [읻꼬]	(× [익꼬])	꽃길 [꼳낄]	(× [꼭낄])
젖먹이 [전머기]	(× [점머기])	문법 [문뻡]	(× [뭄뻡])
꽃밭 [꼳빧]	(× [꼽빧])		

---

24) 만일 '만들다', '흔들다', '알다'처럼 어간의 끝 받침이 본디부터 'ㄹ'일 때에는, 그 뒤에 'ㄴ'으로 시작하는 어미가 결합되면 어간의 끝 받침 'ㄹ'은 탈락한다.(보기: 만드니, 흔드네, 아니까……)

[제21항] 자음의 '위치 동화'에 따른 발음 변화는 인정하지 않는다.

형태소와 형태소가 결합할 때에 '혀끝(/ㄷ, ㄴ/)−입술(/ㅂ, ㅁ/)−연구개(/ㄱ/)'에서 발음되는 자음이, 위와 같은 차례로 앞 형태소의 끝 받침과 뒤 형태소의 첫소리로 이어서 날 수가 있다. 이 경우에 앞 형태소의 끝 받침의 조음 위치가 뒤 소리의 조음 위치로 옮기는 변동 현상을 '자음의 위치 동화'라고 한다. 이러한 변동은 개인의 발음 습관에 따라서 수의적으로 일어나는 임의적 변동이다.

(17) ㄱ. 꽃밭[꼳빧→*꼽빧], 듣보다[듣뽀다→*듭뽀다], 낮부터[낟뿌터→*납뿌터]

ㄴ. 젖먹이[전머기→*점머기], 문법[문뻡→*뭄뻡], 신발[신발→*심발], 신문[신문→*심문]

(18) ㄱ. 옷감[옫깜→*옥깜], 있고[읻꼬→*익꼬], 꽃길[꼳낄→*꼭낄], 벗기다[벋끼다→*벅끼다], 맡기다[맏끼다→*막끼다]

ㄴ. 손가락[손까락→*송까락], 산기슭[산끼슥→*상끼슥], 안고[안꼬→*앙꼬]

(19) ㄱ. 밥그릇[밥끄륻→*박끄륻], 잡곡[잡꼭→*작꼭]

ㄴ. 감기[감 : 기→*강 : 기], 숨고[숨 : 꼬→*숭 : 꼬], 임금[임금→*잉 : 금]

(17∼19)와 같은 음운적 특징을 가진 형태소가 결합할 때는, 개인의 발음 습관에 따라 두 가지 형태가 나타날 수 있다.25) 예를 들어서 (17)의 '꽃밭'은 원칙적으로 [꼳빧]으로 발음하지만, 잇몸소리인 'ㄷ'이 입술소리인 'ㅃ'의 조음 자리에 이끌려서 [*꼽빧]으로 발음하는 수도 있다. (18)의 '옷감'은 원칙적으로 [옫깜]으로 발음하지만, 잇몸소리인 'ㄷ'이 여린입천장소리인 'ㄲ'의 조음 자리에 이끌려서 [*옥깜]로 발음하는 수도 있다. (19)의 '밥그릇'은 원칙적으로 [밥끄륻]으로 발음되지만, 입술소리인 'ㅂ'이 여린입천장소리인 'ㄲ'의 조음 자리에 이끌려서 [박끄륻]으로 발음하는 수도 있다.

(17∼19)의 단어들은 현실 발음에서 말하는 이의 발음 습관에 따라서 원래대로 발음될 수도 있고 자음의 위치 동화가 일어난 형태로 발음될 수도 있다. 그러나 <표준 발음법>에서는 동화가 일어나지 않는 형태만을 표준 발음으로 인정하고, 동화가 일어난 발음을 '임의적 변동'에 따른 발음으로 보아서 표준 발음으로 인정하지 않는다.

---

25) 곧 (17)의 예는 잇몸소리가 입술소리로 바뀐 예이며, (18)의 예는 잇몸소리가 여린입천장소리로 바뀐 예이며, (19)의 예는 입술소리가 여린입천장소리로 바뀐 예이다.

> **제22항** 다음과 같은 용언의 어미는 [어]로 발음함을 원칙으로 하되, [여]로 발음함
> 도 허용한다.
>
>   되어 [되어/되여]   피어 [피어/피여]
>
> **[붙임]** '이오, 아니오'도 이에 준하여 [이요, 아니요]로 발음함을 허용한다.

[제22항] 모음 충돌 회피를 위한 'ㅣ' 모음의 순행 동화 현상

'ㅣ'나 'ㅐ, ㅔ, ㅚ, ㅟ, ㅢ'로 끝나는 용언의 어간에 어미인 '-어'가 결합할 때, '-어'
는 [어]로 발음하는 것을 원칙으로 하되 [여]로 발음하는 것을 허용한다. 곧 어간과 어
미 사이에서 모음이 충돌할 때는 [어]로 발음하는 것이 원칙이다.

(20) ㄱ. 피어[피어/피**여**], 피어서[피어서/피**여**서], 피었다[피얻따/피**엳**따]
     ㄴ. 개어[개어/개**여**], 개어서[개어서/개**여**서], 개었다[개얻따/개**엳**따]
     ㄷ. 베어[베어/베**여**], 베어서[베어서/베**여**서], 베었다[개얻따/베**엳**따]
     ㄹ. 되어[되어/되**여**], 되어서[되어서/되**여**서], 되었다[되얻따/되**엳**따]
     ㅁ. 뀌어[뀌어/뀌**여**], 뀌어서[뀌어서/뀌**여**서], 뀌었다[뀌얻따/뀌**엳**따]
     ㅂ. 띄어[띠어/띠**여**], 띄어서[띠어서/띠**여**서], 띄었다[띠얻따/띠**엳**따]

그러나 어간에 어미가 붙어서 활용할 때에, '되어'나 '피어'처럼 모음이 충돌하면 발음
하기가 거북하다. 이러한 이유로 현실 언어에서는 모음 충돌을 피하여 편하게 발음하
기 위하여, 어미의 '-어'에 반모음 /j/를 개입시켜서 [되여]나 [피여]로 발음하는 것이
일반적이다. 이러한 음운 변동 현상을 "ㅣ' 모음 순행 동화'라고 하는데, 표준 발음법
에서는 이렇게 동화된 발음을 허용한 것이다.

[붙임] '이오, 아니오'의 발음

'이오'와 '아니오'도 [이오]와 [아니오]로 발음하는 것을 원칙으로 하되, 'ㅣ' 모음 순
행 동화에 따라서 [이요]와 [아니요]로 발음하는 것도 허용한다.

(21) ㄱ. 이것은 책이오.   [채기**오**/채기**요**]
     ㄴ. 저것은 책이 아니오.   [아니**오**/아니**요**]

이처럼 'ㅣ' 뒤에 결합하는 어미인 '-오'를 [요]로 발음하는 것을 허용한 것은, '이오'와 '아니오'에 한정된 규정이다.

(22) ㄱ. 아기가 기오.　[기오/*기요]
　　 ㄴ. 반지를 끼오.　[끼오/*끼요]
　　 ㄷ. 맛이 시오.　[시오/*시요]
　　 ㄹ. 꽃이 피오.　[피오/*피요]

곧 (22)처럼 'ㅣ'로 끝나는 어간인 '기-, 끼-, 시-, 피-'의 뒤에 어미 '-오'가 붙어서 활용할 때에는, 어미가 [요]로 발음되는 것은 허용하지 않는다.

제6장 된소리되기

두 형태소가 이어지는 과정에서 앞 형태소의 끝소리의 영향을 받아서 뒤 형태소의 예사소리가 된소리로 바뀌는 현상을 '된소리되기(경음화, 硬音化)'라고 한다. 된소리되기에는 장애음의 뒤에서 일어나는 것과 유성 자음의 뒤에서 일어나는 것의 두 유형이 있다.

제23항 받침 'ㄱ(ㄲ, ㅋ, ㄳ, ㄺ), ㄷ(ㅅ, ㅆ, ㅈ, ㅊ, ㅌ), ㅂ(ㅍ, ㄼ, ㄿ, ㅄ)' 뒤에 연결되는 'ㄱ, ㄷ, ㅂ, ㅅ, ㅈ'은 된소리로 발음한다.

국밥 [국빱]	깍다 [깍따]	넋받이 [넉빠지]
삯돈 [삭똔]	닭장 [닥짱]	칡범 [칙뺌]
뻗대다 [뻗때다]	옷고름 [온꼬름]	있던 [읻떤]
꽂고 [꼳꼬]	꽃다발 [꼳따발]	낯설다 [낟썰다]
밭갈이 [받까리]	솥전 [솓쩐]	곱돌 [곱똘]
덮개 [덥깨]	옆집 [엽찝]	넓죽하다 [넙쭈카다]
읊조리다 [읍쪼리다]	값지다 [갑찌다]	

[제23항] 장애음의 뒤에서 일어나는 된소리되기

앞 형태소의 끝소리가 장애음인 '파열음, 마찰음, 파찰음'일 때에, 뒤 형태소의 첫소리로 나는 'ㄱ, ㄷ, ㅂ, ㅅ, ㅈ'은 된소리인 [ㅃ, ㄸ, ㄲ, ㅆ, ㅉ]으로 발음된다. 이러한 된소리되기 현상은 보편적이면서 필연적인 변동에 해당한다.

먼저 문법적 단위를 기준으로 하여, 된소리되기가 일어나는 유형을 다음과 같이 정리할 수 있다.

(1) ㄱ. 국밥[국**빱**], 입버릇[입**뻐**릇]

ㄴ. 곱돌[곱**똘**], 꽃다발[꼳**따**발]

ㄷ. 밭갈이[받**까**리], 옷고름[옫**꼬**름]

ㄹ. 낯설다[낟**썰**다], 책상[책**쌍**]

ㅁ. 옆집[엽**찝**], 작전[작**쩐**]

(2) ㄱ. 깎다[깍**따**], 잇다[읻**따**]

ㄴ. 춥고[춥**꼬**], 없고[업**꼬**]

ㄷ. 먹소[먹**쏘**], 갔소[갇**쏘**]

ㄹ. 깎지[깍**찌**], 읽지[익**찌**]

ㅁ. 넣습니다[너 : **씀**니다], 낳소[나 : **쏘**], 않소[안**쏘**]²⁶⁾

(3) 국도[국**또**], 값도[갑**또**]

(1)은 합성어를 이루는 어근과 어근 사이에서, (2)는 용언의 어간에 어미가 붙어서 활용하는 과정에서, (3)은 체언에 조사가 결합하는 과정에서 된소리되기가 일어났다.

다음으로는 된소리되기가 일어나는 음운론적 환경에 따라서 유형을 다음과 같이 정리할 수 있다.

(4) ㄱ. 곱돌[곱**똘**], 밥솥[밥**쏟**], 밥보[밥**뽀**], 덮개[덥**깨**], 옆집[엽**찝**]

ㄴ. 넓죽하다[넙**쭈**카다], 넓둥글다[넙**뚱**글다], 읊고[읍**꼬**], 읊조리다[읍**쪼**리다] ; 값지다[갑**찌**다], 값도[갑**또**]

---

26) 여기서 (2ㅁ)의 '넣습니다, 낳소, 않소' 등은 '넣-, 낳-, 않-'처럼 어간의 끝소리 /ㅎ/가 /ㅅ/로 시작하는 어미와 결합하는 과정에서 /ㅆ/의 된소리로 변동했다. 이는 /ㅅ/에 대립되는 거센소리의 짝이 없기 때문이다.

⑸ 뻗대다[뻗때다], 받들다[받뜰다] ; 밭갈이[받까리], 솥전 [솥쩐] ; 옷고름[온꼬름], 옷도[옫또] ; 있던[읻떤], 갔소[갇쏘] ; 꽂고[꼳꼬], 잊다[읻따], 꽃다발[꼳따발], 낯 설다[낟썰다]

⑹ ㄱ. 학교[학꾜], 국밥[국빱], 독사[독싸], 깎다[각따]
   ㄴ. 삯돈[삭똔], 넋받이[넉빠지] ; 닭장[닥짱], 칡범 [칙뻠]

⑷처럼 앞 형태소의 끝 받침이 'ㅂ, ㅍ, ㄼ, ㄿ, ㅄ'이고 뒤 형태소의 첫소리가 예사소
리인 'ㅂ, ㄷ, ㄱ, ㅅ, ㅈ'일 때는, 뒤 형태소의 첫소리가 된소리인 [ㅃ, ㄸ, ㄲ, ㅆ, ㅉ]으
로 발음된다. ⑸처럼 앞 형태소의 끝 받침이 'ㄷ, ㅌ, ㅅ, ㅆ, ㅈ, ㅊ'이고 뒤 형태소의
첫소리가 예사소리인 'ㄷ, ㄱ, ㅅ'이면, 뒤 형태소의 첫소리가 [ㄸ, ㄲ, ㅆ]으로 발음된
다. ⑹처럼 앞 형태소의 끝 받침이 'ㄱ, ㄲ, ㄳ, ㄺ'이고 뒤 형태소의 첫소리가 예사소
리인 'ㅂ, ㄷ, ㄱ, ㅅ, ㅈ'이면, 뒤 형태소의 첫소리가 [ㅃ, ㄸ, ㄲ, ㅆ, ㅉ]으로 발음된다.
　된소리되기의 변동은 '음절 끝소리 규칙'의 '평파열음화'와 '자음군 단순화'가 먼저
적용된 뒤에 일어나는 수도 있다. 곧 ⑷에서 앞 소리인 'ㅂ, ㅍ, ㄼ, ㄿ, ㅄ'는 [ㅂ]으로,
⑸에서 앞 소리인 'ㄷ, ㅌ, ㅅ, ㅆ, ㅈ, ㅊ'은 [ㄷ]으로, ⑹에서 앞 소리인 'ㄱ, ㄲ, ㅋ, ㄳ,
ㄺ'이 [ㄱ]으로 변동한 뒤에, 이어서 된소리되기 현상이 일어나는 것이다.[27)]

제24항 어간 받침 'ㄴ(ㄵ), ㅁ(ㄻ)' 뒤에 결합되는 어미의 첫소리 'ㄱ, ㄷ, ㅅ, ㅈ'은
된소리로 발음한다.

신고 [신 : 꼬]　　　껴안다 [껴안따]　　　앉고 [안꼬]

얹다 [언따]　　　　삼고 [삼 : 꼬]　　　더듬지 [더듬찌]

닮고 [담 : 꼬]　　　젊지 [점 : 찌]

다만, 피동, 사동의 접미사 '-기-'는 된소리로 발음하지 않는다.

안기다　　　감기다　　　굶기다　　　옮기다

---

27) 변동이 일어나기 전의 앞 형태소의 끝소리인 'ㅂ, ㅍ, ㄼ, ㄿ, ㅄ'과 'ㄷ, ㅌ, ㅅ, ㅆ, ㅈ, ㅊ',
'ㄱ, ㄲ, ㄳ, ㄺ' 등은 먼저 음절 끝소리 규칙을 적용받아서, 각각 같은 자리에서 나는 불파음
(不破音, 내파음)인 [pㄱ], [tㄱ], [kㄱ]으로 된다. 뒤 이어서 앞 형태소의 'ㅂ, ㄷ, ㄱ'과 뒤 형태소
의 첫소리인 'ㅂ, ㄷ, ㄱ, ㅅ, ㅈ' 등이 이어지면서, 뒤 형태소의 예사소리가 된소리인 [ㅃ, ㄸ,
ㄲ, ㅆ, ㅉ] 등으로 발음된다.

[제24항] 어간의 받침 'ㄴ, ㅁ' 뒤에서 일어나는 된소리되기

비음인 'ㄴ, ㅁ'으로 끝나는 용언의 어간에 예사소리인 'ㄷ, ㄱ, ㅅ, ㅈ'으로 시작하는 어미가 붙어서 활용할 때에, 어미의 첫소리인 'ㄷ, ㄱ, ㅅ, ㅈ'이 된소리인 [ㄸ, ㄲ, ㅆ, ㅉ]으로 바뀔 수 있다.

(7) ㄱ. 신도록[신또록], 신기[신끼], 안습니다[안씀니다], 껴안지[껴안찌]
　　ㄴ. 앉더니[안더니→안떠니], 앉기[안기→안끼], 없소[언소→언쏘], 없자[언자→언짜]

(8) ㄱ. 담더니[담떠니], 삼기[삼끼], 감습니다[감씀니다], 더듬지[더듬찌]
　　ㄴ. 삶도록[삼도록→삼또록], 굶기[굼기→굼끼], 닮소[담소→담쏘], 젊지[점지→점찌]

(7)의 '신다[履]'와 '앉다[坐]'처럼 'ㄴ'으로 끝나는 어간이나 (8)의 '담다'와 '삶다'처럼 'ㄹ'로 끝나는 어간에 'ㄷ, ㄱ, ㅅ, ㅈ'으로 시작하는 어미가 붙어서 활용하면, 어미의 첫소리인 /ㄷ, ㄱ, ㅅ, ㅈ/이 된소리인 /ㄸ, ㄲ, ㅆ, ㅉ/로 발음된다.[28] 이처럼 'ㄴ, ㄹ' 뒤에서 일어나는 된소리되기는 특정한 용언의 어간과 어미에서만 일어나고, 피동이나 사동 접미사가 붙거나 체언에 조사가 붙을 때에는 일어나지 않는다. 따라서 (7)과 (8)처럼 용언의 'ㄴ, ㄹ' 뒤에서 일어나는 된소리되기는 한정적 변동이다.

[다만] 피동이나 사동의 접미사 '-기-'는 된소리로 발음되지 않는다.

'ㄴ, ㅁ'으로 끝나는 용언의 어간에 피동이나 사동의 접미사인 '-기-'가 결합하여 활용할 때에는, 된소리되기 현상이 일어나지 않는다.

(9) ㄱ. 안-기-다[안기다]
　　ㄴ. 감-기-다[감기다], 담-기-다[담기다], 굶-기-다[굼기다], 옮-기-다[옴기다]

곧 (9)에서는 'ㄴ'과 'ㅁ'의 받침으로 끝나는 용언의 어근에 피동이나 사동의 파생 접미사인 '-기-'가 이어졌으나, 이 경우의 '-기-'의 'ㄱ'은 된소리로 바뀌지 않는다.[29]

---

28) (7~8)의 '앉더니[안떠니]'와 '삶도록[삼또록]'에는 '자음군 단순화'에 이어서 '된소리되기'가 적용되었다.

29) 그러나 용언의 어간에 명사형인 '-기'가 붙어서 활용할 때에는, '안기를 안기[안 : 끼], 실을 감기[감 : 끼]'와 '학교에 남기[남끼], 하룻동안 굶기[굼 : 끼]'처럼 된소리되기가 일어난다.

참고로 체언에 조사가 결합하는 과정에서도 된소리되기 현상은 일어나지 않는다.

    (10) ㄱ. 간-도[간도], 돈-과[돈과]
         ㄴ. 담-도[담도], 섬-과[섬과], 삶도[삼ː도]

(10)처럼 체언과 조사가 결합할 때에도, 체언의 끝 받침 'ㄴ, ㅁ' 뒤에 실현되는 예사소리는 된소리로 발음되지 않는다.

제25항 어간 받침 'ㄼ, ㄾ' 뒤에 결합되는 어미의 첫소리 'ㄱ, ㄷ, ㅅ, ㅈ'은 된소리로 발음한다.

    넓게 [널께]   핥다 [할따]   훑소 [훌쏘]   떫지 [떨ː찌]

[제25항] 용언 어간의 겹받침 'ㄼ, ㄾ' 뒤에서 일어나는 된소리되기

용언 어간의 겹받침인 'ㄼ, ㄾ' 뒤에 'ㄱ, ㄷ, ㅅ, ㅈ'으로 시작하는 어미가 결합할 때에는, 어미의 첫소리인 'ㄱ, ㄷ, ㅅ, ㅈ'이 된소리로 바뀐다.

    (11) ㄱ. 넓게[널께], 넓다[널따], 떫소[떨ː쏘], 떫지[떨ː찌]
         ㄴ. 핥게[할께], 핥다[할따], 훑소[훌쏘], 훑지[훌찌]

(11)에서 '넓다, 떫다'와 '핥다, 훑다'처럼 어간의 겹받침인 'ㄼ, ㄾ'은 'ㄱ, ㄷ, ㅅ, ㅈ'으로 시작되는 어미와 결합하면, 자음군 단순화 규칙에 따라서 [ㄹ]로 바뀐다. 이때 어간의 끝 받침인 [ㄹ] 뒤에 실현되는 어미의 첫소리 'ㄱ, ㄷ, ㅅ, ㅈ'은 된소리인 [ㄲ, ㄸ, ㅆ, ㅉ]으로 바뀐다.

(11)의 된소리되기는 어간의 끝 소리가 [ㄼ, ㄾ]일 때에만 적용되는 한정적인 변동이므로, 이와 동일한 음운론적인 조건에서 된소리되기가 일어나지 않을 수 있다.

    (12) ㄱ. 여덟도[여덜도], 여덟과[여덜과], 여덟보다[여덜보다]
         ㄴ. 만들고[만들고], 만들더니[만들더니], 만들지[만들지]

곧, 제25항의 규정은 동일한 음운론적 환경에서도 (12ㄱ)의 '여덟도[여덜도]'처럼 체언과 조사가 결합할 때에는 적용되지 않는다. 또한 이 규정은 어간의 겹받침인 [ㄼ, ㄾ]에서 '자음군 단순화' 규칙의 적용을 받아서 변동된 [ㄹ] 받침에만 한정하여 적용된다. 예를 들어서 (12ㄴ)의 '만들고[만들고]'처럼 원래부터 [ㄹ]을 홑받침으로 가진 어간 다음에서는, 그 뒤에 실현되는 어미가 된소리로 바뀌지 않는다.

제26항 한자어에서, 'ㄹ' 받침 뒤에 연결되는 'ㄷ, ㅅ, ㅈ'은 된소리로 발음한다.

갈등 [갈뜽]	발동 [발똥]	절도 [절또]	말살 [말쌀]
불소 [불쏘](弗素)	일시 [일씨]	갈증 [갈쯩]	물질 [물찔]
발전 [발쩐]	몰상식 [몰쌍식]	불세출 [불쎄출]	

다만, 같은 한자가 겹쳐진 단어의 경우에는 된소리로 발음하지 않는다.

허허실실 [허허실실](虛虛實實)　　　절절-하다 [절절하다](切切-)

[제26항] 한자어 복합어에서 'ㄹ' 받침 뒤에서 일어나는 된소리되기

한자어 복합어에서 유음인 'ㄹ'로 끝나는 앞 어근에 'ㄷ, ㅅ, ㅈ'으로 시작하는 뒤 어근이 이어질 때에, 뒤 어근의 첫소리는 된소리인 [ㄸ, ㅆ, ㅉ]으로 발음될 수가 있다.

(13) ㄱ. 갈등[갈**뚱**], 발달[발**딸**], 절도[절**또**]
　　 ㄴ. 말살[말**쌀**], 발성[발**썽**], 불소[불**쏘**], 일시[일**씨**]
　　 ㄷ. 갈증[갈**쯩**], 물질[물**찔**], 열정[열**쩡**]

(13)에서는 앞 어근의 끝소리가 'ㄹ'일 때에 뒤 어근의 첫소리인 'ㄷ, ㅅ, ㅈ'이 각각 된소리인 [ㄸ, ㅆ, ㅉ]으로 바뀌어서 발음된다.

반면에 앞 어근의 끝소리가 'ㄹ'일지라도, 뒤 어근의 첫소리가 'ㅂ'이나 'ㄱ'일 때에는 예외적으로 된소리되기 현상이 일어나지 않는다.

(14) ㄱ. 발각[발**각**], 물건[물**건**], 발견[발**견**], 팔경[팔**경**], 설계[설**계**], 출고[출**고**], 결과[결**과**], 열기[열**기**], 절기[절**기**]
　　 ㄴ. 출발[출**발**], 불복[불**복**], 발병[발**병**], 활보[활**보**]

(ㄱ)의 '발각'이나 (ㄴ)의 '출발'처럼 뒤 어근의 첫소리가 'ㅂ'이나 'ㄱ'일 때에는 이러한 된소리되기 현상이 일어나지 않는다. 그리고 (14)의 된소리되기는 특정한 한자 복합어의 안에서만 일어나는 개별적인 변동이다.30)

[다만] 같은 한자가 겹쳐진 단어에서는 된소리로 발음하지 않는다.

같은 한자가 겹쳐진 한자어 단어에서는, 앞 형태소의 'ㄹ' 받침 다음에 뒤 형태소의 첫소리 'ㄷ, ㅅ, ㅈ'이 이어지더라도 된소리로 발음하지 않는다.

(15) 결결(缺缺)[결결], 별별[별별](別別), 허허실실[허허실실](虛虛實實), 절절[절절](切切)

(15)의 '결결(缺缺), 별별(別別), 실실(實實), 절절(切切)'처럼 동일한 한자가 겹쳐져서 형성된 단어에서는 'ㄹ' 뒤에서 이어지는 'ㄱ, ㅂ, ㅅ, ㅈ'이 된소리로 발음되지 않는다.

제27항 관형사형 '-(으)ㄹ' 뒤에 연결되는 'ㄱ, ㄷ, ㅂ, ㅅ, ㅈ'은 된소리로 발음한다.

할 것을 [할꺼슬]	갈 데가 [갈떼가]	할 바를 [할빠를]
할 수는 [할쑤는]	할 적에 [할쩌게]	갈 곳 [갈꼳]
할 도리 [할또리]	만날 사람 [만날싸람]	

다만, 끊어서 말할 적에는 예사소리로 발음한다.

[붙임] '-(으)ㄹ'로 시작되는 어미의 경우에도 이에 준한다.

할걸 [할껄]	할밖에 [할빠께]	할세라 [할쎄라]
할수록 [할쑤록]	할지라도 [할찌라도]	할지언정 [할찌언정]
할진대 [할찐대]		

[재27항] 관형사형 어미인 '-(으)ㄹ'의 뒤에서 일어나는 된소리되기

용언의 관형사형 어미인 '-(으)ㄹ'의 뒤에 체언이 연결되는 구조에서는 두 단어 사

---

30) 한자어 복합어에서 'ㄹ' 뒤에서 일어나는 된소리되기는 순우리말의 단어에서는 일어나지 않고, 한자어에서만 일어나는 것이 특징이다. 그리고 한자어 복합어에서도 모든 경우에 된소리되기가 일어나는 것은 아니다. 예를 들어서 '몰상식[몰쌍식]'과는 달리 '몰지각(沒知覺)'은 [리]의 뒤에서 [지]이 예사소리로 발음된다.

이의 경계를 의식하여 'ㄹ' 뒤를 끊어서 발음하게 된다.31) 곧 관형사형 어미인 '-(으)ㄹ'이 실현된 음절의 끝을 폐쇄함으로써 휴지(休止, 쉼)가 생겨서 그 뒤에 이어지는 예사소리 'ㄱ, ㄷ, ㅂ, ㅅ, ㅈ'이 된소리로 발음된다.

(16) ㄱ. 할 바를[할**빠**를], 있을 법하다[이쓸**뻐**파다]

ㄴ. 갈 데가[갈**떼**가], 할 도리[할**또**리]

ㄷ. 할 것을[할**꺼**슬], 갈 곳[갈**꼳**]

ㄹ. 할 수는[할**쑤**는], 만날 사람[만날**싸**람]

ㅁ. 할 적에[할**쩌**게]

(16)의 예들은 용언의 관형사형 어미인 '-(으)ㄹ' 뒤에 'ㄱ, ㄷ, ㅂ, ㅅ, ㅈ'으로 시작하는 체언이 결합되었는데, 이 경우에는 관형사형 뒤에 실현된 체언의 예사소리는 된소리인 [ㄲ, ㄸ, ㅃ, ㅆ, ㅉ]으로 바뀌어서 발음된다.

[다만] 용언의 관형사형과 체언 사이에 쉼을 두어서 발음할 때에는 체언의 'ㄱ, ㄷ, ㅂ, ㅅ, ㅈ'을 예사소리 그대로 발음한다.

용언의 관형사형 '-(으)ㄹ'의 뒤에 쉼(휴지)을 두어서 끊어서 발음하면, 된소리되기가 일어나지 않으므로, 체언의 'ㄱ, ㄷ, ㅂ, ㅅ, ㅈ'이 그대로 발음되는 것을 규정했다.

[붙임] '-(으)ㄹ'로 시작되는 활용 어미의 된소리되기

'-(으)ㄹ'로 시작되는 어미의 내부에 실현된 'ㄱ, ㄷ, ㅂ, ㅅ, ㅈ'도 본항의 예처럼 된소리로 바뀌어서 발음된다.

(17) ㄱ. 할밖에[할**빠**께]

ㄴ. 할걸[할**껄**]

ㄷ. 할세라 [할**쎄**라], 할수록[할**쑤**록]

ㄹ. 할지라도[할**찌**라도], 할지언정 [할**찌**언정], 할진대 [할**찐**대]

---

31) 15세기 말에서는 이러한 소리의 특징을 반영하여 관형사형 어미를 '-ㄹ' 뒤에 'ㆆ'을 붙여서 '-ㅭ'으로 표기하였다.(보기: 長湍을 건너싫 제, 값 길히, 니르고져 홇 배, 도라욜 軍士, 지브로 도라오싫 제. 나찬연 2020ㄴ:46 참조)

(18) ㄱ. 할밖에 : 하-+-ㄹ#밖+-에

ㄴ. 할걸 : 하-+-ㄹ#것+-을

ㄷ. 할세라 : 하-+-ㄹ#ㅅ+-ㅣ-+-라

ㄹ. 할지라도 : 하-+-ㄹ#ᄃ+-ㅣ-+-라도

(17)에서는 '-(으)ㄹ'로 시작하는 활용 어미에서 '-(으)ㄹ' 뒤의 예사소리가 된소리로 바뀌어서 발음된다. 이러한 현상은 이들 어미가 국어사적으로 볼 때에 (18)처럼 관형사형 어미인 '-을'과 체언이 융합되어서 하나의 어미로 형성된 것이기 때문이다. 결국 [붙임]의 조항은 국어사적인 전통을 고려하여, (17)의 예에서 일어나는 발음 변화를 (16)에서 일어나는 된소리되기 현상과 동일하게 간주하여 표준 발음으로 삼은 것이다.

제28항 표기상으로는 사이시옷이 없더라도, 관형격 기능을 지니는 사이시옷이 있어야 할(휴지가 성립되는) 합성어의 경우에는, 뒤 단어의 첫소리 'ㄱ, ㄷ, ㅂ, ㅅ, ㅈ'을 된소리로 발음한다.

문-고리 [문꼬리]	눈-동자 [눈똥자]	신-바람 [신빠람]
산-새 [산쌔]	손-재주 [손째주]	길-가 [길까]
물-동이 [물똥이]	발-바닥 [발빠닥]	굴-속 [굴 : 쏙]
술-잔 [술짠]	바람-결 [바람껼]	그믐-달 [그믐딸]
아침-밥 [아침빱]	잠-자리 [잠짜리]	강-가 [강까]
초승-달 [초승딸]	등-불 [등뿔]	창-살 [창쌀]
강-줄기 [강쭐기]		

{참고} 사잇소리 현상의 개념과 유형

실질 형태소(어근)와 실질 형태소(어근)가 결합하여 하나의 합성 명사를 이룰 때, 뒤 어근의 예사소리가 된소리로 바뀌거나 두 어근 사이에 어떠한 소리가 첨가되는 경우가 있다. 이러한 음운 변동 현상을 '사잇소리 현상'이라고 한다.[32]

---

32) 사이시옷은 15세기 국어에서는 관형격 조사의 한 종류로 쓰였다. 그런데 근대 국어를 거쳐서 현대 국어가 되면서 많은 변화를 겪은 결과로 사이시옷은 명사와 명사 사이에서 일어나는 일반적인 관형격 기능은 없어지고, 종속 관계로 형성된 합성 명사 속에서 어근과 어근 사이에서 발생하는 사잇소리를 표기하는 글자로 바뀌었다. 중세 국어의 사잇소리 표기 글자에 대

(19) ㄱ. 나루 + 배   → [나루뻬]   cf. 나무배   [나무배]

ㄴ. 회(回) + 수(數) → [회쑤]   cf. 회수(回收)   [회수]

(20) ㄱ. 코 + 물   → [콘물]   cf. 머리말   [머리말]

ㄴ. 공(空) + 일[事] → [공닐]   cf. 공일(空日)   [공일]

(19ㄱ)에서는 '나루'와 '배'가 결합하여 합성 명사가 되면서 '배'의 예사소리인 /ㅂ/가 된소리인 /ㅃ/로 바뀌었으며, (ㄴ)에서는 '회(回)'와 '수(數)'가 결합하면서 예사소리인 /ㅅ/가 /ㅆ/로 바뀌었다. 그리고 (20ㄱ)에서는 '코'와 '물'이 결합되면서 두 어근 사이에 /ㄴ/이 첨가되었으며, (ㄴ)에서는 '공(空)'과 '일[事]'이 결합하면서 /ㄴ/이 첨가되었다.

그런데 (19~20)과 동일한 음운 환경에 놓여 있는 단어인데도 사잇소리 현상이 일어나지 않는 예가 있다. 곧 (19)의 '나무배[木船], 회수(回收)'와 (77)의 '머리말, 공일(空日)'에서는 사잇소리 현상이 일어나지 않는데, 이러한 예를 보면 사잇소리 현상이 개별적 변동이라는 사실을 확인할 수 있다.

종속적인 의미 관계로 짜인 합성 명사에서 사잇소리가 일어나는 현상을 음운론적으로 설명하면 다음과 같다.

어근의 결합	기저 형태		표면 형태	표기 형태
	기저 형태 1 ⇨	기저 형태 2		
초 + 불	/초ㅅ + 불/ →	/초ㄷ + 불/	/초뿔/	촛불
배 + 사공	/배ㅅ + 사공/ →	/배ㄷ + 사공/	/배싸공/	뱃사공
촌 + 사람	/촌ㅅ + 사람/ →	/촌ㄷ + 사람/	/촌싸람/	촌사람
밤 + 길	/밤ㅅ + 길/ →	/밤ㄷ + 길/	/밤낄/	밤길
물 + 독	/물ㅅ + 독/ →	/물ㄷ + 독/	/물똑/	물독
등 + 불	/등ㅅ + 불/ →	/등ㄷ + 불/	/등뿔/	등불
어근 + 어근	'ㅅ' 첨가 →	평파열음화	된소리되기	사이시옷

[표 11. 사잇소리 현상의 적용 과정]

어근과 어근이 결합하는 과정에서 기저에서 두 어근 사이에 먼저 'ㅅ' 첨가가 일어나

하여는 나찬연(2012ㄱ:54)이 내용을 참조하기 바란다.

고 다음으로 평파열음화에 따라서 'ㅅ'이 [ㄷ]으로 바뀐 다음에 [ㄷ]의 영향으로 뒤 어근의 예사소리 파열음이 된소리로 변동한다. 그리고 앞 어근의 끝음절이 모음으로 끝날 때에는 사잇소리를 표기하기 위하여 사이시옷 글자를 앞 어근 받침으로 표기한다. 이러한 사잇소리는 합성어 또는 이에 준하는 구조에서 앞 어근(단어)의 끝을 폐쇄하여 기류를 정지시킴으로써, 두 단어 사이에 휴지(pause)를 성립시켜서 형태소의 경계를 표시한다.

[제28항] 종속적 합성 명사에서 사이시옷이 없어도 된소리로 발음되는 예

<한글 맞춤법>의 제30항에서는 합성 명사에서 사잇소리가 나더라도, 앞 어근의 끝음절이 모음으로 끝났을 때에만 사이시옷을 붙여서 표기한다고 규정하였다.[33] 따라서 <표준 발음법>의 제28항에서는 표기상으로는 사이시옷이 드러나지 않더라도, 기능상 사이시옷이 있는 합성어에 뒤 어근이 된소리로 발음되는 예를 제시하고 있다.

(21) ㄱ. 문고리[문꼬리], 눈동자[눈똥자], 신바람[신빠람], 산새[산쌔], 손재주[손째주]
ㄴ. 길가[길까], 물동이[물똥이], 발바닥[발빠닥], 굴속[굴 : 쏙], 술잔[술짠]
ㄷ. 바람결[바람껼], 그믐달[그믐딸], 아침밥[아침빱], 잠자리[잠짜리]
ㄹ. 강가[강까], 초승달[초승딸], 등불[등뿔], 창살[창쌀], 강줄기[강쭐기]

(21)의 예들은 앞 어근과 뒤 어근이 결합하여 합성 명사가 되는 과정에서 사잇소리가 실현되어서 뒤 어근의 예사소리의 자음이 된소리로 바뀌었다. (ㄱ)의 '문고리'는 'ㄴ' 뒤에서 'ㄱ'이, (ㄴ)의 '길가'는 'ㄹ' 뒤에서 'ㄱ'이 [ㄲ]으로 바뀌어서 발음된다. (ㄷ)의 '바람결'에서는 'ㅁ' 뒤에서 'ㄱ'이, (ㄹ)에서는 'ㅇ' 뒤에서 'ㄱ'이 [ㄲ]으로 바뀌어서 발음된다. 그러나 이들 단어들은 <한글 맞춤법>의 제30항에서 앞 어근의 끝소리가 자음으로 끝나면 사이시옷을 표기하지 않는다고 규정하고 있다. 따라서 (21)의 단어들은 비록 사이시옷을 표기하지는 않지만 뒤 어근의 첫소리를 된소리로 발음한다.

---

33) 사이시옷이 표기상으로 드러난 경우에 그 사이시옷에 관련된 발음에 대한 사항은 <표준 발음법>의 제30항에서 별도로 규정하였다.

제7장 음의 첨가

형태소와 형태소가 합쳐져서 합성 명사가 될 때에 그 사이에 음운이 덧붙은 현상이 있는데, 이를 '음의 첨가(添加)'라고 한다. 고등학교 문법(2010:73)에서는 사잇소리 현상을 '된소리되기'와 "ㄴ' 첨가' 현상의 두 유형으로 나누어서 설명하므로, <표준 발음법> 제7장의 '음의 첨가' 현상은 '사잇소리 현상'의 한 유형이다.

제29항 합성어 및 파생어에서, 앞 단어나 접두사의 끝이 자음이고 뒤 단어나 접미사의 첫음절이 '이, 야, 여, 요, 유'인 경우에는, 'ㄴ' 음을 첨가하여 [니, 냐, 녀, 뇨, 뉴]로 발음한다.

솜-이불 [솜 : 니불]	홑-이불 [혼니불]	막-일 [망닐]
삯-일 [상닐]	맨-입 [맨닙]	꽃-잎 [꼰닙]
내복-약 [내 : 봉냑]	한-여름 [한녀름]	남존-여비 [남존녀비]
신-여성 [신녀성]	색-연필 [생년필]	직행-열차 [지캥녈차]
늑막-염 [능망념]	콩-엿 [콩녇]	담-요 [담 : 뇨]
눈-요기 [눈뇨기]	영업-용 [영엄뇽]	식용-유 [시굥뉴]
국민-윤리 [궁민뉼리]	밤-윷 [밤 : 뉻]	

다만, 다음과 같은 말들은 'ㄴ' 음을 첨가하여 발음하되, 표기대로 발음할 수 있다.

이죽-이죽 [이중니죽/이주기죽]	야금-야금 [야금냐금/야그먀금]
검열 [검 : 녈/거 : 멸]	욜랑-욜랑 [욜랑뇰랑/욜랑욜랑]
금융 [금늉/그뮹]	

[붙임 1] 'ㄹ' 받침 뒤에 첨가되는 'ㄴ' 음은 [ㄹ]로 발음한다.

들-일 [들 : 릴]	솔-잎 [솔립]	설-익다 [설릭따]
물-약 [물략]	불-여우 [불려우]	서울-역 [서울력]
물-엿 [물렫]	휘발-유 [휘발류]	유들-유들 [유들류들]

[붙임 2] 두 단어를 이어서 한 마디로 발음하는 경우에도 이에 준한다.

한 일 [한닐]	옷 입다 [온닙따]	서른 여섯 [서른녀섣]

3연대 [삼년대]	먹은 엿 [머근녇]	할 일 [할릴]
잘 입다 [잘립따]	스물 여섯 [스물려섣]	1연대 [일련대]
먹을 엿 [머글렫]		

다만, 다음과 같은 단어에서는 'ㄴ(ㄹ)' 음을 첨가하여 발음하지 않는다.

6·25 [유기오]	3·1절 [사밀쩔]	송별-연 [송 : 벼련]
등-용문 [등용문]		

[제29항] 자음으로 끝나는 어근이나 접두사에 '이, 야, 여, 요, 유'로 시작하는 뒤 어근이 이어질 때, 'ㄴ'이 첨가되는 현상

자음으로 끝나는 어근이나 접두사에 '이, 야, 여, 요, 유'로 시작되는 어근이 이어질 때에는, /ㄴ/이 하나 혹은 둘이 겹쳐서 소리가 날 수가 있다.[34]

(1) ㄱ. 금 + 이 : /금니/   (2) ㄱ. 콩 + 엿 : /콩녇/

　　ㄴ. 논 + 일 : /논닐/　　　　　　ㄴ. 좀 + 약 : /좀냑/

　　ㄷ. 솜 + 이불 : /솜 : 니불/　　　　ㄷ. 맹장 + 염 : /맹장념/

(1)의 '금니, 논닐, 솜니불' 등은 합성 명사에서 뒤 어근의 모음이 /ㅣ/일 때에 /ㄴ/이 첨가되었으며, (2)의 '콩엿[콩녇], 좀약[좀냑], 맹장염[맹장념]' 등은 뒤 어근이 반모음인 /j/일 때에 /ㄴ/이 첨가되었다.

　그런데 (1~2)처럼 'ㄴ' 첨가만 일어나는 경우도 있지만, 'ㄴ' 첨가에 이어서 여러 가지 다른 음운 변동 현상이 뒤따르는 경우가 있다.

　첫째, 'ㄴ' 첨가가 일어난 뒤에, '비음화'가 일어난 예가 있다.

(3) ㄱ. 집 + 일 : [집닐→짐닐]　　　　('ㄴ' 첨가 → 비음화)

　　ㄴ. 색 + 연필 : [색년필→생년필]　　　('ㄴ' 첨가 → 비음화)

---

34) 제29항은 사잇소리 'ㄴ'이 첨가되는 표준 발음을 규정하였다. 이들 예는 자음으로 끝나는 앞 어근(접두사)이 붙어서 된 합성어(접두 파생어)이므로, <한글 맞춤법> 제30항의 규정에 따라서 사이시옷은 표기하지 않는 것이 특징이다. 제29항의 보기 가운데에서 '막-일, 맨-입, 한-여름, 신-여성, 설-익다' 등은 접두 파생어에 해당한다.

곧 (ㄱ)의 '집일'과 (ㄴ)의 '색연필'은 'ㄴ'이 첨가되어서 [집닐]과 [색년필]로 변동된 뒤에, 다시 비음화가 일어나서 [짐닐]과 [생년필]로 변동했다.

둘째, 'ㄴ' 첨가가 일어난 뒤에, 평파열음화와 비음화가 일어난 예가 있다.

(4) ㄱ. 꽃 + 잎 : [꽃닙→ 꼳닙→ 꼰닙]　　　('ㄴ' 첨가→ 평파열음화　→비음화)
　　 ㄴ. 샀 + 일 : [샀닐→ 삭닐→ 상닐]　　　('ㄴ' 첨가→ 자음군 단순화→비음화)

(ㄱ)의 '꽃잎'과 (ㄴ)의 '샀일'은 'ㄴ'이 첨가되어서 [꽃닙]과 [샀닐]로 변동된 뒤에, 음절 끝소리 규칙에 따라서 [꼳닙]과 [삭닐]로 바뀌었다가, 최종적으로 비음화가 일어나서 [꼰닙]과 [상닐]로 변동하였다.

[다만] 'ㄴ' 음을 첨가하여 발음하되, 표기대로 발음할 수도 있는 경우

그런데 'ㄴ' 음의 첨가 현상은 말하는 이의 발음 습관에 따라서 차이가 있어서, 일률적으로 적용하기가 어려운 때가 있다. 따라서 다음과 같은 말들은 예외적으로 'ㄴ' 음을 첨가하여 발음하되, 표기대로 발음할 수 있다.

(6) ㄱ. 이죽이죽[이중니죽/이주기죽],야금야금[야금냐금/야그먀금]
　　 ㄴ. 검열[검 : 녈/거 : 멸], 금융[금늉/그뮹], 욜랑욜랑[욜랑뇰랑/욜랑욜랑]
(7) ㄱ. 이기죽이기죽[이기죽이기죽]
　　 ㄴ. 야옹야옹[야옹냐옹]

(6)의 단어들은 'ㄴ'이 첨가된 발음과 그렇지 않은 발음을 모두 인정한다. 곧 '이죽이죽'은 [이중니죽]이나 [이주기죽]으로 발음할 수 있고, '검열'도 [검 : 녈]이나 [거 : 멸]로 발음할 수 있다. 반면에 (7)에서 (ㄱ)의 '이기죽이기죽'은 'ㄴ' 첨가가 이루어지지 않은 [이기죽이기죽]으로만 발음하며, (ㄴ)의 '야옹야옹'은 [야옹냐옹]으로만 발음한다.

[붙임 1] 'ㄹ' 받침 뒤에 첨가되는 'ㄴ' 소리는 유음화에 따라서 [ㄹ]로 발음한다.

형태소와 형태소가 결합할 때에 앞 형태소의 'ㄹ' 끝 받침 뒤에 뒤 형태소의 첫소리인 'ㄴ'이 이어지면, 비음인 'ㄴ'이 유음인 'ㄹ'에 동화되어서 [ㄹ]로 변하는데, 이를 자음 동화의 일종인 '유음화(流音化)'라고 한다. 이와 같은 유음화에 따라서 'ㄹ' 받침 뒤에 'ㄴ'이 첨가될 때에도 'ㄴ'이 [ㄹ]로 바뀌어서 발음된다.

    (8) ㄱ. 들일[들 : 닐→들 : **릴**], 솔잎[솔**닙**→솔**립**], 물약[물**냑**→물**략**], 불여우[불**녀**우→
                 불**려**우], 서울역[서울**녁**→서울**력**], 물엿[물**녇**→물**렫**], 휘발유[휘발**뉴**→휘발**류**],
                 유들유들[유들**뉴**들→유들**류**들]
      ㄴ. 설익다[설**닉**다→설**릭**따]

(8)의 단어들은 모두 합성어나 접두 파생어가 형성되는 과정에서, 자음 다음에 '이, 야, 여, 요, 유'가 이어지면서 'ㄴ' 첨가가 일어나고, 그 다음에 다시 'ㄴ'의 유음화에 따라서 'ㄴ'이 [ㄹ]로 바뀌어서 발음된다. 곧 (ㄱ)에서 '들일'은 어근과 어근이 결합하는 과정에서 'ㄴ'이 첨가되어서 [들 : 닐]로 바뀐 다음에, 'ㄹ' 뒤에 실현되는 'ㄴ'이 유음화되어서 [ㄹ]로 바뀌었다. 마찬가지로 (ㄴ)에서 '설익다'는 접두사인 '설-'에 어근인 '익다' 결합하여 파생 동사가 되는 과정에서 'ㄴ'이 첨가된 다음에 다시 유음화에 따라서 'ㄴ'이 [ㄹ]로 바뀌어서 발음된다.

[붙임 2] 두 단어를 이어서 한 마디로 발음하는 경우에도 'ㄴ' 첨가를 인정한다.

    제29항의 본항은 합성어나 접두 파생어의 안에서 일어나는 'ㄴ' 첨가 현상의 발음 법을 규정했다. 그러나 '붙임 2'에서는 두 단어를 하나의 단어처럼 한 마디로 이어서 발음할 때에도 본항처럼 'ㄴ' 첨가가 일어나는 발음을 인정한다.

    (9) ㄱ. 한 일[한**닐**], 서른 여섯[서른**녀**섣], 3연대[삼**년**대], 먹은 엿[머근**녇**] ; 옷 입다
                 [온**닙**다→온**닙**따]
      ㄴ. 잘 입다[잘**닙**다→잘**립**따], 할 일[할**닐**→할**릴**], 스물 여섯[스물**녀**섣→스물**려**섣],
             먹을 엿[머글**녇**→머글**렫**], 1연대[일**년**대→일**련**대]

(9)에서 (ㄱ)의 '한 일[한닐]'은 두 단어를 이어서 한 마디로 발음할 때에 'ㄴ'이 첨가되어서 발음되는 예이다. 그리고 (ㄴ)에서 '잘 입다[잘립따]'는 'ㄴ'이 첨가된 다음에, 'ㄴ'이 유음화에 따라서 [ㄹ]로 발음되는 예이다.
    반면에 다음의 표현들은 두 단어로 인식하여서 'ㄴ'이나 'ㄹ'를 첨가하지 않고 발음

할 수도 있다.

(10) 잘 입다[자립따/**잘립**따], 잘 익히다[자**리**키다/**잘리**키다], 못 이기다[모**디**기다/**몬니**기다], 못 잊다[모**딛**따/**몬닏**따]

(10)의 '잘 입다' 등을 두 단어로 인식하고서 단어와 단어를 끊어서 발음할 수도 있다. 이때는 'ㄴ'이나 'ㄹ'을 첨가하지 않고 '잘 입다[자**립**다]'처럼 앞 음절의 'ㄹ'을 뒤 음절로 연음하여 발음한다. 단, 이들 단어들도 두 단어를 이어서 발음할 때에는, '잘 입다[잘립다]'처럼 'ㄴ'이나 'ㄹ'이 첨가된 형태로 발음한다.

[다만] 다음과 같은 단어에서는 'ㄴ(ㄹ)' 음을 첨가하여 발음하지 않는다.

다만, 다음과 같은 단어는 예외적으로 'ㄴ'이나 'ㄹ'을 첨가하지 않고 발음한다.

(11) 6·25[유**기**오/*융니오], 3·1절[사**밀**쩔/*삼닐쩔], 송별연[송 : 벼**련**/*송 : 별련], 등용문[등**용**문/*등뇽문]

(11)에서 '육이오'와 '삼일절, 송별연, 등용문' 등은 'ㄴ'이나 'ㄹ'이 첨가되지 않고, 각각 [유기오], [사밀쩔], [송벼련], [등용문]으로만 발음한다.

{ 주의 } 체언에 서술격 조사인 '-이오'의 준말인 '-요'가 붙을 때의 발음

지금까지 제29항에서 논의한 내용은 한자어나 합성어 및 파생어 안에서 'ㄴ'이나 'ㄹ'이 첨가되는 현상을 규정한 것이었다. 그런데 서술격 조사 '-이다'의 의문형인 '-이오'를 줄여서 '-요'로 발음할 때에는, 'ㄴ'을 첨가하지 않고 체언의 받침을 연음하여 발음한다.

(12) ㄱ. 웅담이오? → 웅담요 [웅다**묘**/*웅담뇨]
     ㄴ. 대문이오? → 대문요 [대무**뇨**/*대문뇨]
     ㄷ. 찬물이오? → 찬물요 [찬무**료**/*찬물뇨]
     ㄹ. 책상이오? → 책상요 [책상**요**/*책상뇨]

(12)에서 '웅담'에 '-이다'의 의문형인 붙어서 된 '웅담이오'가 '웅담요'의 형태로 축약

되었다. 이 경우에는 'ㄴ'이 첨가되지 않고 체언이 '웅담'의 받침 'ㅁ'을 다음 음절로 연음하여서 [웅다묘]로 발음한다.

제30항 사이시옷이 붙은 단어는 다음과 같이 발음한다.

1. 'ㄱ, ㄷ, ㅂ, ㅅ, ㅈ'으로 시작하는 단어 앞에 사이시옷이 올 때는 이들 자음만을 된소리로 발음하는 것을 원칙으로 하되, 사이시옷을 [ㄷ]으로 발음하는 것도 허용한다.

냇가[내 : 까/낻 : 까]　　샛길[새 : 낄/샏 : 낄]　　빨랫돌[빨래똘/빨랟똘]
콧등[코뜽/콛뜽]　　　　깃발[기빨/긷빨]　　　　대팻밥[대 : 패빱/대 : 팯빱]
햇살[해쌀/핻쌀]　　　　뱃속[배쏙/밷쏙]　　　　뱃전[배쩐/밷쩐]
고갯짓[고개찓/고갣찓]

2. 사이시옷 뒤에 'ㄴ, ㅁ'이 결합되는 경우에는 [ㄴ]으로 발음한다.

콧날[콛날→콘날]　　　　　　아랫니[아랟니→아랜니]
툇마루[퇻 : 마루→퇸 : 마루]　　뱃머리[밷머리→밴머리]

3. 사이시옷 뒤에 '이' 음이 결합되는 경우에는 [ㄴㄴ]으로 발음한다.

베갯잇[베갣닏→베갠닏]　　　　깻잎[깯닙→깬닙]
나뭇잎[나묻닙→나문닙]　　　　도리깻열[도리깯녈→도리깬녈]
뒷윷[뒫 : 눋→뒨 : 눋]

[제30항] 사이시옷이 붙은 단어의 발음

<한글 맞춤법>의 제30항에서는 합성어나 파생어 안에서 사잇소리가 날 때에, 앞 말이나 뒤 말 중의 하나가 순우리말이고 앞 말의 끝소리가 모음일 때에는 앞 말에 'ㅅ'을 받침으로 붙여 쓴다고 규정하고 있다. 이렇게 사잇소리를 표기하는 'ㅅ'의 글자를 '사이시옷'이라고 한다.

[1] 사이시옷의 뒤에 실현되는 'ㄱ, ㄷ, ㅂ, ㅅ, ㅈ'의 발음

사이시옷의 뒤에 실현된 어근이 예사소리인 'ㄱ, ㄷ, ㅂ, ㅅ, ㅈ'으로 시작할 때에는,

이들 자음만을 된소리로 발음하는 것을 원칙으로 하되, 사이시옷을 [ㄷ]으로 발음하는 것을 허용한다.

(13) ㄱ. 냇가[내 : 까/낻 : 까], 샛길[새 : 낄/샏 : 낄]
　　　ㄴ. 빨랫돌[빨래똘/빨랟똘], 콧등[코뜽/콛뜽]
　　　ㄷ. 깃발[기빨/긷빨], 대팻밥[대 : 패빱/대 : 팯빱]
　　　ㄹ. 햇살[해쌀/핻쌀], 뱃속[배쏙/밷쏙]
　　　ㅁ. 뱃전[배쩐/밷쩐], 고갯짓 [고개찓/고갣찓]

(13)의 예들은 모두 사이시옷의 뒤라는 환경에서 (ㄱ)의 '냇가'에는 'ㄱ'이, (ㄴ)의 '빨랫돌'에는 'ㄷ'이, (ㄷ)의 '깃발'에는 'ㅂ'이 (ㄹ)의 '햇살'에는 'ㅅ'이, (ㅁ)의 '뱃전'에는 'ㅈ'이 실현되었다. 이러한 경우에는 사이시옷의 뒤에서 실현되는 예사소리를 된소리로 발음하여 [내 : 까], [빨래똘], [기빨], [해쌀], [배쩐]으로 발음하는 것을 원칙으로 한다. 다만 사이시옷을 [ㄷ]으로 발음하여 [낻 : 까], [빨랟똘], [긷빨], [핻쌀], [밷쩐]으로 발음하는 것도 허용한다.

　이처럼 사이시옷이 실현되는 합성어에 대하여 두 가지의 표준 발음을 인정하게 된 것은, 음운론에 기반한 이론적 발음과 언중들의 현실적 발음이 차이가 나기 때문이다.

(14) ㄱ. 내＋가 :　[냇＋가]　　→　　[낻＋가]　　→　　[낻까/**내까**]
　　　ㄴ. 해＋살 :　[햇＋살]　　→　　[핻＋살]　　→　　[핻쌀/**해쌀**]

　　　　　　　　　'ㅅ 첨가'　　⇨　　평파열음화　　⇨　　된소리되기

예를 들어서 (14)에서 '냇가'와 '햇살'은 어근과 어근이 결합하는 과정에서, 'ㅅ 첨가', '평파열음화', '된소리되기'의 음운 변동이 적용되면, 각각 [낻까]와 [핻쌀]로 발음된다. 이러한 음운 규칙을 따르면 [낻까]와 [핻쌀]을 표준 발음으로 정하는 것이 합리적이지만, 일상의 언어 생활에서 언중들이 [낻까]와 [내까]를 구분하거나 [핻쌀]과 [해쌀]을 구분하기가 대단히 어렵다. 이러한 점을 고려하여 <표준 발음법>에서는 사이시옷의 뒤에 실현된 소리만을 된소리로 발음하여서, [내까]와 [해쌀]로 발음하는 것을 원칙으로 한다. 그리고 음운 규칙에 따라서 사이시옷을 [ㄷ]으로 발음하는 [낻까]와 [핻쌀]의 발음도 허용한다.[35]

[2] 사이시옷 뒤에 'ㄴ, ㅁ'이 결합되는 경우에는, 사이시옷을 [ㄴ]으로 발음한다.

앞의 어근이 모음으로 끝나고 뒤의 어근이 /ㄴ, ㅁ/으로 시작되면, /ㄴ/ 소리가 첨가될 수가 있다.(고등학교 문법 2010:74 참조) 이러한 음운 변동은 결과적으로는 'ㄴ'의 첨가이지만, 그 과정을 자세히 살펴보면 'ㅅ' 첨가 현상에 이어서 '평파열음화'와 '비음화'가 적용된 것이다.

(15) ㄱ. 코 + 날: [콧날]   →   [콛날]   →   [콘날]
　　 ㄴ. 이 + 몸: [잇몸]   →   [읻몸]   →   [인몸]

　　　　　　 'ㅅ' 첨가 ⇨   평파열음화   ⇨   비음화

먼저 (ㄱ)에서 '코 + 날'과 '이 + 몸'이 결합하여 합성 명사가 될 때에는, 두 어근 사이에 받침 [ㅅ]이 첨가되어서 [콧날]과 [잇몸]이 된다. 이어서 [콧날]과 [잇몸]이 '평파열음화'에 따라서 각각 [콛날]과 [읻몸]으로 변동한 다음에, 끝으로 비음화에 따라서 [콘날]과 [인몸]으로 발음된다.

[3] 사이시옷 뒤에 '이' 또는 '야, 여, 요, 유'가 결합되는 경우에는 사이시옷을 [ㄴㄴ]으로 발음한다.

사이시옷 뒤에 '이' 음이 결합되는 때에는 사이시옷은 [ㄴㄴ]으로 발음된다. 이러한 변동은 어근과 어근이 결합하는 과정에서 'ㅅ' 첨가와 'ㄴ' 첨가가 일어난 뒤에, 다시 평파열음화와 비음화가 차례대로 적용된 결과이다.

아래의 예에서 '베갯잇, 나뭇잎, 댓잎, 뒷윷, 농삿일'은 각각 '배게 + 잇', '나무 + 잎', '대 + 잎', '뒤 + 윷', '농사 + 일'의 짜임으로 된 합성 명사이다.

(16) ㄱ. 베개 + 잇: [베갯잇] → [베갯닛] →   [베갣닏] → [베갠닏]
　　 ㄴ. 나무 + 잎: [나뭇잎] → [나뭇닢] →   [나묻닙] → [나문닙]
　　 ㄷ. 대 + 잎: [댓잎]   → [댓닢]   →   [댇닙]   → [댄닙]

---

35) '깃발'은 [기빨]과 [긷빨]을 표준 발음으로 인정하고, 여기에 자음의 위치 동화가 다시 적용된 [ˇ깁빨]은 제22항의 규정에 따라서 표준 발음으로 인정하지 않는다. 동일한 취지에서 '뱃머리'는 [밴머리]를 표준 발음으로 인정하고, 여기에 자음의 위치 동화까지 일어난 [ˇ뱀머리]는 표준 발음으로 인정하지 않는다.

ㄹ. 뒤 + 윷:　　[뒷윷]　　→　　[뒷늋]　　→　　　[뒫늋]　　　→　　[뒨늋]

ㅁ. 농사＋일:　[농삿일]　→　[농삿닐]　→　　[농삳닐]　　→　[농산닐]

　　　　　　　'ㅅ' 첨가　⇨　'ㄴ' 첨가　⇨　평파열음화　⇨　비음화

(ㄱ)과 (ㄴ)에서 '베갯잇'과 '나뭇잎'은 먼저 두 어근 사이에 [ㅅ]이 첨가되어서 [베갯잇]과 [나뭇잎]으로 바뀐 뒤에, 다시 '[ㄴ]의 첨가'가 일어나서 [베갯닛]과 [나뭇닢]으로 바뀐다. 그리고 이들 형태에 다시 '평파열음화'가 적용되어서 [베갣닏]과 [나묻닙]으로 바뀌고, 마지막으로 비음화가 일어나서 [베갠닏]과 [나문닙]으로 바뀐다. (ㄷ~ㄹ)의 '댓잎', '뒷윷', '농사일' 등도 동일한 음운 변동이 차례대로 적용되어서 각각 [댄닙], [뒨늋], [농산닐]로 발음되는데, 여러 가지 변동이 일어난 최종의 결과만 놓고 볼 때에는 사이시옷이 [ㄴ]으로 발음된 것이다.

문교부 고시 제88-1호
1988. 1. 19.

한글 맞춤법 Ⅱ

〈 한글 맞춤법 〉의 얼개

한글 맞춤법의 개념과 특징

1. 한글 맞춤법의 개념

'맞춤법'과 비슷하게 쓰이는 말로는 '표기법, 정서법, 철자법' 등이 있다. 이들 용어들은 서로 명확하게 구분되는 것이 아니라, 어떤 부분에서는 서로 동의어로 쓰이기도 하고 어떤 부분에서는 다른 의미로 쓰이기도 한다. 여기서 <한글 맞춤법>의 특징을 살피기 전에 먼저 '맞춤법'과 관련된 여러 가지 용어의 개념을 알아본다.

'표기법, 정서법, 철자법, 맞춤법' 가운데 가장 폭넓게 사용되는 용어는 '표기법(表記法)'이다. 곧 '표기법'은 글자나 부호를 사용하여 입말을 적는 방법을 총칭하여 부르는 말로 뜻매김할 수 있다. 이에 반하여 '정서법(正書法)'은 규범적인 성격을 가진 말로서, 입말을 올바르게 적는 법으로 정의할 수 있다. 끝으로 '철자법(綴字法)'과 '맞춤법'은 거의 동의어로 쓰이는 말로서 자음과 모음의 낱글자를 엮어서 단어 단위의 글자를 짜 이루는 법이라는 뜻으로 쓰이며, 주로 낱글자의 배열 순서에 관심을 둔다.[1)]

---

① 표기법 : 글자나 부호를 사용하여 입말을 적는 방법을 총칭하여 부르는 말.
② 정서법 : 입말을 올바르게 적는 법.
③ 맞춤법(철자법) : 자음과 모음의 낱글자를 엮어서 단어 단위의 글자를 짜 이루는 법.

[표 1. 맞춤법과 관련된 용어]

---

1) '철자법(綴字法)'의 축어적인 의미는 '낱낱의 글자를 꿰는 법'인데, 이는 곧 '낱글자를 꿰어서 단어 단위의 글자로 묶는 법'이다. 따라서 '철자법'과 동의어로 쓰이는 '맞춤법'은 '낱낱의 글자를 단어 단위의 글자로 맞추는(꿰는) 법'으로 뜻매김할 수 있다.
　　① ㅂ + ㅗ + ㅁ　ㄴ + ㅏ + ㄹ → 봄날
　　② ㅅ + ㅏ + ㄴ　ㄱ + ㅗ + ㄹ → 산골

이 글은 전문적인 맞춤법 이론을 연구하는 데에 목적이 있는 것이 아니므로 '표기법, 정서법, 철자법, 맞춤법'의 개념을 엄밀하게 구분해서 사용하지는 않는다. 다만, 여기서는 한글 맞춤법을 '우리말의 표준어를 한글로 바르게 적는 법'으로 뜻매김하고 논의를 전개하기로 한다.

2. 한글과 한글 맞춤법의 특징

2.1. 한글의 특징

한글은 음소 글자이므로 한 글자가 하나의 음소를 대표한다. 이러한 점을 고려하면 한글은 영어의 알파벳처럼 풀어서 적어야 한다. 그러나 한글은 훈민정음을 창제할 당시부터 모아쓰기를 해 왔는데, 이는 『훈민정음 해례본』의 다음과 같은 규정 때문이다.

> (1) ㄱ, ·, ㅡ, ㅗ, ㅜ, ㅛ, ㅠ 附書初聲之下, ㅣ, ㅏ, ㅓ, ㅑ, ㅕ 附書於右. 凡字必合而成音.
> ㄴ, ·, ㅡ, ㅗ, ㅜ, ㅛ, ㅠ는 초성의 아래에 붙여 쓰고, ㅣ, ㅏ, ㅓ, ㅑ, ㅕ는 초성의 오른쪽에 붙여 쓴다. 모든 글자는 반드시 합쳐야 소리를 이룬다.

『훈민정음 해례본』에 나타난 규정에 따라서 한글은 창제된 이래로 줄곧 음절 단위로 모아서 적는 것을 원칙으로 삼았다. 예를 들어 입말 [손님]을 풀어서 적으면 'ㅅㅗㄴㄴㅣㅁ'처럼 되는데, 이들 낱글자를 모아 적어서 '손님'으로 적었다.

> (2) [손님] ── <모아쓰기> : 손님
> ── <풀어쓰기> : ㅅ ㅗ ㄴ ㄴ ㅣ ㅁ

이렇게 모아쓰기를 하게 된 것은 두 가지 이유 때문이라고 추측한다. 첫 번째 이유는 훈민정음 창제 이전부터 줄곧 사용해 왔던 한자가 모두 음절의 소리 단위로만 쓰였다는 점이다. 이 때문에 한글도 한자에 맞추기 위하여 음절 단위로 모아서 적었을 가능성이 크다. 그리고 두 번째 이유는 모아쓰기를 하면 한글과 한자의 글꼴이 조화를 이룰 수 있다는 점이다. '국민(國民)'을 풀어 쓰면 'ㄱㅜㄱㅁㅣㄴ'과 같이 되는데, 이것은 國民과 비교할 때에 글꼴이 아주 다르다. 한글과 한자를 혼용할 것을 염두에 두었기 때문에, 한글과 한자의 글꼴을 비슷하게 할 필요가 있었으므로 모아쓰기를 한 것이다.

한글은 위와 같은 두 가지 이유 때문에 모아쓰기를 시작하였지만, 결과적으로 모아쓰기를 함으로써 우리말을 적을 때에 표의성이 높아지는 효과가 생긴다.

(3) ㄱ. 먹으니　　　　　　(4) ㄱ. ㅁㅓㄱㅇㅡㄴㅣ
　　ㄴ. 먹으면서　　　　　　　ㄴ. ㅁㅓㄱㅇㅡㅁㅕㄴㅅㅓ
　　ㄷ. 먹겠다　　　　　　　　ㄷ. ㅁㅓㄱㄱㅔㅆㄷㅏ

(3)과 같이 모아쓰기를 하게 되면 어간의 꼴이 '먹'으로 고정되어 어간과 어미가 시각적으로 구분되는 효과가 나타난다. 이에 반하여 (4)처럼 풀어쓰기를 하면 (3)에서 나타나는 시각적 효과를 얻을 수 없다. 결국 한글은 음절 단위로 모아쓰게 된 결과 표의성이 생기게 되어 독서 효율이 높아지게 되었다.

좋은 글자, 좋은 맞춤법은 무엇보다도 읽기에 좋아야 한다. 이러한 점에서 훈민정음이 창제되면서부터 지켜 온 모아쓰기 방식은 한글의 큰 특징이자, 소리글자에 표의성을 더해 주는 표기 방법이다. 몇 가지 점에서 불편이 있음에도 불구하고 모아쓰기 방식을 유지하는 이유가 여기에 있다.

2.2. 한글 맞춤법의 특징

한글은 한 단어가 나타내는 음소를 하나의 글자로 표현하는 소리글자이기 때문에 소리 나는 대로 적는 것이 원칙이다. 곧 '잠자리, 개구리, 사람' 등의 단어는 그것이 [잠자리, 개구리, 사람]으로 소리 나기 때문에 '잠자리, 개구리, 사람'으로 적는다.

한글은 소리글자이므로 <한글 맞춤법> 제1항에서도 다음과 같이 규정하여 소리 나는 대로 적는 것을 제1의 원칙으로 삼고 있다.

(5) 한글 맞춤법은 표준어를 소리대로 적되, 어법에 맞도록 함을 원칙으로 한다.

이처럼 소리 나는 대로 글자를 적는 표기법을 '음소적 표기법(phoneticism)'이라고 한다.

그런데 한글이 소리글자라는 특징을 고려하여 소리 나는 대로만 적었을 때에는 문제가 생길 수 있다.

(6) ㄱ. 꽃 + -이   (7) ㄱ. 꼬치   (8) ㄱ. 꽃이
     ㄴ. 꽃 + -도   ㄴ. 꼳또   ㄴ. 꽃도
     ㄷ. 꽃 + -만   ㄷ. 꼰만   ㄷ. 꽃만

(6)의 예들은 체언인 '꽃'에 조사인 '-이, -도, -만'이 붙은 것인데, 이들 단어를 소리 나는 대로 적으면 (7)과 같이 '꼬치, 꼳또, 꼰만'으로 적어야 한다. 이렇게 소리 나는 대로 적으면 체언의 형태가 '꽃, 꼳, 꼰'으로 각각 달리 적히게 되어서, 독자들이 글을 읽을 때에 혼동할 수 있다. 이에 반하여 (8)은 '꽃'의 형태가 바뀌더라도 체언의 기본 형태를 그대로 유지하고 어간과 어미의 경계를 밝혀 적었기 때문에, 동일한 형태소의 형태를 일관되게 적을 수 있는 장점이 있다.

'형태 음소적 표기법(표의주의 표기법, ideographicism)'은 단어가 쓰이는 환경에 따라서 그 형태가 달라지는 문제를 방지하고, 글자의 시각적 효과를 극대화하기 위하여 나타난 표기법이다.[2] 형태 음소적 표기법에서는 표준어를 적을 때에 두 가지 점을 고려한다.

첫째, 한 형태소가 여러 변이 형태로 바뀌어 실현되더라도 기본 형태로 적는다.

(9) 값 → [값, 갑, 감]

(10) ㄱ. 값 + 이 → [갑씨]
     ㄴ. 값 + 도 → [갑또]   '값이, 값도, 값만'
     ㄷ. 값 + 만 → [감만]

예를 들어 형태소 '값'은 음운적 환경에 따라서 '값, 갑, 감'으로 변동하지만 이를 소

---

2) 한자(漢字) 중에서 상형 글자는 시각적 효과가 가장 크게 나타나는 글자이다. 곧 '田, 山, 人, 容' 등의 글자는 꼴 자체로 개념을 나타낼 수 있기 때문이다. 이에 반하여 한글은 소리만을 글자에 반영하는 음소 글자이기 때문에 표의성이 직접적으로 드러나지는 않는다. 그러나 한글은 맞춤법을 통하여 '원형을 밝혀 적기'와 '형태소의 경계를 표시하기' 등의 방법을 통하여 표의성을 어느 정도 나타낼 수 있다.

리 나는 대로(변이 형태대로) 적지 않고 기본 형태인 '값'으로 적는다. 형태소가 변동하는 것과는 관계없이 기본 형태를 고정하여, 글자로 표기된 말의 의미를 효율적으로 파악할 수 있게 하는 것이다.

둘째, 형태소와 형태소의 경계를 구분하여 적는다.

    (11) { 닭 } + { -이, -을, -의 }

    (12) ㄱ. 닭 + 이 → [달기] ┐
         ㄴ. 닭 + 을 → [달글] ├── '닭이, 닭을, 닭의'
         ㄷ. 닭 + 의 → [달긔] ┘

체언인 '닭' 다음에 모음으로 시작하는 조사가 오면 체언의 끝 자음이 뒤 음절로 넘어가게 되어서 [달기, 달글, 달긔] 등으로 발음된다. 이렇게 소리 나는 대로 적으면 체언 부분과 조사 부분이 구분되지 않아서 이들 단어의 의미를 파악하기가 쉽지 않게 된다. 이러한 현상을 막기 위하여 체언과 조사의 형태를 구분하여 '닭이, 닭을, 닭에'로 표기하는 것이다.

    (13) ㄱ. 먹었다[머걷따], 죽었다[주걷따]
         ㄴ. 먹으니[머그니], 죽으니[주그니]
         ㄷ. 먹으면[머그면], 죽으면[주그면]

그리고 (13)처럼 용언의 활용 형태를 적을 때에도 어간과 어미의 형태를 구분하여 표기함으로써, 문자를 통한 의미를 효율적으로 파악하게 한다.

이렇게 의미 파악의 능률을 높이기 위하여 <한글 맞춤법>의 제1항의 두 번째 조건으로 '어법에 맞게 함'이라는 규정을 두게 되었다. 곧 체언이나 어간의 꼴을 고정시켜서, 그 단어가 어떻게 활용하든지 간에 동일한 글자로 적는다. 이와 같이 한 단어의 여러 변이 형태 중에서 기본 형태를 밝혀 기본형을 세우고, 분철까지 하여 원형을 밝혀서 적는 표기 방법을 '형태 음소적 표기법(ideographicism)'이라고 한다.

결국 <한글 맞춤법>은 음소적 표기법을 기반으로 하되, 형태 음소적 표기법을 지향한다.

한글 맞춤법 규정의 풀이

제1장 총칙

> **제1항** 한글 맞춤법은 표준어를 소리대로 적되, 어법에 맞도록 함을 원칙으로 한다.

<한글 맞춤법>의 총칙에는 한글 맞춤법에 대한 기본적인 원칙이 규정되어 있다. 총칙에 나타난 세 가지 항목 중에서 제1항의 내용을 분석하면 다음과 같은 원칙이 내포되어 있다는 사실을 알 수 있다.

[1] <한글 맞춤법>은 여러 가지 입말 중에서 표준어를 대상으로 한다.

<한글 맞춤법>은 표준어[3]를 논의의 대상으로 한다. 맞춤법은 입말을 글말로 적는 법을 정한 것인데, 이때 맞춤법의 대상을 여러 종류의 입말 중에서 표준어로 정한 것이다. 이렇게 맞춤법의 대상을 표준어로 정함에 따라 표준어가 아닌 지역 방언 · 계층 방언(은어 · 비어 · 속어) · 고어 등은 맞춤법의 대상에서 제외된다.

[2] <한글 맞춤법>은 표준어를 소리 나는 대로 적는다.

입말인 표준어를 소리 나는 대로 적는다는 것인데, 한글은 '소리글자'이기 때문에 표준어를 소리 나는 대로 적는 것은 당연하다. 곧 '감자, 다리, 해, 고구마' 등의 단어는 [감자, 다리, 해, 고구마]로 소리 나기 때문에 '감자, 다리, 해, 고구마'로 적는 것이다.

표준어를 소리대로 적는다는 이 규정은 글자를 소리와 동떨어지게 적는 문제를 막아 준다. 예를 들어서 현행 <한글 맞춤법>의 전신인 <한글 맞춤법 통일안>(1933)이 제정될 무렵에는 아래와 같은 표기법이 쓰이기도 했다.(이희승·안병희 1995:21 참조)

---

3) 표준어에 대한 개념은 <표준어 사정 원칙> 제1항에서 따로 정하였다. 제1항에서는 "표준어는 교양 있는 사람들이 두루 쓰는 현대 서울말로 정함을 원칙으로 한다."고 규정했다.

(1) ㄱ. 가슴, 거믜, 며ᄂ느리, 사랑이, 아츰, 엇개, 톳기

　　ㄴ. 가슴, 거미, 며느리, 사랑니, 아침, 어깨, 토끼

(2) ㄱ. 닉명(匿名), 녀자(女子), 련련불망(戀戀不忘), 긔차(汽車), 텬디(天地)

　　ㄴ. 익명(匿名), 여자(女子), 연연불망(戀戀不忘), 기차(汽車), 천지(天地)

실제 입말은 (1~2)의 (ㄴ)과 같이 발음하면서도 예로부터 내려오던 관습에 따라 (ㄱ)과 같이 적었던 것이다.4) 만일 (ㄱ)처럼 현실 발음과 동떨어진 관습적 표기를 방치하면 입말과 글말 사이에 차이가 생기게 된다. 이러한 차이가 심해지면 글자가 입말을 충실하게 반영하지 못하여 소리글자의 특징인 표음성을 상실하게 될 수도 있다. <한글 맞춤법>에서는 이러한 문제점을 방지하고, 한글이 가진 표음 글자로서의 기본적인 특징을 유지시키기 위하여 소리대로 적는다는 규정을 둔 것이다.

[3] 어법에 맞도록 적는다.

현행의 <한글 맞춤법>에서는 "어법에 맞도록 한다."로 규정하고 있으나, 이때의 '어법'이 무엇인지는 구체적으로 제시되어 있지 않다. 그러나 『국어 어문 규정집』(2012:38)의 해설에 따르면 이 구절은 '실질 형태소의 원형을 밝히기'와 '형태소의 경계를 구분하여 적기'를 뜻한다.

첫째, '실질 형태소의 원형을 밝히기'는 어떤 실질 형태소가 음운적 환경에 따라 여러 가지 변이 형태를 가질 때에, 그 변이 형태 중에서 기본 형태대로 적는다는 것이다. 이렇게 기본 형태대로 적는 것은 단어를 소리대로만 적으면 독서의 효율이 떨어질 수도 있기 때문이다.

(3) ㄱ. 밭 + 에서 → [바테서]　　(4) ㄱ. 속 + 다　 → [속따]

　　ㄴ. 밭 + 이　 → [바치]　　　　 ㄴ. 속 + 는다 → [송는다]

　　ㄷ. 밭 + 만　 → [반만]

　　ㄹ. 밭♯　　　 → [받]

---

4) (1~2)에서 (ㄱ)은 문자의 보수성 때문에 현실 발음을 제대로 반영하지 못한 표기의 예이다. 예를 들어 국어에서는 아래아(·)가 음소로서는 18세기 전후에 사라졌음에도 불구하고 표기법에서는 20세기 초까지 쓰인 것이라든가, 영어의 'knight, bomb, psychology' 등의 단어에서 나타나는 묵음의 표기는 '역사적 표의주의 표기'에 해당한다.(민현식 1999:47 참조)

(3)에서 '밭'은 쓰이는 음성적 환경에 따라서 [밭, 밫, 반, 받]으로 소리날 수 있으며, (4)에서 '속다'의 어간 '속-'이 [속, 송]으로 소리날 수 있다. 이렇게 하나의 형태소를 소리 나는 대로만 적으면 단어의 의미 파악에 혼동을 줄 수가 있다. 반면에 실질 형태소 '밭'과 '먹-'의 원형을 밝혀 적으면 그 꼴을 하나로 고정할 수 있기 때문에 의미 파악을 쉽게 할 수 있다.

둘째, '형태소의 경계 밝히기'는 형태소와 형태소 사이에 있는 형태소의 경계를 구분하여 적어서 독서의 효율을 높이는 것이다.

(5) ㄱ. 떡 + 이 → [떠기]   (6) ㄱ. 떡 + 이 → 떡이
    ㄴ. 죽 + 어 → [주거]   ㄴ. 죽 + 어 → 죽어

(5)에서 '떡이'와 '죽어'를 소리대로 적으면 '떠기'와 '주거'로 적어야 한다. 이렇게 적으면 실질 형태소(체언과 어간)와 형식 형태소(조사와 어미)가 구분되지 않아서 단어의 뜻을 파악하는 데에 어려움이 생긴다. 이러한 문제를 방지하기 위하여 (6)과 같이 실질 형태소와 형식 형태소를 구분하여 적는다.

제2항 문장의 각 단어는 띄어 씀을 원칙으로 한다.

---

[1] 띄어쓰기의 필요성

제2항은 '띄어쓰기' 규정인데, 이는 음운과 의미적 단위의 경계를 시각적으로 표시하여, 독자들이 글자를 효율적으로 읽을 수 있도록 한 조항이다.

우리가 입말을 발화할 때에는 하나의 문장을 통째로 밋밋하게 발음하는 것이 아니라, 반드시 어절 단위로 휴지(쉼, pause)를 두어서 발화하기 마련이다. 이렇게 입말에서 나타나는 휴지를 글말에 시각적으로 반영하는 방법이 띄어쓰기이다.

(7) ㄱ. ♣♣♣♣♣♣♣♣♣♣♣♣♣♣♣♣♣♣♣
    ㄴ. ♣♣♣♣ ♣♣♣ ♣♣♣ ♣♣♣♣ ♣♣♣ ♣♣♣

예를 들어 토끼풀 그림을 (ㄱ)처럼 그냥 분절하지 않고 배열한 것과 (ㄴ)처럼 분절하여 배열한 것은, 토끼풀 수의 총합을 구하는 데에 드는 시간이나 노력의 면에서 보면

차이가 난다. (ㄴ)과 같이 일정한 단위로 분절하여 배열하는 것이 (ㄱ)과 같이 연속적으로 배열하는 것보다 훨씬 효율적이다.

글을 쓸 때에도 언어 단위를 일정하게 묶어서 언어적 단위의 경계를 분리하여 적으면, 독자가 문장의 의미를 효과적으로 파악할 수 있다.

    (8) ㄱ. 할머니께서길에서넘어지셨다.
        ㄴ. 할머니께서 길에서 넘어지셨다.

(8)에서 띄어쓰기를 하지 않은 (ㄱ)의 문장보다, 호흡 단위에 맞추어서 띄어쓰기를 한 (ㄴ)의 문장의 뜻을 이해하기가 훨씬 쉽다는 것은 당연한 사실이다.

띄어쓰기는 단순히 의미를 파악을 쉽게 하는 기능만 하는 것이 아니다. 띄어쓰기를 하지 않을 때에는 문장에 중의성이 생겨서 독자가 혼동을 일으킬 수도 있기 때문이다.

    (9) 나물좀다오. ——┬—— 나물 좀 다오.
                    └—— 나 물 좀 다오.

    (10) 살인용의자 발견. ——┬—— 살인 용의자 발견
                       └—— 살인용 의자 발견

(9)나 (10)에서 오른쪽 보기처럼 띄어쓰기를 하지 않고 적으면 글쓴이의 전달 의도를 알 수 없지만, 오른쪽 보기처럼 띄어쓰기를 하면 글쓴이의 전달 의도가 분명해진다.

[2] 띄어쓰기의 단위

앞에서 살펴본 바와 같이 띄어쓰기는 글말을 효과적으로 전달하는 기능을 한다. 그러면 어떤 언어 단위를 기준으로 띄어 써야 가장 효과적일까?

    (11) ㄱ. 할머니께서길에서넘어지셨다.   [문장]
        ㄴ. 할머니께서 길에서넘어지셨다.   [구]
        ㄷ. 할머니 께서 길 에서 넘 어 지 시 었 다.   [형태소]

띄어쓰기의 단위가 될 수 있는 언어 단위로는 '문장, 구, 단어(어절),5) 형태소' 등이 있다. (11)에서 (ㄱ)은 문장을 단위로 띄어 썼는데, 이는 사실상 띄어쓰기를 하지 않는 것과 마찬가지이다. (ㄴ)처럼 구를 단위로 하여 띄어쓰기를 할 때는 구의 길이가 길어지면 띄어쓰기의 효과가 없어진다. 그리고 (ㄷ)은 형태소를 단위로 띄어 쓴 것인데, 이렇게 되면 '-가, -에서, 넘-, -어, 지-, -시-, -었-, -다'와 같은 의존 형태소도 모두 띄어 쓰게 되는 문제가 생긴다. 그리고 형태소는 입말의 호흡 단위와도 일치하지 않기 때문에 형태소를 단위로 띄어 쓰는 것은 의미를 파악하는 데 도움이 되지 않는다.

    (12) 할머니께서 길에서 넘어지셨다.　　　　　　[어절, 단어]

(12)는 어절(단어)을 단위로 하여 띄어 쓴 것이다. 어절은 입말의 호흡 단위와 일치할 뿐만 아니라, 문장을 짜 이루는 기본 단위로 기능하는 문장 성분의 단위가 된다. 이처럼 어절을 단위로 띄어쓰기를 하면, 입말의 호흡 단위와 글말의 시각적 분절 단위가 일치하게 되고, 띄어쓰기의 단위가 곧 문장 성분의 단위와 일치하는 효과가 있다. 이러한 이점이 있기 때문에 <한글 맞춤법>에서는 (12)와 같이 어절(단어)을 띄어쓰기의 기본적인 단위로 삼았다.

제3항 외래어는 '외래어 표기법'에 따라 적는다.

    외래어란 다른 언어 체계의 어휘를 국어의 체계에 빌려 와서 사회적으로 사용이 승인된 말을 이른다. 외래어는 어느 외국어로부터 받아들였는가에 따라 상당히 많은 유형으로 나눌 수 있으나, 일반적으로 국어에서 외래어라고 하면 중국의 한자에서 온 외래어는 제외하고 서양 외래어와 일본어 외래어를 이르게 된다. 이러한 외래어에는 국어의 음운 체계·문법 체계·어휘 체계의 특징이 반영되는 것이 보통이다.

    제3항은 외래어를 적을 때에는 <외래어 표기법>에 따를 것을 규정한 것이다.6) 곧 비록 외래어가 우리말에 동화되었다고는 하지만, 출신 언어가 가지고 있는 특질을 고려해서 적어야 하기 때문에 <외래어 표기법>을 따로 정하였다.

---

5) <한글 맞춤법> 총론에서는 단어를 단위로 띄어 쓰도록 정했으나, 제41항에서 "조사는 그 앞말에 붙여 쓴다."라고 규정하고 있으므로, 실제로는 어절 단위로 띄어 쓰는 셈이다.
6) 1986년 1월 7일에 <외래어 표기법>을 정하여 문교부 고시 제85-11호로 공포하였다.

제2장 자모

제4항 한글 자모의 수는 스물넉 자로 하고, 그 순서와 이름은 다음과 같이 정한다.

ㄱ(기역) ㄴ(니은) ㄷ(디귿) ㄹ(리을) ㅁ(미음) ㅂ(비읍)

ㅅ(시옷) ㅇ(이응) ㅈ(지읒) ㅊ(치읓) ㅋ(키읔) ㅌ(티읕)

ㅍ(피읖) ㅎ(히읗)

ㅏ(아)   ㅑ(야)   ㅓ(어)   ㅕ(여)   ㅗ(오)   ㅛ(요)

ㅜ(우)   ㅠ(유)   ㅡ(으)   ㅣ(이)

[붙임 1] 위의 자모로써 적을 수 없는 소리는 두 개 이상의 자모를 어울러서 적되, 그 순서와 이름은 다음과 같이 정한다.

ㄲ(쌍기역)   ㄸ(쌍디귿)   ㅃ(쌍비읍) ㅆ(쌍시옷)   ㅉ(쌍지읒)

ㅐ(애)   ㅒ(얘)   ㅔ(에)   ㅖ(예)   ㅘ(와)   ㅙ(왜)

ㅚ(외)   ㅝ(워)   ㅞ(웨)   ㅟ(위)   ㅢ(의)

[붙임 2] 사전에 올릴 적의 자모 순서는 다음과 같이 정한다.

자음 : ㄱ ㄲ ㄴ ㄷ ㄸ ㄹ ㅁ ㅂ ㅃ ㅅ ㅆ ㅇ ㅈ ㅉ ㅊ ㅋ ㅌ ㅍ ㅎ

모음 : ㅏ ㅐ ㅑ ㅒ ㅓ ㅔ ㅕ ㅖ ㅗ ㅘ ㅙ ㅚ ㅛ ㅜ ㅝ ㅞ ㅟ ㅠ ㅡ ㅢ ㅣ

[제4항] 한글 자모의 배열 순서와 이름

조선어 학회에서는 1930년 12월 13일에 <한글 맞춤법>을 제정하는 작업에 들어가서 1933년 10월 29일에 <조선어 철자법 통일안>이라는 이름의 책을 발간하였다. 이것이 그 후에 <한글 맞춤법 통일안>이 되었다.

(1) ㄱ(기역), ㄴ(니은), ㄷ(디귿), ㄹ(리을), ㅁ(미음), ㅂ(비읍), ㅅ(시옷), ㅇ(이응), ㅈ(지읒), ㅊ(치읓), ㅋ(키읔), ㅌ(티읕), ㅍ(피읖), ㅎ(히읗)

(2) ㅏ(아), ㅑ(야), ㅓ(어), ㅕ(여), ㅗ(오), ㅛ(요), ㅜ(우), ㅠ(유), ㅡ(으), ㅣ(이)

<한글 맞춤법 통일안>(1933)에서는 1527년(중종 22년)에 최세진(崔世珍)이 지은 『훈몽자회』(訓蒙字會)에서 정한 낱글자의 명칭과 배열 순서에 따라서 자음 14자와 모음 10자의 명칭과 순서를 정했다. <한글 맞춤법 통일안>(1933)과 현행의 <한글 맞춤법>(1988)에서도 낱글자의 명칭과 배열 순서는 훈몽자회의 것을 따랐다. 결국 한글 낱글자의 이름과 배열 순서는 그 중간에 몇 차례의 변화는 있었지만 훈몽자회의 것을 대체로 이어받은 셈이다.

[붙임 1] 기본 자모 24자 이외의 소리에 대한 글자

'붙임 1'에서 말하는 '기본 자모 이외의 글자'는 겹자모를 이르는데, 이는 ㄸ(←ㄷ+ㄷ), ㅔ(←ㅓ+ㅣ)와 같이 두 개 이상의 자모를 나란히 배열하여 하나의 단위로 묶은 글자를 말한다.

　(3) ㄲ(쌍기역), ㄸ(쌍디귿), ㅃ(쌍비읍), ㅆ(쌍시옷), ㅉ(쌍지읒)

　(4) ㅐ(애), ㅒ(얘), ㅔ(에), ㅖ(예), ㅘ(와), ㅙ(왜), ㅚ(외), ㅝ(워), ㅞ(웨), ㅟ(위), ㅢ(의)

<훈몽자회>에서는 이 겹자모에 대한 이름을 정하지는 않았지만, 조선 시대 중엽부터 겹자모 가운데 자음 글자를 '중자음, 쌍성, 경음' 등으로 관습적으로 불러 왔다. 그러다가 <한글 맞춤법 통일안>에 와서야 이들 자음 글자의 이름을 '쌍기역, 쌍디귿, 쌍비읍……' 등으로 부르게 되었고, 이 이름을 현행 <한글 맞춤법>에서도 그대로 따르고 있다. 다만 겹자모 가운데 모음 글자는 단자모의 모음 글자와 마찬가지로 글자가 나타내는 소리 자체를 그대로 글자의 이름으로 정하였다.

[붙임 2] 사전용 자모의 순서

<한글 맞춤법>(1988)이 나오기 전에는 사전에 실을 표제어를 배열하는 순서에 대한 규정을 별도로 정하지 않았다. 그 결과 사전 편찬자들이 표제어를 임의적으로 배열하여 사전마다 표제어의 순서가 조금씩 다른 경우가 많았다. 이러한 문제점을 해결하기 위하여 <한글 맞춤법>에서는 사전용 자모의 순서를 통일하여 다음과 같이 정하였다.

(5) ㄱ. 자음 : ㄱ, ㄲ, ㄴ, ㄷ, ㄸ, ㄹ, ㅁ, ㅂ, ㅃ, ㅅ, ㅆ, ㅇ, ㅈ, ㅉ, ㅊ, ㅋ, ㅌ, ㅍ, ㅎ

ㄴ. 모음 : ㅏ, ㅐ, ㅑ, ㅒ, ㅓ, ㅔ, ㅕ, ㅖ, ㅗ, ㅘ, ㅙ, ㅚ, ㅛ, ㅜ, ㅝ, ㅞ, ㅟ, ㅠ, ㅡ, ㅢ, ㅣ

그런데 사전의 배열 순서는 받침 글자의 순서도 매우 중요한데 이에 대한 규정이 빠져 있다. '붙임 2'에서 제시된 사전용 자모의 순서를 기준으로 받침 글자의 순서를 정하여 보면 아래와 같이 된다.

(6) ㄱ, ㄲ, ㄳ, ㄴ, ㄵ, ㄶ, ㄷ, ㄹ, ㄺ, ㄻ, ㄼ, ㄽ, ㄾ, ㄿ, ㅀ, ㅁ, ㅂ, ㅄ, ㅅ, ㅆ, ㅇ, ㅈ, ㅊ, ㅋ, ㅌ, ㅍ, ㅎ

그런데 옛 글자의 종류와 배열 순서는 현대 글자의 경우와 다르므로 고어 사전에서 옛말의 표제어를 실을 때의 순서는 따로 정해야 한다. 그러나 이에 대한 배려가 없다는 점이 문제이다.

제3장 소리에 관한 것

제1절 된소리

제5항 한 단어 안에서 <u>뚜렷한 까닭 없이 나는</u> 된소리는 다음 음절의 첫소리를 된소리로 적는다.

1. 두 모음 사이에서 나는 된소리

   소쩍새　어깨　오빠　으뜸　아끼다　기쁘다　깨끗하다
   어떠하다　해쓱하다　가끔　거꾸로　부썩　어찌　이따금

2. 'ㄴ, ㄹ, ㅁ, ㅇ' 받침 뒤에서 나는 된소리
   산뜻하다　잔뜩　살짝　훨씬　담뿍　움찔　몽땅
   엉뚱하다

   다만, 'ㄱ, ㅂ' 받침 뒤에서 나는 된소리는, (같은 음절이나 비슷한 음절이 겹쳐 나는 경우가 아니면) 된소리로 적지 아니한다.

   국수　깍두기　딱지　색시　싹둑(~싹둑)　법석　갑자기　몹시

[제5항] 된소리의 적기

이 규정은 된소리를 글자로 적는 방법을 규정한다. 곧 '한 단어 안에서 뚜렷한 까닭 없이 나는 된소리'는 다음 음절의 첫소리를 '된소리 글자'로 적는다는 것이다.

그런데 이처럼 당연한 사실을 굳이 맞춤법 규정으로 제시한 데에는 이유가 있다. 곧, 제5항의 규정은 된소리를 적는 데에 관습적으로 사용해 왔던 다양한 표기 방법을 막기 위하여 설정한 것이다.

(1) [아끼다], [사또], [오빠], [소쩍쌔]

(2) 아**끼**다/*앗기다/*앋기다, 사**또**/*삿도/*삳도, 오**빠**/*옷바/*온바/*옵바, 소**쩍**새/*솟적새/*솓적새

(2)의 '아끼다', '사또', '오빠', '소쩍새'의 어휘의 된소리를 (2)처럼 표기하더라도, 표준 발음인 [아끼다], [사또], [오빠], [소쩍쌔]로 발음된다. 이처럼 된소리에 대한 표기에서 생길 수 있는 혼란을 막기 위해서, 된소리를 된소리 글자로만 표기하도록 하였다.

(3) ㄱ. [소쩍쌔], [어깨], [오빠], [토끼]

ㄴ. 소**쩍**새/*솟적새, 어**깨**/*엇개/*억개, 오**빠**/*옷바/*옵바, 토**끼**/*톳기/*톧기/*톡기

(4) ㄱ. [잔뜩], [살짝], [담뿍], [몽땅]

ㄴ. 잔**뜩**/*잔득, 살**짝**/*살싹, 담**뿍**/*담쑥, 몽**땅**/*몽쌍

실제로 <한글 맞춤법 통일안>이 현실 생활에서 정착되지 않았던 광복 이전의 시절에는 된소리를 (3)과 (4)의 (ㄴ)처럼 다양하게 표기했다. 제5항의 '다음 음절의 첫소리를 된소리로 적는다.'는 규정은 위와 같은 복잡하고 비합리적인 표기를 방지하고자 하는 뜻이 담겨 있는 것이다.

[다만] 'ㄱ, ㅂ' 받침 뒤에서 나는 된소리의 적기

우리말에서 하나의 형태소 내부에서 앞 음절의 받침으로 쓰인 'ㄱ, ㅂ'은 폐쇄음으로 발음된다. 그러므로 'ㄱ, ㅂ' 받침 다음에 이어나는 예사소리의 자음은 어떠한 경우라도 반드시 된소리로 발음된다.

(5) 갑자기 [갑짜기]   국수 [국쑤]   깍두기 [깍뚜기]   딱지 [딱찌]
    몹시 [몹씨]   법석 [법썩]   색시 [색씨]   싹둑 [싹뚝]
    적삼 [적쌈]   접시 [접씨]

이때 된소리로 나는 자음을 된소리 글자로 적지 않고 예사소리로 적어도 글을 읽는 사람이 반드시 된소리로 읽는다. 이러한 점을 감안하면 'ㄱ, ㅂ' 받침 뒤에서 나는 된소리 자음은 굳이 된소리 글자로 적지 않아도 상관이 없다. 그러므로 'ㄱ, ㅂ' 받침 뒤에서 나는 된소리는 된소리 글자로 적지 않고 예사소리 글자로 적는다.[1]

제2절 구개음화

제6항 'ㄷ, ㅌ' 받침 뒤에 종속적 관계를 가진 '-이(-)'나 '-히-'가 올 적에는 그 'ㄷ, ㅌ'이 'ㅈ, ㅊ'으로 소리 나더라도 'ㄷ, ㅌ'으로 적는다. (ㄱ을 취하고, ㄴ을 버림.)

ㄱ	ㄴ	ㄱ	ㄴ
맏이	마지	핥이다[2]	할치다
해돋이	해도지	걷히다	거치다
굳이	구지	닫히다	다치다
같이	가치	묻히다	무치다
끝이	끄치		

{ 참고 1 } 구개음화

끝소리가 [ㄷ, ㅌ]인 형태소가 모음 [ㅣ]나 이중 모음인 [ㅑ, ㅕ, ㅛ, ㅠ]로 시작되는 형식 형태소[3]와 만나면, [ㄷ, ㅌ]이 구개음인 [ㅈ, ㅊ]으로 바뀐다. 이러한 현상을 '구개음화(口蓋音化)'라고 하는데, 이는 [ㅣ]와 [j] 때문에 일어나는 동화 현상의 일종이다.

    (1) ㄱ. 체언 + 조사 : 밭 + 이 → [바치], 끝 + 이 → [끄치]
        ㄴ. 어근 + 접사 : 해돋 + 이 → [해도지], 붙 + 이 + 다 → [부치다]
        ㄷ. 체언 + 이다 : 밭 + 이 + 다 → [바치다]

    (2) ㄱ. 닫 + 히 + 다 → 닫히다 → [다티다] → [다치다]
        ㄴ. 굳 + 히 + 다 → 굳히다 → [구티다] → [구치다]

예를 들어 (2ㄱ)의 '닫히다'는 어근의 끝소리 'ㄷ' 뒤에 형식 형태소 '-히-'가 붙었는데, 이 경우는 다음과 같은 변동 절차를 겪는다. 먼저 [ㄷ]과 [ㅎ]이 동화되어 [ㅌ]이 된 다음, 이 [ㅌ]이 그 뒤의 [ㅣ]에 이끌리어 구개음인 [ㅊ]으로 바뀐다.

---

1) 그러나 된소리가 'ㄱ, ㅂ' 받침 뒤에서 나더라도, 같은 음절 또는 비슷한 음절이 겹쳐서 날 때에는, 된소리를 그대로 적을 수 있다.(<한글 맞춤법> 제13항 참조)
2) 핥이다 : '핥다'의 사동사와 피동사이다.
3) 형식 형태소 'ㅣ'는 [ㅣ]로 소리 나는 조사나 접사 혹은 서술격 조사 '-이다'의 어간이다.

[제6항] 구개음화가 일어나는 단어의 적기

제6항은 비록 발음으로는 구개음화 현상이 생기더라도 글자로 적을 때에는 원형을 밝혀서 적는다는 규정이다. 예를 들어 '해돋이, 굳히다'가 [해도지], [구치다]로 소리 나더라도 원형을 밝혀 '해돋이, 굳히다'로 적어서 독서의 효율을 높인다.

> (3) ㄱ. 해돋 + 이   → [해도지] → 해돋이
>
> ㄴ. 굳 + 히 + 다 → [구치다] → 굳히다

이렇게 구개음화가 일어나더라도 원형을 밝혀서 적을 수 있는 것은, 구개음화 현상이 보편적이면서 필연적인 변동이므로, 원형을 밝혀 적더라도 독자들이 반드시 변동된 대로 정확하게 읽을 수 있기 때문이다. 그리고 이와 같이 원형을 밝혀서 적으면 밑말인 '해돋다', '굳다'와 동일한 어형을 유지할 수 있어서, 독자들이 글을 읽을 때에 의미 파악을 쉽게 할 수 있는 효과도 있다.

제3절 'ㄷ' 소리 받침

> **제7항** 'ㄷ' 소리로 나는 받침 중에서 'ㄷ'으로 적을 근거가 없는 것은 'ㅅ'으로 적는다.
>
> | 덧저고리 | 돗자리 | 엇셈[4] | 웃어른 | 핫옷[5] | 무릇 | 사뭇 |
> |---|---|---|---|---|---|---|
> | 얼핏 | 자칫하면 | 뭇[衆] | 옛 | 첫 | 헛 | |

[제7항] 'ㄷ'으로 적을 근거가 없는 것은 'ㅅ' 받침으로 적는다.

본문의 "'ㄷ'으로 소리로 나는 받침 중에서 'ㄷ'으로 적을 근거가 없는 것"은 원래의 발음 형태를 알 수 없는 'ㄷ' 받침을 이른다.

> (4) 갓-스물, 덧-저고리, 덧-문, 돗-자리, 빗-금, 엇-셈, 엿-듣다, 웃-어른, 짓-밟다, 풋-고추, 핫-옷, 핫-바지, 햇-곡식, 헛-걸음
>
> (5) 걸핏하면, 그까짓, 그릇, 기껏, 무릇, 사뭇, 얼핏, 자칫하면, 짐짓

---

4) 엇셈 : 주고받을 물건이나 일 따위를 서로 비기어 없애는 셈이다.
5) 핫옷 : 솜을 두어 지은 옷이다.

(6) 뭇[衆], 옛, 첫, 헛

(4~6)에서 제시된 단어에서 굵은체로 된 음절의 끝소리는 모두 [ㄷ]으로만 발음된다. 그런데 이들 단어에서 실현된 형태소 '덧-, 엇-, 웃-, 핫- ; 무릇[凡], 사뭇, 얼핏, 자칫 하면 ; 뭇, 옛, 첫, 헛'의 음절 끝소리 [ㄷ]의 형태는 밑말의 형태가 분명하지 않기 때문에 'ㄷ'으로 적을 근거가 없이 그냥 [ㄷ]으로 발음해 오던 단어이다. 이렇게 받침 소리의 원래 형태를 확인할 수 없으면서 [ㄷ]으로 소리 나는 말을 적는 방법으로는, 소리 나는 대로 'ㄷ'으로 적는 것이 가장 합리적일 듯하다.

그런데 국어 표기법의 역사를 살펴보면 중세 국어 시기인 15세기나 16세기까지는 음절의 끝에서 발음되는 [ㄷ] 소리는 'ㄷ' 글자로 적었다. 그러나 근대 국어 시기인 17세기부터 끝소리(종성)로 발음되는 [ㄷ]의 소리는 별다른 이유 없이 관습적으로 'ㅅ' 글자로 표기했다. 이러한 표기 관습이 갈수록 심화되어서 18세기부터 20세기 초기까지는 (받침의) 'ㄷ'은 점차 없어지고 'ㅅ'만으로 통일되는 경향이 강하게 나타났다.

현행의 맞춤법에서는 옛날부터 'ㄷ'이 아닌 'ㅅ'으로 받침을 적어 온 표기 관습 관습을 존중하여, (4~6)의 단어에서 받침 소리를 'ㅅ'으로 적도록 한 것이다.

{참고 2} 'ㄷ'으로 적을 근거가 있는 'ㄷ' 받침의 적기

본디부터 받침이 [ㄷ]으로 소리 나는 것이 분명하면 'ㄷ' 받침으로 적는다.

(7) 걷잡다(걷-잡다), 곧장(곧-장), 굳건하다(굳-건-하다), 낟가리(낟-가리), 돋보다(돋-보다), 맏상제(맏-상제), 벋정다리(벋-정-다리)

(8) 반짇고리(바느질-고리), 사흗날(사흘-날), 숟가락(술-가락), 이튿날(이틀-날)

(7)의 단어들은 합성어로서 밑말에 원래부터 'ㄷ' 받침이 있으므로 'ㄷ'으로 적을 근거가 있는 말이다.[6] 그리고 (8)에서 제시된 합성어의 앞 어근에는 원래 'ㄹ' 받침이 있었다. 이 'ㄹ' 받침이 합성어가 되면서 'ㄷ'으로 변한 것인데, 이들은 'ㄷ'으로 적어야 할 근거가 있다고 보고서 'ㄷ'으로 적기로 하였다.(<한글 맞춤법> 제29항 참조.)

---

6) 그런데, (7)의 단어에서 어근이 '걷-어, 곧-아, 굳-어, 낟-을, 돋-아, 맏-이, 벋-어' 등으로 실현될 수 있음을 감안하면, '걷-, 곧-, 굳-, 낟-, 돋-, 맏-, 벋-'의 종성이 /ㄷ/임을 확인할 수 있다.

제4절 모음

제8항 '계, 례, 몌, 폐, 혜'의 'ㅖ'는 'ㅔ'로 소리 나는 경우가 있더라도 'ㅖ'로 적는다. (ㄱ을 취하고, ㄴ을 버림.)

ㄱ	ㄴ	ㄱ	ㄴ
계수(桂樹)	게수	혜택(惠澤)	헤택
사례(謝禮)	사레	계집	게집
연몌(連袂)[7]	연메	핑계	핑게
폐품(廢品)	페품	계시다	게시다

다만, 다음 말은 본음대로 적는다.

게송(偈頌)[8]   게시판(揭示板)   휴게실(休憩室)

[제8항] '계, 례, 몌, 폐, 혜'의 'ㅖ' 적기

우리말의 [ㅖ]는 원래 이중 모음으로 발음하는 것이 원칙이다. 그런데 [ㅖ]가 자음인 [ㄱ, ㄹ, ㅁ, ㅍ, ㅎ] 다음에 올 때에는 단모음으로 바뀌어서 [ㅔ]로만 발음되므로, '계, 례, 몌, 폐, 혜'는 [게, 레, 메, 페, 헤]로 발음된다. 따라서 한자 '桂, 禮, 袂, 廢, 惠'나 '계집, 핑계, 계시다'의 '계'는 [게, 레, 메, 페, 헤]로 발음된다.

(1) ㄱ. 계수[게수], 사례[사레], 연몌[연메], 폐품[페품], 혜택[헤택]
    ㄴ. 계집[게집], 핑계[핑게], 계시다[게시다]

언어는 끊임없이 변하므로 특정한 글자의 소리가 변하면 그 글자도 바꾸는 것이 원칙이다. 그러나 소리에 변화가 생겼다고 해서 무턱대고 글자를 모두 바꾸는 것은 문제가 있다. 물론 [오뚝이]와 [둛]이 [오뚝이]와 [돌]로 바뀌는 것과 같이 특정한 단어의 소리가 개별적으로 변하는 것은 그 한 두 단어의 글자를 바꾸면 그만이다. 하지만 '계, 례, 몌, 폐, 혜'로 적던 글자를 현실 발음에 따라서 모두 '게, 레, 메, 페, 헤'로 바꾸면 언어 생활에 큰 혼란이 생기게 된다. 국어 사전, 교과서, 대부분의 공적인 문서,

---

7) 연몌: 나란히 서서 함께 가거나 오는 것이다. 행동을 같이하는 것을 뜻한다.
8) 게송: 부처의 공덕이나 가르침을 찬탄하는 노래이다. 외우기 쉽게 게구(偈句)로 지었다.

도로의 표지판 등등, 일일이 헤아릴 수 없을 만큼 많은 종류의 문서와 표지판을 모두 다 바꾸어야 한다. 따라서 비록 특정한 문자와 발음에 차이가 나더라도 문자의 형태를 함부로 바꿀 수는 없는 일이다.

　제8항은 이러한 문제를 고려하여서 '계, 례, 몌, 폐, 혜'의 'ㅖ'가 [ㅔ]로 소리 나는 경우가 있더라도 'ㅖ'로 적는다는 것이다. 이는 순전히 표기의 관습을 고려함과 동시에 이들 소리가 언중의 인식에 '계, 례, 몌, 폐, 혜'로 굳어 있기 때문이다. 비록 글자와 실제의 발음에 차이가 있다고 하더라도, 글자를 바꾸는 것이 도리어 언중의 문자생활에 큰 혼란을 빚을 가능성이 있으면 굳어진 표기 관습을 존중하여 적는다.

[다만] '게송, 게시판, 휴게실'의 표기

　'게송(偈頌), 게시판(揭示板), 휴게실(休憩室)'에서 '게'는 본음대로 '게'로 적는다는 규정이다. 그 이유는 '偈(중의 글귀 게), 揭(들 게), 憩(쉴 게)'의 한자의 현실 발음이 [게]로만 날 뿐만 아니라, 이들 한자의 원래의 발음이 [게]였기 때문이다. 이와 같이 '게'로 적는 단어로는 다음과 같은 단어들이 있다.

　　(2) 게양(揭揚), 게재(揭載), 게판(揭板)[9], 게류(憩流), 게식(憩息), 게휴(憩休)

제9항 '의'나, 자음을 첫소리로 가지고 있는 음절의 'ㅢ'는 'ㅣ'로 소리가 나는 경우가 있더라도 'ㅢ'로 적는다. (ㄱ을 취하고, ㄴ을 버림.)

ㄱ	ㄴ	ㄱ	ㄴ
의의(意義)	의이	닁큼[10]	닁큼
본의(本義)	보늬	띄어쓰기	띠어쓰기
무늬[紋]	무니	씌어	씨어
보늬[11]	보니	틔어	티어
오늬[12]	오니	희망(希望)	히망

---

9) 게판: 시문(詩文)을 새겨 누각에 걸어 두는 나무 판이다.
10) 닁큼: 머뭇거리지 않고 단번에 빨리. ('냉큼'의 큰말)
11) 보늬: 밤 따위의 속껍질이다.
12) 오늬: 화살의 머리를 시위에 끼도록 오금을 낸 부분이다.

하늬바람[13]	하니바람	희다	히다
닐리리[14]	닐리리	유희(遊戱)	유히

{참고} '의'의 발음

<표준 발음법> 제5항에는 "'의'는 이중 모음으로 발음한다.'라고 규정하고 있다. 그러나 제5항의 '다만 3'과 '다만 4'는 이 규정에 대한 예외를 인정하고 있다.

> **[다만 3]** 자음을 첫소리로 가지고 있는 음절의 'ㅢ'는 [ㅣ]로 발음한다.
>
> 닐리리 [닐리리]   닝큼 [닝큼]   무늬 [무니]   띄어쓰기 [띠어쓰기]
>
> **[다만 4]** 단어의 첫음절 이외의 '의'는 [ㅣ]로, 조사 '의'는 [ㅔ]로 발음함도 허용한다.
>
> 주의 [주의/주이]   협의 [혀븨/혀비]   우리의 [우리의/우리에]

<표준 발음법> 제5항

이들 규정에서 조사 '의'를 [ㅔ]로 발음하는 것은 허용하고 있으므로, 우리말의 '의'는 경우에 따라서 [ㅢ], [ㅣ], [ㅔ]로 다양하게 발음된다고 할 수 있다.

[제9항] '의'의 적기

'의'는 [ㅢ]로도 발음되고 [ㅣ]나 [ㅔ]로도 발음되므로 '의'를 적는 방법에 문제가 생기게 된다. 곧 [ㅢ]로 발음되는 것은 당연히 그 소리대로 '의'로 적으면 문제가 없다. 그러나 자음을 첫소리로 가지는 '의'는 반드시 [ㅣ]로만 소리 나므로, 이때의 '의'를 '의'로 적을 것인가 아니면 '이'로 적을 것인가가 문제가 된다.

이 문제에 대하여 현행의 <한글 맞춤법>에서는 자음에 붙어서 [ㅣ]로 소리 나는 '의'를 '의'로만 적기로 하였는데, 이는 두 가지 이유 때문이다.

첫째, 표기의 관습을 존중하여 '의'로 적는다.

---

13) 하늬바람: 서쪽에서 부는 바람. 주로 농촌이나 어촌에서 이르는 말이다.
14) 닐리리: 퉁소, 나발, 피리 따위 관악기의 소리를 흉내 낸 말이다.

(3) 본의 [보니], 무늬 [무니], 보늬 [보니], 오늬 [오니], 늴리리 [닐리리], 닁큼 [닝큼], 하
   늬바람 [하니바람]

(3)의 단어들을 적을 때에 '의'가 [이]로 발음된다고 하여 '이'로 적게 되면, 자음 아래
에서 이제까지 관습적으로 '의'로 적어 오던 수많은 단어들의 표기를 한꺼번에 바꾸
어야 한다. 이렇게 되면 글자 생활에 많은 혼란이 생길 가능성이 있으므로, 가능한 한
글자의 옛 꼴을 유지하는 것이다.

   둘째, 단어의 문법적 특징을 분명하게 제시하기 위하여 '의'로 적는다.

(4) 뜨 + 이(사동) + 어 → 띄어 [띠어], 쓰 + 이(피동) + 어 → 씌어 [씨어]

(4)에서 '띄어, 씌어, 틔어'는 동사의 어간에 사동·피동 접미사 '-이-'가 붙어서 된 파
생어이다. 문법적 성격을 감안하면 '띄어'는 '뜨다(착 달라붙지 않고 틈이 생기다)'의 사
동형인 '뜨이다'와 관련이 있다. 그리고 '씌어'와 '틔어'는 각각 '쓰다'와 '트다'의 피동
형인 '쓰이다'와 '트이다'의 어간에 연결형 어미 '-어'가 붙은 것이다. 이러한 문법적
특성을 표기에 반영하기 위하여 '띄어'와 '씌어'로 적는 것이다. 만일 '띄어, 씌어, 틔
어'를 소리 나는 대로 '띠어, 씨어, 티어'로 적으면, 이 말의 사동·피동의 의미를 인
식하기 힘들게 된다.

제5절 두음 법칙

{참고} 두음 법칙

'두음 법칙'은 어떤 소리가 단어의 첫머리에서 발음되는 것을 꺼려서 다른 소리로
바뀌는 현상을 말한다. 이는 곧 본래 [ㄴ]이나 [ㄹ]을 첫소리로 가졌던 한자음이 특정
한 단어의 첫머리에 쓰일 때에 탈락되거나 혹은 다른 소리로 변하는 현상을 말한다.

가. [ㄴ]의 회피

우리말에서 [ㄴ]은 [i , j] 앞에서 센입천장소리(경구개음)인 [ɲ]으로 바뀌는데, 이 센
입천장소리 [ɲ]은 단어의 첫머리에서는 나타나지 못한다. 곧, [니, 냐, 녀, 뇨, 뉴]가 단
어의 첫머리에서는 [ㄴ]이 탈락하여 [이, 야, 여, 요, 유]로 발음되는데, 이를 흔히 'ㄴ'

두음 법칙이라고 한다.

    (1) ㄱ. 남<u>녀</u>(男女), 은<u>닉</u>(隱匿), 당<u>뇨</u>(糖尿)
       ㄴ. <u>여</u>자(女子), <u>익</u>명(匿名), <u>요</u>소(尿素)

예를 들어 '女, 匿, 尿'가 단어의 첫머리가 아닌 위치에서는 (ㄱ)의 [녀], [닉], [뇨]처럼 원래대로 소리 나지만, 이들이 단어의 첫머리에서 나타날 때에는 (ㄴ)의 [여], [익], [요]로 발음이 바뀌는 현상이다.

나. [ㄹ]의 회피

  우리말에서 유음 [ㄹ]도 단어의 첫머리에 나타나지 않는 것이 원칙이다. 따라서 한자음 가운데서 본래의 첫소리가 [ㄹ]이던 것이 단어의 첫머리에 올 적에는 그 [ㄹ]이 탈락하거나 [ㄴ]으로 변하게 된다.

  ① **[ㄹ]이 탈락하는 경우** : 본래의 첫소리가 [ㄹ]인 한자음이 단어의 첫머리에서 모음 [i, j]와 결합할 때에는 [ㄹ]이 탈락한다.

    (2) ㄱ. 하<u>류</u>(下流), 사<u>례</u>(謝禮), 도<u>리</u>(道理)
       ㄴ. <u>유</u>수(流水), <u>예</u>의(禮儀), <u>이</u>유(理由)

예를 들어 (2)에서 '流, 禮, 理' 등은 본래의 발음이 [류, 례, 리]인데 (ㄴ)처럼 단어의 첫머리에서는 [ㄹ]이 탈락한다.

  ② **[ㄹ]이 [ㄴ]으로 변하는 경우** : 본래의 첫소리가 [ㄹ]인 한자음이 단어의 첫머리에서 쓰일 때에는 [ㄴ]으로 바뀐다. 다시 말하면 [라, 로, 루, 르, 래, 뢰]가 단어의 첫머리에서 [나, 노, 누, 느, 내, 뇌]로 바뀌는 현상이다.

    (3) ㄱ. 열<u>락</u>(悅樂), 근<u>로</u>(勤勞), 고<u>루</u>(高樓), 태<u>릉</u>(泰陵), 미<u>래</u>(未來), 낙<u>뢰</u>(落雷)
       ㄴ. <u>낙</u>원(樂園), <u>노</u>동(勞動), <u>누</u>각(樓閣), <u>능</u>묘(陵墓), <u>내</u>일(來日), <u>뇌</u>성(雷聲)

(3)에서 '樂, 勞, 樓, 陵, 來, 雷' 등은 본래의 발음이 [락, 로, 루, 릉, 래, 뢰]인데, 이들이

(ㄴ)에서처럼 단어의 첫머리에 실현될 때에는 [낙, 노, 누, 능, 내, 뇌]로 바뀐다.

제10항 한자음 '녀, 뇨, 뉴, 니'가 단어 첫머리에 올 적에는 두음 법칙에 따라 '여, 요, 유, 이'로 적는다. (ㄱ을 취하고, ㄴ을 버림.)

ㄱ	ㄴ	ㄱ	ㄴ
여자(女子)	녀자	유대(紐帶)	뉴대
연세(年歲)	년세	이토(泥土)[15]	니토
요소(尿素)	뇨소	익명(匿名)	닉명

다만, 다음과 같은 의존 명사에서는 '냐, 녀' 음을 인정한다.

냥(兩)　　　　　냥쭝(兩-)[16]　　　년(年)(몇 년)

[붙임 1] 단어의 첫머리 이외의 경우에는 본음대로 적는다.

남녀(男女)　　　당뇨(糖尿)　　　결뉴(結紐)[17]　　　은닉(隱匿)

[붙임 2] 접두사처럼 쓰이는 한자가 붙어서 된 말이나 합성어에서, 뒷말의 첫소리가 'ㄴ' 소리로 나더라도 두음 법칙에 따라 적는다.

신여성(新女性)　　　공염불(空念佛)　　　남존여비(男尊女卑)

[붙임 3] 둘 이상의 단어로 이루어진 고유 명사를 붙여 쓰는 경우에도 [붙임 2]에 준하여 적는다.

한국여자대학　　　대한요소비료회사

[제10항] 'ㄴ' 두음 법칙이 적용되는 단어의 적기

제10항은 입말에서 발생하는 'ㄴ' 두음 법칙을 한글 표기에 반영한다는 규정이다. 예를 들어 '女'는 '子女'에서는 [자녀]로 발음되고 '女子'에서는 [여자]로 발음되므로 이를 소리 나는 그대로 적는다는 것이다.

---

15) 이토: 진흙이다.
16) 냥쭝: 무게 단위의 한 가지이다. 열 돈쭝, 또는 16분의 1근에 해당한다. ⑪ 금 한 냥쭝.
17) 결뉴: ① 끈을 내거나 얽어 맺는 것이다. ② 서약(誓約)을 하는 것이다.

[다만] '냐, 녀' 음이 단어의 첫머리에 나타나는 의존 명사의 적기

'의존 명사'는 관형어의 수식을 받을 수 있고, 그 뒤에 격조사가 붙을 수 있다는 점에서 자립 명사와 비슷한 특징을 가지고 있다. 이러한 특징 때문에 학교 문법에서는 의존 명사를 독립된 단어로 다루고 있다.

그러나 의존 명사는 자립성이 없기 때문에 반드시 그 앞에 수식하는 말(관형어)이 와야 한다. 그런데 관형어와 의존 명사 사이에는 휴지(쉼, pause)가 들어가지 않기 때문에 발음상 두음 법칙이 적용되지 않는다. 이러한 특징 때문에 글말에서는 의존 명사를 그 앞에 오는 관형어에 띄어 쓰고 있지만, 입말의 측면에서 보면 단어의 첫머리에 오지 못하는 것과 마찬가지이기 때문에 두음 법칙의 적용을 받지 않는다.

제10항에서는 의존 명사가 두음 법칙의 적용을 받지 않는다는 점을 고려하여, 의존 명사를 적을 때에는 두음 법칙을 인정하지 않는다고 규정하고 있다.

    (4) ㄱ. 녀석, 년, 님[18], 닢[19]
        ㄴ. 이 녀석, 망할 년, 바느질 실 두 님, 동전 세 닢

(4)의 의존 명사는 (ㄱ)과 같이 단독으로 쓰이는 일은 없고 (ㄴ)처럼 반드시 특정한 관형 성분 뒤에서만 나타난다. 이 때문에 의존 명사가 나타나는 위치가 비록 단어의 첫머리라고 하더라도 실제 발음은 [녀석, 년, 님, 닢] 등으로 [ㄴ] 소리가 탈락하지 않는다. 이러한 발음상의 특징을 그대로 반영하여 두음 법칙을 적용하지 않고 적는다.

[붙임 1] 단어의 첫머리 이외의 경우에는 본음대로 적는다.

두음 법칙은 원칙적으로 단어의 첫머리에서만 적용되는 변동 규칙이다. 그러므로 단어의 첫머리 이외의 경우에는 본음대로 적어야 한다.

[붙임 2, 3] 합성어나 접두 파생어에서 'ㄴ' 두음 법칙을 적용하는 문제

'붙임 2'와 '붙임 3'은 별도의 규정으로 나누어 놓았으나 기본 취지는 동일하다. 곧

---

18) 님: 바느질에 쓰는 토막 친 실을 세는 단위이다. 예 한 님, 두 님.
19) 닢: 돈이나 가마니, 멍석 따위와 같은 납작한 물건의 낱낱을 세는 말이다. 예 엽전 한 닢, 돗자리 두 닢, 멍석 한 닢.

'붙임 2'와 '붙임 3'은 합성어의 두 번째 어근이나 접두 파생어의 어근이 단독으로 쓰일 수 있는 말일 때는, 비록 그 어근들이 단어의 첫머리에 나타나지 않아도, 이들 단어에 두음 법칙을 적용하여 적는다는 규정이다.

(5) ㄱ. 신-여성 [신녀성], 공-염불 [공념불], 남존-여비 [남존녀비]
    ㄴ. 한국-여자-대학 [-녀자-]   대한-요소-비료-회사 [-뇨소-]

(6) ㄱ. 여성, 염불, 여비, 여자, 요소
    ㄴ. 신여성, 공염불, 남존여비, 한국여자대학, 대한요소비료회사
    ㄷ. *신녀성, *공념불, *남존녀비, *한국녀자대학, *대한뇨소비료회사

예를 들어 '신여성'은 '신+여성'의 짜임으로 된 접두 파생어이다. 이때 어근인 '여성'에서 '女'의 위치는 단어의 첫머리가 아니며, 또한 실제 발음도 [녀]이므로 '신녀성'으로 적는 것이 원칙이다.

그러나 복합어의 어근인 '여성'과 '여비'가 독립된 단어로 쓰이고 있기 때문에, '여성, 여비'와 '신여성, 남존여비'의 어형을 일치시켜야 독서 능률이 높아진다. (6)에서 (ㄱ)과 같은 단독형이 쓰이고 있다는 점을 염두에 두면, (ㄷ)의 어형보다는 (ㄴ)의 어형으로 적는 것이 의미를 파악하는 데에 효과적이라는 사실을 알 수 있다.

제11항 한자음 '랴, 려, 례, 료, 류, 리'가 단어의 첫머리에 올 적에는 두음 법칙에 따라 '야, 여, 예, 요, 유, 이'로 적는다. (ㄱ을 취하고, ㄴ을 버림.)

ㄱ	ㄴ	ㄱ	ㄴ
양심(良心)	량심	용궁(龍宮)	룡궁
역사(歷史)	력사	유행(流行)	류행
예의(禮儀)	례의	이발(理髮)	리발

다만, 다음과 같은 의존 명사는 본음대로 적는다.

리(里) : 몇 리냐?   리(理) : 그럴 리가 없다.

[붙임 1] 단어의 첫머리 이외의 경우에는 본음대로 적는다.

개량(改良)   선량(善良)   수력(水力)   협력(協力)

ㄱ	ㄴ	ㄱ	ㄴ
사례(謝禮)	혼례(婚禮)	와룡(臥龍)	쌍룡(雙龍)
하류(下流)	급류(急流)	도리(道理)	진리(眞理)

다만, 모음이나 'ㄴ' 받침 뒤에 이어지는 '렬, 률'은 '열, 율'로 적는다. (ㄱ을 취하고, ㄴ을 버림.)

ㄱ	ㄴ	ㄱ	ㄴ
나열(羅列)	나렬	분열(分裂)	분렬
치열(齒列)	치렬	선열(先烈)	선렬
비열(卑劣)	비렬	진열(陳列)	진렬
규율(規律)	규률	선율(旋律)	선률
비율(比率)	비률	전율(戰慄)	전률
실패율(失敗率)	실패률	백분율(百分率)	백분률

[붙임 2] 외자로 된 이름을 성에 붙여 쓸 경우에도 <u>본음대로 적을 수</u> 있다.

신립(申砬)   최린(崔麟)   채륜(蔡倫)   하륜(河崙)

[붙임 3] 준말에서 본음으로 소리 나는 것은 본음대로 적는다.

국련(국제연합)   대한교련(대한교육연합회)

[붙임 4] 접두사처럼 쓰이는 한자가 붙어서 된 말이나 합성어에서 뒷말의 첫소리가 'ㄴ' 또는 'ㄹ'소리로 나더라도 두음 법칙에 따라 적는다.

역이용(逆利用)   연이율(年利率)   열역학(熱力學)   해외여행(海外旅行)

[붙임 5] 둘 이상의 단어로 이루어진 고유 명사를 붙여 쓰는 경우나 십진법에 따라 쓰는 수(數)도 붙임 4에 준하여 적는다.

서울여관   신흥이발관   육천육백육십육(六千六百六十六)

[제11항] 'ㄹ' 두음 법칙이 적용되는 단어의 적기 1

우리말의 [ㄹ]은 단어의 첫머리에서 [i, j]와 결합할 때에는 탈락하게 되는데, 이러한 경우에는 소리 나는 대로 적는다.

(7) ㄱ. 불량(不良), 경력(經歷), 실례(失禮), 재료(材料), 하류(下流), 유리(有利)

　　ㄴ. 양심(良心), 역사(歷史), 예의(禮儀), 요금(料金), 유수(流水), 이익(利益)

[ㄹ]을 첫소리로 가진 한자가 (ㄱ)처럼 단어의 둘째 음절 이하의 위치에서 나타날 때에는 그것을 본음대로 적는다. 반면에 (ㄴ)처럼 단어의 첫머리에 나타날 때는 [ㄹ]이 탈락하므로 'ㅇ'으로 적는다.

[다만 1] 첫소리가 'ㄹ'인 의존 명사의 적기

[ㄹ]로 시작하는 의존 명사는 그 앞에 관형어와 함께 실현되므로, 비록 단어의 첫머리에 쓰일지라도 두음 법칙을 적용하지 않고 본래의 발음대로 'ㄹ'로 적는다.(10항의 [다만] 규정을 참조할 것.)

[붙임 1] 한자음 '랴, 려, 례, 료, 류, 리'가 단어의 첫머리 외에 올 때의 적기

두음 법칙은 원칙적으로 단어의 첫머리에 적용되는 규칙이므로, 단어의 첫머리 이외의 경우에는 당연히 한자의 본음인 '랴, 려, 례, 료, 류, 리'로 적는다.

[다만 2] '列, 烈, 裂, 劣 ; 律, 率, 慄'의 적기

'列, 烈, 裂, 劣 ; 律, 率, 慄'의 글자의 본디 발음은 [렬]과 [률]이다.

(8) ㄱ. 병-렬(竝列)[병-렬] → 비음화 → [병녈]

　　ㄴ. 극-렬(極烈)[극-렬] → 비음화 → [긍녈]

　　ㄷ. 작-렬(炸裂)[작-렬] → 비음화 → [장녈]

　　ㄹ. 용-렬(庸劣)[용-렬] → 비음화 → [용녈]

(9) ㄱ. 법-률(法律)[법-률] → 비음화 → [범뉼]

　　ㄴ. 확-률(確率)[확-률] → 비음화 → [황뉼]

　　ㄷ. 참-률(慘慄)[참-률] → 비음화 → [참뉼]

곧 (8~9)의 '竝列, 極烈, 炸裂, 庸劣'과 '法律, 確率, 慘慄'에서 '列, 烈, 裂, 劣 ; 律, 率, 慄'은 [렬, 률]로 발음되므로, 표기 원칙에 따라서 소리 나는 대로 '렬, 률'로 적는다.

그런데 이들 한자는 단어의 첫머리뿐만 아니라 단어의 가운데에서도 [열, 율]로만 발음되는 경우가 있다. 곧 '列, 烈, 裂, 劣 ; 律, 率, 慄'은 모음이나 'ㄴ' 받침 뒤에서는 항상 [열, 율]로만 발음되기 때문에, 현실 발음을 표기에 반영하여 '열, 율'로 적는다.

(10) ㄱ. 나-렬(羅列) → [ㄹ] 탈락 → [나열] → 나열
     ㄴ. 우-렬(優劣) → [ㄹ] 탈락 → [우열] → 우열
     ㄷ. 분-렬(分裂) → [ㄹ] 탈락 → [부녈] → 분열
     ㄹ. 선-렬(先烈) → [ㄹ] 탈락 → [서녈] → 선열

(11) ㄱ. 비-률(比率) → [ㄹ] 탈락 → [비율] → 비율
     ㄴ. 세-률(稅率) → [ㄹ] 탈락 → [세율] → 세율
     ㄷ. 전-률(戰慄) → [ㄹ] 탈락 → [저뉼] → 전율
     ㄹ. 선-률(旋律) → [ㄹ] 탈락 → [서뉼] → 선율

(10~11)에서 '列, 烈, 裂, 劣 ; 律, 率, 慄'은 단어의 첫머리가 아니므로 원칙적으로 'ㄹ'이 탈락하지 않아야 하지만, 현실 발음에서는 모두 '렬, 률'의 'ㄹ'이 탈락된다. <한글 맞춤법>에서는 이러한 현실 발음을 인정하여 '열, 율'로 적기로 한 것이다.

[붙임 2] 단음절 이름에 두음 법칙을 적용하는 문제

'성명(姓名)'은 성(姓)과 이름을 합쳐서 이르는 말이다. 현행 <한글 맞춤법>에서 성과 이름을 붙여 적고 있기 때문에 흔히들 성과 이름이 하나의 문법적 단위인 것으로 여기는 사람이 많다. 그러나 성은 가문을 지칭하는 말이고, 이름은 특정한 개인을 지칭하는 말이기 때문에 성과 이름은 두 단어이다. 또 실제로 성명을 발음해 보면 이름은 두음 법칙이 적용되어 발음되는 것을 알 수 있다.

(12) 김용성(金龍成) [용-], 박이석(朴理錫) [이], 김나리(金羅利) [나], 이윤상(李倫尙) [윤], 정인지(鄭麟趾) [인]

이러한 점을 감안하면, 이름은 독립된 단어가 분명하므로 [ㄹ]로 시작하는 이름을 적을 때에는 두음 법칙을 적용하여 적어야 한다.

그런데 '리, 랴, 려, 료, 류, 례' 등으로 소리 나는 단음절의 이름을 성과 함께 사용

하면 관습적으로 [실-립, 최린, 채-륜, 하-류] 등으로 발음해 왔다.

(13) ㄱ. 신립(申砬)[립], 최린(崔隣)[린], 채륜(蔡倫)[륜], 하륜(河崙)[륜]
ㄴ. 신입, 최인, 채윤, 하윤

따라서 이 경우에 두음 법칙을 적용하여 (13)의 (ㄴ)과 같이 적으면, 글자와 관습적으로 쓰이는 발음이 달라져 버린다. 그러므로 실제의 발음을 글자에 반영하기 위하여 (13ㄱ)처럼 소리 나는 대로 적을 수도 있게 하였다.

결국 단음절로 된 이름을 적을 때에는 원칙적으로는 두음 법칙을 적용하여 (13ㄴ)처럼 적게 하고, 두음 법칙이 적용되지 않고 발음하는 언어 현실을 고려하여 (13ㄱ)과 같이 적는 것도 허용하였다. 그러나 성을 빼고서 이름을 단독으로 부르면 [입, 인, 윤]으로 발음해야 하므로 이때는 두음 법칙을 적용하여 표기한다.

[붙임 3] 합성어의 준말에 두음 법칙을 적용하는 문제

어근과 어근이 결합하여 합성어가 될 때에, 두 번째 어근은 두음 법칙을 적용하여 적는 것이 원칙이다.('붙임 4'의 내용을 참조) 그런데 합성어의 어근과 어근이 줄어서 준말이 된 결과로, 어근들이 자립 형태소로 인식되지 않을 때에는 본음대로 적는다.

(14) ㄱ. 국제-**연합**(國際聯合)　　　→ 국**련**(國聯) [국련→궁년]
ㄴ. 교육-**연합회**(敎育聯合會)　→ 교**련**(敎聯) [교련]
ㄷ. 경제인-**연합회**(經濟人聯合會)→ 경**련**(經聯) [경련→경년]

예를 들어 '국제연합'은 '국제'와 '연합'으로 짜인 합성어이다. 이러한 합성어는 원형을 밝혀서 적기 때문에, 비록 '聯'이 단어의 첫머리에 나타나지 않았지만 두음 법칙을 적용하여 '연합'으로 적는다.('붙임 4, 5'를 참조) 그러나 합성어가 줄어서 된 준말의 경우는 [국련]과 같이 본음대로 소리 나는 경우가 있는데, 이때 준말 속의 '련(聯)'은 자립 형태소로 인식되지 않으므로 소리 나는 대로 '련'으로 적는다.

[붙임 4, 5] 합성어나 접두 파생어에서 'ㄹ' 두음 법칙을 적용하는 문제

'붙임 4'와 '붙임 5'는 앞의 제10항의 '붙임 2'와 '붙임 3'과 동일한 취지로 설정된 항목이다. 곧 단독으로 쓰이는 단어의 꼴과, 합성어나 파생어의 어근의 꼴을 일치시켜서 의미 파악을 효과적으로 하기 위하여 설정한 항이다.

(15) ㄱ. 역 + 이용   → 역이용
　　 ㄴ. 연 + 이율   → 연이율
　　 ㄷ. 서울 + 여관 → 서울여관
　　 ㄹ. 육십 + 육   → 육십육

(16) *역리용, *연리율, *서울려관, *육십륙

비록 단어의 첫머리가 아니지만 (15)처럼 적음으로써 단독형으로 쓰이는 '이용, 이율, 여관, 육' 등의 단어와 형태적으로 동일하게 만드는 효과를 얻는다. 만일 (16)처럼 적는다면 단독형으로 쓰이는 '이용, 이율, 여관, 육' 등의 단어와 꼴이 일치하지 않게 되어 독서 능률이 떨어질 가능성이 있다.

{ 참고 1 } '미립자, 소립자, 수류탄, 파렴치'의 표기에 대하여

'미-립자(微粒子), 소-립자(素粒子), 수-류탄(手榴彈), 파-렴치(破廉恥)' 등은 단어의 짜임을 보면 어근에 접두사가 붙어서 된 단어이다.

(17) ㄱ. 미 + 입자, 소 + 입자, 수 + 유탄, 파 + 염치
　　 ㄴ. [미립자], [소립자], [수류탄], [파렴치]

(18) ㄱ. 미립자, 소립자, 수류탄, 파렴치
　　 ㄴ. *미입자, *소입자, *수유탄, *파염치

이들 단어는 '입자(粒子), 유탄(榴彈)[20], 염치(廉恥)'와 같은 어근에 '미-, 소-, 수-, 파-'와 같은 접두사가 붙어서 된 말이다. 따라서 제11항 '붙임 4'의 규정을 적용하면 (18ㄴ)처

---

20) 유탄(榴彈) : 탄알 속에 작약(炸藥)이나 화학제를 다져 넣어 만든 포탄이다. 탄착점에서 터지면 무수한 철 알이 튀어 나가거나 화학제가 퍼진다.

럼 적는 것이 원칙이다. 그러나 '微粒子, 素粒子, 手榴彈, 破廉恥'의 단어들은 언중들의 발음 습관상 [미립자, 소립자, 수류탄, 파렴치]로만 발음되고 [*미입자, *소입자, *수유탄, *파염치]로는 발음되지 않는다. 따라서 이들 단어들은 제11항 '붙임 4'의 규정에도 불구하고 (18ㄱ)처럼 '미립자, 소립자, 수류탄, 파렴치21)' 등으로 적는다.

{주의} 어근 뒤에 붙은 단음절 한자어의 적기

고유어로 된 어근의 뒤에 한 음절로 된 한자어가 결합한 경우에는, 뒤의 한 음절 한자어 형태소가 하나의 단어로 인식된다. 그러므로 이러한 단어는 두음 법칙을 적용하여 적는다. 앞의 어근이 외래어일 적에도 마찬가지로 두음 법칙을 적용한다.

(19) 구름-양(量), 일-양(量), 알칼리-양(量), 개-연(蓮)22)

그러나 앞의 어근이 한자어인 경우에는 그 뒤에 붙은 단음절 한자어를 독립된 단어로 볼 수 없다. 따라서 두음 법칙을 적용하지 않고 한자의 본음대로 적는다.

(20) ㄱ. 배기-량(排氣量), 강수-량(降水量), 강설-량(降雪量), 거래-량(去來量), 폐활-량(肺活量)
ㄴ. 수-련(睡蓮)
ㄷ. 청-룡(靑龍), 쌍-룡(雙龍)

{참고 2} '등용문'의 표기에 대하여

'등용문(登龍門)'은 잉어가 중국 황허(黃河) 강 상류의 급류를 이룬 곳인 용문(龍門)에 오르면 용이 된다고 하는 전설에서 나온 말로, '사람이 뜻을 이루어 크게 출세하거나 영달하게 되는 것, 혹은 그러한 곳'이라는 뜻을 가진 말이다. 이러한 뜻을 고려하면 이 단어는 '등(登) + 용문(龍門)'으로 분석된다. 그리고 이 단어의 발음도 [등룡문]이 아니라 [등용문]으로만 난다. 그러므로 제11항 '붙임 4'의 규정을 적용하여 '등용문'으로 적어야 한다.

---

21) 다만, '몰-염치(沒廉恥)'는 [붙임 4]의 규정에 따라서 뒤 어근에 두음 법칙을 적용해서 '몰염치'로 적는다.
22) 개연(-蓮) : 가시연꽃. 수련과의 한해살이풀이다. 온몸에 가시가 있다.

제12항 한자음 '라, 래, 로, 뢰, 루, 르'가 단어의 첫머리에 올 적에는 두음 법칙에 따라 '나, 내, 노, 뇌, 누, 느'로 적는다. (ㄱ을 취하고, ㄴ을 버림.)

ㄱ	ㄴ	ㄱ	ㄴ
낙원(樂園)	락원	뇌성(雷聲)	뢰성
내일(來日)	래일	누각(樓閣)	루각
노인(老人)	로인	능묘(陵墓)	릉묘

[붙임 1] 단어의 첫머리 이외의 경우에는 본음대로 적는다.

쾌락(快樂)	극락(極樂)	거래(去來)	왕래(往來)
부로(父老)	연로(年老)	지뢰(地雷)	낙뢰(落雷)
고루(高樓)	광한루(廣寒樓)	가정란(家庭欄)	동구릉(東九陵)[23]

[붙임 2] 접두사처럼 쓰이는 한자가 붙어서 된 단어는 뒷말을 두음 법칙에 따라 적는다.

내내월(來來月)	상노인(上老人)	중노동(重勞動)	비논리적(非論理的)

[제12항] 'ㄹ' 두음 법칙이 적용되는 단어의 적기 2

제12항은 원래 [ㄹ]을 첫소리로 가진 한자음 [라, 래, 로, 뢰, 루, 르]가 단어의 첫머리에 올 적에는 [ㄹ]이 [ㄴ]으로 바뀌는 두음 법칙을 표기에 반영하여 소리 나는 대로 적는다는 규정이다.

    (21) ㄱ. 쾌락(快樂) [락], 거래(去來) [래], 부로(父老) [로], 지뢰(地雷) [뢰]
          ㄴ. 낙원(樂園) [낙], 내일(來日) [내], 노인(老人) [노], 뇌성(雷聲) [뇌]

[붙임 2] 합성어나 접두 파생어에서 'ㄹ' 두음 법칙을 적용하는 문제

'붙임 2'는 단독으로 쓰이는 단어의 꼴과, 합성어나 파생어의 어근의 꼴을 일치시켜 의미 파악을 효과적으로 하기 위하여 설정한 항이다.

---

23) 동구릉(東九陵): 경기도 구리시에 있는 조선 시대의 아홉 능이다. 곧 건원릉, 현릉, 목릉, 휘릉, 숭릉, 혜릉, 원릉, 수릉, 경릉을 이른다.

(22) ㄱ. 내 + 내월   → 내내월 [내내월]

　　 ㄴ. 상 + 노인   → 상노인 [상노인]

　　 ㄷ. 중 + 노동   → 중노동 [중노동]

　　 ㄹ. 비 + 논리적 → 비논리적 [비논리적]

(23) *내래월, *상로인, *중로동, *비론리적

예를 들어 '상(上)'과 '노인(老人)'이 결합하여 접두 파생어가 될 적에 '노인'이 단어의 첫머리의 위치가 아니라는 점을 감안하면 '상로인'으로 적어야 한다. 그러나 현실 발음이 [상노인]으로 날 뿐만 아니라 '노인'이라는 말이 단독으로 쓰이고 있으므로 '상노인'으로 적는다.

{주의} 어근 뒤에 붙은 단음절 한자어의 적기

'어린이-欄, 어머니-欄, 가십(gossip)-欄'과 같이 순우리말 혹은 서양 외래어 뒤에 붙는 '欄'은 자립적인 어근으로 보아서 두음 법칙을 적용하여 적는다. 이에 따라 '어린이난, 어머니난, 가십난'으로 적는다.(『국어 어문 규정집』(2012:51)의 내용 참조.)

(24) 어린이-난, 어머니-난, 가십-난

위와 같이 처리하는 것은 '어린이-欄, 어머니-欄, 가십(gossip)-欄' 등의 합성어를 구성하는 두 형태소가 <순우리말 + 한자말>이나 <영어 + 한자말> 등과 같이 서로 다른 언어를 바탕으로 결합되었기 때문이다.

그런데 '한 음절로 된 한자어 형태소가 자립적인 한자어 다음에 결합할 적에는 형식 형태소(접미사)와 같은 기능을 한다. 그러므로 두음 법칙을 적용하지 않고 한자의 본음으로 적는다.

(25) ㄱ. 독자-란(讀者欄), 비고-란(備考欄)

　　 ㄴ. 왕-릉(王陵), 태-릉(泰陵)

(ㄱ)에서 앞 말인 '독자'와 '비고'는 한자어이므로 '欄'을 '란'으로 적었고, (ㄴ)에서 앞 말인 '왕'과 '태'도 한자어이므로 '陵'을 '릉'으로 적었다.

제6절 겹쳐 나는 소리

> **제13항** 한 단어 안에서 같은 음절이나 비슷한 음절이 겹쳐 나는 부분은 같은 글자로 적는다. (ㄱ을 취하고, ㄴ을 버림.)
>
> | ㄱ | ㄴ | ㄱ | ㄴ |
> |---|---|---|---|
> | 딱딱 | 딱닥 | 꼿꼿하다 | 꼿곳하다 |
> | 쌕쌕 | 쌕색 | 놀놀하다[24] | 놀롤하다 |
> | 씩씩 | 씩식 | 눅눅하다 | 눙눅하다 |
> | 똑딱똑딱 | 똑닥똑닥 | 밋밋하다 | 민밋하다 |
> | 쓱싹쓱싹 | 쓱삭쓱삭 | 싹싹하다 | 싹삭하다 |
> | 연연불망(戀戀不忘) | 연련불망 | 쌉쌀하다 | 쌉살하다 |
> | 유유상종(類類相從) | 유류상종 | 씁쓸하다 | 씁슬하다 |
> | 누누이(屢屢-) | 누루이 | 짭짤하다 | 짭잘하다 |

[제13항] 겹쳐 나는 소리의 적기

제13항은 한 단어 안에서 같은 음절 또는 비슷한 음절이 되풀이하여 나타나는 소리를 적는 법을 규정했다. 곧, 같은 음절 또는 비슷한 음절이 한 단어 안에서 되풀이될 때에, 이들 음절을 다른 글자로 적으면 글자의 모양과 발음에 차이가 생겨서 바람직하지 못하게 된다. 이러한 문제를 해결하기 위하여 동일한 글자로 적기로 한 것이다.

첫째, 제5항의 '다만' 규정은 "'ㄱ, ㅂ' 받침 뒤에서 나는 된소리는 예사소리로 적는다."로 규정하고 있다.(이 책 136쪽 참조) 이 규정에도 불구하고 같은 음절이나 비슷한 음절이 겹치는 경우에는 같은 글자로 적도록 했다.

 (1) 딱딱 [딱딱], 쌕쌕 [쌕쌕], 쌉쌀하다 [쌉쌀], 씁쓸하다 [씁쓸]

제5항의 규정을 그대로 따르면 [딱딱], [쌕쌕], [쌉쌀하다], [씁쓸하다]는 각각 '*딱닥, *쌕색, *쌉살하다, *씁슬하다'로 적어야 한다. 그런데 이들 단어를 이와 같이 적게 되면 하나의 단어 안에서 발음이 동일하게 나는 소리를 각기 다르게 적게 되는데, 그 결과

---

24) 놀놀하다: 털이나 싹 같은 것의 빛깔이 흐리게 노르스름하다.

글자의 꼴에 일관성이 없어지는 문제가 생긴다. 이러한 문제를 해결하기 위하여 제13
항의 별도의 규정을 만들어서, 동일하거나 비슷한 발음이 되풀이되는 단어는 '딱딱,
쌕쌕, 쌉쌀하다'처럼 동일한 글자로 적어서 글자의 시각적 효과를 높인다.

둘째, 두음 법칙의 적용을 받는 단어에서도 같은 음절이나 비슷한 음절이 겹쳐서
나는 부분은 같은 글자로 적는다. 예를 들어서 '연연불망(戀戀不忘), 유유상종(類類相從),
누누(屢屢)이, 노노법사(老老法師)'에서 '戀, 類, 屢, 老'는 한자의 본음이 '련, 류, 루, 로'이
다. 그러므로 '두음 법칙'을 규정한 제11항과 제12항에 따르면 이들은 [*]연련불망, [*]유류
상종, [*]누루이, [*]노로법사'로 적어야 한다.

　(2)　ㄱ. <u>연연</u>불망(戀戀不忘)　　　[여년불망 ○]　　　[연련불망 ×]
　　　　ㄴ. <u>유유</u>상종(類類相從)　　　[유유상종 ○]　　　[유류상종 ×]
　　　　ㄷ. <u>누누</u>이(屢屢이)　　　　　[누누이 ○]　　　　[누루이 ×]
　　　　ㄹ. <u>노노</u>법사(老老法師)　　　[노노법싸 ○]　　　[노로법사 ×]

그런데 이 단어들은 [[*]연련불망, [*]유류상종, [*]누루이, [*]노로법사]로 발음되는 것이 아니
라, 동일한 음절이 반복되어서 [<u>여년</u>불망, <u>유유</u>상종, <u>누누</u>이, <u>노노</u>법싸]로 발음된다. 따
라서 '연연불망, 유유상종, 누누이, 노노법사'로 적는다. 이러한 단어는 일반적인 변동
원칙에 벗어나서 불규칙하게 발음되므로 예외를 인정하여 현실 발음대로 표기한다.

셋째, 기타의 경우로서 다음과 같은 단어도 같은 음절이나 비슷한 음절이 겹쳐서
나기 때문에 같은 글자로 적는다.

　(3) 꼿꼿하다 [꼳꼳], 놀놀하다 [놀놀], 눅눅하다 [눙눅], 밋밋하다 [민민]

[꼳꼳], [놀놀], [눙눅], [민민]은 같음 음절이나 비슷한 음절이 겹쳐서 나므로, '꼿꼿, 놀
놀, 눅눅, 밋밋'처럼 같은 글자로 적는다.

{주의 1} 같은 글자로 적지 않는 경우

다음과 같은 경우에는 동일하거나 비슷한 음절이 겹쳐서 나더라도, 같은 글자로 적
지 않는다.

(4) ㄱ. 열렬(熱烈)하다   [열렬하다 ○]   [여렬하다 ×]

　 ㄴ. 연년세세(年年歲歲)   [연년세세 ○]   [여년세세 ×]

　 ㄷ. 연년생(年年生)   [연년생 ○]   [여년생 ×]

　 ㄹ. 염념(念念)   [염념 ○]   [여념 ×]

　 ㅁ. 적나라(赤裸裸)   [정나라 ○]   [정나나 ×]

(4ㄱ)에서 만일 '열렬하다'가 [*여렬하다]로 발음되면, 발음대로 '열열하다'로 적어야
한다. 그러나 이 단어는 실제 발음이 [열렬하다]로 나므로 '열렬하다'라고 적어야 한
다. 그리고 (ㄴ)과 (ㄷ)의 '연년세세'와 '연년생'도 [*여년세세]와 [*여년생]으로 발음되
는 것이 아니라 각각 [연년세세]와 [연년생]으로 발음되므로, 각각 '연년세세'와 '연년
생'으로 적는다. (ㄹ)과 (ㅁ)의 '염념'과 '적나라'도 각각 [*여념]과 [*정나나]로 발음되는
것이 아니라 [염념]과 [정나라]로 발음되므로, 각각 '염념, 적나라'로 적는 것이다.

　'늠름하다, 낙락장송' 등도 동일한 한자의 둘째 음절 이하를 본음대로 적는다.

			<두음 법칙>		<비음화>	
(5)	ㄱ. 늠름(凜凜) :	[름＋름]	→	[늠＋름]	→	[늠늠]
	ㄴ. 낙락(落落) :	[락＋락]	→	[낙＋락]	→	[낭낙]
	ㄷ. 냉랭(冷冷) :	[랭＋랭]	→	[냉＋랭]	→	[냉냉]
	ㄹ. 역력(歷歷) :	[력＋력]	→	[역＋력]	→	[영력]
	ㅁ. 낭랑(朗朗) :	[랑＋랑]	→	[낭＋랑]	→	[낭낭]
	ㅂ. 녹록(碌碌) :	[록＋록]	→	[녹＋록]	→	[농녹]

(ㄱ)의 '늠름하다'의 '凜'의 본 발음이 [름]이므로 원래의 한자음은 [름름하다]인데, 이
것이 [늠늠하다]로 발음되는 것은 '두음 법칙'과 '비음화' 현상 때문이다. 먼저 이 단
어가 두음 법칙의 적용을 받으면 [늠름]이 되고 그 다음에 비음화의 적용을 받으면
[늠늠]이 되는 것이다. 그런데 비음화와 같은 보편적・필연적인 음운 변동이 일어나는
경우에는 원래의 형태소의 원형을 밝혀서 적기로 하였으므로 '늠름하다'로 적는다.
(ㄴ～ㅂ)의 '落落長松, 冷冷하다, 歷歷하다, 朗朗하다, 碌碌하다'에서도 (ㄱ)의 '늠름하
다'와 동일한 변동이 일어나므로 한자의 본음에 따라 '낙락장송, 냉랭하다, 늠름하다,
낭랑하다, 녹록하다'로 적는다.

제4장 형태에 관한 것

제3장에서는 소리와 연관된 맞춤법의 문제를 다루었다. 이에 반하여 4장에서는 뜻과 소리의 결합체인 형태에 관련된 문제를 다룬다. 제4장 '형태에 관한 것'에서 다루는 내용을 뭉뚱그려서 미리 소개하면 다음과 같다.

① **실질 형태소 + 형식 형태소** : 실질 형태소에 형식 형태소가 결합할 때에 생기는 맞춤법의 문제를 다룬다

ㄱ. 집 + 이 → 집이 [지비]   집 + 만   → 집만 [짐만]   집 + 에 → 집에 [지베]
ㄴ. 먹 + 고 → 먹고 [머꼬]   먹 + 었 + 다 → 먹었다 [머걷따]   먹 + 어 → 먹어 [머거]
ㄷ. 높 + 이 → 높이 [노피]   헛 + 웃음   → 헛웃음 [허두슴]   막 + 애 → 마개 [마개]

② **실질 형태소 + 실질 형태소** : 어근과 어근이 결합하여 합성어가 될 때에 생기는 맞춤법의 문제를 다룬다.

ㄱ. 부엌 + 일 → 부엌일 [부엉닐]   옻 + 오르다 → 옻오르다 [오도르다]
ㄴ. 바늘 + 질 → 바느질 [바느질]   솔 + 나무   → 소나무 [소나무]
ㄷ. 이틀 + 날 → 이튼날 [이튼날]   삼질 + 날   → 삼짇날 [삼진날]
ㄹ. 담배 + 대 → 담뱃대 [담배때]   전세 + 방   → 전세방 [전세빵]

③ **준말** : 본말이 줄어서 준말이 될 때에 생기는 맞춤법의 문제를 다룬다.

ㄱ. 기러기 + 야 → 기럭아   온 + 가지 → 온갖   그것 + 은 → 그건
ㄴ. 개 + 어 → 개   꼬 + 아 → 꽈   가지 + 어 → 가져
ㄷ. 그렇지 않은 → 그렇잖은   간편하게 → 간편케   거북하지 → 거북지

제1절 체언과 조사

제14항 체언은 조사와 구별하여 적는다.

떡이	떡을	떡에	떡도	떡만
앞이	앞을	앞에	앞도	앞만
밖이	밖을	밖에	밖도	밖만
넋이	넋을	넋에	넋도	넋만
흙이	흙을	흙에	흙도	흙만
삶이	삶을	삶에	삶도	삶만
여덟이	여덟을	여덟에	여덟도	여덟만
곬이	곬을	곬에	곬도	곬만
값이	값을	값에	값도	값만

[제14항] 체언과 조사의 적기

체언은 주로 문장의 주체가 되는 자리에 쓰이는 단어로서 '명사, 대명사, 수사' 등이 있다. 반면에 조사는 체언 뒤에 결합하여 다른 말과의 문법적 관계를 나타내거나, 혹은 특별한 뜻을 더해 주는 단어이다.

체언은 그 뒤에 조사가 붙어서 특정한 문장 성분으로 기능하는데, 이때 체언과 조사는 구분하여 적는다. 곧 실질 형태소인 체언의 형태를 고정시킴으로써 결과적으로 조사와 분리시킨다는 것이다.

이와 같이 체언과 조사를 구별하여 적는다는 것은 두 가지 사항을 포함하는 말이다. 하나는 체언의 기본 형태를 밝히는 것이고, 다른 하나는 체언과 조사의 형태소 경계를 밝혀서 적는 것이다.

(1) ㄱ. 떡이 [떠기]　　떡을 [떠글]　　떡에 [떠게]　　떡만 [떵만]
　　 ㄴ. 값이 [갑씨]　　값을 [갑쓸]　　값도 [갑또]　　값만 [감만]

'떡'과 '값'에 여러 가지 조사가 붙어서 쓰일 때에 이들 단어를 소리 나는 대로 적으면 실질 형태소(체언)와 형식 형태소(조사)의 꼴이 '떠기, 떠글, 떠게, 떵만 ; 갑씨, 갑쓸, 갑또, 감만'과 같이 여러 가지로 바뀌게 된다. 그 결과 단어의 뜻을 파악하는 데에 지장을 줄 수 있으므로 이를 피하기 위하여 (1)처럼 체언과 조사를 구별하여 적는다.

그러나 체언은 이와 같이 기본 형태를 밝혀서 적지만 형식 형태소인 조사는 변이 형태대로 적는다.

(2) ㄱ. 수박-**이**   수박-**을**   수박-**으로**   수박-**과**   수박-**은**
　 ㄴ. 국수-**가**   국수-**를**   국수-**로**   국수-**와**   국수-**는**

(2)에서 끝음절이 자음으로 끝나는 단어인 '수박'에는 '-이, -을, -으로, -과, -은'과 같은 형태의 조사가 오는 반면에, 모음으로 끝나는 단어인 '국수' 다음에는 '-가, -를, -로, -와, -는'과 같은 형태의 조사가 붙는다. 곧 조사가 체언의 끝소리에 따라서 여러 가지 꼴로 바뀔 때에는 바뀐 형태대로 적는다.

제2절 어간과 어미

제15항 용언의 어간과 어미는 구별하여 적는다.

먹다	먹고	먹어	먹으니
신다	신고	신어	신으니
좋다	좋고	좋아	좋으니
깎다	깎고	깎아	깎으니
앉다	앉고	앉아	앉으니
많다	많고	많아	많으니
늙다	늙고	늙어	늙으니
젊다	젊고	젊어	젊으니
넓다	넓고	넓어	넓으니
훑다	훑고	훑어	훑으니
읊다	읊고	읊어	읊으니
옳다	옳고	옳아	옳으니
없다	없고	없어	없으니
있다	있고	있어	있으니

[붙임 1] 두 개의 용언이 어울려 한 개의 용언이 될 적에, 앞말의 본뜻이 유지되고 있는 것은 그 원형을 밝히어 적고, 그 본뜻에서 멀어진 것은 밝히어 적지 아니한다.

(1) 앞말의 본뜻이 유지되고 있는 것

넘어지다　　　늘어나다　　　늘어지다　　　돌아가다
되짚어가다　　들어가다　　　떨어지다　　　벌어지다
엎어지다　　　접어들다　　　틀어지다　　　흩어지다

(2) 본뜻에서 멀어진 것

드러나다　　　사라지다　　　쓰러지다

[붙임 2] 종결형에서 사용되는 어미 '-오'는 '요'로 소리 나는 경우가 있더라도 그 원형을 밝혀 '오'로 적는다. (ㄱ을 취하고, ㄴ을 버림.)

ㄱ	ㄴ
이것은 책이오.	이것은 책이요.
이리로 오시오.	이리로 오시요.
이것은 책이 아니오.	이것은 책이 아니요.

[붙임 3] 연결형에서 사용되는 '이요'는 '이요'로 적는다. (ㄱ을 취하고, ㄴ을 버림.)

ㄱ
이것은 책이요, 저것은 붓이요, 또 저것은 먹이다.

ㄴ
이것은 책이오, 저것은 붓이오, 또 저것은 먹이다.

{참고 1} 용언의 활용과 어간, 어미

동사와 형용사는 문장의 주어를 서술하는 기능을 하는 말인데, 이들을 묶어서 '용언'이라고 한다. 용언은 그 짜임으로 보면 '체언 + 조사'의 구조와 마찬가지로 실질 형태소 부분과 형식 형태소 부분으로 나눌 수가 있다.

(1) ㄱ. 잡-는다   잡-느냐   잡-고   잡-지   잡-았다   잡-겠다
    ㄴ. 높-다   높-으냐   높-고   높-지   높-았다   높-겠다
    ㄷ. 집-이-다 집-이-냐 집-이-고 집-이-지 집-이-었다 집-이-겠다

(1)에서 실질 형태소인 '잡-, 높-'에 형식 형태소인 '-는다, -느냐, -고, -지, -았다, -겠다' 등이 결합하여 문법적인 기능을 나타낼 수 있다. 이렇게 용언의 끝 부분이 문법 기능을 실현하기 위하여 여러 가지 꼴로 바뀌는 것을 '활용'이라고 한다.

용언이 활용할 때에 '잡-, 높-'과 같이 꼴이 변하지 않는 실질 형태소 부분을 '어간'이라고 한다. 반면에 '-는다, -느냐, -고, -지, -았다, -겠다'처럼 어간 뒤에서 꼴 변화를 하면서 문법적 기능을 나타내는 형식 형태소 부분을 '어미'라고 한다.

[제15항] 어간과 어미의 적기

제15항에서 어간과 어미를 구별하여 적는다는 것은 두 가지 사항을 포함하는 말이다. 하나는 어간의 기본 형태를 밝히는 것이고, 다른 하나는 어간과 어미의 사이에 나타나는 형태소의 경계를 밝혀서 적는 것이다.

(2) ㄱ. 잡고[잡꼬]   잡으니[자브니]   잡는다[잠는다]
    ㄴ. 맞고[맏꼬]   맞으니[마즈니]   맞는다[만는다]

'잡-'과 '맞-'에 여러 가지 어미가 붙어서 쓰일 때, 이들 단어를 소리 나는 대로 적으면 [잡꼬, 자브니, 잠는다 ; 맏꼬, 마즈니, 만는다]와 같이 실현되어 실질 형태소(어간)와 형식 형태소(어미)의 꼴이 여러 가지로 바뀌게 된다. 그 결과 단어의 의미 파악에 지장을 줄 수 있으므로 이를 피하기 위하여 (2)와 같이 어간과 어미를 구분하여 적는다.

그런데 실질 형태소인 어간은 기본 형태를 밝혀서 적었지만, 형식 형태소인 어미는 변이 형태대로 적는다. 곧 어미가 어간의 끝소리에 따라서 여러 가지 꼴로 바뀔 때는 바뀌는 대로 적는 것이다.

(3) ㄱ. 잡-는다   잡-으면   잡-으니   잡-아도   잡-아야
    ㄴ. 차-ㄴ다   차-면   차-니   차-도   차-야

(3ㄱ)처럼 어간의 끝소리가 자음으로 날 적에는 어미가 '-는다, -으면, -으니, -아도, -아야' 등의 꼴을 취하는 반면에, (ㄴ)처럼 어간의 끝소리가 모음으로 날 때에는 '-ㄴ다, -면, -니, -도, -야'의 꼴이 된다. 이처럼 어미는 실제 발음에 따라서 변동된 형태대로 적는다.

[붙임 1] 합성 용언의 적기

'합성 용언'은 둘 이상의 어근이 결합하여 하나의 단어로 굳은 용언이다. 곧 합성 용언은 '(어근$_1$ + 어근$_2$) + 어미'와 같은 짜임으로 된 말인데, 이러한 합성 용언을 적을 때는 다음의 원칙에 따라서 적는다.[1]

첫째, 어근$_1$이 밑말의 원래 의미를 유지하고 있으면, 어근$_1$의 원형을 밝혀 적는다.

(4) **넘어**-지다(넘다-越)   **늘어**-나다(늘다-增)   **늘어**-지다(늘다-延)
    돌아-가다(돌다-回)   **되짚어**-가다(되짚다)   **들어**-가다(들다-入)
    떨어-지다(떨다-脫)   **벌어**-지다(벌다-開)   **엎어**-지다(엎다-覆)
    접어-들다(접다)   **틀어**-지다(틀다-妨)   **흩어**-지다(흩다-散)

예를 들어 (4)의 '넘어지다, 돌아가다, 들어가다' 등에서 어근$_1$의 의미가 각각 '넘다〔越〕, 돌다〔回〕, 들다〔入〕'의 의미를 그대로 유지하고 있다. 그러므로 합성 용언에서 어근$_1$의 원형을 밝혀 적음으로써 독서 효율을 높인다.

둘째, 어근$_1$이 밑말의 원래 의미를 알 수 없거나 밑말의 의미와 달리 쓰이면, 어근$_1$의 원형을 밝히지 않고 소리 나는 대로 적는다.

(5) 나타나다(≠낱다)   드러나다(≠들다)   바라보다(≠발다)   바라지다(≠발다)
    배라먹다(≠밸다)[2] 부러지다(≠불다)   부서지다(≠붓다)   불거지다(≠붉다)
    사라지다(≠살다)   쓰러지다(≠쓸다)   자라나다(≠잘다)   토라지다(≠톨다)

예를 들어 (5)에서 예문으로 쓰인 '드러나다, 사라지다, 쓰러지다'의 밑말을 굳이 설정하자면 '들다, 살다, 쓸다'가 된다. 그런데 '드러나다, 사라지다, 쓰러지다'는 '들다, 살

---

1) 합성 용언인 '돌아가다'의 어근 중에서 '돌-'은 어근$_1$이 되며, '가-'는 어근$_2$가 된다.
2) 배라먹다: (속되게) 남에게 구걸하여 거저 얻어먹다.

다, 쓸다'와 의미적으로 차이가 나므로, 이들 합성 용언에서 어근₁의 원형을 밝힐 수 없다. 합성 용언에서 어근₁의 원형을 밝히는 이유는 밑말과 같은 꼴을 유지하여 의미 파악을 손쉽게 하자는 데에 있다. 그런데 어근₁의 뜻과 밑말의 뜻이 다르면 그러한 효과를 얻을 수 없기 때문에 어근₁의 원형을 밝히지 않고 소리 나는 대로 적는다.

{참고 2} 종결형 어미와 연결형 어미

용언의 어미는 여러 가지 형태로 활용을 하면서 문법적인 기능을 나타낸다.

> (6) ㄱ. 당시에 부산에서는 국제 영화제가 해마다 열렸-**다**.
> ㄴ. 철수가 집에 가-**오**.
> (7) ㄱ. 바람은 자-**는데**, 비는 계속 내리고 있구나.
> ㄴ. 이것은 책이-**요**, 저것은 공책이다.

어미 중에서 (6)의 '-다, -오'와 같이 문장을 완전히 끝맺는 자리에 나타나는 어미를 '종결 어미'라고 한다. 반면에 (7)의 '이어진 문장'에서 앞절과 뒷절을 연결하는 어미를 '연결 어미'라고 한다.

[붙임 2] 종결형 어미 '-오'의 적기

말하는 이가 말을 듣는 사람(상대)에 대하여 높임의 태도를 나타내는 문법 범주를 '상대 높임법'이라고 하는데, 이 상대 높임법은 종결 어미로 실현된다.

> (8) ㄱ. 방울뱀이 동굴 속으로 기어 들어갔-**다**.   [아주 낮춤, 해라체]
> ㄴ. 박 군이 저기 바위 위에 앉아 있-**네**.   [예사 낮춤, 하게체]
> ㄷ. 서울 인사동은 민속 공예품 시장으로 유명하-**오**.   [예사 높임, 하오체]
> ㄹ. 그녀와 나는 낙엽을 밟으며 길을 걸었-**습니다**.   [아주 높임, 하십시오체]

학교 문법에서는 국어의 상대 높임법을 네 가지 등급으로 구분하는데, 이는 '아주 낮춤(해라체), 예사 낮춤(하게체), 예사 높임(하오체), 아주 높임(합쇼체)'이다. 제15항의 '붙임 2'에서 말하는 종결 어미 '-오'는 예사 높임인 '하오체'로 문장을 끝맺는 기능을 하는 어미이다.

'붙임 2'의 규정은 하오체의 종결 어미 '-오'는 비록 [요]로 소리 나더라도 그 원형을 밝혀서 '-오'로 적는다는 것이다.

(9) ㄱ. 그 책을 철수에게 주+오.　(10) ㄱ. 이리로 오+시+오([오]/*[요])
　　ㄴ. 개가 밥을 먹+으오.　　　　 ㄴ. 이것은 책+이+오([오]/*[요])

(9)와 같이 '-오'가 [이]를 제외한 모음 다음에 쓰일 때에는 원래의 발음대로 [오]로 소리 나므로 당연히 '오'로 적는다. 그런데 (10)처럼 '-오'가 [이] 모음 다음에 쓰일 때에는 [이]에 동화되어 [요]로 소리 나는 수가 있다.

여기서 '-오'를 적는 방법에 문제가 생기게 되는데, 제15항의 '붙임 2'에서는 어미의 형태를 '-오'로 고정하여 항상 원형을 밝혀서 적도록 하였다. 이렇게 원형을 밝혀서 적는 데는 다음과 같은 이유가 있다. 첫째로 (10ㄱ)의 '오시오'는 반드시 [오시오]로 발음해야 하지 [오시요]로 발음하면 안 되고, (10ㄴ)의 [이요]도 허용된 발음일 뿐이지 원칙적으로는 [이오]로 발음해야 하기 때문이다. 둘째로 '-오'가 [ㅣ] 모음 뒤라는 특수한 음운적 환경을 제외한 보통의 종결형에서는 모두 [오]로만 발음되기 때문이다. 만일 어형을 통일하지 않고 '비행기가 날아가오.'에서는 '오'로 적고, '이리로 오시요'에서는 '요'로 적는다면, 동일한 형태소 '-오'가 음운적 환경에 따라 꼴이 달라지게 되어 독서 능률이 떨어지게 된다. 이러한 점을 감안하여 종결 어미 '-오'는 원형을 밝혀 '-오'로 통일하여 적는다.[3]

[붙임 3] 연결형 어미 '-이요'의 적기

연결형 어미 '-이요'는 원래 서술격 조사 '-이다'의 활용형 '-이고'에서 온 복합 형태소이다.

(11) 동수의 아버지는 장의사-이-었-고, 준석의 아버지는 건달이었다.

---

[3] 일반적으로 종결형 어미는 '오'로만 적지만, 대답말로 쓰이는 감탄사는 예외적으로 '아니요'로 적기로 하였다. 이는 감탄사 '아니요'는 형용사 '아니다'의 종결형이 아니라, '아니요' 자체가 감탄사로 굳어진 것으로 [아니요]로만 발음되기 때문이다.
　(보기) ㄱ. 이것은 내가 사 준 책이 아니오.
　　　　 ㄴ. 철수가 집에 갔니? 아니요, 집에 가지 않았습니다.

(12) ㄱ. 저것은 바늘-이-고, 이것은 실이다.

　　　ㄴ. 저것은 바늘-이-요, 이것은 실이다.

이 형태소는 (11)처럼 바로 앞에 오는 어미가 [ㅣ]가 아닐 때에는 '-고'의 어형이 유지된다. 그리고 (12)와 같이 '-이-' 다음에 실현될지라도 (ㄱ)처럼 본디 꼴인 '-이고'로도 실현될 수 있으며, (ㄴ)처럼 '-이요'로도 실현된다. 따라서 '-이요'는 다음과 같은 변동 현상이 수의적으로 적용된 결과로 생겨난 형태임을 확인할 수 있다.

(13) {-이- + -고} → {-이- + -오} → {-이요}

이러한 점을 감안하면 연결형 '-요'는 '-이-' 다음에서 실현되는 '-고'의 변이 형태로 잡아서 '-오'로 통일하여 적는 것이 원칙이다.

그러나 연결형의 '-요'는 '-이다'의 '-이-' 뒤에서만 나타나기 때문에, 항상 '-이요'의 형태로만 실현된다. 이런 특징 때문에 '-요'는 발음되는 대로 '요'로 적어도 다른 말과 혼동할 가능성이 없다. 그리고 이렇게 연결형 어미를 '이요'로 적으면 항상 '오'로만 적는 종결형 어미와 구분되는 효과도 생긴다. 이러한 점을 감안하여 종결형은 '오'로 적고 연결형은 '요'로 적는다.

제16항 어간의 끝음절 모음이 'ㅏ, ㅗ'일 때에는 어미를 '-아'로 적고, 그 밖의 모음일 때에는 '-어'로 적는다.

1. '-아'로 적는 경우

나아	나아도	나아서
막아	막아도	막아서
얇아	얇아도	얇아서
돌아	돌아도	돌아서
보아	보아도	보아서

2. '-어'로 적는 경우

개어	개어도	개어서
겪어	겪어도	겪어서

되어	되어도	되어서
베어	베어도	베어서
쉬어	쉬어도	쉬어서
저어	저어도	저어서
주어	주어도	주어서
피어	피어도	피어서
희어	희어도	희어서

[제16항] 모음 조화를 적기에 반영하기

하나의 단어 속에서 모음이 연결될 때, 양성 모음은 양성 모음끼리 음성 모음은 음성 모음끼리 어울리는 현상을 '모음 조화'라고 한다.

제16항은 입말에서 나타나는 모음 조화를 맞춤법에 반영한 것이다. 모음 조화에 따르면, 어간 끝음절의 모음이 [ㅏ, ㅗ]와 같은 양성 모음일 때에는 어미를 '-아' 계열로 적는 반면에, 어간 끝음절의 모음이 [ㅓ, ㅜ, ㅡ, ㅣ, ㅐ, ㅔ, ㅚ, ㅟ]와 같은 음성 모음일 때에는 어미를 '-어' 계열로 적는다.

(14) ㄱ. 막- + {-아, -아라, -아서, -아도, -아야, -았다, -았었다}
　　 ㄴ. 먹- + {-어, -어라, -어서, -어도, -어야, -었다, -었었다}

(ㄱ)에서 '막다'는 어간의 끝음절의 모음이 양성 모음인 '아'이므로, 양성 모음 계열의 어미와 어울린다. 반면에 (ㄴ)에서 '먹다'는 어간의 끝음절의 모음이 음성 모음인 '어'이므로, 음성 모음 계열의 어미와만 어울리는 것이다.

중세 국어에서 철저하게 지켜지던 모음 조화 현상이 현대말에서는 잘 지켜지지 않게 되었는데, 이에 따라 일부 언중들이 '막아'를 [마거]로, '얇아'를 [얄버]로 그릇되게 발음하는 경우도 있다. 그러나 이러한 발음은 모음 조화 규칙에 위배되는 비표준 발음이므로, 표준 발음인 [마가], [얄바]를 한글로 적는 데에 반영하여 '막아, 얇아'로 적는다.

> **제17항** 어미 뒤에 덧붙는 조사 '-요'는 '-요'로 적는다.
>
> | | |
> |---|---|
> | 읽어 | 읽어요 |
> | 참으리 | 참으리요 |
> | 좋지 | 좋지요 |

[제17항] 보조사 '-요'의 적기

제17항에서는 문장의 끝에 실현되는 보조사인 '-요'를 적는 방법을 규정하였다.

(15) ㄱ. 여러분 이제 밥을 먹+어+<u>요</u>.
ㄴ. 우리는 지금 밥을 먹고 있+지+<u>요</u>.
ㄷ. 선생님께서는 어디로 가+는가+<u>요</u>?

보조사 '-요'는 일반적인 보조사와는 달리 문장의 가운데뿐만 아니라 문장의 끝에서도 실현될 수 있는 특징이 있어서 '종결 보조사'라고 한다. 이 '-요'는 (15)처럼 그 앞에 어떠한 형태의 종결 어미가 와도 반드시 [요]로만 소리 나므로 '요'로만 적는다.

{주의} 종결형 어미 '-오'와 종결 보조사 '-요'의 구분

종결형 어미 '-오'와 종결 보조사 '-요'를 적는 방법은 일반인들이 많이 혼동한다.

(16) ㄱ. 용돈을 철수에게도 주-<u>오</u>.　　[오] 　(17) ㄱ. 순이도 떡을 먹어<u>요</u>.　　[요]
ㄴ. 당신도 이제 집으로 가시-<u>오</u>.[오] 　　　ㄴ. 철수도 집에 갔습니다<u>요</u>.[요]

(16)의 '-오'는 종결형 어미로서 (16ㄴ)과 같이 소리가 [요]로 나더라도 원형을 밝혀서 '오'로 적는다. 반면에 (17)의 '-요'는 종결 보조사로서 어떠한 음운적 환경에 놓이더라도 반드시 [요]로만 소리 나므로 '요'로만 적는다.

그러면 여기서 종결형 어미 '-오'와 종결 보조사 '-요'를 구분하는 법을 알아보자.

(18) ㄱ. *용돈을 동생에게도 주-.　　　　➪ 용돈을 동생에게도 주<u>오</u>.
ㄴ. *당신도 이제 집으로 가시-.　　　➪ 당신도 이제 집으로 가시<u>오</u>.

(19) ㄱ. 순이도 떡을 먹어.　　　　　⇨ 순이도 떡을 먹어<u>요</u>.

　　 ㄴ. 철수도 집에 갔습니다.　　　⇨ 철수도 집에 갔습니다<u>요</u>.

　　 ㄷ. 나는(요) 그 책을(요) 김 선생에게(요) 주었어(요).

먼저 종결형 어미는 반드시 어간에 붙어야 하므로, (18)에서와 같이 '-오'를 빼어 버리면 문장이 성립하지 않는다. 반면에 종결 보조사 '-요'는 완결된 문장의 끝에 임의적으로 붙기 때문에 (19)에서처럼 생략하여도 그 문장은 올바른 문장이 된다. 그리고 '-요'가 실현되는 일반적인 위치는 문장의 끝이기는 하지만, 실제로는 그 분포가 아주 다양해서 (19ㄷ)처럼 대부분의 어절 뒤에 나타날 수 있다는 점이 큰 특징이다.

　그런데 일반인들이 종결 어미인 '-오'와 종결 보조사인 '-요'를 잘 구분하지 못해서, 다음과 같이 잘못 적는 것을 흔히 볼 수 있다.

(20) ㄱ. *어서 오십시요.　　　　(21) ㄱ. 어서 오십시<u>오</u>.

　　 ㄴ. *안녕히 가십시요.　　　　　　 ㄴ. 안녕히 가십시<u>오</u>.

(20)의 '-요'는 선어말 어미 '-시-' 다음에 쓰였으므로 종결형 어미 '-오'로 적어야 하는데도, '-요'로 적어서 맞춤법에 어긋나게 되었다. 따라서 (20)은 (21)과 같이 바로잡아야 맞춤법에 맞게 된다.

제18항 다음과 같은 용언들은 어미가 바뀔 경우, 그 어간이나 어미가 원칙에 벗어나면 벗어나는 대로 적는다.

{참고} 불규칙 용언

　대부분의 용언은 활용할 때에 어간이나 어미의 기본 형태가 그대로 유지되거나, 혹은 다른 변이 형태로 바뀌어도 그 현상을 일정한 규칙으로 설명할 수 있다. 이러한 활용 형태를 '규칙 활용'이라고 하고, 규칙 활용을 하는 용언을 '규칙 용언'이라고 한다.

(22) ㄱ. 철수가 집에서 <u>자더라</u>.　　　 [자더라]

　　 ㄴ. 영희는 <u>가다가</u> 친구를 만났다.　 [가다가]

(23) ㄱ. 하늘은 <u>높고</u> 말은 살찐다.   [놉꼬]

     ㄴ. 우리는 매일 죽을 <u>먹는다.</u>   [멍는다]

(22)에서 (ㄱ)의 '자더라'와 (ㄴ)의 '가다가'는 어간과 어미가 결합할 때에 아무런 변동
이 일어나지 않았는데, 어간과 어미의 형태가 변하지 않는 활용은 규칙 활용이다. 그
리고 (23)에서 (ㄱ)의 '높고[놉꼬]'나 (ㄴ)의 '먹는다[멍는다]'는 어간이나 어미의 기본
형태가 바뀌기는 하였으나 그 현상을 변동 규칙(평파열음화, 된소리되기, 비음화)으로
써 설명할 수 있다. 그러므로 '높다'와 '먹다'도 규칙적으로 활용하는 용언으로 처리되
며, 이들 용언은 규칙 용언이 된다.

    이에 반해서 일부의 용언 가운데는 활용할 때에 어간과 어미의 기본 형태가 유지
되지 않을 뿐만 아니라, 그 현상을 일정한 음운 규칙으로 설명할 수 없는 것이 있다.

(24) ㄱ. 백설 공주는 피부가 너무 <u>고와서</u> 남들이 늘 부러워했다.

     ㄴ. 농부는 무를 <u>뽑아서</u> 한 입 베어 물었다.

(25) ㄱ. 아직 10리를 더 <u>걸어야</u> 정동진 바닷가가 나온다.

     ㄴ. 비가 오면 재빨리 빨래를 <u>걷어야</u> 빨래가 비에 젖지 않지.

그러나 (24)에서 (ㄱ)의 '고와서'는 '곱다'의 어간 '곱-'에 어미 '-아서'가 붙어 활용하
는 과정에서 어간의 끝소리 [ㅂ]이 [ㅗ]로 변했는데, 이러한 변동은 일반적인 음운 현
상으로는 설명할 수 없다. 왜냐하면 (ㄴ)에서 '뽑아서'는 '고와서'와 동일한 음운적 환
경에 있지만 어간의 [ㅂ]이 [ㅜ]로 변하지 않기 때문이다. 그리고 (25)에서 (ㄱ)의 '걸어
야'는 '걷다(步)'의 어간 '걷-'이 활용하면서 끝소리 [ㄷ]이 [ㄹ]로 변한 것인데 이러한
현상도 일반적인 변동 규칙으로는 설명할 수 없다. 곧 (25ㄴ)에서처럼 동일한 음운적
환경에 있는 '걷다(收)'에서는 어간의 끝소리 [ㄷ]이 [ㄹ]로 변하지 않기 때문이다.

    이와 같이 일반적인 음운 규칙으로 설명할 수 없는 활용을 '불규칙 활용'이라고 한
다. 그리고 이렇게 불규칙하게 활용하는 용언을 '불규칙 용언'이라고 한다.

[제18항] 불규칙 용언의 적기

    불규칙 활용을 하는 용언들은 활용을 할 때에 한정적인 변동을 하는 단어들이다.

이는 동일한 음운적 환경을 가진 단어들이라 할지라도 특정한 단어들에 한해서만 변동이 일어나기 때문이다.

(26) ㄱ. 긷 + 어 → [기러]   (27) ㄱ. 닫 + 아 → [다다]
      ㄴ. 잇 + 어 → [이어]   ㄴ. 벗 + 어 → [버서]
      ㄷ. 곱 + 아 → [고와]   ㄷ. 꼽 + 아 → [꼬바]

한정적 변동을 하는 용언은 변동된 대로 적지 않으면 독자가 발음을 그릇되게 할 가능성이 있다. 따라서 한정적 변동을 하는 단어들은 원형을 밝히지 않고, 소리 나는 대로 적는다. 예를 들어서 (26)의 '긷다, 잇다, 곱다'의 어간은 어미 '-아/어'와 결합하면 변동하여 [기러, 이어, 고와]로 발음된다. 그러나 (27)의 '닫다, 벗다, 꼽다'의 어간은 어미 '-아/어'와 결합하더라도 변동하지 않고 [다다, 버서, 꼬바]로 발음된다.

(28) ㄱ. 긷어 → [*기더]
      ㄴ. 잇어 → [*이서]
      ㄷ. 곱아 → [*고바]

그런데 만약에 (26)의 단어들을 소리 나는 대로 적지 않고 (28)의 '긷어, 잇어, 곱아'처럼 원형을 밝혀 적으면, 변동이 일어나지 않는 (27)의 예에 끌려서 독자들이 잘못된 발음인 [*기더, *이서, *고바]로 읽을 가능성이 있다. 곧, 불규칙 활용을 하는 단어의 어간과 어미의 원형을 밝혀 적으면 의미 파악의 능률은 고사하고 오히려 글을 읽는 사람이 잘못 발음할 수도 있다. 이러한 문제점 때문에 불규칙 활용을 하는 용언은 소리 나는 대로 적는다.

---

1. 어간의 끝 'ㄹ'이 줄어질 적

갈다 :	가니	갑니다	가시다	가오
놀다 :	노니	놉니다	노시다	노오
불다 :	부니	붑니다	부시다	부오
둥글다 :	둥그니	둥급니다	둥그시다	둥그오
어질다 :	어지니	어집니다	어지시다	어지오

[붙임] 다음과 같은 말에서도 'ㄹ'이 준 대로 적는다.

마지못하다 　　　　마지않다

(하)다마다 　　　　(하)자마자

(하)지 마라 　　　　(하)지 마(아)

[1] 'ㄹ' 불규칙 용언의 적기

어간의 끝 받침이 'ㄹ'인 용언이 활용할 때, [ㄴ, ㅂ, ㅅ, ㄹ4)]로 시작하는 어미나 '-오'가 어간에 결합하면, 어간의 끝 받침 'ㄹ'이 줄어져서 문맥에 실현되지 않는다. 이러한 방식으로 활용을 하는 용언을 'ㄹ' 불규칙 용언이라고 한다. 예를 들어서 '팔다[賣]'와 '갈다[磨]'의 어간에 'ㄴ, ㅂ, ㅅ, ㄹ'로 시작하는 어미나 '-오'가 붙어서 활용하면 다음과 같이 어간의 끝 받침 'ㄹ'이 탈락한다.

(29) ㄱ. 팔+네 　　→ 파네 　　　　(30) ㄱ. 갈+네 　　→ 가네

　　 ㄴ. 팔+ㅂ니다 → 팝니다 　　　　　　ㄴ. 갈+ㅂ니다 → 갑니다

　　 ㄷ. 팔+세 　　→ 파세 　　　　　　　　ㄷ. 갈+세 　　→ 가세

　　 ㄹ. 팔+ㄹ수록 → 팔수록 　　　　　　ㄹ. 갈+ㄹ수록 → 갈수록

　　 ㅁ. 팔+오 　　→ 파오 　　　　　　　　ㅁ. 갈+오 　　→ 가오

이처럼 'ㄹ' 불규칙 용언이 활용할 때에 어간의 'ㄹ'이 탈락하면 소리 나는 대로 적는다.

그러나 어간의 끝 받침이 'ㄹ'로 끝나는 용언일지라도, 'ㄴ, ㅂ, ㅅ, ㄹ'로 시작하는 어미나 '-오'를 제외한 나머지 어미가 붙어서 활용하면, 이들 용언은 아무런 변동 없이 활용한다.

(31) ㄱ. 팔고, 팔게, 팔려면, 팔면, 팔아서, 팔다가, 팔지

　　 ㄴ. 갈고, 갈게, 갈려면, 갈면, 갈아서, 갈다가, 갈지

예를 들어 '팔다[賣]'와 '갈다[磨]'의 어간에 'ㄴ, ㅂ, ㅅ, ㄹ'로 시작하는 어미나 '-오'를 제외한 나머지 어미가 붙으면 다음과 같이 규칙적으로 활용한다.

---

4) [리]로 시작하는 어미에는 '-ㄹ, -ㄹ수록, -ㄹ지라도' 등이 있다.

[붙임] 'ㄹ'이 탈락할 조건이 아닌데도 관용적으로 'ㄹ'이 탈락하는 경우의 적기

어간의 끝 받침 [ㄹ]이 [ㅈ, ㄷ, 아/어]로 시작하는 어미에 결합하면 줄어지지 않는 것이 원칙이다.

(32) ㄱ. 떨다 : 떨던, 떨다가, 떨지, 떨어
　　 ㄴ. 빨다 : 빨던, 빨다가, 빨지, 빨아

그러나 예로부터 관용적으로 [ㄹ]이 줄어진 형태로 발음되는 말은, 관용적인 쓰임을 고려하여 준 대로 적기로 하였다.

(33) ㄱ. *말지못하다→ **마**지못하다　　(34) ㄱ. *가지 말아 → 가지 **마**
　　 ㄴ. *멀지않아 → **머**지않아　　　　　 ㄴ. *오지 말아라→ 오지 **마라**
　　 ㄷ. *하다말다 → 하다**마다**
　　 ㄹ. *하자말자 → 하자**마자**

(33~34)의 예들은 관용적으로 [ㄹ]이 발음되지 않는 형태가 굳어져서 사용되고 있으므로 <한글 맞춤법>에서는 관용적 쓰임을 인정하여 소리 나는 대로 적는다.5)

2. 어간의 끝 'ㅅ'이 줄어질 적			
긋다 :	그어	그으니	그었다
낫다 :	나아	나으니	나았다
잇다 :	이어	이으니	이었다
짓다 :	지어	지으니	지었다

[2] 'ㅅ' 불규칙 용언의 적기

'긋다, 끗다, 낫다, 붓다, 잇다, 잣다, 젓다, 짓다'와 같이 어간의 끝 받침이 'ㅅ'인 용언이 있다. 이들 용언의 어간에 자음으로 시작되는 어미가 붙어서 활용할 때에는 'ㅅ'이 줄지 않지만, 모음으로 시작되는 어미가 붙으면 'ㅅ'이 준다. 이렇게 활용을

---

5) '말다'의 어간에 '말-'에 간접 명령형의 어미인 '-라'가 붙으면 '말라'의 형태로 실현된다.

하는 용언을 'ㅅ' 불규칙 용언이라고 하는데, 'ㅅ' 불규칙 용언들은 변동된 꼴로 적는
다.

(35) ㄱ. 모음 어미: 잇＋어→이어　　잇＋으니→이으니　　잇＋었다→이었다
　　ㄴ. 자음 어미: 붓＋고→붓고　　붓＋지　→붓지　　붓＋던　→붓던

그러나 '벗다, 빗다, 빼앗다, 솟다, 씻다, 웃다' 등은 모음으로 시작하는 어미 앞에서
도 'ㅅ'이 줄지 않는다.(규칙 용언)

(36) ㄱ. 벗다: 벗＋어→벗어　　　벗＋으니→벗으니　　　벗＋었다→벗었다
　　ㄴ. 솟다: 솟＋아→솟아　　　솟＋으니→솟으니　　　솟＋았다→솟았다

---

3. 어간의 끝 'ㅎ'이 줄어질 적

그렇다 :	그러니	그럴	그러면	그러오
까맣다 :	까마니	까말	까마면	까마오
동그랗다 :	동그라니	동그랄	동그라면	동그라오
퍼렇다 :	퍼러니	퍼럴	퍼러면	퍼러오
하얗다 :	하야니	하얄	하야면	하야오

---

[3] 'ㅎ' 불규칙 용언의 적기

'그렇다, 까맣다, 동그랗다, 퍼렇다, 하얗다' 등과 같이 'ㅎ' 받침으로 끝나는 형용사
가 있다. 이들 형용사의 어간에 'ㄱ, ㄷ, ㅈ'으로 시작하는 어미가 결합하면, 어간의
'ㅎ'과 어미의 'ㄱ, ㄷ, ㅈ'이 축약되어 [ㅋ, ㅌ, ㅊ]으로 발음된다. 그리고 이들 용언의
어간에 'ㅅ'으로 시작하는 어미가 결합하면 'ㅅ'이 [ㅆ]으로 발음된다.

(37) ㄱ. 파랗＋다[파라타]　파랗＋고[파라코]　파랗＋지[파라치]　파랗＋소[파라쏘]
　　ㄴ. 그렇＋다[그러타]　그렇＋고[그러코]　그렇＋지[그러치]　그렇＋소[그러쏘]

그런데 이들 용언이 '-네' 또는 모음(매개 모음인 [으] 포함)으로 시작하는 어미 '-은, -을, -으면, -읍니다, -으오, -아/-어, -아/어지다' 등에 결합하면 어간의 끝 받침 [ㅎ]이 줄어진다.[6] 이런 식으로 활용을 하는 용언을 'ㅎ' 불규칙 용언이라고 하는데, 'ㅎ' 불규칙 용언은 변동된 꼴로 적는다.

(38) ㄱ. 노랗 + 네   → (ㅎ탈락) → 노라 + 네   →   [노라네]
     ㄴ. 노랗 + 아서   → (ㅎ탈락) → 노라 + 아서 → (ㅏ 탈락) → [노래서]
     ㄷ. 노랗 + 으니   → (ㅎ탈락) → 노라 + 으니 → (ㅡ 탈락) → [노라니]
     ㄹ. 노랗 + 으면   → (ㅎ탈락) → 노라 + 으면 → (ㅡ 탈락) → [노라면]
     ㅁ. 노랗 + 으오   → (ㅎ탈락) → 노라 + 으오 → (ㅡ 탈락) → [노라오]
     ㅂ. 노랗 + 은   → (ㅎ탈락) → 노라 + 은   → (ㅡ 탈락) → [노란]

그러나 규칙 활용을 하는 '좋다, 놓다, 낳다, 넣다' 등은 (38)과 동일한 음운적 환경에 놓이더라도 [ㅎ]이 탈락하지 않고 원래대로 발음된다.

(39) ㄱ. 좋 + 네 → [존네]   (39') ㄱ. 낳 + 네 → [난네]
     ㄴ. 좋 + 아서 → [조하서]   ㄴ. 낳 + 아서 → [나하서]
     ㄷ. 좋 + 으니 → [조흐니]   ㄷ. 낳 + 으니 → [나흐니]
     ㄹ. 좋 + 으면 → [조흐면]   ㄹ. 낳 + 으면 → [나흐면]
     ㅁ. 좋 + 으오 → [조흐오]   ㅁ. 낳 + 으오 → [나흐오]
     ㅂ. 좋 + 은 → [조흔]   ㅂ. 낳 + 은 → [나흔]

곧, '좋네'는 [좋 + 네] → [졷 + 네] → [존네] 등으로 변동하므로 [ㅎ]이 그대로 유지되고 있으며, '좋으니'도 [조흐니]와 같이 [ㅎ]이 발음되므로 '좋다'는 규칙 용언으로 처리해야 한다. 이와 같이 동일한 음운적 환경에서 어간에 특정한 어미가 결합할 때에, (38)처럼 어간의 끝소리 'ㅎ'이 탈락하는 경우와 (39)의 '좋다'와 (39')의 '낳다'처럼 탈락하지 않는 경우가 있다. 이러한 이유 때문에 '그렇다, 까맣다, 동그랗다, 퍼렇다, 하얗다' 등과 같은 단어를 'ㅎ' 불규칙 용언으로 처리하고 변동된 대로 적는다.[7]

---

6) 다만, 어미 '-아/-어'와 결합할 때는 '애/에' 형식으로 나타난다.
7) '좋다'가 모음으로 시작하는 어미와 결합하면, 어간의 끝 자음 /ㅎ/은 유성음화되어서 후두 유성 마찰음인 [ɦ]으로 실현된다. 따라서 '좋은, 좋으니, 좋으면' 등은 규칙적으로 활용한 형태

4. 어간의 끝 'ㅜ, ㅡ'가 줄어질 적						
푸다 :	퍼	펐다		뜨다 :	떠	떴다
끄다 :	꺼	껐다		크다 :	커	컸다
담그다 :	담가	담갔다		고프다 :	고파	고팠다
따르다 :	따라	따랐다		바쁘다 :	바빠	바빴다

[4] 'ㅜ, ㅡ' 불규칙 용언의 적기

어간의 끝소리가 'ㅜ'와 'ㅡ'로 끝나는 용언 중에는 '-어/-아'로 시작하는 어미가 붙어서 활용했을 때, [ㅜ]와 [ㅡ]가 탈락하는 단어들이 있다. 이러한 용언을 각각 'ㅜ' 불규칙 용언과 'ㅡ' 불규칙 용언이라고 한다. 'ㅜ' 불규칙 용언은 '푸다' 하나뿐이며, 'ㅡ' 불규칙 용언은 '끄다, 다다르다, 담그다, 들르다, 따르다, 뜨다, 우러르다, 잠그다, 치르다, 트다 ; 가쁘다, 고프다, 기쁘다, 나쁘다, 바쁘다, 슬프다, 아프다, 크다' 등이 있다.

(40) ㄱ. 푸 + 어 → [퍼]
　　ㄴ. 푸 + 어서→ [퍼서]
　　ㄷ. 푸 + 었다→ [펐다(펃따)]
　　ㄹ. 푸 + 어라→ [퍼라]

(41) ㄱ. 부수 + 어 → [부수어], [부숴]
　　ㄴ. 부수 + 어서→ [부수어서], [부숴서]
　　ㄷ. 부수 + 었다 → [부수었(얻)때, [부숬(숻)때]
　　ㄹ. 부수 + 어라→ [부수어라], [부숴라]

(40)의 '푸다'와 (41)의 '부수다'가 활용하는 모습을 비교해 보면, 둘 다 어간이 'ㅜ'로 끝나면서 '-아/-어'로 시작하는 어미가 붙어서 활용하고 있다. 하지만 활용의 결과 '푸다'의 'ㅜ'가 탈락한 반면에 '부수다'의 어간의 끝소리 'ㅜ'는 탈락하지 않았다. 이러한 차이 때문에 '푸다'는 불규칙 용언으로 처리하고 소리 나는 대로 적는다.

'ㅡ' 불규칙 용언은 'ㅡ'로 끝나는 용언의 어간이 '-어'로 시작하는 어미와 결합할 때에 어간의 'ㅡ'가 줄어드는 변동 현상이다.

(42) ㄱ. 따르 + 아[따라]　　따르 + 았다[따랐다]　　따르 + 아서[따라서]　　<으 불규칙>
　　ㄴ. 고프 + 아[고파]　　고프 + 았다[고팠다]　　고프 + 아서[고파서]　　<으 불규칙>

이다. 그리고 만일 '좋다'가 불규칙 용언이어서 어간의 끝 자음 /ㅎ/이 탈락되었다고 가정하면, '좋 + 네'는 (38)의 변동 규칙에 따라 [조네]로 소리 나야 하고 '좋 + -으니'는 [조니]로 소리 나야 한다.

(43) ㄱ. 푸르 + 어 [푸르러] 푸르 + 었다 [푸르렀다] 푸르 + 어서 [푸르러서] <러 불규칙>

ㄴ. 빠르 + 아 [빨라] 빠르 + 았다 [빨랐다] 빠르 + 아서 [빨라서] <르 불규칙>

예를 들어 '따르다, 고프다'는 '-아'로 시작하는 어미가 붙어서 활용할 때에는 어간의 끝소리 'ㅡ'가 탈락하므로 '따라, 고파' 등으로 활용한다. 그런데 '따르다, 고프다'와 동일한 음운적 환경에 놓여 있으면서도 같은 방식으로 활용을 하지 않는 예외적인 단어들이 있다. 곧 '푸르다, 빠르다' 등은 어간에 '-어/-아'가 붙어서 활용하면 '푸르러, 빨라'로 된다. (42)와 (43)의 활용 모습을 비교하면, (42)의 변동 모습은 한정적인 변동이 되고 (42)의 '따르다, 고프다'는 불규칙 용언으로 처리된다. '따르다, 고프다'와 같은 'ㅡ' 불규칙 용언이 불규칙하게 활용할 때에는 원형을 밝히지 않고 소리 나는 대로 적는다.

---

5. 어간의 끝 'ㄷ'이 'ㄹ'로 바뀔 적

걷다[步] :	걸어	걸으니	걸었다
듣다[聽] :	들어	들으니	들었다
묻다[問] :	물어	물으니	물었다
싣다[載] :	실어	실으니	실었다

---

[5] 'ㄷ' 불규칙 용언의 적기

어간의 끝 소리가 'ㄷ'인 용언이 자음으로 시작되는 어미에 연결될 때는 어간의 끝 받침의 소리가 바뀌지 않는다.

(44) ㄱ. 싣[載] + 다 → 싣다   싣 + 고 → 싣고   싣 + 게 → 싣게   싣 + 지 → 싣지

ㄴ. 닫[閉] + 다 → 닫다   닫 + 고 → 닫고   닫 + 게 → 닫게   닫 + 지 → 닫지

그런데 어간의 끝 소리가 'ㄷ'인 용언 중에는 모음으로 시작하는 어미에 연결될 때에 어간의 끝 받침 'ㄷ'이 'ㄹ'로 바뀌는 것이 있다. 이런 식으로 활용하는 단어로는 '걷다[步], 긷다, 깨닫다, 눋다, 닫다[走], 듣다, 묻다[問], 싣다, 일컫다' 등이 있다.

(45) ㄱ. 싣[載]+어→실어   싣+으니→실으니   싣+어라→실어라

     ㄴ. 듣[廳]+어→들어   듣+으니→들으니   듣+어라→들어라

이렇게 활용하는 용언을 'ㄷ' 불규칙 용언이라고 한다. 'ㄷ' 불규칙 용언이 활용하여 어간의 꼴이 바뀔 때에는 변동된 대로 적는다.

그러나 '닫다[閉], 곧다[直]'는 모음으로 시작되는 어미와 결합하여도 어간의 끝 받침의 소리가 바뀌지 않는다.

(46) ㄱ. 닫[閉]+아→닫아   닫+으니→닫으니   닫+았다→닫았다

     ㄴ. 곧[直]+아→곧아   곧+으니→곧으니   곧+았다→곧았다

이러한 용언은 규칙 활용을 하는 용언들인데, 이에는 '걷다[收], 곧다, 굳다, 닫다[閉], 돋다, 뜯다, 묻다[埋], 믿다, 받다, 뻗다, 얻다' 등이 속한다. (45)와 (46)에서 용언이 활용 모습을 비교해 보면 (45)의 단어들이 한정적인 변동을 하는 용언이라는 사실을 알 수 있다. 그러므로 이들 단어들은 어간의 원형을 밝히지 않고 소리 나는 대로 적는다.

---

6. 어간의 끝 'ㅂ'이 'ㅜ'로 바뀔 적

깁다 :	기워	기우니	기웠다
굽다[炙] :	구워	구우니	구웠다
가깝다 :	가까워	가까우니	가까웠다
괴롭다 :	괴로워	괴로우니	괴로웠다
맵다 :	매워	매우니	매웠다
무겁다 :	무거워	무거우니	무거웠다
밉다 :	미워	미우니	미웠다
쉽다 :	쉬워	쉬우니	쉬웠다

다만, '돕-, 곱-'과 같은 단음절 어간에 어미 '-아'가 결합되어 '와'로 소리 나는 것은 '-와'로 적는다.

돕다[助] :	도와	도와서	도와도	도왔다
곱다[麗] :	고와	고와서	고와도	고왔다

[6] 'ㅂ' 불규칙 용언의 적기

어간의 끝 소리가 'ㅂ'인 용언은 자음으로 시작하는 어미와 연결될 때에는 'ㅂ'이 변하지 않는다.

(47) ㄱ. 깁[縫] + 다→깁다　　　깁 + 고→깁고　　　깁 + 게→깁게
　　 ㄴ. 뽑[選] + 다→뽑다　　　뽑 + 고→뽑고　　　뽑 + 게→뽑게

어간이 'ㅂ' 받침으로 끝나는 용언 중에는, 모음으로 시작하는 어미와 연결될 때에 'ㅂ'이 [ㅜ] 또는 반모음 [w]로 변하는 것들이 있다. 이렇게 활용하는 용언을 'ㅂ' 불규칙 활용이라고 한다. 'ㅂ' 불규칙 용언으로는 '깁다, 굽다, 가깝다, 눕다, 돕다, 가볍다, 간지럽다, 그립다, 노엽다, 더럽다, 덥다, 맵다, 메스껍다, 무겁다, 사납다, 서럽다' 등이 있다.

(48) ㄱ. 깁[縫] + 어→기워　　깁 + 으니→기우니　　깁 + 었다→기웠다
　　 ㄴ. 눕[臥] + 어→누워　　눕 + 으니→누우니　　눕 + 었다→누웠다

그러나 '꼽다[屈指], 뽑다, 씹다, 업다, 입다, 잡다, 접다, 집다, 굽다[曲], 좁다' 등은 모음으로 시작된 어미 앞에서도 어간의 받침 'ㅂ'이 '우'로 바뀌지 않고 그대로 유지된다.(규칙 용언)

(49) ㄱ. 업 + 어→업어　　업 + 으니→업으니　　업 + 었다→업었다
　　 ㄴ. 접 + 어→접어　　접 + 으니→접으니　　접 + 었다→접었다

{참고} 'ㅂ'의 불규칙 활용형 'ㅗ, ㅜ'와 모음 조화의 문제

용언이 활용할 때에는 어간과 어미 사이에 모음 조화 원칙이 적용되는 수가 있다. 즉 어간의 끝음절의 모음이 양성 모음이면 그에 붙는 어미의 변이 형태가 양성 모음의 형태를 취하고, 음성 모음이면 그에 붙는 어미가 음성 모음의 형태를 취한다.(제16항 참조.)

(50) ㄱ. 잡 + {-아, -아라, -아서, -아도, -아야, -았-, -았었-}
　　 ㄴ. 죽 + {-어, -어라, -어서, -어도, -어야, -었-, -었었-}

이러한 모음 조화 법칙에 따르면 'ㅂ' 불규칙 용언에서 어간의 끝 소리 'ㅂ'이 'ㅗ, ㅜ'로 바뀌는 것도 다음과 같이 변동하는 것이 원칙이다.

(51) ㄱ. 양성 모음 : 가깝 + 아서 → *가까와서   사납 + 아서 → *사나와서
     ㄴ. 음성 모음 : 더럽 + 어서 → 더러워서   서럽 + 어서 → 서러워서

그러나 '돕다, 곱다'와 같이 어간이 단음절인 경우를 제외하면, 어간의 끝음절 모음이 양성 모음일지라도 현실 발음이 모두 [우] 형으로 바뀌어서 나타난다.

(52) ㄱ. 가깝 + 아서 → [가까워서 ○], [가까와서 ×]
     ㄴ. 사납 + 아서 → [사나워서 ○], [사나와서 ×]
     ㄷ. 고맙 + 아서 → [고마워서 ○], [고마와서 ×]
     ㄹ. 아니꼽 + 아서 → [아니꼬워서 ○], [아니꼬와서 ×]

그러므로 어간이 두 음절 이상일 때에는 어간의 끝 모음의 유형에 관계없이 'ㅂ' 불규칙 용언의 활용형을 [ㅜ]로만 적는다.

[다만] 단음절 어간에서 'ㅂ' 불규칙 용언의 활용형이 [오]로 소리날 때

본문에서 규정한 바와 같이 어간이 두 음절 이상으로 된 'ㅂ' 불규칙 용언의 활용형은, 그 어간의 끝 모음이 양성이냐 음성이냐에 관계없이 항상 [우]로 적는다. 그러나 '돕다, 곱다'는 어간이 단음절로 되어 있는데, 이들은 활용형의 발음이 모음 조화의 원칙을 따르므로 '도와서, 고와서' 등으로 적는다. 이 '다만' 조항은 본문 규정에 대한 예외로서 '도와서, 고와서'의 실제 발음을 인정하는 것이다.

(53) ㄱ. 돕다[助]: 도와   도와서   도와도   도왔다
     ㄴ. 곱다[麗]: 고와   고와서   고와도   고왔다

---

7. '하다'의 활용에서 어미 '-아'가 '-여'로 바뀔 적

하다 :   하여   하여서   하여도   하여라

---

[7] '여' 불규칙 용언의 적기

규칙 용언의 어간에 어미 '-아/어'가 붙을 때는 (54)와 같이 규칙적인 활용 모습을 보인다.

(54) ㄱ. 쏘다(射) : 쏘 + 아   쏘 + 아서   쏘 + 아도   쏘 + 아라
     ㄴ. 죽다(死) : 죽 + 어   죽 + 어서   죽 + 어도   죽 + 어라

그러나 '하다' 혹은 '-하다'가 붙어서 된 파생어의 어간에 '-아/어'가 붙어서 활용하면 (54)와는 다른 불규칙한 활용 모습을 보인다.

(55) ㄱ. 하 + 아   → *하아   (56) ㄱ. 하 + 아   → 하여
     ㄴ. 하 + 아서 → *하아서   ㄴ. 하 + 아서 → 하여서
     ㄷ. 하 + 아도 → *하아도   ㄷ. 하 + 아도 → 하여도
     ㄹ. 하 + 아라 → *하아라   ㄹ. 하 + 아라 → 하여라

만일 '하다'가 규칙 활용을 한다면 (55)처럼 '*하아, *하아서, *하아도, *하아라'의 꼴로 활용을 해야 한다. 그러나 어간 '하-' 다음에서는 이들 활용형이 (56)처럼 '하여, 하여서, 하여도, 하여라'와 같이 불규칙하게 바뀐다. 이렇게 불규칙하게 활용을 하는 '하다'와 '어근 + 하다' 형의 단어를 '여' 불규칙 용언이라고 하는데, 이러한 '여' 불규칙 용언도 소리 나는 대로 적는다.

---

8. 어간의 끝음절 '르' 뒤에 오는 어미 '-어'가 '-러'로 바뀔 직

이르다[至] : 이르러 이르렀다 │ 누르다 : 누르러 누르렀다
노르다 :   노르러 노르렀다 │ 푸르다 : 푸르러 푸르렀다

---

[8] '러' 불규칙 용언의 적기

'이르다, 노르다, 누르다, 푸르다'는 어간의 끝음절인 '르' 뒤에 어미 '-어'가 붙어서 활용하면 어미인 '-어'가 '-라/-러'로 바뀐다. 이러한 방식으로 활용하는 용언을 '러' 불규칙 용언이라고 하는데, '러' 불규칙 용언은 다음의 (58)과 같이 변동된 꼴로 적는다.

(57) ㄱ. 이르 + 어 → *이르어   (58) ㄱ. 이르 + 어 → 이르러

　　 ㄴ. 노르 + 어 → *노르어   　　 ㄴ. 노르 + 어 → 노르러

　　 ㄷ. 누르 + 어 → *누르어   　　 ㄷ. 누르 + 어 → 누르러

　　 ㄹ. 푸르 + 어 → *푸르어   　　 ㄹ. 푸르 + 어 → 푸르러

만약 이들이 규칙적으로 활용을 하면 (57)처럼 '이르다, 노르다, 누르다, 푸르다'의 어간에 어미 '-어'가 연결되어 '*이르어, *누르어, *노르어, *푸르어'로 변동해야 한다. 하지만 이들 활용형은 실제로는 (58)처럼 '이르러, 누르러, 노르러, 푸르러'로 활용한다. 이러한 현상을 보면 이들 단어들은 불규칙 활용을 하는 용언으로 처리된다.

(59) ㄱ. 뜨 + 어　 → 떠　　 담그 + 아→ 담가　　 쓰 + 어　 → 써　　 <ㅡ 불규칙 용언>

　　 ㄴ. 가르 + 아→ 갈라　 빠르 + 아→ 빨라　　 거르 + 어→ 걸러 <르 불규칙 용언>

그리고 (59)와 같은 'ㅡ' 불규칙 용언이나 '르' 불규칙 용언의 모습과 비교하면 '러' 불규칙 용언은 한정적인 변동을 하는 단어들이다. 그러므로 '러' 불규칙 용언이 불규칙하게 활용할 때는 원형을 밝히지 않고 소리 나는 대로 적는다.

> **9.** 어간의 끝음절 '르'의 'ㅡ'가 줄고, 그 뒤에 오는 어미 '-아/-어'가 '-라/-러'로 바뀔 적
>
> | 가르다 : | 갈라 | 갈랐다 | 부르다 : | 불러 | 불렀다 |
> | --- | --- | --- | --- | --- | --- |
> | 거르다 : | 걸러 | 걸렀다 | 오르다 : | 올라 | 올랐다 |
> | 구르다 : | 굴러 | 굴렀다 | 이르다 : | 일러 | 일렀다 |
> | 벼르다 : | 별러 | 별렀다 | 지르다 : | 질러 | 질렀다 |

[9] '르' 불규칙 용언의 표기

'고르다, 나르다, 가르다, 거르다, 구르다, 벼르다' 등은 어간에 '-어'로 시작한 어미가 결합하면 불규칙하게 활용한다.

(60) ㄱ. 고르 + 어 → *고르어   (61) ㄱ. 고르 + 어 → 골라

　　 ㄴ. 나르 + 어 → *나르어   　　 ㄴ. 나르 + 어 → 날라

　　 ㄷ. 가르 + 어 → *가르어   　　 ㄷ. 가르 + 어 → 갈라

이들이 규칙 활용을 하는 용언이라면 (60)처럼 *고르어, *나르어, *가르아, *거르어, *구르어, *벼르어 등으로 변동하여야 하지만, 실제로는 (61)처럼 '골라, 날라, 갈라, 걸러, 굴러, 별러'와 같이 활용한다.8) 즉 이들 용언들은 어간 모음 'ㅡ'가 줄면서 'ㄹ'이 앞 음절의 받침으로 올라붙고, 어미 '-어'가 '-러/라'로 변동하는 용언이다.

(61) 고르 + 어 → 고ㄹ + 어('으' 탈락) → 골 + 라('어'→'라') → 골라

즉 어간과 어미가 동시에 불규칙하게 변하므로 이들 용언을 'ㄹ' 불규칙 용언이라고 하고, 'ㄹ' 불규칙 활용도 개별적 변동이므로 변동된 대로 적는다.

{참고} 기타의 불규칙 용언

<한글 맞춤법>에 제시된 것 이외에도 불규칙 활용을 하는 용언으로는 '오다'가 있다.

(62) ㄱ. 남다 : 남 + 아라 → 남아라
ㄴ. 죽다 : 죽 + 어라 → 죽어라

(63) 오다 : 오 + 아라 → 오너라

일반적으로 명령형 어미는 '남아라, 죽어라'와 같이 '-아라/-어라'로 실현된다. 그런데 '오다'의 명령형은 *와라가 되지 않고 '오너라'로 실현된다. '오다'의 명령형에서 일어나는 이와 같은 활용 모습을 '너라' 불규칙 용언이라고 하는데, '오너라'는 한정적인 변동에 해당하므로 소리 나는 대로 적는다.

---

8) 어간의 끝음절 '르' 뒤에 피동과 사동의 접미사 '-이-'가 결합될 때도 불규칙 활용을 한다.
   (보기) ㄱ. 누르 + 이(피동 접사) + 다 → 눌 + 리 + 다 → 눌리다
   ㄴ. 오르 + 이(사동 접사) + 다 → 올 + 리 + 다 → 올리다
   ㄷ. 흐르 + 이(사동 접사) + 다 → 흘 + 리 + 다 → 흘리다

제3절 접미사가 붙어서 된 말

{ 참고 1 } 단어의 짜임

단어는 하나의 실질 형태소(어근)만으로 된 것도 있고, 어근에 다른 어근이나 파생 접사가 결합해서 짜인 것도 있다. 곧, 단어의 짜임새를 분석해 보면 '실질적인 의미를 나타내는 중심 부분'과 '이 중심 부분에 붙어 그 뜻을 제한하는 부분'으로 나누어진다. 이때 실질적인 의미를 나타내는 중심 부분의 형태소를 '어근'이라고 하고, 어근에 붙어서 그 뜻을 제한하면서 새로운 단어를 만드는 형태소를 '파생 접사'라고 한다.

(1) 집, 신, 아주, 어머니, 높(다), 빠르(다)

(2) ㄱ. 지붕　　→ 집 + -웅　　　　　(3) ㄱ. 집안　　→ 집 + 안
　　ㄴ. 덧신　　→ 덧- + 신　　　　　　　ㄴ. 뛰놀(다)　→ 뛰- + 놀(다)
　　ㄷ. 드높(다) → 드- + 높(다)　　　　　ㄷ. 높푸르(다) → 높- + 푸르(다)
　　ㄹ. 먹이(다) → 먹- + -이(다)

이처럼 단어의 구성 요소를 어근과 파생 접사로 구분하면, 단어는 그것을 짜이루는 구성 요소를 다음과 분석할 수 있다. 곧, (1)에서 '집, 신, 아주, 어머니, 높(다), 빠르(다)' 등은 모두 하나의 어근만으로 이루어진 단어이다. (2)의 '지붕, 덧신, 드높(다), 먹이(다)'는 어근인 '집, 신, 높(다), 먹(다)'에 파생 접사인 '-웅, 덧-, 드-, -이-' 등이 붙어서 된 단어이다. 파생 접사는 어근의 앞에 붙느냐 뒤에 붙느냐에 따라서 접두사와 접미사로 나뉜다. (1)의 '지붕, 덧신, 드높(다), 먹이(다)'에서 접사 '덧-, 드-'는 어근의 앞에 위치하므로 '접두사'라고 하고, '-웅, -이-'는 어근의 뒤에 나타나므로 이를 '접미사'라고 한다. 그리고 (3)의 '집안, 뛰놀(다), 높푸르(다)'는 각각 '집 + 안', '뛰(다) + 놀(다)', '높(다) + 푸르(다)'과 같이 어근과 어근이 결합하여 형성된 단어이다.

단어를 짜임새로써 분류할 때에, (1)처럼 하나의 어근으로만 되어 있는 단어를 '단일어'라고 한다. 반면에 (2~3)처럼 둘 이상의 형태소로 짜인 단어를 '복합어'라고 한다. 그리고 (2)와 (3)의 복합어는 결합되는 형태소의 성질로 보면 차이가 난다. 그러므로 이들을 구분하여 (2)의 단어처럼 어근에 접사가 붙어서 된 단어를 '파생어'라고 하고, (3)의 단어처럼 어근과 어근이 결합하여 된 단어를 '합성어'라 한다.

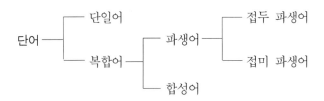

제19항 어간에 '-이'나 '-음/-ㅁ'이 붙어서 명사로 된 것과 '-이'나 '-히'가 붙어서 부사로 된 것은 그 어간의 원형을 밝히어 적는다.

1. '-이'가 붙어서 명사로 된 것

　　길이　　깊이　　높이　　다듬이　　땀받이[1]　　달맞이
　　먹이　　미닫이　　벌이　　벼훑이[2]　　살림살이　쇠붙이

2. '-음/-ㅁ'이 붙어서 명사로 된 것

　　걸음　　묶음　　믿음　　얼음　　엮음　　울음
　　웃음　　졸음　　죽음　　앎　　(만듦)

3. '-이'가 붙어서 부사로 된 것

　　같이　　굳이　　길이　　높이　　많이　　실없이[3]
　　좋이　　짓궂이

4. '-히'가 붙어서 부사로 된 것

　　밝히[4]　　　　　　익히　　　　　　작히[5]

　다만, 어간에 '-이'나 '-음'이 붙어서 명사로 바뀐 것이라도 그 어간의 뜻과 멀어진 것은 원형을 밝히어 적지 아니한다.

　　굽도리[6]　　　　다리[髢][7]　　　　목거리(목병)[8]　　　무녀리[9]

---

1) 땀받이 : 땀을 받아 내려고 입는 속옷이다.
2) 벼훑이 : 두 개의 나뭇가지나 수숫대 따위의 한 끝을 동여매어 집게처럼 만들거나 여러 개의 날을 세워서, 그 틈에 벼 이삭을 넣어 벼의 알을 훑어 내는 기구이다.
3) 실없이 : 말이나 하는 짓이 실답지 못하게.
4) 밝히 : 밝게.
5) 작히 : '어찌 조금만큼이나', '오죽이나', '여북이나' 따위의 뜻으로, 추측이나 희망을 나타내는 말. '작히나'의 준말. 예 나에게 자유가 있다면 작히 좋을까?

코끼리 거름(비료) 고름[膿]¹⁰⁾ 노름(도박)

[붙임] 어간에 '-이'나 '-음' 이외의 모음으로 시작된 접미사가 붙어서 다른 품사로 바뀐 것은 그 어간의 원형을 밝히어 적지 아니한다.

(1) 명사로 바뀐 것

| 귀머거리 | 까마귀 | 너머¹¹⁾ | 뜨더귀¹²⁾ | 마감 | 마개 |
| 마중 | 무덤 | 비렁뱅이 | 쓰레기 | 올가미 | 주검 |

(2) 부사로 바뀐 것

| 거뭇거뭇 | 너무 | 도로 | 뜨덤뜨덤¹³⁾ | 바투¹⁴⁾ | 불긋불긋 |
| 비로소 | 오긋오긋¹⁵⁾ | 자주 | 차마 | | |

(3) 조사로 바뀌어 뜻이 달라진 것

나마 부터 조차

제19항에서는 용언에서 파생된 명사나 부사를 적는 방법에 대한 문제를 다룬다. 곧, 어근의 원형이나 접미사의 원형을 밝혀서 '톱질, 먹이다, 죽이다, 먹이'로 적을 것인가, 아니면 소리 나는 대로 '톱찔, 머기다, 주기다, 머기'로 적을 것인가를 다룬다.

[제19항] 접미사 '-이, -음, -히'가 붙어서 이루어진 파생어의 적기

용언의 어간에 접미사가 붙어서 이루어진 파생어 중에서 명사 파생 접미사 '-이, -

---

6) 굽도리 : 방 안의 벽의 아랫도리이다.
7) 다리 : 여자의 머리털의 숱을 많아 보이게 하려고 덧들이는 딴머리. 꼭지를 맺어서 만든다.
8) 목거리 : 목이 붓고 몹시 아픈 병이다.
9) 무녀리 : 한 태에 낳은 여러 마리의 새끼 가운데서 맨 먼저 나온 새끼이다.
10) 고름 : 몸 안에 병균이 들어가 염증을 일으켰을 때에 피부나 조직이 썩어 생긴 물질이나, 파괴된 백혈구, 세균 따위가 들어 있는 걸쭉한 액체이다.
11) 너머 : 높이나 경계로 가로막은 사물의 저쪽. 또는 그 공간이다.
12) 뜨더귀 : 뜯어 내거나 갈가리 찢어 낸 조각. 조각조각 뜯어 내거나 갈가리 찢어 내는 일.
13) 뜨덤뜨덤 : 서툰 글을 겨우 뜯어 읽는 꼴. 말을 느리게 떠듬거리는 꼴이다.
14) 바투 : ① 두 물체의 사이가 썩 가깝게. 倒 좀 더 바투 앉아요. ② 시간이나 길이가 아주 짧게. 倒 날짜를 너무 바투 잡았지 않나.
15) 오긋오긋 : 끝 부분이 안으로 조금 꼬부라져 있는 꼴. 倒 새싹이 오긋오긋 돋았다.

음'과 부사 파생 접미사 '-이, -히'가 결합되어 새로운 단어가 된 말은 어간의 원형을 밝힌다.

(4) 겨우살-이, 길-이, 높-이, 길잡-이, 깊-이, 넓-이, 논갈-이, 놀-이, 달맞-이, 돈벌-이, 돈놀-이, 막벌-이, 배앓-이, 옷걸-이, 점박-이, 하루살-이

(5) 개죽-음, 눈웃-음, 묶-음, 삶, 설움, 볶-음, 살얼-음, 앙갚-음, 엮-음, 용솟-음, 웃-음, 졸-음, 헛걸-음

(6) 곧-이, 깊-이, 덧없-이, 느닷없-이, 옳-이, 적-이, 밝-히, 익-히, 작-히

(4~5)는 용언의 어간(어근)에 명사 파생 접미사인 '-이, -음'이 붙어서 된 파생어이고, (6)은 부사 파생 접미사인 '-이, -히'가 결합된 파생어들이다. 이들 단어를 적을 때에 어간의 원형을 밝혀 적는 데에는 두 가지의 이유가 있다.

첫째, 이들 접미사가 여러 어간에 규칙적으로 결합할 수가 있어서 새로운 말을 만들어 내는 힘(파생력)이 강하기 때문이다. 그러므로 언중들은 '-이, -음, -히'가 붙어서 된 파생어를 보면 이들 접미사가 용언을 명사나 부사로 파생시키는 기능을 가진 말이라는 것을 쉽게 인식할 수 있다. 이러한 점을 고려하면 '-이, -음, -히'가 붙어서 된 파생어는 어간(어근)의 원형을 밝혀 적는 것이 독서의 효율성을 높이는 데에 도움이 된다. 예를 들어서 '굽이, 갈음, 곧이'를 적을 때에 어간의 원형을 밝혀 적으면 이들 단어가 각각 용언 '굽다, 갈다, 곧다'와 관련성을 가지는 사실을 쉽게 알 수 있다.

둘째, 이들 접미사가 붙은 단어는 대체로 어간 형태소의 뜻이 유지되고 있다.

(7) 굽다, 갈다, 곧다

(8) ㄱ. 굽이, 갈음, 곧이
    ㄴ. *구비, *가름, *고지

(8ㄱ)의 '굽이, 갈음, 곧이' 등은 각각 어간 형태소 '굽(다), 갈(다), 곧(다)'의 의미가 그대로 유지되고 있다. 그렇기 때문에 어간의 원형을 밝혀서 밑말인 용언과 파생 명사의 형태적 관련성을 맺어 주는 것이 의미 파악의 효율을 높일 수 있다. 반면에 (8ㄴ)은 어간의 원형을 밝히지 않고 소리 나는 대로 적은 것인데, (8ㄱ)의 표기에 비해서

의미를 파악하는 데에 효율적이지 못함을 알 수 있다.

셋째, 이들 접미사가 어근에 붙어서 변동이 생길 때에는 대부분 보편적이면서 필연적인 변동을 하므로, 어간의 원형을 밝혀서 적는다.

[다만] 어간의 뜻에서 멀어진 파생 명사의 적기

용언의 어간에 접미사 '-이, -음'이 붙어서 이루어진 파생 명사 중에서 어간의 뜻과 멀어진 단어는 어간의 원형을 밝혀 적지 않는다. '-이, -음'이 붙어서 된 파생 명사에 대하여 어간의 원형을 밝히는 것은, 원형을 밝힘으로써 어간의 뜻을 시각적으로 분명하게 드러내기 위함이다. 그런데 '-이, -음'이 붙어서 된 파생어가 본디의 어간(밑말)의 뜻에서 멀어져 버리면 어간의 원형을 밝히는 의의가 사라져 버린다. 이러한 이유 때문에 어간의 뜻과 멀어진 파생어는 원형을 밝히지 않고 소리 나는 대로 적는다.

> (9) 굽도리(← 굽- + 돌- + -이), 다리[髢](← 달- + -이), 목거리(목병)(← 목 + 걸- + -이),
> 무녀리(← 문 + 열- + -이), 코끼리(← 코 + 길- + -이), 거름(비료)(← 걸- + -음), 고름
> [膿](← 곯- + -음), 노름(도박)(← 놀- + -음)

(9)의 단어들은 어원적으로 보면, 각각 '굽어서 돌다[曲回], 달다[髢], 걸다[揭], 열다[開], 길다[長], 걸다[肥], 곯다[膿], 놀다[遊]'와 관련성이 있을 수 있다. 하지만 (9)의 단어들이 가진 사전상의 의미는 밑말이 되는 단어들의 의미와는 상당한 차이를 보이기 때문에 어간의 원형을 밝히지 않고 소리 나는 대로 적는다.

[붙임] 어간에 '-이'나 '-음' 이외의 모음으로 시작하는 접미사가 붙은 경우

'-이, -음' 이외의 모음으로 시작하는 접미사는 파생력이 강하지 않으므로 일부 단어에만 불규칙적으로 혹은 제한적으로 결합하는 접미사이다. 언중들은 이렇게 한정적이면서 불규칙적으로 결합하는 접미사의 존재를 인식하기가 사실상 어렵다. 왜냐하면 언중들은 이러한 접미사가 결합되어서 이루어진 파생어를 단일어로 생각하는 경향이 있기 때문이다.

이러한 특징을 고려하여 '-이'나 '-음' 이외의 모음으로 시작하는 접미사가 용언의 어간에 붙어서 된 파생 명사는, 비록 어간의 의미가 그대로 유지된다고 하더라도 그

어간의 원형을 밝히지 않고 소리 나는 대로 적는다.

(10) [파생 명사]

귀머거리(귀먹-어리), 까마귀(깜-아귀), 너머(넘-어), 뜨더귀(뜯-어귀), 마감(막-암),
마중(맞-웅), 무덤(묻-엄), 올가미(옭-아미), 비렁뱅이(빌-엉뱅이), 쓰레기(쓸-에기),
주검(죽-엄), 동그라미(동글-아미), 불겅이(붉-엉이)[16], 코뚜레(코뚫-에)[17]

(11) [파생 부사]

거뭇거뭇(검-웃), 불긋불긋(붉-웃), 오긋오긋(옥-웃), 주섬주섬(줏-엄), 너무(넘-우),
도로(돌-오), 바투(밭-우), 비로소(비롯-오), 자주(잦-우), 차마(참-아)

(12) [파생 조사]

나마(남-아), 부터(붙-어), 조차(좇-아)

제20항 명사 뒤에서 '-이'가 붙어서 된 말은 그 명사의 원형을 밝히어 적는다.

1. 부사로 된 것

  곳곳이   낱낱이   몫몫이   샅샅이   앞앞이   집집이

2. 명사로 된 것

  곰배팔이[18]   바둑이   삼발이   애꾸눈이   육손이   절뚝발이/절름발이

[붙임] '-이' 이외의 모음으로 시작된 접미사가 붙어서 된 말은 그 명사의 원형
을 밝히어 적지 아니한다.

  꼬락서니   끄트머리   모가치   바가지   바깥   사타구니
  싸라기   이파리   지붕   지푸라기   짜개[19]

[제20항] 명사 뒤에서 '-이'가 붙어서 된 말의 적기

앞의 제19항은 <u>용언 뒤에</u> 모음으로 시작하는 접미사가 붙어서 된 파생어를 적는 법

---

16) 불겅이 : ① 붉은빛의 물건. ② 갓 붉은 고추. ③ 붉은빛이 나는 살담배.
17) 코뚜레 : '쇠코뚜레'의 준말이다. 소의 코청을 꿰뚫어 낀, 고리와 같이 만든 나무이다.
18) 곰배팔이 : 병으로 말미암아 팔이 꼬부라져 붙거나 팔뚝이 없는 사람이다. [준] 곰배.
19) 짜개 : 콩이나 팥 따위를 둘로 쪼갠 것의 한쪽이다.

을 규정한 항인데 반하여, 제20항은 <u>명사 뒤에</u> 접미사 '-이'가 붙어서 된 파생어를 적는 방법을 규정한 것이다.

접미사 '-이'가 명사 뒤에 붙어서 새로운 단어(명사·부사)를 만드는 것은 파생력이 강하다. 그뿐만 아니라 이렇게 파생된 단어는 밑말의 의미를 유지하고 있으므로 밑말이 되는 명사의 원형을 밝혀서 적는다.

> (13) 간간-이, 겹겹-이, 곳곳-이, 길길-이, 구구절절-이, 나날-이, 낱낱-이, 다달-이,
> 땀땀-이[20], 면면-이[21], 번번-이, 샅샅-이, 쌍쌍-이, 앞앞-이, 연년-이, 줄줄-이,
> 짬짬-이[22], 첩첩-이, 층층-이, 틈틈-이
>
> (14) 네눈-이[23], 외팔-이, 고리눈-이[24], 육손-이[25], 육발-이[26]

[붙임] 명사 뒤에서 '-이' 이외의 모음으로 시작하는 접미사가 붙어서 된 단어

'-이' 이외의 모음으로 시작하는 접미사는 새로운 단어를 만드는 파생력이 약하므로, 이들 접미사가 어근에 붙는 현상은 개별적이고 한정적인 현상이다. 그리고 이들 단어가 파생어라는 것을 언중들이 인식하기가 어려우므로 소리 나는 대로 적는다.

> (15) 고랑(골-앙), 구렁(굴-엉), 꼬락서니(꼴-악서니), 끄트러기(끝-으러기), 끄트머리
> (끝-으머리), 모가지(목-아지), 모가치(몫-아치), 바가지(박-아지), 바깥(밖-앝), 부
> 랴부랴(불-야), 사타구니(샅-아구니), 사태(샅-애)[27], 소가지(속-아지), 소댕(솥-
> 앵)[28], 싸라기(쌀-아기), 오라기(올-아기), 이파리(잎-아리), 지붕(집-웅), 지푸라기
> (짚-우라기), 짜개(짝-애), 터럭(털-억)[29]

---

20) 땀땀이: 땀땀이 실을 꿴 바늘로 한 번 뜬 자국마다. 예 어머님이 손수 만들어 보내신 이 옷
은 어머님의 정성이 땀땀이 서려 있다.

21) 면면이: 저마다 따로따로. 또는 여러 면에 있어서. 예 그는 모인 사람 모두에게 면면이 찾아
다니며 인사를 하였다.

22) 짬짬이: 짬이 나는 대로 그때 그때. 예 짬짬이 권투를 배웠다.

23) 네눈이: '네눈박이'의 준말. 양쪽 눈 위에 점이 있어 얼른 보기에 눈이 넷으로 보이는 개.

24) 고리눈이: ① 눈동자의 주위에 흰 테가 둘린 눈을 가진 사람. ② 동그랗게 생긴 눈을 가진
사람. ③ 놀라거나 화가 나서 휘둥그레진 눈.

25) 육손이: 손가락이 여섯 개 달린 사람이다.

26) 육발이: 발가락이 여섯 개 달린 사람을 속되게 이르는 말이다.

27) 사태: 소의 오금에 붙은 살덩이. 곰국 거리로 쓴다.

28) 소댕: 솥을 덮은 쇠뚜껑. 꼭지가 달렸다.

{ 주의 } '모가치'와 '벼슬아치'

'모가치'는 '몫'에 접미사 '-아치'가 붙어서 만들어진 파생어이다. 따라서 [붙임]의 규정을 적용하면 '목사치'로 적어야 한다. 그러나 이 단어는 현실 발음이 [모가치]로 날 뿐만 아니라 언중들은 '모가치'가 '몫'에서 온 말인 것을 잘 모르고 있다. 이러한 점을 감안하여 이 단어는 소리 나는 대로 '모가치'로 적는다.

그리고 '벼슬아치'는 명사 '벼슬'에 접미사 '-아치'가 붙어서 된 파생어이므로, 붙임의 규정을 따르면 이 단어는 '벼스라치'로 적어야 한다. 그러나 접미사 '-아치'는 파생력이 제법 강하여 '동자아치, 구실아치, 동냥아치, 바느질아치, 반빗아치, 빗아치, 삯벼슬아치, 시정아치, 양아치, 재주아치' 등의 단어를 파생시킨다. <한글 맞춤법>에서는 이러한 사실을 감안하여 앞 어근의 원형을 밝혀서 '벼슬아치' 등으로 적는다.

제21항 명사나 혹은 용언의 어간 뒤에 자음으로 시작된 접미사가 붙어서 된 말은 그 명사나 어간의 원형을 밝히어 적는다.

1. 명사 뒤에 자음으로 시작된 접미사가 붙어서 된 것

     값지다 홀지다[30] 넋두리 빛깔 옆댕이[31] 잎사귀

2. 어간 뒤에 자음으로 시작된 접미사가 붙어서 된 것

낚시	늙정이[32]	덮개	뜯게질[33]
갉작갉작하다	갉작거리다	뜯적거리다[34]	뜯적뜯적하다
굵다랗다	굵직하다	깊숙하다	넓적하다
높다랗다	늙수그레하다	얽죽얽죽하다[35]	

---

29) 터럭 : 사람이나 길짐승의 몸에 난 길고 굵은 털이다.

30) 홀지다 : ① 너더분하지 않고 딸린 사람이 적어서 아주 홀가분하다. 뵘 신혼 살림이라 홀지다. ② 홀로 쓸쓸하다. ③ 성격이 옹졸한 데가 있다.

31) 옆댕이 : 옆의 낮은 말이다. 뵘 내가 잠자는 것이 미운지 옆댕이 방에서 풍류를 울려 잠을 깨게 한단다.

32) 늙정이 : '늙은이'를 속되게 이르는 말이다.

33) 뜯게질 : 헐어서 입지 못하게 된 옷, 또는 빨래할 옷의 솔기를 뜯어 내는 일이다.

34) 뜯적거리다 : 손톱이나 날카로운 것으로 자꾸 긁어 뜯거나 진집을 내다.

35) 얽죽얽죽하다 : 얼굴에 잘고 굵은 것이 섞이어서 깊이 얽은 자국이 성기게 있다.

다만, 다음과 같은 말은 소리대로 적는다.

(1) 겹받침의 끝소리가 드러나지 아니하는 것

할짝거리다	널따랗다	널찍하다	말끔하다
말쑥하다	말짱하다	실쭉하다[36]	실큼하다[37]
얄따랗다	얄팍하다	짤따랗다	짤막하다
실컷			

(2) 어원이 분명하지 아니하거나 본뜻에서 멀어진 것

넙치	올무[38]	골막하다[39]	납작하다

[제21항] 어근에 자음으로 시작하는 접미사가 붙은 파생어의 적기

자음으로 시작하는 접미사가 결합된 파생어에서, 접미사 앞에 실현되는 어근의 끝 음절이 자음으로 끝날 때는 그 자음은 '평파열음화'와 '자음군 단순화' 등의 규칙에 따라서 대표 소리로 바뀌는 경우가 많다.

(16) 값-지다, 꽃-답다, 넋-두리, 멋-지다, 밑-지다, 빛-깔, 빚-쟁이, 숯-장이, 숱-하다, 옆-구리, 옆-댕이, 홑-지다

(17) 갉작갉작하다(갉-), 갉작거리다(갉-), 굵다랗다(굵-), 굵직하다(굵-), 긁적거리다 (긁-), 깊숙하다(깊-), 낚시(낚-), 넓적하다(넓-), 높다랗다(높-), 높직하다(높-), 늙다리(늙-), 늙바탕[40](늙-), 늙수그레하다(늙-), 늙정이(늙-), 덮개(덮-), 뜯게질(뜯-), 뜯적뜯적하다(뜯-), 뜯적거리다(뜯-), 묽숙하다[41](묽-), 묽스그레하다(묽-), 얽죽얽 죽하다(얽-), 엎지르다(엎-), 읊조리다(읊-)

---

36) 실쭉하다: 어떤 감정을 나타내면서 입이나 눈이 한쪽으로 약간 실그러지게 움직이다. 또는 그렇게 되게 하다.

37) 실큼하다: ① 싫은 생각이 있다. ② 어떤 감정으로 입이나 눈 따위가 한 번 실그러지게 움직이다. ③ 마음에 차지 않아서 고까워하는 태도가 한 번 드러나다.

38) 올무: 새나 짐승을 잡는 올가미이다.

39) 골막하다: 그릇에 가득 차지 않다. 圓 골막하게 부은 술잔.

40) 늙바탕: 늙어 버린 판이다.

41) 묽숙하다: 알맞게 묽다.

예를 들어 '값지다, 꽃답다, 넋두리'는 [갑찌다], [꼳땁따], [넉뚜리]로 소리 나는데, 이들 단어를 소리 나는 대로 적으면 독서 효과가 떨어지게 된다. 그리고 이들 단어가 파생어가 되는 과정에서 어근의 끝 받침의 형태가 변하더라도, 이들 변화는 보편적이면서 필연적 변동을 하므로, 음운 변동에 따라서 발음을 그릇되게 할 가능성도 적다.

이러한 점을 감안하여 명사나 용언의 어간에 자음으로 시작된 접미사가 붙어서 된 말은 밑말이 되는 명사나 어간의 원형을 밝혀 적는다. (16)은 명사에 자음으로 시작하는 접미사가 결합하여 된 파생어이고, (17)은 용언의 어간에 자음으로 시작하는 접미사가 붙어서 된 파생어이다.

{참고} 어간이 /ㄹ/ 겹받침일 때에, 겹받침의 /ㄹ/이 탈락하는 파생어의 적기

용언의 어간 뒤에 자음으로 시작하는 접미사가 붙어서 된 파생어 중에서, 어간의 겹받침의 첫소리인 /ㄹ/이 탈락되는 것은 그 어간의 원형을 밝히어 적는다.

(18) 굵-다랗다 [국-/굴-], 긁-적거리다 [극-/글-], 늙-수그레하다 [늑-/늘-], 얽-죽얽-죽하다 [억-/얼-], 넓-적하다 [넙-/널-]

(18)의 단어는 표준 발음으로는 [국따랗다, 극쩍거리다, 늑쑤그레하다, 억쭉억쭉하다, 넙쩍하다]로 소리 나서, 겹받침의 첫소리인 [ㄹ]이 탈락한다. 그러나 현실 언어 생활에서는 겹받침의 끝소리를 발음하지 않고 [굴따랗다, 글쩍거리다, 늘쑤그레하다, 얼쭉얼쭉하다]로 발음하는 경우도 많다. 이러한 현실 발음을 고려하여 겹받침의 첫소리가 드러나지 않는 말은 어간의 원형을 밝혀 적는다.

[다만 1] 어간이 /ㄹ/ 겹받침일 때에, 겹받침의 끝소리가 탈락하는 파생어의 적기

'다만 1'의 예는 용언 어간에 자음으로 시작하는 접미사가 붙어서 된 파생어들인데, 어간의 겹받침 중에서 끝소리가 탈락하는 단어들이다.

(19) 널따랗다(← 넓-), 널찍하다(← 넓-), 말끔하다(← 맑-), 말쑥하다(← 맑-), 말짱하다 (← 맑-), 실쭉하다(← 싫-), 실큼하다(← 싫-), 실컷(← 싫-), 얄따랗다(← 얇-), 얄팍하다(← 얇-), 짤따랗다(← 짧-), 짤막하다(← 짧-), 할짝거리다(← 핥-)

(20) *넓다랗다, *넓직하다, *맑금하다, *맑숙하다, *맑장하다, *싫죽하다, *싫금하다, *싫 것, *얇다랗다, *얇팍하다, *짧다랗다, *짧막하다, *핥작거리다

이들 단어들은 어원적으로 볼 때에 '넓다, 맑다, 싫다, 얇다, 짧다, 핥다'에서 온 말이므로 어간의 원형을 밝혀서 (20)처럼 적을 가능성이 있다. 하지만 이 단어들은 앞의 어간 부분이 [널, 말, 실, 얄, 짤, 할]로만 발음되고, [넙, 막, 싫, 얍, 짭, 핥]으로는 발음되지 않는다. 이와 같이 겹받침 가운데서 전혀 발음되지도 않는 끝소리를 밝혀서 적으면 너무 이론에 치우치는 맞춤법이 될 가능성이 있다. 따라서 (19)처럼 소리 나는 대로 적기로 하였다.

'참고'와 '다만 1'에서 설명한 내용을 간추려 표로 보이면 다음과 같다.

단 어 \ 겹받침 소리	첫소리 /ㄹ/의 탈락	끝소리의 탈락	적기
굵 + 다랗 + 다	**[국따라타]**(○)	[굴따라타](○)	굵다랗다 (원형 밝힘)
맑 + 장 + 하다	[막장하다](×)	**[말짱하다]**(○)	말짱하다 (소리대로)

[표 2. /ㄹ/ 겹받침의 발음과 표기 방법]

'굵다랗다'는 겹받침의 첫소리가 탈락되어 [국따라타]로 발음하는 것을 표준 발음으로 인정하고 있으나 화자에 따라서는 끝소리를 탈락시켜 [굴따라타]로도 발음한다. 이러한 현상을 표기에 반영하여 원형을 밝혀서 '굵다랗다'로 적는다. 그러나 '말짱하다'는 항상 겹받침의 끝소리가 탈락하여 [말짱하다]로만 발음된다. 그러므로 소리 나는 대로 표기하여 '말짱하다'로 적는 것이다.

[다만 2] 어원이 분명치 않거나 본뜻에서 멀어진 것

파생어 어간의 어원이 분명하지 않거나 본뜻에서 멀어진 경우에는 어간의 원형을 밝히는 것이 별로 의미가 없다. 어떠한 파생어의 원형을 밝히는 것은 어원이 되는 단어(밑말)의 꼴을 유지하게 하여 의미 파악을 쉽게 하기 위함이다. 그런데 어떤 파생어의 밑말을 알 수 없으면 파생어의 원형이 무엇인지 알 수가 없기 때문에 원형을 밝힐 수가 없다. 또한 어원이 알려져 있더라도 파생어의 뜻과 밑말의 뜻이 멀어져 버리면

파생어의 원형을 밝히는 효과가 없어진다. 그러므로 어원이 분명하지 않거나 본뜻에서 멀어진 파생어는 원형을 밝히지 않고 소리 나는 대로 적는다.

(21) ㄱ. 넙치(←'넓다' ?)
ㄴ. 올무(←'옭다' ?)
ㄷ. 골막하다(←'곯다' ?)
ㄹ. 납작하다(←'납다', '낮다' ?)

'넙치'는 한자어 '광어(廣魚)'와 비교할 때에 '넓다'와 관련을 가진 듯하지만, 어원의 형태와 멀어진 것으로 보아서 소리 나는 대로 '넙치'로 적는다. 그리고 '올무(새나 짐승을 잡는 올가미)'도 '옭다(올가미 따위로 졸라매다)'와 관련이 있을 듯하나, 밑말의 뜻과 멀어졌다고 보아서 소리 나는 대로 적는다. '골막하다(그릇에 가득 차지 아니하다)'와 '납작하다'는 어원을 추정하기가 어려우므로 소리 나는 대로 적는다.

제22항 용언의 어간에 다음과 같은 접미사들이 붙어서 이루어진 말들은 그 어간을 밝히어 적는다.

1. '-기-, -리-, -이-, -히-, -구-, -우-, -추-, -으키-, -이키-, -애-'가 붙는 것

맡기다	옮기다	웃기다	쫓기다	뚫리다	울리다
낚이다	쌓이다	핥이다	굳히다	굽히다	넓히다
앉히다	얽히다	잡히다	돋구다	솟구다	돋우다
갖추다	곧추다	맞추다	일으키다	돌이키다	없애다

　다만, '-이-, -히-, -우-'가 붙어서 된 말이라도 본뜻에서 멀어진 것은 소리대로 적는다.

도리다(칼로~)	드리다(용돈을~)	고치다	바치다(세금을~)
부치다(편지를~)	거두다	미루다	이루다

2. '-치-, -뜨리-/-트리-'가 붙는 것

놓치다	덮치다	떠받치다	받치다	밭치다	부딪치다
뻗치다	엎치다	부딪뜨리다/부딪트리다		쏟뜨리다/쏟트리다	

젖뜨리다/젖트리다   찢뜨리다/찢트리다   흩뜨리다/흩트리다

[붙임] '-업-, -읍-, -브-'가 붙어서 된 말은 소리대로 적는다.

미덥다   우습다   미쁘다

[제22항] 사동·피동과 강조 등을 나타내는 접미사가 붙은 단어의 적기

[1] 피동사, 사동사의 적기

어간에 피동 접미사나 사동 접미사가 붙어서 피동사와 사동사로 파생된 단어에서 피동, 사동 접미사는 어간의 뜻과 분명히 구분된다.

  (22) ㄱ. 먹 - 이 - 다
      ㄴ. 먹 - 히 - 다

  (23) ㄱ. 먹 - 었 - 다
      ㄴ. 먹 - 으시 - 겠 - 다

곧 어간은 실질 형태소로서 어휘적 의미를 나타내지만 피동, 사동 접미사는 형식 형태소로서 문법적인 뜻을 나타낸다. 그리고 피동과 사동의 접미사는 파생력이 강하여 꽤 많은 피동사와 사동사를 파생한다는 특징이 있다. 피동과 사동 접사가 가진 이러한 성질은 (23)에서처럼 일반 용언의 활용 어미에 나타나는 문법적 성질과 비슷하다.

어간에 어미가 결합될 때는 어간과 어미의 꼴을 밝혀 적어서 독서의 효율을 높인다고 하였다. 이와 마찬가지로 실질 형태소에 사동 접미사와 피동 접미사가 붙어서 된 사동사와 피동사도 어근과 접사의 원형을 밝혀 적어서 독서 효율을 높인다.

[다만] 원래의 뜻에서 멀어진 사동사, 피동사의 적기

'도리다〔抉〕, 드리다〔獻〕, 고치다〔改〕, 바치다〔納〕, 부치다〔寄送〕, 거두다〔收〕, 미루다〔轉〕, 이루다〔成〕' 등은 각각 '돌다〔廻〕, 들다〔入〕, 곧다〔直〕, 받다〔受〕, 붙다〔附〕, 걷다〔撤〕, 밀다〔推〕, 일다〔起〕' 등에서 접미사가 붙어서 된 말이다. 하지만 이들 단어들의 의미는 원래의 어간이 나타내는 뜻에서 멀어졌다.(이희승·안병희, 1995:98 참조.)

(24) ㄱ. 돌다[廻] …… 돌-+-이-+-다 ⇔ 도리다[抉]

　　 ㄴ. 들다[入] …… 들-+-이-+-다 ⇔ 드리다[獻]

　　 ㄷ. 곧다[直] …… 곧-+-히-+-다 ⇔ 고치다[改]

　　 ㄹ. 받다[受] …… 받-+-히-+-다 ⇔ 바치다[納]

　　 ㅁ. 붙다[附] …… 붙-+-이-+-다 ⇔ 부치다[託送]

　　 ㅂ. 걷다[撤] …… 걷-+-우-+-다 ⇔ 거두다[收]

　　 ㅅ. 밀다[推] …… 밀-+-우-+-다 ⇔ 미루다[轉, 延]

　　 ㅇ. 일다[起] …… 일-+-우-+-다 ⇔ 이루다[成]

예를 들어 (24ㄱ)의 '돌다'에 사동 접미사를 붙여서 사동사를 만들면 '돌게 하다'의 뜻을 가진 '돌이다'로 되어야 하는데, 실제로는 '돌게 하다'의 뜻으로 쓰이는 파생어는 없다. 다만 '둥글게 빙 돌려서 베어 내거나 파다.'라는 뜻으로 쓰이는 '도리다'만 존재하는데, 이 '도리다'는 그 어근 '돌다'와 의미적으로 관련성이 멀어졌으므로 소리 나는 대로 적는다. 이와 같이 어근에 접사가 붙어서 된 말이라도 원래의 뜻에서 멀어진 것은 원형을 밝히지 않는다.42)

[2] 강세의 뜻을 나타내는 접미사가 붙어서 된 파생어의 적기

강세의 뜻을 나타내는 접미사인 '-치-, -뜨리-, -트리-'는 모두 자음으로 시작되는 접미사이다. 그리고 이 접미사는 새로운 단어를 만드는 파생력이 강할 뿐만 아니라, 이들 접미사가 붙어서 만들어진 파생어는 원래의 어간의 뜻과 의미적으로 밀접한 관련이 있다. 그러므로 강세의 뜻을 나타내는 접미사가 붙어서 된 파생어는 원형을 밝혀서 적는다.

(25) ㄱ. 놓-치-다　　　　　(26) ㄱ. 부딪-뜨리-다

　　 ㄴ. 떨-치-다　　　　　　　　 ㄴ. 늘어-뜨리-다

　　 ㄷ. 밀-치-다　　　　　　　　 ㄷ. 깨-트리-다

　　 ㄹ. 부딪-치-다　　　　　　　 ㄹ. 놓-트리-다

---

42) '바치다[納], 부치다[託送]'에서 어간의 원형을 밝혀서 '받히다, 붙이다'로 표기하면, '받히다(피동), 붙이다('붙게 하다')와 구분이 되지 않는다.

[붙임] 접미사 '-업-, -읍-, -브-'가 붙어서 된 말의 적기

접미사 '-업-, -읍-'은 파생력이 약하여 이들이 붙어서 된 '미덥다, 우습다'는 원형을 밝히기 어렵다. 그러므로 이들 접미사가 붙어서 된 단어는 소리 나는 대로 적는다.

(27) ㄱ. 믿 + 업 + 다 → 미덥다
ㄴ. 웃 + 읍 + 다 → 우습다

그런데 접미사 '-브-'는 생산력이 어느 정도 있어서 제법 많은 단어를 파생하므로 '-브-'가 붙어서 된 단어는 어간의 원형을 밝혀서 적을 가능성이 있다.

(28) ㄱ. *곯 + ㅂ + 다 → 가쁘다   *깄 + 브 + 다 → 기쁘다   *슳 + 브 + 다 → 슬프다
ㄴ. 믿 + 브 + 다 → 미쁘다   밭 + 브 + 다 → 바쁘다   곯 + 브 + 다 → 고프다

그러나 '-브-'가 붙어서 된 단어들 가운데서 (28ㄱ)의 '가쁘다, 기쁘다, 슬프다' 등은 어간 자체가 고어의 형태를 유지하고 있다. 따라서 현대어에서 원형을 밝혀서 적기가 어려우므로 이들 단어들은 소리 나는 대로 적는다. 한편, (28ㄴ)의 '미쁘다, 바쁘다, 고프다'는 '믿다, 밭다, 곯다'에서 온 말이다. 따라서 어간과 어미의 원형을 밝혀서 '*믿브다, *밭브다,* 곯브다'로 적을 가능성이 있다. 그러나 파생 접사 '-브-'가 결합하여 파생된 (36ㄱ)의 '가쁘다, 기쁘다, 나쁘다, 슬프다' 등의 원형을 밝혀 적지 않으므로, '미쁘다, 바쁘다, 고프다'도 소리 나는 대로 적는다.

제23항 '-하다'나 '-거리다'가 붙는 어근에 '-이'가 붙어서 명사가 된 것은 그 원형을 밝히어 적는다. (ㄱ을 취하고, ㄴ을 버림.)

ㄱ	ㄴ	ㄱ	ㄴ
깔쭉이[43]	깔쭈기	살살이[44]	살사리
꿀꿀이	꿀꾸리	쌕쌕이[45]	쌕쌔기

---

43) 깔쭉이 : 가장자리에 톱니 같은 금을 잘게 에어 깔쭉깔쭉하게 만든 은전이다.
44) 살살이 : 성미가 교활하고 간사한 사람이다.
45) 쌕쌕이 : 쌕쌕 소리를 내며 빨리 난다는 뜻으로 '제트기'를 일컫는 말이다.

눈깜짝이[46]	눈깜짜기	오뚝이	오뚜기
더펄이[47]	더퍼리	코납작이	코납자기
배불뚝이	배불뚜기	푸석이[48]	푸서기
삐죽이[49]	삐주기	홀쭉이	홀쭈기

[붙임] '-하다'나 '-거리다'가 붙을 수 없는 어근에 '-이'나 또는 다른 모음으로 시작되는 접미사가 붙어서 된 것은 그 원형을 밝히어 적지 아니한다.

개구리	귀뚜라미	기러기	깍두기	꽹과리	날라리
누더기	동그라미	두드러기	딱따구리	매미	부스러기
뻐꾸기	얼루기[50]	칼싹두기[51]			

[제23항] '-하다'나 '-거리다'가 붙는 어근에 '-이'가 붙어서 된 명사의 적기

'-하다'나 '-거리다'가 붙을 수 있는 어근에 접미사 '-이'가 붙어서 된 파생 명사는, 그 밑말과 형태적인 유연성 및 통일성을 갖추기 위하여 원형을 밝혀 적는다. 이는 결국 접미사인 '-하다, -거리다, -이'가 붙는 어근의 꼴을 고정시켜서, 파생어의 의미를 파악하기 쉽게 하려는 것이다.

(29) ㄱ. 눈깜짝 + -하다 → **눈깜짝**하다
　　 ㄴ. 눈깜짝 + -이 　 → **눈깜짝**이, *눈깜짜기

(30) ㄱ. 꿀꿀 + -거리다 → **꿀꿀**거리다
　　 ㄴ. 꿀꿀 + -이 　　→ **꿀꿀**이, *꿀꾸리

예를 들어 (29~30)의 (ㄴ)의 '눈깜짝이'와 '꿀꿀이'는 '-하다, -거리다'가 붙을 수 있는 용언의 어근 '눈깜짝-'과 '꿀꿀-'을 밑말로 잡는데, 이 어근에 파생력이 강한 접미사 '-이'가 붙었으므로 어근의 원형을 밝혀서 적는다. 만일 소리 나는 대로 '눈깜짜기, 꿀꾸리'로 적

---

46) 눈깜짝이 : 눈을 자주 깜짝거리는 사람이다.
47) 더펄이 : 성미가 스스럼없고 붙임성이 있어 꽁하지 않은 사람이다.
48) 푸석이 : 옹골차지 못하고 푸석하여 무른 사람이다.
49) 삐죽이 : 사소한 일에 쉽게 토라지는 사람을 놀림조로 이르는 말이다.
50) 얼루기 : ① 빛이 얼룩진 짐승. ② 살갗이 두드러지지 않고 색깔만 달라지는 병이다.
51) 칼싹두기 : 밀가루 반죽 등을 방망이로 밀어서 굵직굵직하고 조각지게 썰어서 끓인 음식이다.

는다면 '눈깜짝하다'와 '꿀꿀거리다'의 어근과 어형이 달라져서 독서 능률이 떨어진다.

    (31) 눈깜짝-이(눈깜짝-하다), 배불뚝-이(배불뚝-하다), 삐죽-이(삐죽-하다), 오뚝-이
        (오뚝-하다), 코납작-이(코납작-하다), 푸석-이(푸석-하다), 홀쭉-이(홀쭉-하다)

    (32) 깔쭉-이(깔쭉-거리다[52]), 꿀꿀-이(꿀꿀-거리다), 더펄-이(더펄-거리다[53]), 살살-이
        (살살-거리다), 쌕쌕-이(쌕쌕-거리다)

[붙임] '-하다'나 '-거리다'가 붙을 수 없는 어근에 '-이' 또는 다른 모음으로 시작되는 접미사가 붙어서 된 명사의 적기

'-하다'나 '-거리다'가 붙을 수 없는 어근에 '-이' 또는 다른 모음으로 시작되는 접미사가 붙어서 된 명사는 소리 나는 대로 적기로 하였다. [붙임]에서 다루고 있는 단어들은 대부분이 의성어와 의태어의 어근에 접사가 붙은 단어들인데, 이들은 '-하다'나 '-거리다'가 붙는 말과 관련성이 없다고 판단하였다. 이러한 판단에 따라서 이들 단어는 소리 나는 대로 적는다.

제24항 '-거리다'가 붙을 수 있는 시늉말 어근에 '-이다'가 붙어서 된 용언은 그 어근을 밝히어 적는다. (ㄱ을 취하고, ㄴ을 버림.)

ㄱ	ㄴ	ㄱ	ㄴ
깜짝이다	깜짜기다	속삭이다	속사기다
꾸벅이다	꾸버기다	숙덕이다	숙더기다
끄덕이다	끄더기다	울먹이다	울머기다
뒤척이다	뒤처기다	움직이다	움지기다
들먹이다	들머기다	지껄이다	지꺼리다
망설이다	망서리다	퍼덕이다	퍼더기다
번득이다	번드기다	허덕이다	허더기다
번쩍이다	번쩌기다	헐떡이다	헐떠기다

---

52) 깔쭉거리다: 거칠고 깔끄럽게 따끔거리다
53) 더펄거리다: ① 들떠서 되는 대로 행동하다. ② 더부룩한 털이나 머리칼 같은 것이 잇달아서 출렁거리듯이 흔들리다.

[제24항] '-거리다'가 붙을 수 있는 어근에 '-이다'가 붙은 용언의 적기

접미사 '-거리(다)'와 '-이(다)'는 문법적 성질이 비슷하여, 두 접미사 모두 용언을 파생할 때에 동일한 형태의 어근에 공통적으로 붙는다. 이러한 공통성을 고려하여 '-이다'가 붙어서 된 용언도 어근의 원형을 밝혀 적음으로써 독서 효율을 높인다.

(33) ㄱ. **뒤척** + 거리다 : 뒤척 + 이다 → 뒤척이다, *뒤처기다

　　ㄴ. **들먹** + 거리다 : 들먹 + 이다 → 들먹이다, *들머기다

　　ㄷ. **망설** + 거리다 : 망설 + 이다 → 망설이다, *망서리다

　　ㄹ. **울먹** + 거리다 : 울먹 + 이다 → 울먹이다, *울머기다

예를 들어 (33)에서 '뒤척이다, 들먹이다, 망설이다, 울먹이다'와 같이 적으면 '-이다'와 '-거리다'의 어근의 꼴이 동일해 져서 독서 능률이 높아진다. 이에 반하여 이들 단어들을 소리 나는 대로 '뒤처기다, 들머기다, 망서리다, 울머기다'와 같이 적으면 '뒤척거리다, 들먹거리다, 망설거리다, 울먹거리다'와 어형이 달라져서 독서 능률이 떨어진다.

제25항 '-하다'가 붙는 어근에 '-히'나 '-이'가 붙어서 부사가 되거나, 부사에 '-이'가 붙어서 뜻을 더하는 경우에는, 그 어근이나 부사의 어형을 밝히어 적는다.

1. '-하다'가 붙는 어근에 '-히'나 '-이'가 붙는 경우

　　급히　　꾸준히　　도저히　　딱히　　어렴풋이　　깨끗이

[붙임] '-하다'가 붙지 않는 경우에는 소리대로 적는다.

　　갑자기　　반드시(꼭)　　슬며시

2. 부사에 '-이'가 붙어서 역시 부사가 되는 경우

　　곰곰이　　더욱이　　생긋이　　오뚝이　　일찍이　　해죽이

---

[1] '-하다'가 붙는 어근에 '-히'나 '-이'가 붙은 부사의 적기

이 규정도 두 가지 파생어에 동일하게 나타나는 어근의 형태를 통일시킴으로써 의미 파악을 쉽고 빠르게 하려고 설정한 규정이다. 본 규정에서 말하는 '-하다'가 붙는 어근은 '-하다'가 붙어서 다음의 (34)와 같이 형용사를 파생하는 어근을 말한다.

(34) ㄱ. 깨끗-하다, 뚜렷-하다, 버젓-하다, 어렴풋-하다

   ㄴ. 급(急)-하다, 꾸준-하다, 나란-하다, 넉넉-하다, 도저-하다[54], 딱-하다, 무던-하다, 속(速)-하다

(34) ㄱ. 깨끗-이, 뚜렷-이, 버젓-이, 어렴풋-이

   ㄴ. 급-히, 꾸준-히, 나란-히, 넉넉-히, 도저-히, 딱-히, 무던-히, 속-히

이들 어근 '깨끗-, 뚜렷-, 급-, 꾸준-' 등에 '-이, -히'가 붙어서 부사가 될 때, 이 단어를 소리 나는 대로 적으면 '*깨끄시, *뚜려시, *그피, *꾸주니' 등이 된다. 그러나 이렇게 적고 나면 '깨끗하다, 뚜렷하다, 급하다, 꾸준하다'의 어근의 꼴과 달라져 버린다. 이러한 단점을 피하기 위하여 (34)처럼 어근의 원형을 밝혀 적음으로써, 파생 형용사의 어근과 파생 부사 사이의 어근을 동일한 꼴로 유지시킨다.

[붙임] '-하다'가 붙지 않는 어근에 '-이, -히'가 붙은 부사의 적기

[붙임]에서 '갑자기, 반드시(꼭), 슬며시' 등은 그 어근이 '갑작-, 반듯-, 슬멋-'인데, 이들 어근에는 '-하다'가 붙지 않는다. 이와 같이 '-하다'가 붙지 않는 어근에 '-이, -히'가 붙어서 된 부사는 '-하다'가 붙은 파생 형용사의 꼴과 일치하지 않아도 되므로, 소리 나는 대로 적는다.

{참고} '반듯이'와 '반드시'

'반듯하다'는 '정(正)이나 직(直)'의 뜻이다. 그런데 [붙임]에서 예로 사용된 '반드시[必]'는 '반듯하다'와 직접적인 관련이 없으므로 소리 나는 대로 '반드시'로 적는다. 그러나 만일 '나무를 반듯이(반듯하게) 세워라.'에서처럼 '반듯하게'의 뜻으로 쓰이는 말이면, 그 밑말을 '반듯하다'로 잡고 어근의 원형을 밝혀서 '반듯이'로 적는다.

[2] 부사에 '-이'가 붙어서 역시 부사가 되는 단어의 적기

부사에 접미사 '-이'가 붙어서 파생 부사가 된 단어는, 밑말로 쓰인 부사의 어형과 맞추기 위하여 어근의 원형을 밝혀서 적는다.

---

54) 도저하다(到底-): 생각, 지식, 기술 따위의 정도가 매우 깊다. 예 아내에 대한 그의 사랑은 도저하였다.

(35) 곰곰 + 이 → 곰곰이 [곰고미]　　　　더욱 + 이 → 더욱이 [더우기]

　　　 생긋 + 이 → 생긋이 [생그시]　　　　오뚝 + 이 → 오뚝이 [오뚜기]

　　　 일찍 + 이 → 일찍이 [일찌기]　　　　해죽 + 이 → 해죽이 [해주기]

제26항 '-하다'나 '-없다'가 붙어서 된 용언은 그 '-하다'나 '-없다'를 밝히어 적는다.

　1. '-하다'가 붙어서 용언이 된 것

　　　　딱하다　　　숱하다　　　착하다　　　　텁텁하다　　　푹하다[55]

　2. '-없다'가 붙어서 용언이 된 것

　　　　부질없다　　　상없다[56]　　　시름없다[57]　　　열없다[58]　　　하염없다[59]

---

[1] '-하다'가 붙어서 된 용언의 적기

'-하다'는 일반적으로 명사의 성격을 가진 어근에 붙어서 그 명사를 용언으로 파생 시키는 기능을 하는 접미사다. 제26항은 이렇게 '-하다'가 붙어서 된 파생 용언은 그 어근을 밝혀서 적는다는 규정이다.

이들 파생 용언에서 어근의 원형을 밝혀 적어야 하는 이유가 있다. 곧 앞서 제21항 에서 "명사나 혹은 용언의 어간 뒤에 자음으로 시작된 접미사가 붙어서 된 말은 그 명사나 어간의 원형을 밝혀서 적는다."라고 이미 규정했기 때문에 '-하다'가 붙는 말 도 어근을 밝혀서 적는다.

그런데 문제는 제26항 [1]의 용례에서 '딱하다, 숱하다, 착하다, 텁텁하다, 푹하다'는 '숱-하다'를 제외하고는 어근의 형태나 의미가 분명하지 않다는 점이다. 어근이나 어 간의 뜻이 분명하지 않을 경우에는 소리 나는 대로 적는 것을 원칙으로 삼았으므로, 이들 단어들은 소리 나는 대로 '따카다, 수타다, 차카다, 텁터파다, 푸카다'로 적을 가

---

55) 푹하다: 겨울 날씨가 퍽 따뜻하다. 뵈 겨울이 너무 푹하면 병이 많다는데······.

56) 상없다: 상리에 어그러지거나 상스럽다. 뵈 의관이 분명하고 상없지 아니하여 보이는 사람은 안으로 불러 들여······.

57) 시름없다: 시름에 쌓여 어떠한 생각이나 맥이 없다.

58) 열없다: ① 어색하고 겸연쩍다. 뵈 방안 사람들이 웃는 바람에 길동이는 열없어서 물러 나왔 다. ② 성질이 묽고 짜이지 못하다. 뵈 열없게 생긴 오징어 둥개는데······. ③ 겁이 많고 조금 부끄럽다. 뵈 열없는 웃음.

59) 하염없다: ① 이렇다 할 생각이 없다. ② 그침이 없다. 뵈 하염없는 눈물.

능성이 있는 것이다.60)

(36) *따카다, *수타다, *차카다, *텁터파다, *푸카다

그러나 '-하다'는 다음의 (37)에서 볼 수 있듯이 명사를 용언으로 만드는 생산력이 대단히 강하다.

(37) 건강-하다, 공부-하다, 농구-하다, 생각-하다, 선전-하다, 성실-하다, 우울-하다, 일-하다, 자랑-하다, 조용-하다

우리는 앞에서 '-이, -음, -히'와 같이 생산력이 강한 접사가 붙어서 파생어가 될 적에는 그 파생어의 어근과 접사의 원형을 밝혀서 적는다는 원칙을 확인한 바가 있다. 이들 접사와 마찬가지로 접미사 '-하다'는 파생어를 만드는 생산력이 대단히 강하다. 그렇기 때문에 다른 일반적인 '-하다' 파생의 용언과 형태적인 통일을 기하기 위하여 '딱하다, 숱하다, 착하다, 텁텁하다, 푹하다'처럼 '-하다'를 밝혀서 적는다.

이와 같이 '-하다'가 붙은 용언 중에서 어근의 어원이나 뜻이 분명하지 않은데도, 접미사 '-하다'를 밝혀서 적는 예는 다음과 같다.

(38) 눅눅하다, 단단하다, 딱하다, 멍하다, 부지런하다, 뻔하다, 성하다, 숱하다, 찜찜하다, 착하다, 텁텁하다, 튼튼하다, 푹하다

[2] '-없다'가 붙어서 된 용언의 적기

'-없다'가 붙어서 된 복합어 중에는 '없다〔無〕'의 본뜻이 유지되는 것도 있고 유지되지 않는 것도 있다.

(39) 가-없다61), 간데-없다, 거침-없다, 끝-없다, 속-없다62), 철-없다, 관계-없다

---

60) '숱하다'는 '숱+하다'로 분석할 수 있다. 어원적으로 볼 때 '숱'은 '머리털 따위의 부피나 분량'이라는 의미를 가지고 있고, '하다'는 중세어에서 '많다'는 뜻을 가지고 있으므로 이 단어는 합성어로 취급해야 한다. 그러나 일반 언중들은 이 말의 어원을 명확하게 인식하지 못하고 있기 때문에 '숱하다'를 소리 나는 대로 '수타다'로 적을 가능성이 있다.
61) 가없다: 끝이 없다.

(39)에서 '가없다, 간데없다, 거침없다, 끝없다' 등은 '없다(無)'의 본래의 뜻이 유지되고 있으므로 합성어와 같은 성격을 띤다. 따라서 이들 단어들은 '-없다'의 원형을 밝혀 적는 것이 당연하다.

    (40) 부질-없다, 상-없다, 시름-없다, 열-없다, 하염-없다

  그런데 (40)의 '부질없다, 상없다, 시름없다, 열없다, 하염없다' 등에서 '-없다'는 본래의 뜻이 유지되지 않을 뿐만 아니라, 어근인 '부질-, 상-, 열-, 하염-' 등의 뜻도 불분명하다. 이러한 점을 고려하면 이들 단어는 모두 소리 나는 대로 '*부지럽다, *상업다, *시르멉다, *여럽다, *하여멉다'로 적어야 한다.
  그러나 (40)의 단어들은 다음과 같은 이유 때문에 '-없다'의 원형을 밝혀서 적는다.
  첫째, '-하다'와 마찬가지로 '-없다'나 '없이'가 붙어서 새로운 단어를 만드는 경우가 꽤 많다. 그리고 이들 어형들이 이미 언중의 의식에 굳어져 있으므로 관습을 존중하여 어근과 '-없다'의 원형을 밝혀 적는다. 이처럼 '-없다'의 원형을 밝혀서 적는 단어로는 다음의 (41)과 같은 것이 있다.

    (41) 가없다, 가이없다, 간단없다, 값없다, 경황없다, 거침없다, 관계없다, 그지없다, 꾸밈없다, 다름없다, 덧없다, 두말없다

  둘째, 이들 어근에 접미사 '-이'가 붙어서 부사가 파생될 수 있는데, 이렇게 파생된 '부질없이, 상없이, 시름없이, 하염없이'는 [부지럽씨, 상업씨, 시름업씨, 하염업씨]처럼 [ㅅ]의 소리가 난다.

    (42) 부질없 + 이 → 부질없이[부질업씨]   상없 + 이 → 상없이[상업씨]
        시름없 + 이 → 시름없이[시르멉씨]   하염없 + 이 → 하염없이[하여멉씨]

이와 같이 파생 부사의 발음을 통하여 '없(다)'의 어형을 확인할 수 있으므로 '부질없다, 상없다, 시름없다, 열없다, 하염없다' 등도 '-없다'의 꼴을 밝혀서 적는다.

---

62) 속없다: 생각에 줏대가 없다.

제4절 합성어 및 접두사가 붙는 말

제27항 둘 이상의 단어가 어울리거나 접두사가 붙어서 이루어진 말은 각각 그 원형을 밝히어 적는다.

국말이	꺾꽂이	꽃잎	끝장	물난리	밑천
부엌일	싫증	옷안¹⁾	웃옷	젖몸살²⁾	첫아들
칼날	팥알	헛웃음	홀아비	홑몸	흙내
값없다	겉늙다	굶주리다	낮잡다	맞먹다	받내다³⁾
벋놓다⁴⁾	빗나가다	빛나다	새파랗다	샛노랗다	시꺼멓다
싯누렇다	엇나가다	엎누르다	엿듣다	옻오르다	짓이기다 헛되다

[붙임 1] 어원은 분명하나 소리만 특이하게 변한 것은 변한 대로 적는다.

　　할아버지　　　　　　　할아범

[붙임 2] 어원이 분명하지 아니한 것은 원형을 밝히어 적지 아니한다.

골병⁵⁾	골탕⁶⁾	끌탕⁷⁾	며칠
아재비	오라비	업신여기다	부리나케

[붙임 3] ‘이[齒, 虱]’가 합성어나 이에 준하는 말에서 ‘니’ 또는 ‘리’로 소리날 때에는, ‘니’로 적는다.

간니	덧니	사랑니	송곳니	앞니	어금니
윗니	젖니	톱니	틀니	가랑니	머릿니

---

1) 옷안: 속. 의복의 안쪽이다.
2) 젖몸살: 젖의 분비로 생기는 몸살이다.
3) 받내다: 몸을 마음대로 쓰지 못하는 이의 똥오줌을 받아 내다.
4) 벋놓다: ① 다잡아 기르거나 가르치지 아니하고, 제멋대로 올바른 길을 벗어나게 내버려 두다. 예 부모가 자식을 너무 벋놓아서 늙바탕에 고생을 한다. ② 잠을 자야 할 때에 자지 아니하고 지나가다. 예 긴 밤을 뜬눈으로 벋놓으시면 병약하신 몸에 환후가 깊어지십니다.
5) 골병: ① 좀처럼 고치기 어렵게 속으로 깊이 든 병이다. ② ‘심한 타격을 받은 손해’를 비유하는 말이다.
6) 골탕: ① 소의 등골이나 머릿골에 녹말이나 밀가루를 묻히고 달걀을 씌워 맑은 장국이 끓을 때에 넣어 익힌 국이다. ② 한꺼번에 되게 당하는 손해나 곤란이다.
7) 끌탕: 속을 끓이는 걱정이다.

{참고} 합성어 및 접두 파생어를 적는 기본 원칙

합성어나 접두 파생어에서 어근의 발음이 변하더라도 어근의 원형을 밝혀 적는다.

(1) ㄱ. 꽃 + 잎　　→ [꼰닙]　　→ 꽃잎
　　ㄴ. 짓 + 이기다 → [진니기다] → 짓이기다

예를 들어서 (ㄱ)의 '꽃잎'에서 '꽃'과 '잎'의 발음이 [꼰닙]으로 바뀌더라도 기본 형태를 밝혀 적어야 의미 파악이 빨라진다. 곧 이들 단어를 소리 나는 대로 '꼰닙'으로 적어서는 '꽃'과 '잎'이 합쳐져서 된 말이라는 사실을 인지하기가 어려워져서 의미 파악에 효율성이 떨어지기 때문이다. (ㄴ)의 '짓이기다'는 어근인 '이기다'에 접두사 '짓'이 붙어서 된 접두 파생어인데, 이 접두 파생어도 '꽃잎'과 마찬가지로 어근과 접두사의 원형을 밝혀 적어야 의미 파악의 능률이 높아진다.

[붙임 1] '할아버지', '할아범'의 적기

'할아버지'와 '할아범'은 각각 '아버지'와 '아범'에 접두사 '할-'이 붙은 말이다. 어원적으로 보면 '할-'은 '한(大)'에서 변한 말이 분명하므로 '할-'의 어원은 '한-'이라고 할 수 있다.

(2) ㄱ. 한 + 아버지 → 한아버지 > 할아버지
　　ㄴ. 한 + 아범　→ 한아범　 > 할아범

그러나 '한아버지, 한아범'이 '할아버지'와 '할아범'으로 변한 것은 역사적 변화로서 공시적으로 볼 때는 이 단어에 한정된 개별적인 변화일 뿐이다.

만일 '할아버지'처럼 역사적인 변화를 겪은 말의 어원을 밝혀서 '한아버지'로 적는다면, 이러한 표기는 발음과 표기가 동떨어진 '역사적 표기'가 된다.[8] 또한 이 말의 어원을 인식하지 못하는 일반 언중들은 현실 발음과 표기 사이의 관련성을 이해하지

---

8) '한[大]-'을 어원으로 하는 말 중에서 모든 '한-'이 '할-'로 변하지는 않는다. '한길, 황소, 황새' 등도 어원적으로 보면 접두사 '한-'이 변해서 된 단어들인데, 이들 단어에서 접두사는 '한-'의 형태를 그대로 유지하거나 '황-'으로 변했다. 만일 '할아버지'를 '한아버지'로 적는다면 '황소, 황새'도 '한소, 한새'로 적어야 한다.

못하여 글자 생활에 큰 부담이 생길 수 있다. 그러므로 '할-'은 소리 나는 대로 '할-'로 적는다. 다만 '하라버지, 하라범'으로는 적지 않고, 접두사와 어근의 경계는 구분하여서 '할아버지, 할아범'으로 적는다.

[붙임 2] 어근의 어원이 불분명한 합성어의 적기

합성어나 파생어에서 어근의 원형을 밝히는 것은 곧 밑말의 형태를 글자에 반영하여 독서 효율을 높이려는 것이다. 그런데 특정한 단어에서 어근의 어원이 분명하지 않으면, 원형을 밝히려 해도 밝힐 수가 없다. 따라서 어근의 어원이 분명하지 않은 '골병, 골탕, 끌탕, 며칠, 아재비, 오라비, 업신여기다, 부리나케' 따위의 복합어는 소리 나는 대로 적는다.

{참고} '며칠, 아재비, 업신여기다, 부리나케'의 적기[9]

'며칠, 아재비, 업신여기다, 부리나케'는 비록 어원을 상정할 수는 있으나, 어근의 원형을 밝혀서 적으면 음운론적으로나 형태론적인 문제가 생기는 단어들이다.

① **며칠** : 이 단어는 '몇'과 '일'의 합성어이므로, 어원을 감안하면 원형을 밝혀서 '몇일'로 적을 가능성이 있는 말이다. 그러나 이 단어의 현실 발음을 보면 '몇일'로 적을 수 없다.

(3) ㄱ. {꽃 + 잎} → [꼳-입](평파열음화) → [꼳닙](ㄴ 첨가) → [꼰닙](비음화)
ㄴ. {몇 + 일} → [멷-일](평파열음화) → [멷닐](ㄴ 첨가) → *[면닐](비음화)

만일 이 단어를 '몇일'로 적을 수 있으려면 동일한 음운적 환경에 놓인 '꽃잎'과 동일한 음운 변동을 겪어야 한다. 그런데 '꽃잎'은 (3)에서 보는 바와 같이 '받침 규칙' → 'ㄴ 소리 첨가' → '비음화'의 음운 변동을 거쳐서 최종 발음이 [꼰닙]으로 난다. 만일 '몇'과 '일'이 결합하여 '며칠'이 되었다고 하면, 이 단어는 '꽃잎'의 예와 같이 최종 발음이 [면닐]이 되어야 한다. 그런데 '몇'과 '일'이 결합하여 합성어가 되면 최종 발음이 [면닐]로 나는 것이 아니라 [며칠]로 나기 때문에 '몇일'로 적을 수 없다.

그리고 '몇 년, 몇 월, 몇 일'에서처럼 '몇 일'로 적을 가능성을 살펴보자.

---

9) 『국어 어문 규정집』(2012)의 75쪽 내용을 참조.

(4) ㄱ. {몇 월} → [면 월](평파열음화) → [며뒬](연음 규칙)

　　ㄴ. {몇 년} → [면 년](평파열음화) → [면년](비음화)

　　ㄷ. {몇 일} → [면 일](평파열음화) → *[며딜](연음 규칙)

(4ㄱ)처럼 '몇 월'은 '받침 규칙'과 '연음 규칙'에 따라서 [며뒬]로 발음되는데, 이 변동 규칙은 보편적 · 필연적 변동이다. 따라서 '며칠'을 '몇 일'로 적을 수 있으려면 발음이 [며딜]이 되어야 하지만 실제 발음은 [며칠]로만 난다.

　'며칠'은 [며칠]로만 소리 나기 때문에 '몇일'이나 '몇 일'로는 적을 수 없다. 결국 '며칠'은 발음으로 말미암아 어원이 분명하지 않은 단어로 처리하고, 소리 나는 대로 '며칠'로만 적는다.10)

　② **아재비** : '아재비'는 '아저씨'의 낮춤말인데, 어원적으로 보면 중세어 '앚[小]-'에 '아비[父]'가 결합하여서 된 합성어이다. 그런데 중세어의 '아자비'가 현대 국어에서 '아재비'로 변했는데, 그 결과 이 단어의 원형을 밝혀서 적기가 곤란해진다.

(5) ㄱ. 앚[弟]-+아비[父] > 아재비

　　ㄴ. 아재비 → *앚- + 애비

　곧 이 단어의 어형을 억지로 분석하자면 '앚 + 애비'로 분석할 수는 있는데, 이러한 분석을 근거로 어근의 원형을 밝혀서 적으면 '앚애비'로 적어야 한다. 그러나 현대어에서 '앚'의 형태가 쓰이지 않으므로 '앚애비'로 적을 수는 없다. 결국 '아재비'도 어원이 분명하지 않은 말로 다루어서 소리 나는 대로 '아재비'로 적는다.

　③ **업신여기다** : 이 단어는 '교만한 마음에서 남을 낮추어 보거나 하찮게 여기다.' 라는 의미를 감안하면 '없이 + 여기다'로 분석할 수 있는 말이다. 이러한 어원을 생각 하면 원형을 밝혀서 '없이여기다'로 적을 가능성이 있다.

(6) 없이 + 여기다 [업ː씬녀기다]

---

10) '며칠'을 '몇 일'로 적는 경우는 없다. 따라서 반드시 '며칠'로만 적어야 한다.
　① 그 달의 몇째 되는 날. 뵈 오늘이 며칠이지?
　② 몇 날. 뵈 이 일은 며칠이나 걸리겠니? 지난 며칠 동안 일에 파묻혀 살았다.

그런데 이 단어의 현실 발음이 [업씨:여기다]로 나지 않고 [업:씬녀기다]로 난다. 그러므로 이를 '없이여기다'로 적어서는 이 단어의 발음과 글자가 달라져 버린다. 결국 '업신여기다'도 어원이 불분명한 말로 처리하여 소리 나는 대로 적는다.[11]

④ **'부리나케'** : 이 단어는 사전상의 뜻이 '급하고 빠르게'이므로, 이를 감안하여 원형을 밝혀 적으면 '불이나게'로 적을 수 있다. 그런데 이 단어의 현실 발음이 [부리나게]가 아니라 [부리나케]로 나므로 위의 '업신여기다'의 경우와 마찬가지로 어원이 분명하지 않은 말로 다루어서 소리 나는 대로 적는다.

    (7) 불이 + 나게 [부리나케]

[붙임 3] '이〔齒, 虱〕'가 붙어서 된 합성어의 적기

어원이 분명한 합성어는 어근의 원형을 밝혀서 적기로 하였으므로 '이〔齒, 虱〕'가 붙어서 된 합성어도 원형을 밝혀서 '간이, 덧이, 사랑이, 송곳이, 앞이, 머리이'로 적어야 한다. 그러나 [붙임 3]에서는 이처럼 '이'가 붙은 합성어를 적을 때에는 원형을 밝혀 적지 않고 소리 나는 대로 적기로 하였다.

'이'는 옛 어형이 '니'였으므로 합성어가 형성될 당시에 이미 '니'로 굳어져서 현대어에 이르게 되었다.

    (8) 사랑 + 니 > 사랑니,   송곳 + 니 > 송곳니, 앞 + 니 > 앞니, 톱 + 니 > 톱니

이들 합성어의 어형은 현대어에도 그대로 유지된 반면에, 중세어의 '니'는 두음 법칙 현상에 따라서 '이'로 변하게 되었다.

    (9) ㄱ. 사랑 + 이 → 사랑 + [ㄴ] + 이 → 사랑니
       ㄴ. 송곳 + 이 → 송곳 + [ㄴ] + 이 → 송곳니
       ㄷ. 앞 + 이   → 앞 + [ㄴ] + 이 → 앞니
       ㄹ. 톱 + 이   → 톱 + [ㄴ] + 이 → 톱니

---

11) 이 단어의 뒤의 어근은 '여기다'의 형태가 분명하므로, '업신녀기다'로 적지 않고 원형을 밝혀 '업신여기다'로 적는다.

그 결과 현대어에서는 '니'의 어형이 없어져 버렸으므로, 공시적으로 볼 때에 이들 단어는 (9)에서처럼 합성어가 되는 과정에서 [ㄴ]이 첨가되는 것으로 보아야 한다.

그런데 이들 합성 명사의 원형을 밝혀서 '사랑이, 송곳이, 앞이, 톱이'로 적으면, 독자들이 [*사랑이, *송고시, *아피, *토비]로 잘못 읽을 가능성이 높다.

(10) ㄱ. 송곳이, 사랑이, 톱이, 앞이
    ㄴ. [*송고시, *사랑이, *토비, *아피]

특히 '송곳〔錐〕, 사랑〔愛〕, 톱, 앞〔前〕' 등의 명사가 단독으로 쓰이고 있다는 점에서 (10ㄴ)처럼 읽을 가능성이 더욱 높다.

(11) ㄱ. 사랑이, 송곳이, 톱이, 앞이
    ㄴ. { 사랑〔愛〕, 송곳〔錐〕, 톱, 앞〔前〕 } + 이(주격 조사)

(12) 사랑니, 송곳니, 앞니

곧 (11ㄱ)과 같이 '이〔齒〕'의 원형을 밝혀서 적으면, (11ㄴ)처럼 '송곳〔錐〕, 사랑〔愛〕, 톱, 앞〔前〕'의 명사에 주격 조사가 붙은 단어와 혼동할 가능성이 크다. 이와 같은 이유 때문에 (12)처럼 '이〔齒, 虱〕'를 소리 나는 대로 '사랑니, 송곳니, 앞니'로 적는다.

제28항 끝소리가 'ㄹ'인 말과 딴 말이 어울릴 적에 'ㄹ' 소리가 나지 아니하는 것은 아니 나는 대로 적는다.

다달이(달-달-이)	따님(딸-님)	마되(말-되)	마소(말-소)
무자위(물-자위)[12]	바느질(바늘-질)	부나비(불-나비)[13]	부삽(불-삽)
부손(불-손)[14]	소나무(솔-나무)	싸전(쌀-전)	여닫이(열-닫이)
우짖다(울-짖다)	화살(활-살)		

---

12) 무자위: 물을 높은 곳으로 퍼 올리는 기계이다.
13) '부나비'와 '불나비'는 둘 다 쓰이는 말이다.
14) 부손: 화로에 꽂아 두고 쓰는 작은 부삽. 모양이 숟가락 비슷하나 좀 더 크고 납작하다.

[제28항] 앞 어근의 끝소리 [ㄹ]이 탈락하는 복합어의 적기

제28항부터 제31항까지는 제27항의 예외가 되는 사항을 모은 것이다. 먼저 제28항은 앞 어근의 끝소리 [ㄹ]이 뒤 어근의 첫소리 [ㄴ, ㄷ, ㅅ, ㅈ] 앞에서 탈락할 때에는 소리 나는 대로(탈락한 대로) 적는다는 규정이다.

> (13) 'ㄴ' 앞에서: 딸 + 님   → **[따님]**
>   'ㄷ' 앞에서: 달 + 달 + 이   → **[다달이]**
>   'ㅅ' 앞에서: 말 + 소   → **[마소]**
>   'ㅈ' 앞에서: 물 + 자위   → **[무자위]**

(13)의 'ㄹ 탈락' 현상은 이들 단어가 예전에 합성어가 된 후에 역사적 변천을 겪으면서 일어난 불규칙적인 변동이므로 이들 단어는 소리 나는 대로 적는 것이다.15)

제29항 끝소리가 'ㄹ'인 말과 딴 말이 어울릴 적에, 'ㄹ' 소리가 'ㄷ' 소리로 나는 것은 'ㄷ'으로 적는다.

반짇고리(바느질~)16)	사흗날(사흘~)	삼짇날(삼질~)	섣달(설~)17)
숟가락(술~)	이튿날(이틀~)	잗주름(잘~)18)	푿소(풀~)19)
섣부르다(설~)	잗다듬다(잘~)20)	잗다랗다(잘~)21)	

[제29항] 앞 어근의 끝소리 [ㄹ]이 [ㄷ]으로 변하는 합성어의 적기

이 규정도 제27항에서 규정한 바와 같이 '합성어의 원형을 밝혀서 적는다.'라는 일반적인 원칙에는 벗어나는 규정이다. 제28항에서 살펴본 것처럼, 합성어를 이루는 앞

---

15) 한자 '불(不)'의 끝소리 [ㄹ]이 그 다음 음절의 첫소리 [ㄷ, ㅈ] 앞에서 탈락하기도 하는데, 이 변동도 한정적 변동이므로 [ㄹ]이 탈락한 형태로 적는다. '부당(不當), 부덕(不德), 부득이(不得已), 부자유(不自由), 부정(不正), 부족(不足)' 등의 단어가 이 항의 적용을 받는다.
16) 반짇고리: 바늘, 실, 골무, 헝겊 따위의 바느질 도구를 담는 그릇이다.
17) 섣달: 음력으로 한 해의 마지막 달이다.
18) 잗주름: 옷 따위에 잡은 잔주름이다.
19) 푿소: 여름에 생풀만 먹고 사는 소. 힘을 잘 쓰지 못하여 부리기에 부적당하다.
20) 잗다듬다: 잘고 곱게 다듬다. 예 화초를 잗다듬어 키우다.
21) 잗다랗다: ① 꽤 잘다. ② 아주 자질구레하다. ③ 볼 만한 가치가 없을 정도로 하찮다.

어근의 끝소리 [ㄹ]이 [ㄷ]으로 변하는 현상은 하나의 통시적인 음운 변화 현상으로서, 공시적으로 보면 한정적인 변동 현상일 뿐이다.22) 따라서 [ㄷ]으로 바뀌어 굳어져 있는 단어는 어원적인 형태를 밝히지 않고 소리 나는 대로 적는다.

(14) ㄱ. 바느질 + 고리   → 반짇고리
     ㄴ. 사흘 + 날   → 사흗날
     ㄷ. 삼질 + 날   → 삼짇날

그런데 [ㄹ]이 바뀌어 [ㄷ]으로 소리날 때에 'ㅅ'으로 적을 것인가, 'ㄷ'으로 적을 것인가가 문제가 되는데, [제29항]에서는 'ㄷ'으로 적기로 하였다. 이처럼 'ㄷ'으로 적는 것은 이들 단어가 [ㄹ]에서 [ㄷ]으로 변동한 결과로서, [ㄷ]으로 적을 이론적인 근거가 있다고 판단했기 때문이다.

제30항 사이시옷은 다음과 같은 경우에 받치어 적는다.

1. 순우리말로 된 합성어로서, 앞말이 모음으로 끝난 것

   (1) 뒷말의 첫소리가 된소리로 나는 것

고랫재23)	귓밥24)	나룻배	나뭇가지	냇가	댓가지
뒷갈망	맷돌	머릿기름	모깃불	못자리	바닷가
뱃길	볏가리25)	부싯돌	선짓국	쇳조각	아랫집
우렁잇속26)	잇자국	잿더미	조갯살	찻집	쳇바퀴
킷값27)	핏대	햇볕	혓바늘		

---

22) 현대 국어에서 쓰이는 '사흗날, 삼짇날, 섣달, 푿소' 등의 단어는 중세 국어에서는 '사흜날, 삼짊날, 섨달, 풂소' 등의 형태로 쓰였다. 이들 단어는 '사흜날>사흣날>사흗날', '삼짊날>삼짓날>삼짇날', '섨달>섯달>섣달', '풂소>풋소>푿소'의 변화 과정을 겪은 것이 특징이다.

23) 고랫재: 방고래에 모여 있는 재이다.

24) 귓밥: 귓바퀴 아래쪽으로 늘어진 부분이다.(=귓불)

25) 볏가리: 볏단을 차곡차곡 쌓은 더미.

26) 우렁잇속: ① '내용이 얼기설기 얽혀 헤아리기 어려운 일'의 비유이다. ② '품고 있는 생각을 모두 털어 놓지 않는 의뭉스런 속마음'의 비유이다.

27) 킷값: '키에 알맞은 행동'을 홀하게 일컫는 말. 주로 '~을 하다(못 하다)'로 잘 쓰인다.

(2) 뒷말의 첫소리 'ㄴ, ㅁ' 앞에서 'ㄴ' 소리가 덧나는 것

| 멧나물 | 아랫니 | 텃마당[28] | 아랫마을 | 뒷머리 | 잇몸 |
| 깻묵 | 냇물 | 빗물 |

(3) 뒷말의 첫소리 모음 앞에서 'ㄴㄴ' 소리가 덧나는 것

| 도리깻열[29] | 뒷윷[30] | 두렛일[31] | 뒷일 | 뒷입맛 |
| 베갯잇[32] | 욧잇[33] | 깻잎 | 나뭇잎 | 댓잎 |

2. 순우리말과 한자어로 된 합성어로서, 앞말이 모음으로 끝난 경우

(1) 뒷말의 첫소리가 된소리로 나는 것

귓병	머릿방[34]	뱃병	봇둑[35]	사잣밥[36]
샛강[37]	아랫방	자릿세	전셋집	찻잔
찻종	촛국[38]	콧병	탯줄	텃세
핏기	햇수	횟가루	횟배[39]

(2) 뒷말의 첫소리 'ㄴ, ㅁ' 앞에서 'ㄴ' 소리가 덧나는 것

| 곗날 | 제삿날 | 훗날 | 툇마루[40] | 양칫물 |

(3) 뒷말의 첫소리 모음 앞에서 'ㄴㄴ' 소리가 덧나는 것

| 가욋일[41] | 사삿일[42] | 예삿일 | 훗일 |

---

28) 텃마당: 타작할 때에 공동으로 쓸 수 있게 하여 놓은 마당이다.
29) 도리깻열: 도리깨채에 달려 곡식의 이삭을 후려치는, 두 세 개의 가늘고 긴 나뭇가지이다.
30) 뒷윷: 윷판의 첫 밭으로부터 꺾이지 않고 아홉째 되는 밭이다.
31) 두렛일: 농사꾼들이 여러 사람으로 두레를 짜서 함께 하는 농삿일이다.
32) 베갯잇: 베개를 덧씌워 시치는 헝겊이다.
33) 욧잇: 요를 깔 때에 위가 되는 쪽에 시치는 흰 피륙이다.
34) 머릿방: 안방 뒤에 달린 작은 방이다.
35) 봇둑: 보나 봇도랑의 둑이다.
36) 사잣밥: 초상난 집에서 죽은 이의 넋을 부를 때에 저승의 사자에게 대접하는 뜻으로 채반에 담아 놓는 세 그릇의 밥이다. 담 옆에서 지붕 모퉁이에 놓았다가 발인할 때에 치워버린다.
37) 샛강: 큰 강의 줄기에서 한 줄기가 갈려 나가 중간에 섬을 이루고, 하류에 가서는 다시 본래의 큰 강에 합쳐지는 강이다.
38) 촛국: 음식의 맛이 지나치게 신 것을 가리키는 말이다. 囮 김치가 촛국이다.
39) 횟배: 회충(거위)으로 말미암아 일어나는 배앓이이다.
40) 툇마루: 원 간살 밖에 달아 낸 마루이다.

3. 두 음절로 된 다음 한자어

곳간(庫間)   셋방(貰房)   숫자(數字)   찻간(車間)

툇간(退間)^(43)   횟수(回數)

[참고] 사잇소리 현상

'사잇소리 현상'은 형태소(어근)와 형태소(어근)가 결합하여 종속적인 합성 명사를 형성할 때에, 그 사이에 음이 첨가되거나 어근의 소리가 변하는 현상이다. 사잇소리 현상은 다음과 같은 조건에서 일어난다.(고등학교 문법, 2010:73 참조.)

첫째, 앞말의 끝소리가 울림소리이고 뒷말의 첫소리가 안울림의 예사소리이면, 뒤의 예사소리가 된소리로 바뀔 수가 있다.

(18) 초 + 불 → [초뿔]   배 + 사공 → [배싸공]   밤 + 길 → [밤낄]

봄 + 비 → [봄삐]   촌 + 사람 → [촌싸람]   물 + 독 → [물똑]

둘째, 앞말이 모음으로 끝나고 뒤의 말이 [ㅁ, ㄴ]으로 시작되면, [ㄴ] 소리가 첨가될 수가 있다.

(19) 이 + 몸 → [인몸] → [**인몸**]   코 + 물 → [콘물] → [**콘물**]

코 + 날 → [콘날] → [**콘날**]   계 + 날 → [곈날] → [**곈**날]

셋째, 뒤의 말이 모음 [i]나 반모음 [j]로 시작될 때에, [ㄴ]이 하나 혹은 둘이 겹쳐서 첨가될 수가 있다.

(20) ㄱ. 집 + 일 → [집닐]   → [짐닐]

ㄴ. 뒤 + 일 → [뒤닐]   → [**뒤닐**]

ㄷ. 물 + 약 → [물냑]   → [물략]

---

41) 가욋일(加外-) : 필요 밖의 일이다.
42) 사삿일(私私-) : 사사로운 일이다.
43) 툇간 : 원 칸살의 밖에다 딴 기둥을 세워 만든 칸살이다.

넷째, 한자어 어근이 모여서 합성 명사를 이룰 때에도 사잇소리 현상이 일어날 수가 있다.

(21) 고 + 간(庫間) → [고깐]   세 + 방(貰房) → [세빵]   물 + 가(物價) → [물까]

이러한 사잇소리는 합성어에서 앞 어근의 끝을 폐쇄하여 기류를 정지시킴으로써, 두 어근 사이에 휴지(pause)를 두어서 형태소의 경계를 표시하는 기능을 한다.

그런데 이러한 사잇소리 현상에는 뚜렷한 규칙성이 없어서, 다음과 같은 합성 명사에는 사잇소리 현상이 일어나지 않는다.

(22) 고래 + 기름 → 고래기름   기와 + 집 → 기와집   은 + 돈 → 은돈
      콩 + 밥   → 콩밥   말 + 방울 → 말방울

(23) 방법(方法) [방법]   고가(高架) [고가]   간단(簡單) [간단]

이러한 현상을 보면 어근과 어근이 결합하여 합성 명사가 되더라도 모든 경우에 사잇소리가 나는 것이 아니기 때문에, 사잇소리 현상은 개별적 변동이다.

[제30항] 사이시옷의 적기

'사이시옷'은 사잇소리를 표기에 반영하는 글자 '시옷'을 말하는데, 이 사이시옷을 표기하는 데에는 다음과 같은 원칙이 있다.

첫째, 고유어를 포함하는 합성 명사에서 사잇소리가 날 때에, 합성 명사의 앞말(어근)이 모음으로 끝날 때에는, 앞 어근의 끝에 사이시옷을 받쳐 적는다.

(24) ㄱ. 나무 + 가지 → 나뭇가지   [나묻까지]
      ㄴ. 모기 + 불   → 모깃불   [모긷뿔]
      ㄷ. 뒤 + 일   → 뒷일   [뒨닐]

(25) ㄱ. 귀 + 병(病) → 귓병   [귄뺑]
      ㄴ. 후(後) + 날 → 훗날   [훈날]
      ㄷ. 예사(例事) + 일 → 예삿일   [예산닐]

둘째, 한자어와 한자어로 된 합성 명사에서는 사잇소리가 나더라도 원칙적으로 '사이시옷'을 적지 않는다.

(26) 초점(焦點) [초쩜], 내과(內科) [내꽈], 외과(外科) [외꽈], 이과(理科) [이꽈]

결국 현행 맞춤법에서는 한자어와 한자어로 짜인 합성 명사에서는 사이시옷을 최소화한다는 것이다. 곧, 한자어로 된 합성 명사에서는 원칙적으로 사잇소리가 나더라도 사이시옷을 적지 아니한다. 따라서 다음에 제시한 여섯 개의 단어만 제외하고는 한자어 합성어에는 원칙적으로 사이시옷을 붙이지 않는다.

(27) 곳간(庫間), 셋방(貰房), 숫자(數字), 찻간(車間), 툇간(退間), 횟수(回數)

다른 한자어에서 일어나는 사잇소리와는 달리 (27)에 제시된 한자어 여섯 개에만 사이시옷을 적는 것은, 실제 발음과 오랫동안의 관습을 인정한 처리 방법이다.

제31항 두 말이 어울릴 적에 'ㅂ' 소리나 'ㅎ' 소리가 덧나는 것은 소리대로 적는다.

1. 'ㅂ' 소리가 덧나는 것

댑싸리(대ㅂ싸리)[44]	멥쌀(메ㅂ쌀)[45]	볍씨(벼ㅂ씨)	입때(이ㅂ때)[46]
입쌀(이ㅂ쌀)[47]	접때(저ㅂ때)[48]	좁쌀(조ㅂ쌀)	

2. 'ㅎ' 소리가 덧나는 것

머리카락(머리ㅎ가락)	살코기(살ㅎ고기)	수캐(수ㅎ개)	수컷(수ㅎ것)
수탉(수ㅎ닭)	안팎(안ㅎ밖)	암캐(암ㅎ개)	암컷(암ㅎ것)
암탉(암ㅎ닭)			

---

44) 댑싸리: 명아줏과에 딸린 한해살이풀. 높이는 1미터 정도이며, 잎은 어긋나고 피침 모양이다. 한여름에 연한 녹색의 꽃이 피며 줄기는 비를 만드는 재료로 쓴다.
45) 멥쌀: 메벼에서 나온 끈기가 적은 쌀이다.
46) 입때: 이때까지.(=여태)
47) 입쌀: 멥쌀을 잡곡 쌀에 대하여 일컫는 말이다.
48) 접때: 저번 때이다.

[1] 'ㅂ' 소리가 덧나는 복합어의 적기

어근과 어근이 결합하여 하나의 합성어가 되는 과정에서 별다른 이유 없이, [ㅂ]이
덧나는 경우가 있다.

(28) ㄱ. 조 + 쌀   → [조ㅂ쌀]   : 좁쌀
    ㄴ. 대 + 싸리 → [대ㅂ싸리] : 댑싸리
    ㄷ. 이 + 때   → [이ㅂ때]   : 입때
    ㄹ. 벼 + 씨   → [벼ㅂ씨]   : 볍씨

이렇게 별다른 이유 없이 [ㅂ]이 덧나는 현상은 현대어의 공시적인 체계 안에서 볼
때에는 개별적인 변동 현상일 뿐이다.

합성어가 될 때에 [ㅂ]이 덧나는 현상은 체언뿐만 아니라 용언에서도 나타난다.

(29) ㄱ. 내리 + 떠 + 보다 → [내립떠보다] → 내립떠보다
    ㄴ. 치 + 떠 + 보다   → [칩떠보다]   → 칩떠보다
    ㄷ. 부르 + 뜨다   → [부릅뜨다]   → 부릅뜨다
    ㄹ. 휘 + 싸다   → [휩싸다]   → 휩싸다
    ㅁ. 휘 + 쓸다   → [휩쓸다]   → 휩쓸다

이들 합성 용언에서 [ㅂ]이 덧나는 것도 통시적으로 보면, 현대어 '뜨다, 싸다, 쓸다'
등이 옛말에서는 '쁘다, 쁘다, 쁠다'였기 때문이다. 따라서 이들 용언도 체언과 마찬가
지로 소리 나는 대로 적는다.

[2] 'ㅎ' 소리가 덧나는 복합어의 적기

중세와 근대의 국어에는 'ㅎ'으로 끝나는 체언이 있었는데, '머리ㅎ〔頭〕, 슬ㅎ〔膚〕, 수
ㅎ〔雄〕, 암ㅎ〔雌〕, 안ㅎ〔內〕, 마ㅎ〔南〕' 등이 그것이다. 이들이 복합어가 되면서 뒤의 어
근의 자음이 접두사의 끝소리인 [ㅎ]에 동화되어서 거센소리로 바뀐 형태가 현대어로
굳은 경우가 있다.

(30) 머리 + 가락 → 머리ㅎ가락 → 머리카락   살 + 고기 → 살ㅎ고기 → 살코기

안 + 밖　　　→ 안ㅎ밖　　　→ 안팎　　　　마 + 바람 → 마ㅎ바람 → 마파람

수 + 강아지 → 수ㅎ강아지 → 수캉아지　　수 + 개　　→ 수ㅎ개　　→ 수캐

수 + 것　　　→ 수ㅎ것　　　→ 수컷　　　　수 + 기와 → 수ㅎ기와 → 수키와

이와 같이 [ㅎ]이 첨가되어 발음되는 현상도 개별적인 변동이므로49), 소리 나는 대로
뒤 어근의 첫소리를 거센소리로 적는다.

제5절 준말

준말이란 한 단어 속의 특정한 형태소 혹은 형태소의 일부가 생략된 말을 이르는
데, 제5절에서는 입말에 나타나는 준말을 글자로 적는 법을 규정하였다.

제32항 단어의 끝 모음이 줄어지고 자음만 남은 것은, 그 앞의 음절에 받침으로
적는다.

(본말)	(준말)		(본말)	(준말)
기러기야	기럭아		가지고, 가지지	갖고, 갖지
어제그저께	엊그저께		디디고, 디디지	딛고, 딛지
어제저녁	엊저녁			

[제32항] 끝 모음이 줄어지고 자음만 남았을 때에, 남은 자음의 처리

제32항은 입말에서 단어의 끝 모음이 줄어지고 자음만 남았을 때에, 그 자음을 앞
음절의 받침으로 적는다는 규정이다. 여기서는 본디말의 문법적 성격에 따라 세 가지
의 유형을 제시하고 있다.

첫째, 어근과 어근이 모여서 합성어가 될 적에, 앞 어근의 끝 모음이 줄어져서 준말
이 될 수 있다.

---

49) <표준어 규정>의 제7항에서는 "일반적으로는 수컷을 이르는 접두사는 '수-'로 통일한다."라
고 규정하고 있다. 이 규정에 따르면 '수-'가 붙은 대부분의 단어들은 '수꿩, 수나사, 수놈, 수
사돈, 수소, 수은행나무'와 같은 어형이 표준어가 된다. 이러한 현상을 보면 '수-' 다음의 음
절이 거센소리로 나는 것은 불규칙하고 한정적인 변동이라는 사실을 알 수 있다.

(1) ㄱ. 어제 + 그저께 → 어ㅈ + 그저께 → 엊그저께
    ㄴ. 어제 + 저녁   → 어ㅈ + 저녁   → 엊저녁
    ㄷ. 까마귀 + 까치 → 까마ㄱ + 까치 → 까막까치[1]
    ㄹ. 가리 + 가리   → 가ㄹ + 가리   → 갈가리

(2) ㄱ. 가죽 + 신   → 가ㅈ + 신   → 갖신
    ㄴ. 바깥 + 사돈   → 바ㅌ + 사돈   → 밭사돈

둘째, 체언에 조사가 붙을 때에, 체언의 끝 모음이 줄어져서 준말이 될 수 있다.

(3) ㄱ. 기러기 + 야 → 기러ㄱ + 아 → 기럭 + 아 → 기럭아
    ㄴ. 아기 + 야   → 아ㄱ + 아   → 악 + 아   → 악아
    ㄷ. 개구리 + 야 → 개구ㄹ + 아 → 개굴 + 아 → 개굴아

셋째, 어간에 어미가 결합할 때에, 어간의 끝 모음이 줄어져서 준말이 될 수가 있다.

(4) ㄱ. 가지 + 고 → 가ㅈ + 고 → 갖고
    ㄴ. 디디 + 지 → 디ㄷ + 지 → 딛지

(1~4)에서 제시된 예들은 준말이 될 때에 끝 모음이 탈락하고 홀로 남은 자음을 앞 음절의 받침 글자로 옮겨서 적는다.

제33항 체언과 조사가 어울리어 줄어지는 경우에는, 준 대로 적는다.

(본말)	(준말)	(본말)	(준말)
그것은	그건	너는	넌
그것이	그게	너를	널
그것으로	그걸로	무엇을	뭣을/무얼/뭘
나는	난	무엇이	뭣이/무에
나를	날		

---

1) 까막까치 : 까마귀와 까치이다.

[제33항] 체언과 조사가 어울리어 된 준말의 적기

체언과 조사가 결합할 때에 체언이나 조사의 형태가 줄어지는 것은 준 대로도 적을 수 있다.<수의적 규정>

첫째, 체언은 줄지 않고 조사의 일부 형태만 줄어지는 수가 있다.

    (5) ㄱ. 나+는 → 나+ㄴ → 난
        ㄴ. 너+를 → 너+ㄹ → 널

둘째, 조사의 형태는 변하지 않고 체언의 형태만 줄어지는 수가 있다.

    (6) ㄱ. 무엇+은   → 뭣+은   → 뭣은
        ㄴ. 무엇+이   → 뭣+이   → 뭣이
        ㄷ. 무엇+을   → 뭣+을   → 뭣을
        ㄹ. 무엇+으로 → 뭣+으로 → 뭣으로

셋째, 체언의 끝 자음이 탈락되고 난 뒤에, 체언의 모음과 조사의 모음이 하나의 모음으로 줄어지는 수가 있다.

    (7) ㄱ. 이것+이 → *이거+이 → 이게
        ㄴ. 그것+이 → *그거+이 → 그게
        ㄷ. 무엇+이 → *무어+이 → 무에 → (뭬)

넷째, 체언의 끝 자음인 [ㅅ]이 탈락되고, 그 뒤에 실현된 조사 '-로'가 '-ㄹ로'의 형태로 바뀐 다음에, 체언과 조사의 형태가 합쳐지는 수가 있다.

    (8) ㄱ. 이것+으로 → *이거+로 → 이거+ㄹ로 → 이걸로
        ㄴ. 무엇+으로 → *무어+로 → 무어+ㄹ로 → 무얼로

제34항 모음 'ㅏ, ㅓ'로 끝난 어간에 '-아/-어, -았-/-었-'이 어울릴 적에는 준 대로 적는다.

(본말)	(준말)	(본말)	(준말)
가아	가	가았다	갔다
나아	나	나았다	났다
타아	타	타았다	탔다
서어	서	서었다	섰다
켜어	켜	켜었다	켰다
펴어	펴	펴었다	폈다

[붙임 1] 'ㅐ, ㅔ' 뒤에 '-어, -었-'이 어울려 줄 적에는 준 대로 적는다.

(본말)	(준말)	(본말)	(준말)
개어	개	개었다	갰다
내어	내	내었다	냈다
베어	베	베었다	벴다
세어	세	세었다	셌다

[붙임 2] '하여'가 한 음절로 줄어서 '해'로 될 적에는 준 대로 적는다.

(본말)	(준말)	(본말)	(준말)
하여	해	하였다	했다
더하여	더해	더하였다	더했다
흔하여	흔해	흔하였다	흔했다

[제34항] 어간의 끝 모음인 'ㅏ, ㅓ'와 어미 '-아/-어, -았-/-었-'이 줄어질 적의 적기

입말에서 'ㅏ, ㅓ'로 끝나는 어간에 연결형 어미 '-아/어'나 선어말 어미 '-았-/-었-'이 결합하면 어간의 끝소리 'ㅏ/ㅓ'가 반드시 줄게 된다. 이에 따라 이들 활용형을 적을 때는 반드시 준 대로 적는다. 〈필연적 규정〉

(9) ㄱ. 타+아 ↛ *타아 → 타
   ㄴ. 타+았다 ↛ *타았다 → 탔다

ㄷ. 서 + 어 ↛ *서어 → 서

ㄹ. 서 + 었다 ↛ *서었다 → 섰다

이 규칙은 필연적인 규칙으로서, '타아, 타았다, 서어, 서었다'와 같이 본말로 적어서
는 안 되고 반드시 '타, 탔다, 서, 섰다'처럼 준말로 적어야 한다.

[붙임 1] 'ㅐ, ㅔ' 뒤에 '-어, -었-'이 어울려 줄어들 적

어간의 끝 모음 'ㅐ, ㅔ' 뒤에 '-어, -었-'이 결합할 때에도 어미 '어'가 준다. 그런데
이 경우에는 준말과 본말이 모두 나타날 수 있으므로 본말과 준말을 다 같이 인정한
다.<수의적 규정>

(10) 개 + 어: 개어 ⇌ 개   개 + 어라: 개어라 ⇌ 개라   개 + 었다: 개었다 ⇌ 갰다

(11) 베 + 어: 베어 ⇌ 베   베 + 어라: 베어라 ⇌ 베라   베 + 었다: 베었다 ⇌ 벴다

[붙임 2] '하여'가 한 음절로 줄어서 '해'로 될 적

'하다'는 '여' 불규칙 용언이다. 그러므로 어간 '하-'에 어미 '-아'가 붙어서 활용하
면 '하아'로 되지 않고 '하여'로 된다. 이렇게 활용한 '하여'가 줄어져서 '해'로 될 적
에는 줄어진 대로 '해'로 적는다. <수의적 규정>

(12) ㄱ. 하 + 아   : 하여   ⇌ 해
ㄴ. 하 + 아라: 하여라 ⇌ 해라
ㄷ. 하 + 아서: 하여서 ⇌ 해서
ㄹ. 하 + 아야: 하여야 ⇌ 해야
ㅁ. 하 + 았다: 하였다 ⇌ 했다

'하여'가 '해'로 줄어드는 것은 수의적인 현상이므로, 본말과 준말의 형태를 모두 적을
수 있다.

제35항 모음 'ㅗ, ㅜ'로 끝난 어간에 '-아/-어, -았-/-었-'이 어울려 'ㅘ/ㅝ, 왔/웠'으로 될 적에는 준 대로 적는다.

(본말)	(준말)	(본말)	(준말)
꼬아	꽈	꼬았다	꽜다
보아	봐	보았다	봤다
쏘아	쏴	쏘았다	쐈다
두어	둬	두었다	뒀다
쑤어	쒀	쑤었다	쒔다
주어	줘	주었다	줬다

[붙임 1] '놓아'가 '놔'로 줄 적에는 준 대로 적는다.

[붙임 2] 'ㅚ' 뒤에 '-어, -었-'이 어울려 'ㅙ, 왰'으로 될 적에도 준 대로 적는다.

(본말)	(준말)	(본말)	(준말)
괴어	괘	괴었다	괬다
되어	돼	되었다	됐다
뵈어	봬	뵈었다	뵀다
쇠어	쇄	쇠었다	쇘다
쐬어	쐐	쐬었다	쐤다

[제35항] 어간의 끝 모음인 'ㅗ, ㅜ'와 어미 '-아/-어, -았-/-었-'이 줄어서 'ㅘ/ㅝ, 왔/웠'으로 된 말의 적기

이 항은 모음 'ㅗ, ㅜ'로 끝나는 어간에 어미 '-아/-어', '-았-/-었-'이 붙어서 줄어지는 말은 'ㅘ, ㅝ', '왔, 웠'으로 적는다는 규정이다. 〈수의적 규정〉

(13) 보 + 아 : 보아　⇌ 봐　　　보 + 아도: 보아도 ⇌ 봐도
　　　보 + 아서: 보아서 ⇌ 봐서　　보 + 았다: 보았다 ⇌ 봤다

(14) 두 + 어 : 두어　⇌ 둬　　　두 + 어도: 두어도 ⇌ 둬도
　　　두 + 어서: 두어서 ⇌ 둬서　　두 + 었다: 두었다 ⇌ 뒀다

다만, '오다'의 어간 뒤에 어미 '-아/-어', '-았-/-었-'이 붙어서 활용할 때에는 준말

로만 적어야 한다.<필연적 규정>

(15) 오 + 아 : *오아 → 와　　　　　　　　오 + 았다 : *오았다 → 왔다

[붙임 1] '놓아'가 '놔'로 줄 적의 적기

　'놓다, 좋다, 낳다, 쌓다' 등은 규칙 활용을 하는 용언이다. 그러므로 '놓다, 좋다, 낳다, 쌓다'의 어간 '놓-, 좋-, 낳-, 쌓-'에 어미 '-아/-어, -아서/어서, -았-/-었-' 등이 연결될 경우에는 [노아], [조아], [나아], [싸아]로 발음된다. 따라서 이들 단어는 (19)와 같이 적어야 한다.

(16)　ㄱ. 놓 + 아 → 놓아 [노아], 놓 + 아서 → 놓아서 [노아서], 놓 + 았다 → 놓았다 [노아따]
　　　ㄴ. 좋 + 아 → 좋아 [조아], 좋 + 아서 → 좋아서 [조아서], 좋 + 았다 → 좋았다 [조아따]
　　　ㄷ. 낳 + 아 → 낳아 [나아], 낳 + 아서 → 낳아서 [나아서], 낳 + 았다 → 낳았다 [나아따]

여기서 '좋아, 좋아서, 좋았다'나 '낳아, 낳아서, 낳았다' 등에서는 축약이 일어나지 않는다. 그러나 '놓다'만은 예외적으로 아래의 (17~18)처럼 어간 받침 [ㅎ]이 생략되면서 두 음절이 하나로 축약될 수도 있다. 그러므로 '놓다'는 예외적인 형식을 인정하여 줄어질 경우에는 준 대로 적을 수 있다. 〈수의적 규정〉

(17) [노하] → ([ㅎ] 탈락) → [노아] ⇄ [놔]

(18) 놓아 ⇆ 놔　　　놓아서 ⇆ 놔서　　놓아도 ⇆ 놔도　　놓았다 ⇆ 놨다

[붙임 2] 어간 'ㅚ'와 어미 '-어'가 붙어서 'ㅙ'로 줄어질 때의 적기

　'괴다, 뇌다, 되다, 뵈다, 쇠다, 쐬다, 외다' 등은 어간이 'ㅚ'로 끝난다. 이러한 단어의 어간에 어미 '-어'가 결합될 때는 어간의 끝 모음 'ㅚ'와 어미 '-어'가 'ㅙ'로 줄어지는 경우가 있다. 이렇게 줄어질 때에는 준 대로 'ㅙ'로 적을 수 있다. 〈수의적 규정〉

(19)　ㄱ. 괴다 : 괴어 ⇄ 괘　　　괴어서 ⇄ 괘서　　　괴었다 ⇄ 괬다
　　　ㄴ. 뇌다 : 뇌어 ⇄ 놰　　　뇌어서 ⇄ 놰서　　　뇌었다 ⇄ 놰다

ㄷ. 되다: 되어 ⇌ 돼   되어서 ⇌ 돼서   되었다 ⇌ 됐다

ㄹ. 뵈다: 뵈어 ⇌ 봬   되어서 ⇌ 돼서   되었다 ⇌ 됐다

ㅁ. 쇠다: 쇠어 ⇌ 쇄   쇠어서 ⇌ 쇄서   쇠었다 ⇌ 쇘다

ㅂ. 쐬다: 쐬어 ⇌ 쐐   쐬어서 ⇌ 쐐서   쐬었다 ⇌ 쐤다

ㅅ. 외다: 외어 ⇌ 왜   외어서 ⇌ 왜서   외었다 ⇌ 왰다

제36항 'ㅣ' 뒤에 '-어'가 와서 'ㅕ'로 줄 적에는 준 대로 적는다.

(본말)	(준말)	(본말)	(준말)
가지어	가져	가지었다	가졌다
견디어	견뎌	견디었다	견뎠다
다니어	다녀	다니었다	다녔다
막히어	막혀	막히었다	막혔다
버티어	버텨	버티었다	버텼다
치이어	치여	치이었다	치였다

[제36항] 어간의 끝 모음인 'ㅣ'와 어미 '-어'가 결합하여 'ㅕ'로 줄어진 말의 적기

끝 모음이 'ㅣ'인 어간에 'ㅓ'로 시작하는 어미가 오면 'ㅕ'로 줄어질 수가 있다. 이렇게 줄어진 말은 줄어진 대로 적을 수 있다. 〈수의적 규정〉

(20) 가지 + 어 : 가지어 ⇌ 가져   가지 + 었다 : 가지었다 ⇌ 가졌다

견디 + 어 : 견디어 ⇌ 견뎌   견디 + 었다 : 견디었다 ⇌ 견뎠다

(21) 먹이 + 어서 : 먹이어서 ⇌ 먹여서   먹이 + 었다 : 먹이었다 ⇌ 먹였다

업히 + 어서 : 업히어서 ⇌ 업혀서   업히 + 었다 : 업히었다 ⇌ 업혔다

제37항 'ㅏ, ㅕ, ㅗ, ㅜ, ㅡ'로 끝난 어간에 '-이-'가 와서 각각 'ㅐ, ㅖ, ㅚ, ㅟ, ㅢ'로 줄 적에는 준 대로 적는다.

(본말)	(준말)	(본말)	(준말)
싸이다	쌔다	누이다	뉘다
펴이다	폐다	뜨이다	띄다

보이다   뵈다   │   쓰이다   씌다

[제37항] 어간의 끝 모음인 'ㅏ, ㅕ, ㅗ, ㅜ, ㅡ'와 접미사 '-이-'가 줄어진 말의 적기

'ㅏ, ㅕ, ㅗ, ㅜ, ㅡ'로 끝나는 어간에 접미사 '-이-'가 연결되면, 'ㅐ, ㅖ, ㅚ, ㅟ, ㅢ'로 줄어질 수도 있다. 이렇게 줄어진 말은 줄어진 대로 적는다. 〈수의적 규정〉

(22) 까+이+다: 까이다⇆깨다   펴+이+다: 펴이다⇆폐다
    꼬+이+다: 꼬이다⇆꾀다   누+이+다: 누이다⇆뉘다
    트+이+다: 트이다⇆틔다

제38항 'ㅏ, ㅗ, ㅜ, ㅡ' 뒤에 '-이어'가 어울려 줄어질 적에는 준 대로 적는다.

(본말)	(준말)		(본말)	(준말)	
싸이어	쌔어	싸여	뜨이어	띄어	
보이어	뵈어	보여	쓰이어	씌어	쓰여
쏘이어	쐬어	쏘여	트이어	틔어	트여
누이어	뉘어	누여			

[제38항] 어간의 끝 모음인 'ㅏ, ㅗ, ㅜ, ㅡ' 뒤에 '-이어'가 붙어서 줄어진 말의 적기

끝 모음이 'ㅏ, ㅗ, ㅜ, ㅡ'인 어근에 '-이어'가 연결되면 준말이 두 가지의 꼴로 나타난 수가 있다.

(23) ㄱ. 트+이+어 → (트+이)+어 → 틔어
    ㄴ. 트+이+어 → 트+(이+어) → 트여

곧 'ㅏ, ㅗ, ㅜ, ㅡ' 뒤에 '-이어'가 어울려 줄어질 적에는 결과적으로 두 가지 어형의 복수 표준어가 인정되는 셈인데, 맞춤법에서도 두 가지 준말의 꼴을 모두 인정하여 준 대로 적는다. 〈수의적 규정〉

> **제39항** 어미 '-지' 뒤에 '않-'이 어울려 '-잖-'이 될 적과 '-하지' 뒤에 '않-'이 어울려 '-찮-'이 될 적에는 준 대로 적는다.
>
> | (본말) | (준말) | (본말) | (준말) |
> |---|---|---|---|
> | 그렇지 않은 | 그렇잖은 | 만만하지 않다 | 만만찮다 |
> | 적지 않은 | 적잖은 | 변변하지 않다 | 변변찮다 |

[제39항] '-지 않-'과 '-하지 않-'이 줄어진 말의 적기

일반적으로 모음 'ㅣ'와 'ㅏ'가 이어서 나서 한 음절로 줄어지면 'ㅑ'로 소리나므로, 이에 따라 '-지 않-'과 '-치 않-'을 줄여서 적으면 각각 '잖, 찮'으로 적어야 한다.

(24) ㄱ. -지 않- → -*잖-
    ㄴ. -하지 않- → -치 않- → -*찮-

그러나 이렇게 원칙적인 방법으로 표기하면 다음과 같은 문제가 생기게 된다.

첫째, 우리말에서 '쟈, 져, 챠, 쳐'로 적히는 음절은 [쟈, 져, 챠, 쳐]로 소리 나지 않고 [자, 저, 차, 처]로 소리 나는 경향이 강하다.

(25) ㄱ. 적지 않은 → 적잖은[적짢은] *적쟎은[적쟎은]
    ㄴ. 그렇지 않은 → 그렇잖은[그러찮은] *그렇쟎은[그러쨚은]

(26) ㄱ. 변변하지 않은 → 변변치 않은 → 변변찮은[변변찮은] *변변챦은[변변챦은]
    ㄴ. 만만하지 않은 → 만만치 않은 → 만만찮은[만만찮은] *만만챦은[만만챦은]

이렇게 [잖, 찮]으로 소리 나지 않는 말을 음운 규칙에 얽매어 '쟎, 챦'으로 적으면, 현실 발음과 동떨어지게 된다. 따라서 소리 나는 대로 '잖, 찮'으로 적는다.

둘째, 합성어 가운데 이미 '-잖-, -찮-'으로 굳어져 쓰이는 단어들이 있다. 아래의 (27~28)은 이미 사전에서 하나의 단어로 굳어진 것으로 다루고 있는 보기들이다.

(27) 같잖다, 깨끗잖다, 남부럽잖다, 점잖다, 꼴답잖다, 되잖다, 남부럽잖다, 어줍잖다

(28) 가당찮다, 괜찮다, 귀찮다, 깨끔찮다, 당찮다, 대단찮다, 마땅찮다, 만만찮다, 수월

찮다, 시원찮다, 안심찮다, 엔간찮다, 우연찮다, 짭짤찮다, 편찮다, 하찮다

만일 '그렇잖다, 적잖다'와 '만만찮다, 변변찮다'와 같은 준말을 '잖-'과 '찮'으로 적으면, (27~28)처럼 이미 한 단어로 굳어진 말의 어형과 어긋나 버리므로 언중들에게 혼란을 줄 가능성이 있다. 그러므로 '-지 않-', '-치 않-'의 어형이 줄어서 된 준말들은 다음의 (29~30)의 보기처럼 '-잖-, -찮-'의 형태로 적는다.

(29) 가렵지 않다 ⇌ 가렵잖다   가엾지 않다 ⇌ 가엾잖다
     낫지 않다   ⇌ 낫잖다   두렵지 않다 ⇌ 두렵잖다

(30) 가련하지 않다 ⇌ 가련찮다   만만하지 않다 ⇌ 만만찮다
     불쌍하지 않다 ⇌ 불쌍찮다   성실하지 않다 ⇌ 성실찮다

제40항 어간의 끝음절 '하'의 'ㅏ'가 줄고 'ㅎ'이 다음 음절의 첫소리와 어울려 거센소리로 될 적에는 거센소리로 적는다.

(본말)	(준말)	(본말)	(준말)
간편하게	간편케	다정하다	다정타
연구하도록	연구토록	정결하다	정결타
가하다	가타	흔하다	흔타

[붙임 1] 'ㅎ'이 어간의 끝소리로 굳어진 것은 받침으로 적는다.

않다	않고	않지	않든지
그렇다	그렇고	그렇지	그렇든지
아무렇다	아무렇고	아무렇지	아무렇든지
어떻다	어떻고	어떻지	어떻든지
이렇다	이렇고	이렇지	이렇든지
저렇다	저렇고	저렇지	저렇든지

[붙임 2] 어간의 끝음절 '하'가 아주 줄 적에는 준 대로 적는다.

(본말)	(준말)	(본말)	(준말)
거북하지	거북지	넉넉하지 않다	넉넉지 않다

생각하건대	생각건대	못하지 않다	못지않다
생각하다 못해	생각다 못해	섭섭하지 않다	섭섭지 않다
깨끗하지 않다	깨끗지 않다	익숙하지 않다	익숙지 않다

[붙임 3] 다음과 같은 부사는 소리대로 적는다.

결단코	결코	기필코	무심코
아무튼	요컨대	정녕코	필연코
하마터면	하여튼	한사코	

[제40항] 어간의 끝음절 '하'의 'ㅏ'가 줄고 'ㅎ'이 다음 음절의 첫소리와 어울려 거센소리로 될 적의 적기

어간이 끝음절이 '하'로 끝나는 경우에는 '하'의 [ㅏ]가 줄고 [ㅎ]이 다음 음절의 첫소리와 동화되어서 거센소리로 발음되는 경우가 있다.(= 자음 축약)

(31) ㄱ. [간편하 + 게] → [간편ㅎ + 게] → [간편케]
　　 ㄴ. [흔하 + 게]　 → [흔ㅎ + 게]　 → [흔케]

예를 들면 (31)의 '간편하게, 흔하게'는 각각 [간편케], [흔케]로 소리난다. 그런데 이런 준말을 소리 나는 대로 적을 것인가, 아니면 어간의 원형을 밝혀서 적을 것인가가 문제가 된다. 제40항에서는 이러한 경우에 소리 나는 대로 적기로 한 것이다.[2] 다음의 (32)에서는 소리 나는 대로 적는 예들을 보인 것이다.

(32) ㄱ. 가(可)타부(否)타, 부지런타, 전능(全能)타……
　　 ㄴ. 감탄케, 전능케, 실망케, 분발케, 폐지케……
　　 ㄷ. 당(當)치, 무심(無心)치, 처벌(處罰)치, 허송(虛送)치……
　　 ㄹ. 분발(奮發)토록, 실행(實行)토록, 영원(永遠)토록, 정진(精進)토록……
　　 ㅁ. 결근(缺勤)코자, 사임(辭任)코자……
　　 ㅂ. 청(請)컨대, 원(願)컨대……

---

2) 이렇게 소리 나는 대로 적으면 '어간과 어미는 구별하여 적는다.'라는 제15항의 원칙을 어기게 된다.

[붙임 1] 'ㅎ'이 어간의 끝소리로 굳어진 것은 받침으로 적는다.

'붙임 1'은 [ㅏ]가 줄어진 다음에 남은 [ㅎ]이 어간의 끝소리로 굳어진 경우에는, 'ㅎ'을 어간의 받침으로 적도록 한 규정이다.

(33) 이러하다 → ('ㅏ' 탈락) → *이러ㅎ + 다 → 이렇다

예를 들어 '이렇다'는 '이러하다'에서 [ㅏ] 소리가 탈락하여 된 준말이다. 하지만 'ㅎ'이 어간의 끝음절의 받침으로 이미 굳어진 채로 쓰이고 있으므로, '이러타'로 적지 않고 '이렇다'로 적는다.3)

(34) ㄱ. 않지   그렇지   아무렇지   어떻지   이렇지   저렇지
    ㄴ. *안치   *그러치   *아무러치   *어떠치   *이러치   *저러치

[붙임 2] 어간의 끝음절 '하'가 아주 줄 적에는 준 대로 적는다.

'붙임 2'는 표준 발음으로 어간의 끝음절 [하]가 아주 줄어져서 발음되는 경우에는 준 대로 적는다는 규정이다.

(35) 생각하다 못해 ⇆ 생각다 못해   못하지 않다   ⇆ 못지않다4)
     깨끗하지 않다 ⇆ 깨끗지 않다   짐작하지 못하다 ⇆ 짐작지 못하다
     넉넉하지 않다 ⇆ 넉넉지 않다   섭섭하지 않다   ⇆ 섭섭지 않다
     익숙하지 않다 ⇆ 익숙지 않다   능숙하지 못하다 ⇆ 능숙지 못하다

제40항에서 [본항]의 보기는 '-하-' 앞의 어근이 모음이나 유성 자음으로 끝난다. 이에 반하여 '붙임 2'의 규정이 적용되는 말은 '-하-' 앞의 어근이 [ㄱ, ㅂ, ㄷ]과 같이 무성의 파열음으로 끝난다는 차이가 있다.(허웅 1986:284) 이러한 환경에 있는 말은 활용할 때에 어간의 [하] 음절의 [ㅏ] 소리만 줄어지는 것이 아니라, [하] 음절 전체가 줄어지

---

3) 이와 같이 'ㅎ'이 어간의 끝소리로 굳은 것으로 처리하는 단어들은 지시 형용사인 '이렇다, 그렇다, 저렇다, 아무렇다, 어떻다' 등과 부정의 뜻을 나타내는 '않다'이다. 이 문제에 대해서는 이희승·안병희(1995:128)에 자세히 설명되어 있다.
4) '못지않다'는 '못하지 않다'가 줄어서 하나의 단어로 굳어진 형태이다.

므로 (36)처럼 줄어진 대로 적는다.

[붙임 3] 반드시 소리 나는 대로만 적어야 하는 부사들의 보기

공시적으로 보면 '붙임 3'의 단어들은 용언의 활용형이 아니라 완전히 부사로 전성된 단어이다. 그리고 이들은 부사로 굳어지기 이전에 그 어간이 가지는 본래의 뜻과는 상당히 다른 뜻으로 바뀌었다. 그러므로 이들 부사들은 원래의 용언과는 관계없는 별개의 단어라고 보고, 원형을 밝히지 않고 소리 나는 대로 적는다.

(36) 결단코, 결코, 기필코, 무심코, 아무튼, 요컨대, 정녕코, 필연코, 하마터면, 하여튼, 한사코

{참고 1} '이토록, 그토록, 저토록'의 적기 문제

'이토록, 그토록, 저토록, 열흘토록, 종일토록, 평생토록' 등도 어원이 분명하지 아니하므로 소리 나는 대로 적는다.

(37) ㄱ. 이토록   그토록   저토록   열흘토록   종일토록
     ㄴ. *이도록   *그도록   *저도록   *열흘도록   *종일도록
     ㄷ. [이토록] [그토록] [저토록] [열흘토록] [종일토록]

이들 단어들은 그 발음이 [이도록, 그도록, 저도록……]으로 나는 것이 아니라 [이토록, 그토록, 저토록……]으로만 나므로, 어원이 분명하지 않은 말로 처리하여 소리 나는 대로 적는다.

{참고 2} '이렇든지, 그렇든지, 저렇든지'의 적기 문제

'이렇든(지), 그렇든(지), 저렇든(지), 아무렇든(지), 어떻든(지)'는 '이렇다, 그렇다, 저렇다, 아무렇다, 어떻다'에 연결 어미인 '-든(지)'가 붙어서 된 활용형이다.

(38) ㄱ. 이렇- + -든지 → 이렇든지
     ㄴ. 저렇- + -든지 → 저렇든지

ㄷ. 그렇- + -든지 → 그렇든지
　　ㄹ. 어떻- + -든지 → 어떻든지

앞의 '붙임 1'에서 '이렇다, 그렇다, 저렇다'의 'ㅎ' 받침은 어간의 끝소리로 굳은 것으로 처리하였다. 그러므로 '이렇다, 그렇다, 저렇다, 어떻다'의 활용 형태에서 어미를 '-튼(지)'로 적지 아니하고, 원형을 밝혀서 '이렇든(지), 그렇든(지), 저렇든(지), 아무렇든(지), 어떻든(지)'로 적는다.

제5장 띄어쓰기

{ 참고 } 띄어쓰기의 개관

<한글 맞춤법>의 총론 제2항에서는 띄어쓰기의 대원칙으로 "문장의 각 단어는 띄어 씀을 원칙으로 한다."라고 규정하고 있다. 제2항의 원칙에 적용을 받는 말은 자립성이 있는 말, 즉 '체언, 용언, 수식언, 독립언' 등이다. 그런데 단어 가운데 조사는 자립성이 없으므로 <한글 맞춤법>의 제41항에서는 "조사는 그 앞말에 붙여 쓴다."라고 규정하고 있다. 제2항과 제41항의 규정을 종합해 보면 우리말에서는 결과적으로 어절을 단위로 하여 띄어 쓰는 셈이다.

(1) ㄱ. 철수는 헌 신을 밖으로 던졌다.
ㄴ. 어머나, 달이 정말 밝네.

예를 들어 (1)에서 '헌, 던졌다, 어머나, 정말, 밝네'는 각각 관형사, 동사, 감탄사, 부사, 형용사로서 단독으로 띄어쓰기 단위로 쓰였으며, '철수는, 신을, 밖으로, 달이'는 체언에 조사가 붙어서 띄어쓰기 단위로 쓰였다.

그리고 복합어는 '어근 + 어근' 혹은 '어근 + 파생 접사'의 짜임새를 하고 있는데, 복합어는 이미 하나의 단어로 굳은 말이므로 복합어를 구성하는 구성 요소들은 서로 붙여 쓴다.

(2) ㄱ. 포수는 산꼭대기에서 강물을 바라보았다.
ㄴ. 형님은 한 말들이 자루에 햇감자를 처넣었다.

(2ㄱ)에서 '포수, 산꼭대기, 강물, 바라보다'는 각각 '포 + 수', '산 + 꼭대기', '강 + 물', '바라(아) + 보다'의 짜임으로 된 합성어다. 그리고 (2ㄴ)의 '형님, 말들이, 햇감자, 처넣다'는 '형 + -님', '말 + -들이', '햇- + 감자', '처- + 넣다'의 짜임으로 된 파생어이다. 이

들 합성어와 파생어는 어근과 어근이나, 어근과 파생 접사를 붙여서 적는다.

제1절 조사

제41항 조사는 그 앞말에 붙여 쓴다.

꽃이	꽃마저	꽃밖에	꽃에서부터
꽃으로만	꽃이나마	꽃이다	꽃입니다
꽃처럼	어디까지나	거기도	멀리는
웃고만			

[제41항] 체언과 조사의 띄어쓰기

제41항은 총론 제2항의 규정인 '문장의 각 단어는 띄어 씀을 원칙으로 한다.'를 보완하는 규정이다. 곧 학교 문법에서는 조사를 독립된 단어로 다루므로, 이 원칙을 띄어쓰기에 적용하면 체언과 조사는 띄어 써야 한다.

그러나 다음과 같은 이유 때문에 조사는 앞말에 붙여 쓰기로 규정하였다.

    (3) ㄱ. 아이 -가 형 -한테 매 -를 맞는다.

        ㄴ. 아이가 형한테 매를 맞는다.

첫째로 조사는 의존 형식이기 때문에 (ㄱ)에서처럼 체언에 띄어 쓰면 자립성이 없는 말을 띄어 쓰게 되어서 글을 읽을 때에 지장을 줄 수 있다. 둘째로 입말에서는 체언과 조사가 결합된 어절을 단위로 하여 휴지(쉼)가 들어간다. 그런데 만일 글말에서 조사를 체언에 띄어 쓰게 되면 호흡의 단위와 띄어쓰기의 단위가 어긋나게 되어 글을 읽을 때에 어려움이 따른다. 셋째로 조사를 체언에 띄어 쓰게 되면 (ㄱ)처럼 띄어 쓰는 곳이 너무 많아서 독서 능률이 떨어진다. 이러한 문제 때문에 (ㄴ)처럼 조사를 체언에 붙여서 적음으로써, 입말의 호흡 단위와 글말의 띄어쓰기 단위를 일치시킨다.[1]

---

1) 학교 문법에서 의존 형태소인 조사를 독립된 단어로 인정하기 때문에 제42항을 설정하게 된 것이다. 그러나 일부 문법가들은 어미와 마찬가지로 조사를 독립된 단어로 인정하지 않는데, 이렇게 되면 이 조항은 설정할 필요가 없어진다.

제2절 의존 명사, 단위를 나타내는 명사 및 열거하는 말 등

> **제42항** 의존 명사는 띄어 쓴다.
>
> 아는 **것**이 힘이다.   나도 할 **수** 있다.
>
> 먹을 **만큼** 먹어라.   아는 **이**를 만났다.
>
> 네가 뜻한 **바**를 알겠다.   그가 떠난 **지**가 오래다.

{ 참고 } 의존 명사

사물의 이름을 나타내는 단어를 '명사'라고 하는데, 명사 중에는 단독으로 쓰일 수 있는 것도 있고 항상 다른 말에 기대어서만 쓰일 수 있는 것도 있다.

    (4) ㄱ. 자갈치 시장에서 아는 <u>사람</u>을 만났다.

         ㄴ. 나는 철수가 돈을 준 <u>의도</u>를 알겠다.

    (5) ㄱ. 자갈치 시장에서 <u>사람</u>을 만났다.

         ㄴ. 나는 <u>의도</u>를 알겠다.

(4)에서 쓰인 '사람'과 '의도'는 (5)에서처럼 그 앞에 덧붙는 말이 없어도 홀로 쓰일 수 있다. 이와 같은 명사를 '자립 명사'라고 한다.

대부분의 명사는 자립성이 있으므로 자립 명사로 분류되지만, 모든 명사가 자립성이 있는 것은 아니다.

    (6) ㄱ. 자갈치 시장에서 <u>아는</u> **이**를 만났다.

         ㄴ. 나는 <u>네가 뜻하는</u> **바**를 알겠다.

    (7) ㄱ. *자갈치 시장에서 **이**를 만났다.

         ㄴ. *나는 **바**를 알겠다.

(6)에서 '이, 바'는 그 앞에 수식하는 말(= 관형어)이 오면 쓰일 수 있지만, (7)처럼 그 앞에 수식하는 말이 없으면 전체 문장이 비문법적인 문장으로 된다. 이처럼 자립성이 없어서 그 앞에 수식하는 말(관형어)이 와야 쓰일 수 있는 명사를 '의존 명사'라고 한다.

[제42항] 의존 명사의 띄어쓰기

의존 형태소는 홀로 쓰일 수 없으므로 원칙적으로 앞말에 붙여서 적어야 한다. 그러므로 어미와 조사와 같은 의존 형태소는 앞말에 붙여 적는다.

  (8) 형님-이 동생-에게 돈-을 주-었-더-라.

의존 명사도 어미나 조사와 마찬가지로 의존 형식이므로 앞말(수식어)에 붙여 적는 것이 원칙이다. 그러나 다른 의존 형태소와는 달리 의존 명사는 의존적인 성격을 제외하면 자립 명사와 비슷한 문법적 기능을 한다. 이러한 특징 때문에 학교 문법에서는 의존 명사에 독립된 단어의 자격을 준다. 그러므로 제1장 제2항의 '문장의 각 단어는 띄어 씀을 원칙으로 한다.'라는 규정에 따라 의존 명사는 앞말에 띄어 쓴다.

{ 참고 } 동일한 형태가 경우에 따라 다르게 쓰이는 예들

① '들' : '들'이 체언 뒤에서 복수를 나타낼 때에는 접미사이므로 앞의 체언에 붙여 쓴다. 그러나 두 개 이상의 사물을 열거하는 표현에서 '그런 따위'라는 뜻을 나타낼 때에는 의존 명사이므로 앞의 체언에 띄어 쓴다.

  (9) ㄱ. 접미사 : 사람들, 그들, 너희들……
      ㄴ. 의존 명사 : 책상 위에 놓인 공책, 신문, 지갑 들을 모두 가방에 넣었다.

② '대로' : '대로'가 체언 뒤에서 '어떤 모양이나 상태와 같이'라는 뜻으로 쓰일 때에는 조사이므로 앞의 체언에 붙여 쓴다. 그러나 용언의 관형사형 뒤에서 '어떤 모양이나 상태와 같이'라는 뜻을 나타낼 때에는 의존 명사이므로 앞말에 띄어 쓴다.

  (10) ㄱ. 조사 : 처벌하려면 법대로 해라. 너는 너대로 나는 나대로 살자.
       ㄴ. 의존 명사 : 본 대로, 들은 대로 행하라. 될 수 있는 대로 빨리 일을 끝내자.

③ '만큼' : '만큼'은 체언 뒤에서 '그런 정도로'라는 뜻으로 쓰일 때에는 조사이므로 앞의 체언에 붙여 쓴다. 그러나 용언의 관형사형 뒤에서 '그런 정도로'나 '실컷'이란 뜻을 나타낼 때에는 의존 명사이므로 앞말에 띄어 쓴다.

(11) ㄱ. 조사 : 나도 너<u>만큼</u> 할 수 있다, 여자도 남자<u>만큼</u> 일한다.

　　　 ㄴ. 의존 명사 : 먹을 <u>만큼</u> 먹었다. 애쓴 <u>만큼</u> 얻었다.

④ **'뿐'** : '뿐'은 체언 뒤에 붙어서 '한정'의 뜻을 나타내면 조사이므로 앞의 체언에 붙여 쓴다. 그러나 용언의 관형사형 뒤에서 쓰여 '따름'이란 뜻을 나타내면 의존 명사이므로 앞말에 띄어 쓴다.

(12) ㄱ. 조사 : 하나<u>뿐</u>이다. 철수<u>뿐</u>이다.

　　　 ㄴ. 의존 명사 : 만났을 <u>뿐</u>이다. 말 없이 웃을 <u>뿐</u>이다.

⑤ **'만'** : '만'이 체언 뒤에 붙어서 '한정함'의 뜻을 나타내면 (보)조사이므로 체언에 붙여 쓴다. 반면에 체언 뒤에서 '동안이 얼마간 계속되었음을 나타내는 말'의 뜻을 나타내면, 의존 명사이므로 앞말에 띄어 쓴다.

(13) ㄱ. 조사 : 하루 종일 잠<u>만</u> 잤더니 머리가 아프다.

　　　 ㄴ. 의존 명사 : 친구가 도착한 지 두 시간 <u>만</u>에 떠났다.

⑥ **'지'** : '지'가 의문의 뜻을 나타나면 의문형 어미이므로 앞말에 붙여 쓴다. 반면에 용언의 관형사형 뒤에서 '경과한 시간'을 나타내면 의존 명사이므로 앞말에 띄어 쓴다.

(14) ㄱ. 의문형 어미 : 그가 가는<u>지</u> 안 가는<u>지</u> 모르겠다. 집이 클<u>지</u> 작을<u>지</u> 몰랐다.

　　　 ㄴ. 의존 명사 : 그가 떠난 <u>지</u>가 열흘이 지났다. 그를 만난 <u>지</u> 한 달이 되었다.

⑦ **'차'** : '차(次)'가 체언 뒤에 쓰여서 '의도, 목적'을 나타낼 때에는 접미사이므로 앞의 체언에 붙여 쓴다. 그러나 용언의 관형사형 뒤에 쓰여서 '어떤 기회를 겸하여'라는 뜻을 나타낼 때에는 의존 명사이므로 앞말에 띄어 쓴다.

(15) ㄱ. 접미사 : 연수<u>차</u> 일본에 다녀왔다.

　　　 ㄴ. 의존 명사 : 고향에 갔던 <u>차</u>에 이혼을 하고 돌아왔다.

⑧ '**번**': '번'이 차례나 일의 횟수를 나타낼 때에는 의존 명사이므로 '한 번', '두 번', '세 번'과 같이 띄어 쓴다. 반면에 '어떤 일을 시험 삼아 시도함', '지난 어느 때나 기회', '어떤 행동이나 상태를 강조함' 등의 뜻을 나타내는 '한번'은 합성 명사나 합성 부사로 굳어진 말이므로 두 말(어근)을 붙여 쓴다.

(16) ㄱ. 작년에는 미국에 한/두/세 번이나 다녀왔다.　　　　[관형사 + 의존 명사]
　　　ㄴ. 심심한데 노래나 <u>한번</u> 불러 보자.　　　　　　　[합성 명사]
　　　ㄷ. <u>한번</u>은 그런 일도 있었지.　　　　　　　　　　[합성 명사]
　　　ㄹ. 고 녀석 울음소리 <u>한번</u> 크구나.　　　　　　　　[합성 부사]

지금까지 살펴본 단어는 형태가 같아도 그 말이 쓰이는 환경(분포)에 따라서 두 가지 이상의 품사로 쓰인 것이다(품사의 통용). 이처럼 동일한 형태의 단어가 쓰이는 환경에 따라서 품사가 달라질 때에는 이들 단어를 띄어 쓰는 방법이 다를 수도 있다.

제43항 단위를 나타내는 명사는 띄어 쓴다.

한 **개**	차 한 **대**	금 서 **돈**	소 한 **마리**
옷 한 **벌**	열 **살**	조기 한 **손**(2마리)	연필 한 **자루**
버선 한 **죽**(10벌)	집 한 **채**	신 두 **켤레**(2개)	북어 한 **쾌**(20마리)

　　다만, 순서를 나타내는 경우나 숫자와 어울리어 쓰이는 경우에는 붙여 쓸 수 있다.

두시 삼십분 오초	제일과	삼학년	육층
1446년 10월 9일	3대대	16동 502호	제1어학실습실
80원	10개	7미터	

[제43항] 단위를 나타내는 명사의 띄어쓰기

단위를 나타내는 명사는 대부분 의존 명사이다. 의존 명사는 이미 앞말에 띄어서 쓰기로 하였으므로, 수의 단위를 나타내는 의존 명사도 앞말(관형어)에 띄어 쓴다.

(17) 한 **개**　　한 **대**　　서 **돈**　　한 **마리**　한 **벌**　　열 **살**　　한 **자루**

[다만] 순서를 나타내거나 숫자와 어울리는 단위성 의존 명사의 띄어쓰기

수 단위 의존 명사가 다음처럼 특수하게 쓰일 때에는 앞말에 붙여 씀을 허용한다.

첫째, 의존 명사가 수 관형사 뒤에 붙어서 순서를 나타낼 때에는 앞말에 붙여 씀을 허용한다.

    (18) ㄱ. 제일 **과**, 제이 **장**, 제삼 **절**

          ㄴ. (제)삼 **대**, (제)사 **회**, (제)삼십오 **번**, (제)이십구 **차**

    (19) 이천일 **년** 칠 **월** 삼십 **일** 오후 한 **시** 삼십사 **분** 이십이 **초**

(18~19)의 보기는 모두 본문의 띄어쓰기 원칙을 지킨 것인 데에 반하여, 다음의 (20~21)의 예는 '다만'의 규정에 따라서 붙여 쓴 것이다.

    (20) ㄱ. 제일**과**, 제이**장**, 제삼**절**

          ㄴ. (제)삼**대**, (제)사**회**, (제)삼십오**번**, (제)이십구**차**

    (21) 이천일**년** 칠**월** 삼십**일** 오후 한**시** 삼십사**분** 이십이**초**

둘째, 숫자 뒤에 놓이는 의존 명사는 숫자의 뒤에 붙여 적을 수 있다.

    (22) ㄱ. 3 **대대**, 16 **동** 502 **호**, 제1 **중대**, 1050 **원**, 10 **개**, 제3 **공화국**

          ㄴ. 3**대대**,   16**동** 502**호**,   제1**중대**,   1050**원**,   10**개**,   제3**공화국**

(ㄱ)은 본문의 띄어쓰기 규정을 적용하여 띄어 쓴 것이고, (ㄴ)은 '다만'의 허용 규정을 적용하여 띄어 쓴 것이다. 여기서 (ㄴ)처럼 붙여서 쓰는 것은 시각적인 효과를 위하여 설정한 허용 규정인데, 실제로 본문의 원칙에 따라 표기한 (ㄱ)보다는 '다만'의 규정을 따른 (ㄴ)이 시각적으로 보기가 좋다.

제44항 수를 적을 적에는 '만(萬)' 단위로 띄어 쓴다.

    십이억 삼천사백오십육만 칠천팔백구십팔

    12억 3456만 7898

[제44항] 수의 띄어쓰기

수를 적을 때는 십진법에 따라서 적는 것이 원칙이다. 이러한 원칙에 따라서 <한글맞춤법 통일안>에서는 다음의 (32)와 같이 십진법에 따라 띄어 쓰도록 규정했다.

    (23) *이십 삼만 이천 팔백 구십 일

수를 나타내는 방식이 원래 십진법 체계로 되어 있으므로 이렇게 십진법에 따라 띄어쓰기를 하는 것이 원칙이다. 그러나 (23)과 같이 십진법 단위로 띄어 쓰면 띄어쓰기 단위가 너무 잘게 되어 의미 파악에 지장이 생기게 된다.

   그리고 우리말에서는 만(萬)을 단위로 하여 수를 끊어 읽는 것이 특징이므로, 수를 적을 때에는 만을 단위로 띄어 쓰는 것이 효과적이다.

    (24) ㄱ. 1,232,134,569,898
          ㄴ. 일**조** 이천삼백이십일**억** 삼천사백오십육**만** 구천팔백구십팔

곧 아라비아 숫자로는 (33ㄱ)처럼 천(千)을 단위로 하여 끊어 읽지만, 우리말에서는 (24ㄴ)처럼 만(萬)을 단위로 하여 읽는다. 이러한 이유로 해서 우리말에서 숫자를 적을 때는 만(萬)을 단위로 하여 띄어 쓴다. 결국 우리말에서 수의 띄어쓰기 단위는 '만(萬), 억(億), 조(兆), 경(京), 해(垓), 자(秭)······' 등과 같이 전개된다.

제45항 두 말을 이어 주거나 열거할 적에 쓰이는 다음의 말들은 띄어 쓴다.

국장 **겸** 과장	열 **내지** 스물	청군 **대** 백군
책상, 걸상 **등**이 있다.	이사장 **및** 이사들	사과, 배, 귤 **등등**
사과, 배 **등속**	부산, 광주 **등지**	

[제45항] 두 말을 이어 주거나 열거할 적에 쓰이는 말의 띄어쓰기

제45항에서 제시된 '겸, 대'와 '내지, 및'은 두 말을 이어 주는 기능을 하는 의존 명사와 접속 부사이다. 그리고 '등, 등등, 등속, 등지'는 열거할 적에 쓰이는 말로서 의존 명사다. 접속 부사나 의존 명사는 모두 독립된 단어이므로 앞말에 대하여 띄어 쓴다.

① '겸' : '겸(兼)'은 다음의 두 가지 용법으로 쓰인다. 첫째, 둘 이상의 명사 사이에 쓰여 그 명사들이 나타내는 의미를 '아울러 지니고 있음'을 나타낸다. 둘째로 동사의 관형사형 어미 '-을' 다음에 쓰이어, '그 일들을 아울러 함'을 나타낸다. 전자나 후자나 '겸'은 모두 의존 명사로 쓰였으므로 그 앞말에 띄어 쓴다.

    (25) ㄱ. 사무실 **겸** 살림집, 아침 **겸** 점심, 학부장 **겸** 전공 주임
        ㄴ. 회사 구경도 할 **겸** 취업 정보도 얻으러 간다. 임도 볼 **겸** 뽕도 딸 **겸**.

② '내지' : '내지(乃至)'는 수사와 수사 사이에 쓰여서 '얼마에서 얼마까지'의 뜻을 나타내거나, 명사와 명사 사이에서 '또는'의 뜻을 나타낸다. 이들은 모두 접속 부사이므로 '내지'는 앞말에 띄어 쓴다.

    (26) ㄱ. 열 **내지** 스물, 한 달 **내지** 두 달
        ㄴ. 요즈음은 타자기 **내지** 컴퓨터로 문서를 작성한다.

③ '대' : '대(對)'는 '……에 대항하는', '……에 짝이 되는'의 뜻으로 쓰이는 말인데, 이 '대(對)'는 의존 명사이므로 앞말에 띄어 쓴다.

    (27) 학생 **대** 교사   25 **대** 1   삼 **대** 이

④ '및' : '및'은 '그 밖에 또……'의 뜻을 나타내는 말인데, 접속 부사이므로 앞말에 띄어 쓴다.

    (28) 부산 **및** 서울   녹차 **및** 홍차   인화 **및** 확대

⑤ '등(等), 등등(等等), 등속(等屬), 등지(等地)' : '등(等), 등등(等等)'은 열거의 뜻을 나타내는 말이며, '등속(等屬)'은 명사에 붙어서 '그것과 비슷한 것들을 몰아서 이르는 말'이다. 그리고 '등지(等地)'는 어떠한 땅을 가리키는 명사 밑에 붙어서 '그러한 곳들'의 뜻을 나타내는 말이다. 이들 단어는 모두 의존 명사이므로 앞말에 띄어 쓴다.

(29) ㄱ. 붕장어, 넙치, 갈치 **등**의 어획량이 감소하고 있다.

ㄴ. 떡, 밥, 술 **등등** 먹을 것이 널려 있다.

ㄷ. 과자 **등속**이 요새는 너무 흔하다.

ㄹ. 양주 **등지**에서 나는 밤은 맛이 썩 좋다.

이처럼 두 말을 이어 주거나 어떠한 대상을 열거하는 말은 대부분 의존 명사나 접속 부사로 쓰이므로, 그 앞말(체언)에 대하여 띄어 쓰게 하였다.

제46항 단음절로 된 단어가 연이어 나타날 적에는 붙여 쓸 수 있다.

그때 그곳　　　　좀더 큰것　　　　이말 저말　　　　한잎 두잎

[제46항] 단음절 단어의 띄어쓰기

<한글 맞춤법>의 제2항에 따르면 단어와 단어는 띄어 쓰도록 되어 있다. 이렇게 띄어쓰기를 하는 이유는 독서 능률을 높이기 위함이다. 그러나 단음절로 된 단어가 연이어서 나타날 때에 이 단어들을 모두 띄어 쓰면 독서 능률이 오히려 떨어진다.

(30) ㄱ. 좀 더 큰 것

ㄴ. 좀더 큰것

(30)에서 (ㄱ)과 (ㄴ)을 비교하면 (ㄱ) 쪽이 시각적으로 어색하다. 따라서 단음절로 된 단어가 연이어 나타날 때에는 (ㄱ)처럼 띄어 쓰는 것을 원칙으로 하되, (ㄴ)처럼 붙여 쓰는 것을 허용한다. 자연스럽게 의미적으로 한 덩이가 될 수 있는 말들은 붙여 쓸 수 있게 함으로써, 글을 읽을 때에 시각적으로 편하게 하였다.

이에 따라 관형사와 명사, 부사와 부사가 연결되는 구조와 같이, 자연스럽게 의미적으로 한 덩이를 이룰 수 있는 단음절 단어들은 붙여 쓰는 것을 허용한다.

(31) ㄱ. 큰것, 자동차 한대, 술 한잔, 낙엽 한잎

ㄴ. 좀더

반면에 부사와 관형사가 이어서 나타나거나 관형사와 관형사가 이어질 때에는, 이들 단어들이 자연스럽게 의미적 덩이를 이룰 수 없기 때문에 띄어 써야 한다.

(32) ㄱ. *더큰것 → 더 큰 것 / 더 큰것
　　 ㄴ. *저새 집 → 저 새 집 / 저 새집

그리고 비록 한 음절로 된 부사와 부사가 잇달아 나타나더라도, 그 부사들의 문법적인 성질이 아주 다를 때에는 띄어 써야 한다.

(33) ㄱ. *더못 간다 → 더 못 간다
　　 ㄴ. *꽤안 온다 → 꽤 안 온다

(33)에서 '더, 꽤'는 정도 부사이고, '못, 안'은 부정 부사인데, 이들 정도 부사와 부정 부사는 성격이 다르므로 붙여 쓰지 못한다.

제3절 보조 용언

제47항 보조 용언은 띄어 씀을 원칙으로 하되, 경우에 따라 붙여 씀도 허용한다.
（ㄱ을 원칙으로 하고, ㄴ을 허용함)

ㄱ	ㄴ
불이 꺼져 **간다**.	불이 꺼져**간다**.
내 힘으로 막아 **낸다**.	내 힘으로 막아**낸다**.
어머니를 도와 **드린다**.	어머니를 도와**드린다**.
그릇을 깨뜨려 **버렸다**.	그릇을 깨뜨려**버렸다**.
비가 올 **듯하다**.	비가 올**듯하다**.
그 일은 할 **만하다**.	그 일은 할**만하다**.
일이 될 **법하다**.	일이 될**법하다**.
비가 올 **성싶다**.	비가 올**성싶다**.
잘 아는 **척한다**.	잘 아는**척한다**.

다만, 앞말에 조사가 붙거나 앞말이 합성 용언인 경우, 그리고 중간에 조사가

들어갈 적에는, 그 뒤에 오는 보조 용언을 띄어 쓴다.

> 잘도 놀아만 **나는구나!**　　책을 읽어도 **보고……**.
> 네가 덤벼들어 **보아라.**　　이런 기회는 다시없을 **듯하다.**
> 그가 올 듯도 **하다.**　　잘난 체를 **한다.**

{참고} 보조 용언에 대하여

용언 중에는 앞의 용언(본용언)에 붙어서만 쓰이면서 실질적인 의미 대신에 문법적인 의미를 더해 주는 것이 있는데, 이를 '보조 용언'이라고 한다. 그리고 보조 용언의 앞에서 실질적 의미를 나타내는 용언을 '본용언'이라고 한다.

(34) ㄱ. 너 이제 한번 **죽-어** <u>보아라.</u>
　　ㄴ. 원숭이는 결국 바나나를 **먹-게** <u>되었다.</u>
　　ㄷ. 나도 불우 이웃 돕기 운동에 **참여하-고** <u>싶다.</u>
　　ㄹ. 나 교수는 보충 강의를 절대로 **하-지** <u>않는다.</u>

(34)에서 밑줄 그은 '보다, 되다, 싶다, 아니하다'는 보조 용언으로, 그 앞에 있는 용언에 특별한 문법적인 뜻을 더해 주고 있다. 반면에 보조 용언 앞에서 실현되는 '죽어, 먹게, 참여하고, 하지'는 실질적인 의미를 나타내는 본용언이다. 그리고 본용언과 보조 용언을 이어 주는 '-아/-어, -게, -고, -지'와 같은 연결형 어미를 '보조적 연결 어미'라고 한다.

[제47항] 본용언과 보조 용언의 띄어쓰기

학교 문법에서는 보조 용언도 본용언과 마찬가지로 하나의 독립된 단어로 다루므로 앞말인 본용언에 띄어 쓰는 것이 원칙이다. 그러므로 <한글 맞춤법 통일안>(1933)에서는 본용언과 보조 용언을 반드시 띄어 쓰도록 규정했다.

그러나 본용언과 보조 용언을 반드시 띄어 쓰게 하면 글자 생활을 하는 데에 어려움이 따를 수 있다. 곧, 일반 언중들이 두 어근의 결합으로 짜인 합성어 구성과 '본용언 + 보조 용언'의 구성을 구분하기가 힘들어지는 문제가 생긴다.[2]

(35) 따라가다, 들어오다, 잃어버리다, 돌아보다

(36) ㄱ. 죽어 가다   겪어 나다   가 버리다   만져 보다
    ㄴ. 죽어가다   겪어나다   가버리다   만져보다

(35)의 단어는 합성 용언으로서 하나의 단어로 굳은 말이다. 이에 반하여 (36)의 단어들은 '본용언 + 보조 용언'의 구조로 된 구이므로, 두 개의 단어로 처리된다. 따라서 원칙적인 면에서 (35)의 합성 용언의 어근은 붙여 적어야 하고, (36)의 본용언과 보조 용언은 (ㄱ)처럼 띄어 써야 한다. 그러나 일반 언중들이 (35)와 (36ㄱ)의 단어에 나타나는 문법적인 차이를 구분하여 이를 띄어쓰기에 적용한다는 것은 무리가 있다. 이러한 현실적인 문제를 감안하여 <한글 맞춤법>(1988)에서는 (36)처럼 '본용언 + 보조 용언'의 짜임으로 된 말들은 (ㄱ)처럼 띄어 쓰는 것을 원칙으로 하되, (ㄴ)과 같이 붙여 적을 수도 있게 하였다.[3]

{주의} 연결형 어미 '-게, -지, -고' 뒤에 오는 보조 용언의 적기

본용언과 보조 용언의 띄어쓰기에서 한 가지 주의할 것은 (36)과 같이 보조적 연결 어미 '-아/-어' 뒤에 나타나는 보조 용언에만 붙여 적는 것을 허용한다는 사실이다. 곧 연결 어미 '-아/-어'로써 형성되는 합성 용언의 수가 대단히 많고, 또 합성 용언과 '본용언 + 보조 용언'의 구성을 구분하는 기준도 명확하지 않아서 붙여 쓰는 것을 허용하는 것이다.

그러나 '-아/-어'를 제외하고 나머지 '-게, -고, -지'로써 형성되는 합성 용언은 거의 없으므로, '-게, -고, -지'가 붙는 말은 '본용언 + 보조 용언' 구성으로만 쓰인다.

(37) ㄱ. 나도 결국은 스승의 길을 <u>따르게 되었다</u>.   ↦ *따르게되었다
    ㄴ. 현대 그룹은 대북 사업으로 <u>망하고 말았다</u>.   ↦ *망하고말았다
    ㄷ. 나는 보신탕은 결코 <u>먹지 않는다</u>.   ↦ *먹지않는다

---

2) 본용언의 어간 뒤에 연결형 어미 '-아/-어'가 올 적에는 합성 용언과 '본용언 + 보조 용언'의 구성을 판별해 내기가 대단히 어렵다.
3) 『국어 어문 규정집』(2012:95)에서는 보조 용언 '지다'의 띄어쓰기 용례로서 '이루어지다, 써지다, 예뻐지다, 추워지다'를 제시하여, '지다'를 앞 본용언에 붙여 적는 것으로 다루었다.

이를 감안하여 본용언에 붙는 연결 어미가 '-게, -고, -지'일 때에는 그 뒤에 오는 보조 용언은 본용언에 붙여 쓰는 것을 인정하지 않는다.

[다만] 앞말에 반드시 띄어 써야 하는 보조 용언

본용언과 보조 용언을 분리하는 것이 불가피할 적에는 반드시 띄어 쓴다. 여기서 본용언과 보조 용언이 두 단어로 분리하는 것이 불가피할 적이란 다음과 같은 경우이다.

① 본용언과 보조 용언 사이에 조사가 끼어 든 경우

(38) ㄱ. 얼굴이 자꾸 말라**만** 간다. ↛ *얼굴이 자꾸 말라**만**간다.
ㄴ. 처녀를 한번 만나**는** 보아라. ↛ *처녀를 한번 만나**는**보아라.

(38)은 본용언인 '말라', '만나'와 보조 용언인 '간다', '보아라' 사이에 보조사 '-만'과 '-는'이 끼어 들었다. 제41항에서 이미 조사 다음에 오는 말을 띄어 쓰기로 하였으므로, (38)에서도 조사 다음에 실현된 보조 용언도 띄어서 적는다.

② 보조 용언의 중간에 조사가 들어간 경우

(39) ㄱ. 내일은 그가 올 듯**도** 하다. ↛ *내일은 그가 올 듯**도**하다.
ㄴ. 비가 내릴 성**도** 싶다.   ↛ *비가 내릴 성**도**싶다

조사는 뒤에 오는 말에 대하여 반드시 띄어 쓰게 되어 있으므로, (51)처럼 보조 용언인 '듯하다'와 '성싶다'의 중간에 조사가 끼어들 때는 보조 용언을 반드시 띄어 쓴다.

③ 합성 용언 뒤에 보조 용언이 붙은 경우

(40) 잡아당겨 **본다** (*잡아당겨본다)   돌아가 **버렸다** (*돌아가버렸다)
붙잡아 **둔다** (*붙잡아둔다)   다시없을 **듯하다** (*다시없을듯하다)

합성 용언은 두 개의 용언이 결합하여 하나의 용언이 된 말인데, 이 합성 용언 뒤에 보조 용언을 붙여 쓰면 한 어절의 길이가 너무 길어질 수가 있다. 이러한 이유로 본 용언이 합성 용언일 때에는 그 뒤에 오는 보조 용언은 반드시 띄어 쓴다.

제4절 고유 명사 및 전문 용어

제48항 성과 이름, 성과 호 등은 붙여 쓰고, 이에 덧붙는 호칭어, 관직명 등은 띄어 쓴다.

김양수(金良洙)	서화담(徐花潭)	채영신 씨
최치원 선생	박동신 연구관	충무공 이순신 장군

다만, 성과 이름, 성과 호를 분명히 구분할 필요가 있을 경우에는 띄어 쓸 수 있다.

남궁억/남궁 억	독고준/독고 준	황보지봉(皇甫芝峰)/황보 지봉

[제48항] 사람의 성명과 관련된 고유 명사의 띄어쓰기

성은 가문(家門)의 이름을 나타내고 이름은 특정한 사람을 고유하게 가리키는 기능을 하므로, 성과 이름을 구분하여 적는 것이다. 이러한 뜻에서 서양 사람들도 성과 이름을 대체로 관례적으로 띄어 쓰고 있고, <한글 맞춤법 통일안>(1933)에서도 성과 이름을 띄어서 적도록 규정하였다.

그러나 현행의 <한글 맞춤법>에서는 다음과 같은 이유로 성과 이름을 붙여 쓴다. 첫째로 우리나라뿐만 아니라 한자를 쓰는 중국이나 동남 아시아의 일부 국가에서도 성과 이름은 붙여서 적는다. 둘째로 우리나라 사람의 성이 보통 한 음절로 되어 있으므로 언중들이 성을 하나의 독립된 단어로 인식하지 않는 경향이 있다. 셋째로 예를 들어 어떤 사람을 '나벼리'라고 부를 때에 '나벼리'는 언어적인 단위로서는 두 단위이지만 실제로는 하나의 실체를 지칭하는 말이다. 언중들은 하나의 실체를 나타내는 말을 성과 이름으로 구분하여 '나 벼리'로 적는 데에 거부감을 느끼게 된다. 이러한 현실적인 이유 때문에 현행의 <한글 맞춤법>에서는 성과 이름을 붙여 쓰기로 했다.

그리고 이름과 동일하게 기능하는 '호(號)'나 '자(字)'는 그 앞의 성에 붙여 적는다.

(41) ㄱ. 나찬연(羅燦淵), 박경숙(朴敬淑), 나벼리(羅벼리), 김미애(金美愛)

　　 ㄴ. 정송강(鄭松江), 이율곡(李栗谷), 이태백(李太白), 이충무공(李忠武公)

반면에 성과 이름 뒤에 따로 붙는 호칭어, 관직명은 별개의 단어이므로 띄어 쓴다.

(42) ㄱ. 박찬호 **씨**　　　　김병현 **군**　　　　　양지예 **양**

　　 ㄴ. 강대민 **교수**　　　총장 박경문 **박사**　　백범 김구 **선생**

　　 ㄷ. 김 **씨**[4]　　　　　이 **군**　　　　　　박 **양**

　　 ㄹ. 김 **사장**(社長)　　이 **여사**(女史)　　　주 **주사**(主事)

[다만] 두 음절로 된 성이나 외자 이름의 적기

성이 두 음절 이상이어서 성과 이름을 혼동할 가능성이 있을 때에는, 성과 이름을 띄어 쓸 수 있다.

(43) ㄱ. 남궁억　　　　　독고준　　　　　황보지봉

　　 ㄴ. 남궁 억　　　　독고 준　　　　황보 지봉

곧 '남궁 억'과 '남 궁억', '독고 준'과 '독 고준', '황보 지봉'과 '황 보지봉' 등을 분명하게 구분하기 위해서는 성과 이름을 띄어 쓸 수 있게 하였다.

제49항 성명 이외의 고유 명사는 단어별로 띄어 씀을 원칙으로 하되, 단위별로 띄어 쓸 수 있다. (ㄱ을 원칙으로 하고, ㄴ을 허용함.)

ㄱ	ㄴ
대한 중학교	대한중학교
한국 대학교 사범 대학	한국대학교 사범대학

---

4) '씨'는 명사로 쓰일 때도 있고 접미사로 쓰일 때도 있다. 명사로 쓰이는 '씨'는 '그 사람을 높이거나 대접하여 부르거는 호칭어'로 쓰이는데, 이때는 앞말에 띄어 쓴다. 반면에 접미사로 쓰이는 '-씨'는 명사 뒤에 붙어서 그 성씨 자체를 나타내는 말인데, 이때는 앞말에 붙여 쓴다.
　(1) ㄱ. 홍길동 **씨**, 이리로 오세요. 그 일은 김 **씨**가 맡으세요　　　(호칭어)
　　 ㄴ. 김씨(가), 이씨(가), 박씨(가) ; 최씨 문중 ; 의유당 김씨　　(접미사)

[제49항] 고유 명사의 띄어쓰기

제49항은 두 단어 이상으로 된 일반 고유 명사의 띄어쓰기에 관한 것이다.

(44) ㄱ. 부산 광역시 지역 발전 협의회   [단어별 띄어쓰기]
     ㄴ. 국립 수산 진흥원 부설 어류 방류 사업소

(45) ㄱ. 부산광역시 지역발전협의회   [단위별 띄어쓰기]
     ㄴ. 국립수산진흥원 부설 어류방류사업소

(46) ㄱ. *부산 광역시지역 발전협의회
     ㄴ. *국립수산 진흥원 부설 어류방류 사업소

예를 들어서 '부산 광역시 지역 발전 협의회'는 다섯 개의 단어가 결합된 고유 명사다. 이 고유 명사는 합성어가 아니므로 원칙적으로 단어별로 띄어 써야 한다. 그러나 '부산 광역시 지역 발전 협의회'는 하나의 실체를 지시하는 말이므로 언중들이 이를 붙여 쓰려는 경향이 있다. 실제로 인쇄물에서 (44)처럼 단어별로 띄어 쓰게 되면 상당히 어색해지는 것은 언중들의 이러한 의식 때문이다. 그러므로 성명 이외의 고유 명사는 (44)처럼 단어별로 띄어 쓰는 것을 원칙으로 하되, (45)와 같이 붙여 쓰는 것을 허용한다.

그리고 제49항에서 성명 이외의 고유 명사를 단위별로 띄어 쓸 수 있다고 한 것은, 하나의 실체로 인식되는 말들에 한해서 붙여 쓸 수 있다는 것이다. 즉 개념상 같은 단위로 묶이는 대상을 나타내는 말은 (45)처럼 붙여 적을 수 있지만, (46)처럼 개념상 하나의 단위로 묶일 수 없는 말을 붙여 쓰는 것은 허용되지 않는다.

제50항 전문 용어는 단어별로 띄어 씀을 원칙으로 하되, 붙여 쓸 수 있다. (ㄱ을 원칙으로 하고, ㄴ을 허용함.)

ㄱ	ㄴ
만성 골수성 백혈병	만성골수성백혈병
중거리 탄도 유도탄	중거리탄도유도탄

[50항] 전문 용어의 띄어쓰기

제50항은 두 단어 이상으로 짜인 전문 용어의 띄어쓰기에 대한 규정이다. 이들 전문 용어도 하나의 개념을 나타내는 말로 다루어서, 단어별로 띄어 쓰는 것을 원칙으로 하되 붙여 쓸 수도 있게 하였다.

> (47) ㄱ. 후천성 면역 결핍증
>   ㄴ. 긴급 조치 발동권
>   ㄷ. 여름 과일 재배하기
>
> (48) ㄱ. 후천성면역결핍증
>   ㄴ. 긴급조치발동권
>   ㄷ. 여름과일재배하기

곧 '후천성 면역 결핍증'은 비록 세 단어로 된 말이지만 하나의 병을 지시하는 말로 이미 굳어져 쓰이므로 언중들은 이 말을 붙여 쓰려는 경향이 강하다. 언중들의 이러한 의식을 감안하여, (47)처럼 단어별로 띄어 씀을 원칙으로 하고 (48)처럼 붙여 쓸 수도 있게 하였다.[5]

---

5) 다만, 명사가 용언의 관형사형으로 된 관형어 수식을 받거나, 두 개 이상의 체언이 접속 조사로 연결되는 구조일 때에는 반드시 단어별로 띄어 쓴다.(『국어 어문 규정집』(2012:99)의 내용 참조) (보기: 간단한 도면 그리기, 바닷말과 물고기 기르기)

제6장 그 밖의 것

제6장의 '그 밖의 것'에서는 특별히 어떠한 절로 묶을 수 없는, 개별적인 사항에 대한 맞춤법의 규정을 모은 것이다.

제51항 부사의 끝음절이 분명히 '이'로만 나는 것은 '-이'로 적고, '히'로만 나거나 '이'나 '히'로 나는 것은 '-히'로 적는다.

1. '이'로만 나는 것

가붓이[1]	깨끗이	나붓이[2]	느긋이	둥긋이	따뜻이
반듯이	버젓이	산뜻이	의젓이	가까이	고이
날카로이	대수로이	번거로이	많이	적이	헛되이
겹겹이	번번이	일일이	집집이	틈틈이	

2. '히'로만 나는 것

극히	급히	딱히	속히	작히	족히
특히	엄격히	정확히			

3. '이, 히'로 나는 것

솔직히	가만히	간편히	나른히	무단히[3]	각별히
소홀히	쓸쓸히	정결히	과감히	꼼꼼히	심히
열심히	급급히	답답히	섭섭히	공평히	능히
당당히	분명히	상당히	조용히	간소히	고요히
도저히					

---

1) 가붓이 : 가분하게. 들기 좋을 정도로 가볍게.
2) 나붓이 : 작은 것이 좀 넓은 듯하게.
3) 무단히 : 사전에 연락이나 허락이 없이. 아무 사유도 없이.

[제51항] 부사 파생 접미사 '-이, -히'의 적기

제51항은 어근에 '-이'나 '-히'가 붙어서 된 부사를 적을 때에, 부사 파생 접미사의 형태를 적는 방법에 관한 항목이다. 이 문제에 대하여 제51항에서는 다음의 원칙을 정하였다. 첫째, 부사 파생 접미사가 분명히 [ㅣ]로만 소리 나면 '이'로 적는다. 둘째, 분명히 [히]로만 나거나, [ㅣ] 혹은 [히]로 소리 나면 '히'로 적는다.

> (1) ㄱ. 부사의 끝음절이 분명히 [이]로 소리 나는 것(예: 가붓이) ⇨ '-이'로 적음.
>   ㄴ. 부사의 끝음절이 분명히 [히]로 소리 나는 것(예: 극히)   ⇨ '-히'로 적음.
>   ㄷ. 부사의 끝음절이 [이] 혹은 [히]로 소리 나는 것(예: 솔직히) ⇨ '-히'로 적음.

접미사 '-이', '-히'를 적는 방법에 대한 맞춤법의 규정은 이처럼 간명하다. 하지만 문제는 어떤 경우에 [ㅣ]로 소리 나고, 어떤 경우에 [히]로 소리 나는가를 결정하기 어렵다는 데에 있다.[4]

{참고} 부사 파생 접미사 '-이'와 '-히'의 구분에 관한 문제

어떤 부사 파생 접미사가 [ㅣ]로 소리 나는지 [히]로 소리 나는지를 확인할 수 있는 일반적인 규칙은 없다. 사람마다 개인적인 발음 습관이 다르고, <표준 발음법>에서도 이를 규정한 항목이 없기 때문이다. 그러므로 '-이, -히'의 발음은 사전을 통하여 개별적으로 확인하는 것이 가장 확실한 방법이다.(연규동 1998:211)

그러나 여기서는 제51항에서 제시된 보기를 통하여, 부사 파생 접미사인 '-이'와 '-히'의 발음을 구분하는 몇 가지 방법을 제시한다.

[1] 분명하게 [ㅣ]로 발음되는 부사 파생 접미사 '-이'

(가) '-하다'가 붙을 수 있는 어근에 붙은 접미사 '-이'

  ㉠ '-하다'가 붙을 수 있는 어근 중에서, 끝음절이 'ㅅ' 받침으로 끝나는 것에 붙는 접미사 '-이'

---

4) 엄밀하게 말해서 이 문제는 발음에 관련된 문제이다. 따라서 [ㅣ]와 [히]의 발음에 관련된 문제는 맞춤법에서 다루어야 할 사항이 아니고 <표준 발음법>에서 규정할 사항이다.

(2) 가붓(하다) + 이 → 가붓이   깨끗(하다) + 이 → 깨끗이

    나붓(하다) + 이 → 나붓이   느긋(하다) + 이 → 느긋이

    둥긋(하다) + 이 → 둥긋이   따뜻(하다) + 이 → 따뜻이

ⓒ '-하다'가 붙을 수 있으면서, 별다른 이유 없이 [이]로만 발음되는 접미사 '-이'5)

(3) 그윽(하다) + 이 → 그윽이   깊숙(하다) + 이 → 깊숙이

    끔찍(하다) + 이 → 끔찍이   나직(하다) + 이 → 나직이

    납작(하다) + 이 → 납작이   삐죽(하다) + 이 → 삐죽이

    수북(하다) + 이 → 수북이   축축(하다) + 이 → 축축이

    큼직(하다) + 이 → 큼직이

(나) '-하다'가 붙을 수 없는 어근(어간)에 붙은 접미사 '-이'

㉠ 'ㅂ' 불규칙 용언의 어간에 붙는 접미사

(4) 가깝 + 이 → 가까이   곱 + 이 → 고이   날카롭 + 이 → 날카로이

    번거롭 + 이 → 번거로이   탐스럽 + 이 → 탐스러이

ⓒ 명사 첩어에 붙는 접미사 '-이'

(5) 겹겹 + 이 → 겹겹이   번번 + 이 → 번번이   일일 + 이 → 일일이

    집집 + 이 → 집집이   틈틈 + 이 → 틈틈이   간간 + 이 → 간간이

    길길 + 이 → 길길이   나날 + 이 → 나날이   다달 + 이 → 다달이

    땀땀 + 이 → 땀땀이6)   샅샅 + 이 → 샅샅이   짬짬 + 이 → 짬짬이7)

    첩첩 + 이 → 첩첩이   층층 + 이 → 층층이   줄줄 + 이 → 줄줄이

---

5) 여기에 제시된 단어들은, 어근이 'ㄱ' 받침으로 끝나면서 그 뒤에 '-하다'가 붙을 수 있는 파생 부사들이다. 보통은 '-하다'가 붙을 수 있는 어근에 부사 파생 접미사가 붙으면 [ㅣ]로도 발음되고 [히]로도 발음되는 것으로 규정하지만, 여기에 제시된 단어들은 예외적으로 [ㅣ]로만 나는 것으로 사전에서 다루고 있다. 이와 같이 'ㄱ' 받침으로 끝나는 어근에 붙는 부사 파생 접미사가 [ㅣ]로 발음되는지 [히]로 발음되는지를 구분하는 것은 결국 사전에 의존하는 수밖에 없다.

6) 땀땀이: 실을 꿴 바늘로 한 번 뜬 자국마다. 예 어머님이 손수 만들어 보내신 이 옷은 어머님의 정성이 땀땀이 서려 있다.

7) 짬짬이: 짬이 나는 대로 그때 그때. 예 짬짬이 권투를 배웠다.

ⓒ 별다른 조건 없이, '-하다'가 붙지 않는 용언의 어간에 붙는 접미사 '-이'

(6) 많 + 이 → 많이   적 + 이 → 적이[8]   헛되 + 이 → 헛되이

　　같 + 이 → 같이   굳 + 이 → 굳이   길 + 이　→ 길이

　　높 + 이 → 높이   깊 + 이 → 깊이   실없 + 이 → 실없이

(다) 부사에 붙는 접미사 '-이'

(7) 곰곰 + 이 → 곰곰이   더욱 + 이 → 더욱이   생긋 + 이 → 생긋이

　　오뚝 + 이 → 오뚝이   일찍 + 이 → 일찍이   히죽 + 이 → 히죽이

[2] 분명히 [히]로만 발음되는 접미사 '-히'[9)]

(8) 극 + 히 → 극히[그키]   급 + 히 → 급히[그피]   딱 + 히　→ 딱히[따키]

　　속 + 히 → 속히[소키]   작 + 히 → 작히[자키]   정확 + 히 → 정확히[정화키]

　　특 + 히 → 특히[트키]   족 + 히 → 족히[조키]   엄격 + 히 → 엄격히[엄껴키]

[3] '-하다'가 붙으면서, [이]로도 발음되거나 [히]로도 발음되는 접미사 '-히'[10)]

(9) 각별(하다) + 히 → 각별히   간소(하다) + 히 → 간소히

　　가만(하다) + 히 → 가만히[11)]   간편(하다) + 히 → 간편히

　　고요(하다) + 히 → 고요히   공평(하다) + 히 → 공평히

　　과감(하다) + 히 → 과감히   급급(하다) + 히 → 급급히

　　무단(하다) + 히 → 무단히[12)]   꼼꼼(하다) + 히 → 꼼꼼히

　　능(하다) + 히　→ 능히   도저(하다) + 히 → 도저히[13)]

　　나른(하다) + 히 → 나른히   답답(하다) + 히 → 답답히

　　섭섭(하다) + 히 → 섭섭히   열심(하다) + 히 → 열심히

---

8) 적이 : 얼마간 또는 적잖이. 圓 적이 기쁘다. 적이 놀랐다.

9) (8)에 제시된 단어들은 자음 축약에 따라서 [그키, 그피, 따키, 소키, 이키……] 등으로 발음되
　므로, 이들 단어에 붙은 부사 파생 접미사가 '-히'라는 사실을 확인할 수 있다.

10) 어근의 끝 음절이 'ㅅ' 받침이 아닌 것이다.

11) 가만하다 : 그다지 드러나지 아니하게 움직임이 조용하다. 圓 가만한 웃음을 짓다. 가만한 한
　숨을 짓다.

12) 무단하다 : 사전에 연락이나 허락이 없다. 아무 사유도 없다.

13) 도저(到底)하다 : 학문이나 생각이 깊고 철저하다.

> **제52항** 한자어에서 본음으로도 나고 속음으로도 나는 것은 각각 그 소리에 따라 적는다.
>
> | (본음으로 나는 것) | (속음으로 나는 것) |
> |---|---|
> | 승낙(承諾) | 수락(受諾), 쾌락(快諾), 허락(許諾) |
> | 만난(萬難) | 곤란(困難), 논란(論難) |
> | 안녕(安寧) | 의령(宜寧), 회령(會寧) |
> | 분노(忿怒) | 대로(大怒), 희로애락(喜怒哀樂) |
> | 토론(討論) | 의논(議論)[14] |
> | 오륙십(五六十) | 오뉴월, 유월(六月) |
> | 목재(木材) | 모과(木瓜) |
> | 십일(十日) | 시방정토(十方淨土), 시왕(十王), 시월(十月) |
> | 팔일(八日) | 초파일(初八日) |

[제52항] 속음으로 굳어진 한자말의 적기

한자음 중에서 본래의 정상적인 음을 '정음(正音)'이라 한다. 반면에 정음과는 다르게 변하여 속세에서 통용되고 있는 한자음을 '속음(俗音)'이라고 한다.

속음 중에는 속간에서 널리 쓰이어 굳어진 것도 있는데, 어떤 단어의 발음이 속음으로 굳어진 것은 속음의 형태를 표준어로 삼게 된다. 제52항은 이와 같이 한자의 속음으로 굳어서 발음되는 단어는 속음으로 굳어진 형태대로 적는다는 규정이다.

제52항의 본문에 제시된 용례 이외에도 다음과 같은 한자음들이 속음으로 굳어져 쓰이므로, 이들 단어도 속음으로 적는다.

[정음] → [속음]

(10) ㄱ. 공포(公布) → 보시(布施)

　　 ㄴ. 다과(茶菓) → 냉차(冷茶), 엽차(葉茶), 홍차(紅茶), 차례(茶禮)

---

14) 2015년에 국립국어원에서는 예전에 비표준어로 처리하였던 '의론(議論)'을 기존의 '의논'과 별도의 뜻을 나타내는 표준어로 처리했다. 곧, '의론'을 '어떤 사안에 대하여 각자의 의견을 제기하는 것이나 또는 그런 의견'의 뜻을 나타내며, '의론되다, 의론하다'도 표준어로 인정했다. 반면에 기존에 사용하던 '의논'은 어떤 일에 대하여 서로 의견을 주고받는 것으로 처리하였다. 보 이러니저러니 <u>의론</u>이 분분하다. 그는 한마디 <u>의논</u>도 없이 제멋대로 결정했다.

ㄷ. **단심**(丹心) → 모**란**(牧丹)

ㄹ. **당분**(糖分) → 사**탕**(砂糖), 설**탕**(屑糖, 雪糖)

ㅁ. **도장**(道場)[15] → 도**량**(道場)[16]

ㅂ. **분**(分) → **푼**(分)[17]

ㅅ. **자택**(自宅) → 시**댁**(媤宅), 본**댁**(本宅), **댁**내(宅內)

ㅇ. **제공**(提供) → 보**리**(菩提)

ㅈ. **차이**(差異) → 지**리**산(智異山)

ㅊ. **동굴**(洞窟) → **통찰**(洞察)

제53항 다음과 같은 어미는 예사소리로 적는다.(ㄱ을 취하고, ㄴ을 버림.)

ㄱ	ㄴ	ㄱ	ㄴ
-(으)ㄹ거나	-(으)ㄹ꺼나	-(으)ㄹ지니라	-(으)ㄹ찌니라
-(으)ㄹ걸	-(으)ㄹ껄	-(으)ㄹ지라도	-(으)ㄹ찌라도
-(으)ㄹ게	-(으)ㄹ께	-(으)ㄹ지어다	-(으)ㄹ찌어다
-(으)ㄹ세	-(으)ㄹ쎄	-(으)ㄹ지언정	-(으)ㄹ찌언정
-(으)ㄹ세라	-(으)ㄹ쎄라	-(으)ㄹ진대	-(으)ㄹ찐대
-(으)ㄹ수록	-(으)ㄹ쑤록	-(으)ㄹ진저	-(으)ㄹ찐저
-(으)ㄹ시	-(으)ㄹ씨	-올시다	-올씨다
-(으)ㄹ지	-(으)ㄹ찌		

다만, 의문을 나타내는 다음 어미들은 된소리로 적는다.

-(으)ㄹ까? -(으)ㄹ꼬? -(스)ㅂ니까?

-(으)리까? -(으)ㄹ쏘냐?

[제53항] '**ㄹ**' 뒤에서 된소리로 발음되는 어미의 적기

제53항은 [ㄹ] 다음에서 된소리로 발음되는 어미를 적는 방법에 대한 규정인데, 이 규정에 따르면 이들 어미를 된소리로 적지 아니하고 예사소리로 적는다.

일반적으로는 조사나 어미와 같은 형식 형태소들은 변이된 형태대로 적는다. 하지

---

15) 도장(道場) : 무예를 닦는 곳이다.
16) 도량(道場) : 불도를 닦는 깨끗한 마당이다.
17) 푼(分) : 돈, 길이, 무게의 단위이다.

만 본항에서 제시한 어미들은 '-(으)ㄹ' 다음이라는 특수한 환경에서는 된소리되기 현상에 따라서 항상 된소리로 발음되므로, 된소리로 표기하지 않아도 된다.

그리고 '-(으)ㄹ걸'과 '-(으)ㄹ지'를 소리 나는 대로 된소리로 적으면, '-(으)ㄴ걸'과 '-(으)ㄴ지'의 표기 형태와 일관성이 없어진다. 여기서 '-(으)ㄹ걸'과 '-(으)ㄴ걸'의 발음과 표기 형태를 비교해 본다.

(11) ㄱ. 철수가 왔으면 좋았을걸.   [-을껄] ⇦ 좋았을 것을
ㄴ. 비가 그치니 이렇게 좋은걸.[-은걸] ⇦ 좋은 것을

(11ㄱ)에서 '-을걸'은 '-을 것을'의 준말인데, 이 '-을 것을'의 형태가 준말이 되는 과정에서 된소리인 [을껄]로 발음된다. 반면에 '-은 것을'의 준말인 '-은걸'은 (11ㄴ)처럼 예사소리인 [은걸]로 소리난다.

만일 '-을걸'을 소리 나는 대로 '-을껄'로 적는다면 '-는걸'과 형태 측면에서 일관성이 없어진다. 곧 '-을걸'과 '-은걸'에서 '-걸'은 둘 다 '것을'이 축약된 형태인데, '-을' 아래에서는 '-을껄'로 적고 '-은' 아래에서는 '-은걸'로 적으면 두 말의 상관 관계를 파악하기가 어렵다. 이러한 문제점을 감안하여 비록 'ㄹ' 뒤에서 예사소리가 된소리로 바뀌더라도 원래의 형태대로 예사소리로 적는 것이다.

지금까지의 내용을 요약하면 다음과 같다. 제53항의 본문에 제시된 어미는 된소리되기에 따라서 [ㄹ] 아래에서 예외없이 항상 된소리로만 변동하여 발음되므로 예사소리로 적는다. 그리고 또 다른 이유로서, '-(으)ㄴ걸'과 '-(으)ㄴ지'와 같은 어미와 일관된 표기를 유지하기 위해서도 이들 어미를 예사소리로 적는다.

[다만] 의문형 어미의 된소리 적기

'-(으)ㄹ까, -(으)ㄹ꼬, -(스)ㅂ니까, -(으)리까, -(으)ㄹ쏘냐' 등의 의문형 종결 어미에 쓰인 '까'와 '꼬'는 '-(으)ㄹ'의 뒤에서만 된소리로 나는 것이 아니다. 곧 이들 의문형 어미는 [ㅣ]로 끝나는 어미의 뒤에서도 된소리로 난다.

(12) ㄱ. 먹을-까   먹을-쏘냐   먹을-꼬
ㄴ. 먹습니-까   먹으리-까   먹으리-꼬

의문형 어미에서 나타나는 '까, 꼬'는 (ㄱ)처럼 '-ㄹ' 다음에서도 [까, 꼬]로 발음되고, (ㄴ)처럼 '-니-, -리-' 다음에서도 [까, 꼬]로 발음된다. 이를 보면 '-(으)ㄹ까, -(으)ㄹ꼬, -(스)ㅂ니까, -(으)리까, -(으)ㄹ쏘냐' 등의 의문형 어미는 음운적 환경과 상관없이 원래부터 그 형태가 '-까'임을 알 수 있다. 그리고 이들 어미는 예로부터 된소리로 적어 왔는데, <한글 맞춤법>에서는 이러한 표기 관용에 따라서 된소리로 적는다.

제54항 다음과 같은 접미사는 된소리로 적는다. (ㄱ을 취하고, ㄴ을 버림.)

ㄱ	ㄴ	ㄱ	ㄴ
심부름꾼	심부름군	귀때기	귓대기
익살꾼	익살군	볼때기	볼대기
일꾼	일군	판자때기	판잣대기
장꾼	장군	뒤꿈치	뒷굼치
장난꾼	장난군	팔꿈치	팔굼치
지게꾼	지겟군	이마빼기	이맛배기
때깔[18]	땟갈	코빼기	콧배기
빛깔	빛갈	객쩍다[19]	객적다
성깔	성갈	겸연쩍다[20]	겸연적다

제54항은 예사소리로 적을지 된소리로 적을지 혼동이 생길 수 있는 단어를 적는 방법에 대한 규정이다.

① '-군/-꾼'의 적기 : 예전에는 '어떤 일을 전문적으로 하는 사람' 또는 '어떤 일을 습관적으로 하는 사람'의 뜻을 더하는 접미사를 '-꾼'이나 '-군'으로 달리 적어서 표기 방법이 일관되지 못했다. 그러나 현행의 <한글 맞춤법>에서는 이 두 접미사의 형태를 통일하여 '-꾼'으로 통일하여 적는다.

(13) ㄱ. 지게꾼　　나무꾼　　낚시꾼　　심부름꾼　　장꾼
　　　ㄴ. *지게군　　*나무군　　*낚시군　　*심부름군　　*장군

---

18) 때깔: 눈에 선뜻 드러나 비치는 맵시나 빛깔.
19) 객쩍다: 말이나 행동이 쓸데없고 실없다. 凰 객적은 생각. 객적은 소리.
20) 겸연쩍다: 쑥스럽거나 미안하여 어색하다. .

② '-갈/-깔'의 적기 : 명사 뒤에 붙어서 '물건의 성질이나 맵시, 상태' 등을 뜻하는 접미사 '-갈/-깔'은 '깔'로 통일하여 적는다.

    (14) ㄱ. 때깔　　맛깔　　빛깔　　색깔　　성깔　　태깔[21]
　　　　　ㄴ. *때갈　 *맛갈　 *빛갈　 *색갈　 *성갈　 *태갈

③ '-대기/-때기'의 적기 : 명사 뒤에 붙어서 낮은말을 이루는 접미사 '-대기/-때기'는 '때기'로 통일하여 적는다.

    (15) ㄱ. 거적때기　　나무때기　　등때기　　　배때기　　　송판때기
　　　　　ㄴ. *거적대기　 *나뭇대기　 *등대기　　 *뱃대기　　 *송판대기

④ '-굼치/-꿈치'의 적기 : 신체어에 붙어서 쓰이는 접미사 '-굼치/-꿈치'는 '꿈치'로 통일하여 적는다.

    (16) ㄱ. 뒤꿈치　　　발꿈치　　　발뒤꿈치　　버선꿈치[22]　　팔꿈치
　　　　　ㄴ. *뒷굼치　　 *발굼치　　 *발뒷굼치　 *버선굼치　　 *팔굼치

⑤ '-배기/-빼기'의 적기 : 명사 뒤에 붙어서 '그런 특징이 있는 사람이나 물건'의 뜻을 더하면서 [빼기]로 발음되는 것은 모두 '빼기'로 통일하여 적는다.

    (17) ㄱ. 곱빼기　　　대갈빼기　　　머리빼기[23]　　밥빼기[24]
　　　　　　악착빼기[25]　 억척빼기[26]　　얽둑빼기[27]　　얽빼기[28]　　얽적빼기[29]

---

21) 태깔: ① 모양과 빛깔. ② 교만한 태도
22) 버선꿈치: 발꿈치에 닿는 버선 부분이다.
23) 머리빼기: ① 머리가 향하여 있는 쪽을 속되게 이르는 말. ② '머리'를 속되기 이르는 말.
24) 밥빼기: 아우를 타느라고 밥을 많이 먹는 아이이다.
25) 악착빼기: 매우 악착스러운 아이이다.
26) 억척빼기: 몹시 억척스러운 사람을 낮잡아 이르는 말이다
27) 얽둑빼기: 얼굴이 얽둑얽둑 얽은 사람이다.
28) 얽빼기: 얼굴에 얽은 자국이 많은 사람을 낮잡아 이르는 말이다.
29) 얽적빼기: 얼굴에 잘고 굵은 것이 섞이어 깊게 얽은 자국이 촘촘하게 있는 사람을 낮잡아 이르는 말이다.

ㄴ. *곱배기　　　*대갈배기　　　*머릿배기　　　*밥배기

　　*악착배기　　*억척배기　　　*얽둑배기　　　*얽배기　　*얽적배기

(17)의 예들은 모두 어근에 접미사 '-빼기'가 붙어서 된 파생어들인데, 이 접미사는 [빼기]로 발음되므로 '빼기'로 적는 것이다.30)

　　그런데 '뚝배기'와 '학배기'는 (18)의 예와는 달리 단일어이므로, <한글 맞춤법> 제5항의 된소리 규정에 따라서 [빼기]로 소리 나더라도 '-배기'로 적는다.

(18) 뚝배기　　학배기31)

⑥ **'-적다/쩍다'의 적기** : '적다(少)'의 뜻이 없이, [쩍다]로 발음되는 단어는 모두 '쩍다'로 통일하여 적는다.

(19) 객쩍다32)　　　겸연쩍다33)　　맥쩍다34)　　멋쩍다35)　　　의심쩍다

　　해망쩍다36)　　행망쩍다37)

(19)의 단어들은 그 접미사가 '적다(少)'와 의미적으로 관련성이 없으므로, 소리 나는 대로 '쩍다'로 적는다.38)

　　다만, [쩍다]로 소리 나더라도 '적다(少)'의 뜻이 유지되고 있는 합성어는 '-적다'로 적어야 한다.

---

30) 어근에 접미사가 붙어서 된 파생어일지라도, 접미사가 [배기]로 발음되면, '배기'로 적는다. 예를 들어서 '귀퉁배기, 나이배기, 대짜배기, 육자배기(六字-), 주정배기(酒酊-), 포배기, 혀짤배기' 등의 단어들은 접미사가 [배기]로만 발음되므로, '배기'로 적는다.

31) 학배기 : '잠자리'의 어린벌레이다.

32) 객쩍다 : 행동이나 말, 생각이 쓸데없고 싱겁다.

33) 겸연쩍다 : 쑥스럽거나 미안하여 어색하다.

34) 맥쩍다 : 심심하고 흥미가 없다.

35) 멋쩍다 : 하는 짓이나 모양이 격에 어울리지 않다. 어색하고 쑥스럽다.

36) 해망쩍다 : 영리하지 못하고 아둔하다.

37) 행망쩍다 : 주의력이 없고 아둔하다.

38) [적다]로 소리 나는 것은 '적다'로 적는다. 곧 '괘다리적다, 괘달머리적다, 딴기적다, 열퉁적다' 등의 단어는 [적다]로 소리 나므로, 현실 발음을 맞춤법에 반영하여 '적다'로 적는다.

(20) 맛적다³⁹⁾

즉 '맛적다'는 그 뜻이 '재미나 흥미가 적어서 싱겁다.'이므로, 이때의 '적다'는 '적다
(少)'의 뜻이 유지되고 있는 것으로 보인다. 이런 경우에는 <한글 맞춤법> '제27항'의
규정⁴⁰⁾에 따라서 '적다'로 적는다.

제55항 두 가지로 구별하여 적던 다음 말들은 한 가지로 적는다. (ㄱ을 취하고, ㄴ을
버림.)

ㄱ	ㄴ
맞추다(입을 맞춘다, 양복을 맞춘다.)	마추다
뻗치다(다리를 뻗친다, 멀리 뻗친다.)	뻐치다

[제55항] '맞추다'와 '마추다', '뻗치다'와 '뻐치다'의 통일

'맞추다'와 '뻗치다'는 <한글 맞춤법 통일안>(1933)에서 두 가지 어형으로 구분하여
적던 단어들인데, 그 형태나 의미가 비슷하여 언중들이 잘 구분하지 못하였다. 이러
한 문제점 때문에 '맞추다'와 '뻗치다'를 하나의 어형으로 통일하여 적기로 한 것이다.
첫째, '맞추다'와 '마추다'로 구분해 적던 것을 '맞추다'로만 적기로 했다.

(21) ㄱ. 양복을 <u>맞추다</u>.(←*마추다)
ㄴ. 구두를 <u>맞춘다</u>.(←*마춘다)
ㄷ. 답례용 우산을 <u>맞추었다</u>.(←*마추었다)
ㄹ. 금액을 <u>맞춘다</u>.(←*마춘다)

(22) ㄱ. 입을 <u>맞춘다</u>
ㄴ. 한글 <u>맞춤법</u>

곧, 예전에는 (21)처럼 '일정한 규격의 물건을 만들도록 미리 주문하다.'의 뜻으로는
'마추다'로, (22)처럼 '맞게 하다'의 뜻으로는 '맞추다'로 구분해서 적었다. 그러나 언중

---

39) 맛적다: 재미나 흥미가 적어서 싱겁다.
40) <한글 맞춤법> '제27항': 둘 이상의 단어가 어울리거나 접두사가 붙어서 이루어진 말은 각각
    그 원형을 밝히어 적는다.

들이 이 두 단어를 잘 구분하지 못하는 언어 현실을 감안하여, 현행의 <한글 맞춤법>에서는 이들 단어를 모두 '맞추다'로 통일해서 적도록 규정했다.

둘째, '뻗치다'와 '뻐치다'로 구분해 적던 것을 '뻗치다'로만 적기로 했다.

(23) ㄱ. 덩굴장미가 가지를 이웃집 담까지 <u>뻗쳤다</u>.　　(←*뻐쳤다)
　　　ㄴ. 물줄기가 위로 시원하게 <u>뻗치는</u> 분수대.　　(←*뻐쳤다)

(24) ㄱ. 급진 사상이 젊은이들에게 <u>뻗쳤다</u>.
　　　ㄴ. 내일은 저기압 세력이 남부 지방까지 <u>뻗치겠습니다</u>.
　　　ㄷ. 다리를 <u>뻗친다</u>.

예전에는 (23)처럼 '이 끝에서 저 끝까지 닿다'나 '멀리 연하다'란 뜻에는 '뻐치다'로 쓰고, (24)처럼 '사상이나 세력이 밖으로 퍼져 나가거나, 오므렸던 신체를 펴는 것은 '뻗치다'로 구분해서 적었다. 그러나 현행의 <한글 맞춤법>에서는 이들 단어를 '뻗치다'로 통일해서 적도록 하였다.

제56항 '-더라, -던'과 '-든지'는 다음과 같이 적는다.

1. 지난 일을 나타내는 어미는 '-더라, -던'으로 적는다. (ㄱ을 취하고, ㄴ을 버림.)

ㄱ	ㄴ
지난 겨울은 몹시 춥**더**라.	지난 겨울은 몹시 춥드라.
깊**던** 물이 얕아졌다.	깊든 물이 얕아졌다.
그렇게 좋**던**가?	그렇게 좋든가?
그 사람 말 잘하**던**데!	그 사람 말 잘하든데!
얼마나 되**던**지 몰라?	얼마나 되든지 몰라?

2. 물건이나 일의 내용을 가리지 아니하는 뜻을 나타내는 조사와 어미는 '(-)든지'로 적는다. (ㄱ을 취하고, ㄴ을 버림.)

ㄱ	ㄴ
배**든지** 사과**든지** 마음대로 먹어라.	배던지 사과던지 마음대로 먹어라.
가**든지** 오**든지** 마음대로 해라.	가던지 오던지 마음대로 해라.

[제56항] '-더라, -던'과 '-든지'의 구분

과거 시제를 나타내는 선어말 어미인 '-더-'와 '선택의 뜻을 나타내는 연결 어미인 '-든, -든지'를 구별하여 적는 규정이다. 일부 지역의 언중들이 [어]와 [으] 소리를 구분하지 못해서 이 두 말의 형태를 혼동하고 있기 때문에 설정한 규정이다.

1. 과거 시제를 나타내는 선어말 어미는 '-더-'로 적는다.

'과거 회상(過去回想)'의 시간을 표현하는 선어말 어미는 '-더-'로 적는다.

> (23) ㄱ. -더구나, -더구려, -더구먼, -더군, -더냐   [종결형]
>   ㄴ. -더니, -더니라, -던가, -던지, -더라도   [연결형]

(23)에서 '-더구나, -더구려, -더구먼, -더군, -더냐, -더니, -더니라, -던가, -던지, -더라도'는 모두 회상의 과거 시제 선어말 어미인 '-더-'에 '-구나, -구려, -구먼, -군, -냐, -니, -니라, -ㄴ가, -라도(←-아도)' 등의 어미가 결합된 형태이다. 따라서 이들 예에 쓰인 회상의 과거 시제 선어말 어미는 모두 '-더-'로 적는다.

2. '내용을 가리지 않음'을 나타내는 조사와 어미는 '-(이)든지'로 쓴다.

'내용을 가리지 않고 선택하는 것'을 나타내는 조사나 어미는 '-(이)든지'나 '-든지'로 적는다.

> (24) ㄱ. 사과든지, 감이든지   [조사]
>   ㄴ. 먹든지, 자든지   [어미]

(24)에서 (ㄱ)에 쓰인 '-든지'나 '-이든지'는 체언 뒤에서 조사로 쓰여서, (ㄴ)의 '-든지'는 어간 다음에 쓰여서 '아무것이나 선택함'의 뜻을 나타낸다. 이처럼 '아무것이나 선택함'을 나타내는 조사나 어미는 '-(이)든지'로 적는다.

특정한 지역의 방언을 쓰는 언중들이 모음 음소인 [ㅓ]와 [ㅡ]를 구분하지 못하여 이들 음소를 한글로 적을 때에도 '더'와 '드'를 혼동하는 경우가 많다. 요즘은 서울 지역의 언중들도 '더'와 '드'의 표기를 혼동하는 사람이 늘어나고 있는 실정이다.

제57항 다음의 말들은 각각 구별하여 적는다.

가 름	둘로 가름
갈 음	새 책상으로 갈음하였다.
거 름	풀을 썩인 거름
걸 음	빠른 걸음
거치다	영월을 거쳐 왔다.
걷히다	외상값이 잘 걷힌다.
걷잡다	걷잡을 수 없는 상태
겉잡다	겉잡아서 이틀 걸릴 일

그러므로(그러니까)   그는 부지런하다. 그러므로 잘 산다.
그럼으로(써)(그렇게 하는 것으로)
                그는 열심히 공부한다. 그럼으로(써) 은혜에 보답한다.

노 름	노름판이 벌어졌다.
놀 음(놀이)	즐거운 놀음
느리다	진도가 너무 느리다
늘이다	고무줄을 늘인다.
늘리다	방을 더 늘린다.
다리다	옷을 다린다.
달이다	약을 달인다.
다치다	부주의로 손을 다쳤다.
닫히다	문이 저절로 닫혔다.
닫치다	문을 힘껏 닫쳤다.
마치다	벌써 일을 마쳤다.
맞히다	여러 문제를 더 맞혔다.

| 목거리 | 목거리가 덧났다. |
| 목걸이 | 금 목걸이, 은 목걸이 |

바치다	나라를 위해 목숨을 바쳤다.
받치다	우산을 받치고 간다.
	책받침을 받친다.

| 받히다 | 쇠뿔에 받혔다. |
| 밭치다 | 술을 체에 밭친다. |

| 반드시 | 약속은 반드시 지켜라. |
| 반듯이 | 고개를 반듯이 들어라. |

| 부딪치다 | 차와 차가 마주 부딪쳤다. |
| 부딪히다 | 마차가 화물차에 부딪혔다. |

부치다	힘이 부치는 일이다.
	편지를 부친다.
	논밭을 부친다.
	빈대떡을 부친다.
	식목일에 부치는 글
	회의에 부치는 안건
	인쇄에 부치는 원고
	삼촌 집에 숙식을 부친다.
붙이다	우표를 붙인다.
	책상을 벽에 붙였다.
	흥정을 붙인다.
	불을 붙인다.
	감시원을 붙인다.
	조건을 붙인다.
	취미를 붙인다.
	별명을 붙인다.

시키다	일을 시킨다.
식히다	끓인 물을 식힌다.
아 름	세 아름 되는 둘레
알 음	전부터 알음이 있는 사이
앎	앎이 힘이다.
안치다	밥을 안친다.
앉히다	윗자리에 앉힌다.
어 름	경계선 어름에서 일어난 사건
얼 음	얼음이 얼었다.
이따가	이따가 오너라
있다가	돈은 있다가도 없다.
저리다	다친 다리가 저린다.
절이다	김장 배추를 절인다.
조리다	생선을 조린다. 통조림, 병조림
졸이다	마음을 졸인다.
주리다	여러 날을 주렸다.
줄이다	비용을 줄인다.
하노라고	하노라고 한 것이 이 모양이다.
하느라고	공부하느라고 밤을 새웠다.
-느니보다(어미)	나를 찾아오느니보다 집에 있거라.
-는 이보다(의존 명사)	오는 이가 가는 이보다 많다.
-(으)리만큼(어미)	그가 나를 미워하리만큼 내가 그에게 잘못한 일이 없다.
-(으)ㄹ 이만큼(의존 명사)	찬성할 이도 반대할 이만큼이나 많을 것이다.

-(으)러(목적)	공부하러 간다.
-(으)려(의도)	서울 가려 한다.
-(으)로서(자격)	사람으로서 그럴 수는 없다.
-(으)로써(수단)	닭으로써 꿩을 대신했다.
-(으)므로(어미)	그가 나를 믿으므로 나도 그를 믿는다.
(-ㅁ, -음)으로(써)(조사)	그는 믿음으로(써) 산 보람을 느꼈다.

문장 부호

문장 부호는 글에서 문장의 구조를 드러내거나 글쓴이의 의도를 전달하기 위하여 사용하는 부호이다. 문장 부호의 이름과 사용법은 다음과 같이 정한다.

1. 마침표 (.)

(1) 서술, 명령, 청유 등을 나타내는 문장의 끝에 쓴다.

> 예 젊은이는 나라의 기둥입니다.
> 예 제 손을 꼭 잡으세요.
> 예 집으로 돌아갑시다.
> 예 가는 말이 고와야 오는 말이 곱다.

[붙임 1] 직접 인용한 문장의 끝에는 쓰는 것을 원칙으로 하되, 쓰지 않는 것을 허용한다. (ㄱ을 원칙으로 하고, ㄴ을 허용함.)

> 예 ㄱ. 그는 "지금 바로 떠나자."라고 말하며 서둘러 짐을 챙겼다.
> ㄴ. 그는 "지금 바로 떠나자"라고 말하며 서둘러 짐을 챙겼다.

[붙임 2] 용언의 명사형이나 명사로 끝나는 문장에는 쓰는 것을 원칙으로 하되, 쓰지 않는 것을 허용한다. (ㄱ을 원칙으로 하고, ㄴ을 허용함.)

> 예 ㄱ. 목적을 이루기 위하여 몸과 마음을 다하여 애를 씀.
> ㄴ. 목적을 이루기 위하여 몸과 마음을 다하여 애를 씀
> 예 ㄱ. 결과에 연연하지 않고 끝까지 최선을 다하기.
> ㄴ. 결과에 연연하지 않고 끝까지 최선을 다하기
> 예 ㄱ. 신입 사원 모집을 위한 기업 설명회 개최.
> ㄴ. 신입 사원 모집을 위한 기업 설명회 개최
> 예 ㄱ. 내일 오전까지 보고서를 제출할 것.
> ㄴ. 내일 오전까지 보고서를 제출할 것

다만, 제목이나 표어에는 쓰지 않음을 원칙으로 한다.

   예 압록강은 흐른다   예 꺼진 불도 다시 보자
   예 건강한 몸 만들기

(2) 아라비아 숫자만으로 연월일을 표시할 때 쓴다.

   예 1919. 3. 1.   예 10. 1.~10. 12.

(3) 특정한 의미가 있는 날을 표시할 때 월과 일을 나타내는 아라비아 숫자 사이에 쓴다.

   예 3.1 운동   예 8.15 광복

[붙임] 이때는 마침표 대신 가운뎃점을 쓸 수 있다.

   예 3·1 운동   예 8·15 광복

(4) 장, 절, 항 등을 표시하는 문자나 숫자 다음에 쓴다.

   예 가. 인명   예 ㄱ. 머리말
   예 I. 서론   예 1. 연구 목적

[붙임] '마침표' 대신 '온점'이라는 용어를 쓸 수 있다.

2. 물음표(?)

(1) 의문문이나 의문을 나타내는 어구의 끝에 쓴다.

   예 점심 먹었어?
   예 이번에 가시면 언제 돌아오세요?
   예 제가 부모님 말씀을 따르지 않을 리가 있겠습니까?
   예 남북이 통일되면 얼마나 좋을까?
   예 다섯 살짜리 꼬마가 이 멀고 험한 곳까지 혼자 왔다?
   예 지금?   예 뭐라고?
   예 네?

[붙임 1] 한 문장 안에 몇 개의 선택적인 물음이 이어질 때는 맨 끝의 물음에만 쓰고, 각 물음이 독립적일 때는 각 물음의 뒤에 쓴다.

　　예 너는 중학생이냐, 고등학생이냐?

　　예 너는 여기에 언제 왔니? 어디서 왔니? 무엇하러 왔니?

[붙임 2] 의문의 정도가 약할 때는 물음표 대신 마침표를 쓸 수 있다.

　　예 도대체 이 일을 어쩐단 말이냐.

　　예 이것이 과연 내가 찾던 행복일까.

다만, 제목이나 표어에는 쓰지 않음을 원칙으로 한다.

　　예 역사란 무엇인가

　　예 아직도 담배를 피우십니까

(2) 특정한 어구의 내용에 대하여 의심, 빈정거림 등을 표시할 때, 또는 적절한 말을 쓰기 어려울 때 소괄호 안에 쓴다.

　　예 우리와 의견을 같이할 사람은 최 선생(?) 정도인 것 같다.

　　예 30점이라, 거참 훌륭한(?) 성적이군.

　　예 우리 집 강아지가 가출(?)을 했어요.

(3) 모르거나 불확실한 내용임을 나타낼 때 쓴다.

　　예 최치원(857~?)은 통일 신라 말기에 이름을 떨쳤던 학자이자 문장가이다.

　　예 조선 시대의 시인 강백(1690?~1777?)의 자는 자청이고, 호는 우곡이다.

3. 느낌표 (!)

(1) 감탄문이나 감탄사의 끝에 쓴다.

　　예 이거 정말 큰일이 났구나!　　　　예 어머!

[붙임] 감탄의 정도가 약할 때는 느낌표 대신 쉼표나 마침표를 쓸 수 있다.

　　예 어, 벌써 끝났네.　　　　예 날씨가 참 좋군.

(2) 특별히 강한 느낌을 나타내는 어구, 평서문, 명령문, 청유문에 쓴다.

> 예 청춘! 이는 듣기만 하여도 가슴이 설레는 말이다.
> 예 이야, 정말 재밌다!
> 예 지금 즉시 대답해!
> 예 앞만 보고 달리자!

(3) 물음의 말로 놀람이나 항의의 뜻을 나타내는 경우에 쓴다.

> 예 이게 누구야!   예 내가 왜 나빠!

(4) 감정을 넣어 대답하거나 다른 사람을 부를 때 쓴다.

> 예 네!   예 네, 선생님!
> 예 흥부야!   예 언니!

4. 쉼표(,)

(1) 같은 자격의 어구를 열거할 때 그 사이에 쓴다.

> 예 근면, 검소, 협동은 우리 겨레의 미덕이다.
> 예 충청도의 계룡산, 전라도의 내장산, 강원도의 설악산은 모두 국립 공원이다.
> 예 집을 보러 가면 그 집이 내가 원하는 조건에 맞는지, 살기에 편한지, 망가진 곳은 없는지 확인해야 한다.
> 예 5보다 작은 자연수는 1, 2, 3, 4이다.

　다만, (가) 쉼표 없이도 열거되는 사항임이 쉽게 드러날 때는 쓰지 않을 수 있다.

> 예 아버지 어머니께서 함께 오셨어요.
> 예 네 돈 내 돈 다 합쳐 보아야 만 원도 안 되겠다.

　(나) 열거할 어구들을 생략할 때 사용하는 줄임표 앞에는 쉼표를 쓰지 않는다.

> 예 광역시: 광주, 대구, 대전……

(2) 짝을 지어 구별할 때 쓴다.

　　예 닭과 지네, 개와 고양이는 상극이다.

(3) 이웃하는 수를 개략적으로 나타낼 때 쓴다.

　　예 5, 6세기　　　　　　　　　예 6, 7, 8개

(4) 열거의 순서를 나타내는 어구 다음에 쓴다.

　　예 첫째, 몸이 튼튼해야 한다.
　　예 마지막으로, 무엇보다 마음이 편해야 한다.

(5) 문장의 연결 관계를 분명히 하고자 할 때 절과 절 사이에 쓴다.

　　예 콩 심은 데 콩 나고, 팥 심은 데 팥 난다.
　　예 저는 신뢰와 정직을 생명과 같이 여기고 살아온바, 이번 비리 사건과는 무관
　　　　하다는 점을 분명히 밝힙니다.
　　예 떡국은 설날의 대표적인 음식인데, 이걸 먹어야 비로소 나이도 한 살 더 먹
　　　　는다고 한다.

(6) 같은 말이 되풀이되는 것을 피하기 위하여 일정한 부분을 줄여서 열거할 때 쓴다.

　　예 여름에는 바다에서, 겨울에는 산에서 휴가를 즐겼다.

(7) 부르거나 대답하는 말 뒤에 쓴다.

　　예 지은아, 이리 좀 와 봐.　　　　예 네, 지금 가겠습니다.

(8) 한 문장 안에서 앞말을 '곧', '다시 말해' 등과 같은 어구로 다시 설명할 때 앞말
다음에 쓴다.

　　예 책의 서문, 곧 머리말에는 책을 지은 목적이 드러나 있다.
　　예 원만한 인간관계는 말과 관련한 예의, 즉 언어 예절을 갖추는 것에서 시작된다.
　　예 호준이 어머니, 다시 말해 나의 누님은 올해로 결혼한 지 20년이 된다.

예 나에게도 작은 소망, 이를테면 나만의 정원을 가졌으면 하는 소망이 있어.

(9) 문장 앞부분에서 조사 없이 쓰인 제시어나 주제어의 뒤에 쓴다.

예 돈, 돈이 인생의 전부이더냐?

예 열정, 이것이야말로 젊은이의 가장 소중한 자산이다.

예 지금 네가 여기 있다는 것, 그것만으로도 나는 충분히 행복해.

예 저 친구, 저러다가 큰일 한번 내겠어.

예 그 사실, 넌 알고 있었지?

(10) 한 문장에 같은 의미의 어구가 반복될 때 앞에 오는 어구 다음에 쓴다.

예 그의 애국심, 몸을 사리지 않고 국가를 위해 헌신한 정신을 우리는 본받아야
한다.

(11) 도치문에서 도치된 어구들 사이에 쓴다.

예 이리 오세요, 어머님.　　　　　　예 다시 보자, 한강수야.

(12) 바로 다음 말과 직접적인 관계에 있지 않음을 나타낼 때 쓴다.

예 갑돌이는, 울면서 떠나는 갑순이를 배웅했다.

예 철원과, 대관령을 중심으로 한 강원도 산간 지대에 예년보다 일찍 첫눈이 내
렸습니다.

(13) 문장 중간에 끼어든 어구의 앞뒤에 쓴다.

예 나는, 솔직히 말하면, 그 말이 별로 탐탁지 않아.

예 영호는 미소를 띠고, 속으로는 화가 치밀어 올라 잠시라도 견딜 수 없을 만
큼 괴로웠지만, 그들을 맞았다.

[붙임 1] 이때는 쉼표 대신 줄표를 쓸 수 있다.

예 나는 — 솔직히 말하면 — 그 말이 별로 탐탁지 않아.

예 영호는 미소를 띠고 — 속으로는 화가 치밀어 올라 잠시라도 견딜 수 없을
만큼 괴로웠지만 — 그들을 맞았다.

[붙임 2] 끼어든 어구 안에 다른 쉼표가 들어 있을 때는 쉼표 대신 줄표를 쓴다.

> 예 이건 내 것이니까 — 아니, 내가 처음 발견한 것이니까 — 절대로 양보할 수가 없다.

(14) 특별한 효과를 위해 끊어 읽는 곳을 나타낼 때 쓴다.

> 예 내가, 정말 그 일을 오늘 안에 해낼 수 있을까?
> 예 이 전투는 바로 우리가, 우리만이, 승리로 이끌 수 있다.

(15) 짧게 더듬는 말을 표시할 때 쓴다.

> 예 선생님, 부, 부정행위라니요? 그런 건 새, 생각조차 하지 않았습니다.

[붙임] '쉼표' 대신 '반점'이라는 용어를 쓸 수 있다.

5. 가운뎃점 (·)

(1) 열거할 어구들을 일정한 기준으로 묶어서 나타낼 때 쓴다.

> 예 민수·영희, 선미·준호가 서로 짝이 되어 윷놀이를 하였다.
> 예 지금의 경상남도·경상북도, 전라남도·전라북도, 충청남도·충청북도 지역을 예부터 삼남이라 일러 왔다.

(2) 짝을 이루는 어구들 사이에 쓴다.

> 예 한(韓)·이(伊) 양국 간의 무역량이 늘고 있다.
> 예 우리는 그 일의 참·거짓을 따질 겨를도 없었다.
> 예 하천 수질의 조사·분석
> 예 빨강·초록·파랑이 빛의 삼원색이다.

다만, 이때는 가운뎃점을 쓰지 않거나 쉼표를 쓸 수도 있다.

> 예 한(韓) 이(伊) 양국 간의 무역량이 늘고 있다.
> 예 우리는 그 일의 참 거짓을 따질 겨를도 없었다.
> 예 하천 수질의 조사, 분석

예 빨강, 초록, 파랑이 빛의 삼원색이다.

(3) 공통 성분을 줄여서 하나의 어구로 묶을 때 쓴다.

　　　예 상·중·하위권　　　　　　　예 금·은·동메달
　　　예 통권 제54·55·56호

　　[붙임] 이때는 가운뎃점 대신 쉼표를 쓸 수 있다.

　　　예 상, 중, 하위권　　　　　　　예 금, 은, 동메달
　　　예 통권 제54, 55, 56호

6. 쌍점 (:)

(1) 표제 다음에 해당 항목을 들거나 설명을 붙일 때 쓴다.

　　　예 문방사우: 종이, 붓, 먹, 벼루
　　　예 일시: 2014년 10월 9일 10시
　　　예 흔하진 않지만 두 자로 된 성씨도 있다.(예: 남궁, 선우, 황보)
　　　예 올림표(♯): 음의 높이를 반음 올릴 것을 지시한다.

(2) 희곡 등에서 대화 내용을 제시할 때 말하는 이와 말한 내용 사이에 쓴다.

　　　예 김 과장: 난 못 참겠다.
　　　예 아들: 아버지, 제발 제 말씀 좀 들어 보세요.

(3) 시와 분, 장과 절 등을 구별할 때 쓴다.

　　　예 오전 10:20(오전 10시 20분)
　　　예 두시언해 6:15(두시언해 제6권 제15장)

(4) 의존명사 '대'가 쓰일 자리에 쓴다.

　　　예 65 : 60(65 대 60)　　　　　　예 청군 : 백군(청군 대 백군)

　　[붙임] 쌍점의 앞은 붙여 쓰고 뒤는 띄어 쓴다. 다만, (3)과 (4)에서는 쌍점의 앞

뒤를 붙여 쓴다.

7. 빗금 (/)

(1) 대비되는 두 개 이상의 어구를 묶어 나타낼 때 그 사이에 쓴다.

　　예 먹이다/먹히다　　　　　　예 남반구/북반구
　　예 금메달/은메달/동메달
　　예 (　　)이/가 우리나라의 보물 제1호이다.

(2) 기준 단위당 수량을 표시할 때 해당 수량과 기준 단위 사이에 쓴다.

　　예 100미터/초　　　　　　　예 1,000원/개

(3) 시의 행이 바뀌는 부분임을 나타낼 때 쓴다.

　　예 산에 / 산에 / 피는 꽃은 / 저만치 혼자서 피어 있네

다만, 연이 바뀜을 나타낼 때는 두 번 겹쳐 쓴다.

　　예 산에는 꽃 피네 / 꽃이 피네 / 갈 봄 여름 없이 / 꽃이 피네 // 산에 / 산에 /
　　피는 꽃은 / 저만치 혼자서 피어 있네

[붙임] 빗금의 앞뒤는 (1)과 (2)에서는 붙여 쓰며, (3)에서는 띄어 쓰는 것을 원칙
으로 하되 붙여 쓰는 것을 허용한다. 단, (1)에서 대비되는 어구가 두 어절
이상인 경우에는 빗금의 앞뒤를 띄어 쓸 수 있다.

8. 큰따옴표 (" ")

(1) 글 가운데에서 직접 대화를 표시할 때 쓴다.

　　예 "어머니, 제가 가겠어요."
　　　"아니다. 내가 다녀오마."

(2) 말이나 글을 직접 인용할 때 쓴다.

> 예 나는 "어, 광훈이 아니냐?" 하는 소리에 깜짝 놀랐다.
>
> 예 밤하늘에 반짝이는 별들을 보면서 "나는 아무 걱정도 없이 가을 속의 별들을 다 헬 듯합니다."라는 시구를 떠올렸다.
>
> 예 편지의 끝머리에는 이렇게 적혀 있었다.
>
> "할머니, 편지에 사진을 동봉했다고 하셨지만 봉투 안에는 아무것도 없었어요."

9. 작은따옴표 (' ')

(1) 인용한 말 안에 있는 인용한 말을 나타낼 때 쓴다.

> 예 그는 "여러분! '시작이 반이다.'라는 말 들어 보셨죠?"라고 말하며 강연을 시작했다.

(2) 마음속으로 한 말을 적을 때 쓴다.

> 예 나는 '일이 다 틀렸나 보군.' 하고 생각하였다.
>
> 예 '이번에는 꼭 이기고야 말겠어.' 호연이는 마음속으로 몇 번이나 그렇게 다짐하며 주먹을 불끈 쥐었다.

10. 소괄호 (( ))

(1) 주석이나 보충적인 내용을 덧붙일 때 쓴다.

> 예 니체(독일의 철학자)의 말을 빌리면 다음과 같다.
>
> 예 2014. 12. 19.(금)
>
> 예 문인화의 대표적인 소재인 사군자(매화, 난초, 국화, 대나무)는 고결한 선비 정신을 상징한다.

(2) 우리말 표기와 원어 표기를 아울러 보일 때 쓴다.

> 예 기호(嗜好), 자세(姿勢) 　　예 커피(coffee), 에티켓(étiquette)

(3) 생략할 수 있는 요소임을 나타낼 때 쓴다.

  예 학교에서 동료 교사를 부를 때는 이름 뒤에 '선생(님)'이라는 말을 덧붙인다.
  예 광개토(대)왕은 고구려의 전성기를 이끌었던 임금이다.

(4) 희곡 등 대화를 적은 글에서 동작이나 분위기, 상태를 드러낼 때 쓴다.

  예 현우: (가쁜 숨을 내쉬며) 왜 이렇게 빨리 뛰어?
  예 "관찰한 것을 쓰는 것이 습관이 되었죠. 그러다 보니, 상상력이 생겼나 봐요."
    (웃음)

(5) 내용이 들어갈 자리임을 나타낼 때 쓴다.

  예 우리나라의 수도는 (   )이다.
  예 다음 빈칸에 알맞은 조사를 쓰시오.
    민수가 할아버지( ) 꽃을 드렸다.

(6) 항목의 순서나 종류를 나타내는 숫자나 문자 등에 쓴다.

  예 사람의 인격은 (1) 용모, (2) 언어, (3) 행동, (4) 덕성 등으로 표현된다.
  예 (가) 동해, (나) 서해, (다) 남해

11. 중괄호 ({ })

(1) 같은 범주에 속하는 여러 요소를 세로로 묶어서 보일 때 쓴다.

  예 주격 조사 $\left\{ \begin{array}{c} 이 \\ 가 \end{array} \right\}$

  예 국가의 성립 요소 $\left\{ \begin{array}{c} 영토 \\ 국민 \\ 주권 \end{array} \right\}$

(2) 열거된 항목 중 어느 하나가 자유롭게 선택될 수 있음을 보일 때 쓴다.

예 아이들이 모두 학교{에, 로, 까지} 갔어요.

12. 대괄호 ([ ])

(1) 괄호 안에 또 괄호를 쓸 필요가 있을 때 바깥쪽의 괄호로 쓴다.

예 어린이날이 새로 제정되었을 당시에는 어린이들에게 경어를 쓰라고 하였다. [윤석중 전집(1988), 70쪽 참조]

예 이번 회의에는 두 명[이혜정(실장), 박철용(과장)]만 빼고 모두 참석했습니다.

(2) 고유어에 대응하는 한자어를 함께 보일 때 쓴다.

예 나이[年歲]　　　　　　　예 낱말[單語]

예 손발[手足]

(3) 원문에 대한 이해를 돕기 위해 설명이나 논평 등을 덧붙일 때 쓴다.

예 그것[한글]은 이처럼 정보화 시대에 알맞은 과학적인 문자이다.

예 신경준의 ≪여암전서≫에 "삼각산은 산이 모두 돌 봉우리인데, 그 으뜸 봉우리를 구름 위에 솟아 있다고 백운(白雲)이라 하며 [이하 생략]"

예 그런 일은 결코 있을 수 없다.[원문에는 '업다'임.]

13. 겹낫표 (「 」)와 겹화살괄호 (≪ ≫)

책의 제목이나 신문 이름 등을 나타낼 때 쓴다.

예 우리나라 최초의 민간 신문은 1896년에 창간된 『독립신문』이다.

예 『훈민정음』은 1997년에 유네스코 세계 기록 유산으로 지정되었다.

예 ≪한성순보≫는 우리나라 최초의 근대 신문이다.

예 윤동주의 유고 시집인 ≪하늘과 바람과 별과 시≫에는 31편의 시가 실려 있다.

[붙임] 겹낫표나 겹화살괄호 대신 큰따옴표를 쓸 수 있다.

예 우리나라 최초의 민간 신문은 1896년에 창간된 "독립신문"이다.

예 윤동주의 유고 시집인 "하늘과 바람과 별과 시"에는 31편의 시가 실려 있다.

14. 홑낫표(「 」)와 홑화살괄호(< >)

소제목, 그림이나 노래와 같은 예술 작품의 제목, 상호, 법률, 규정 등을 나타낼 때 쓴다.

예 「국어 기본법 시행령」은 「국어 기본법」에서 위임된 사항과 그 시행에 필요한 사항을 규정함을 목적으로 한다.

예 이 곡은 베르디가 작곡한 「축배의 노래」이다.

예 사무실 밖에 「해와 달」이라고 쓴 간판을 달았다.

예 <한강>은 사진집 ≪아름다운 땅≫에 실린 작품이다.

예 백남준은 2005년에 <엄마>라는 작품을 선보였다.

[붙임] 홑낫표나 홑화살괄호 대신 작은따옴표를 쓸 수 있다.

예 사무실 밖에 '해와 달'이라고 쓴 간판을 달았다.

예 '한강'은 사진집 "아름다운 땅"에 실린 작품이다.

15. 줄표(—)

제목 다음에 표시하는 부제의 앞뒤에 쓴다.

예 이번 토론회의 제목은 '역사 바로잡기 — 근대의 설정 —'이다.

예 '환경 보호 — 숲 가꾸기 —'라는 제목으로 글짓기를 했다.

다만, 뒤에 오는 줄표는 생략할 수 있다.

예 이번 토론회의 제목은 '역사 바로잡기 — 근대의 설정'이다.

예 '환경 보호 — 숲 가꾸기'라는 제목으로 글짓기를 했다.

[붙임] 줄표의 앞뒤는 띄어 쓰는 것을 원칙으로 하되, 붙여 쓰는 것을 허용한다.

16. 붙임표 (-)

(1) 차례대로 이어지는 내용을 하나로 묶어 열거할 때 각 어구 사이에 쓴다.

　　예 멀리뛰기는 도움닫기-도약-공중 자세-착지의 순서로 이루어진다.
　　예 김 과장은 기획-실무-홍보까지 직접 발로 뛰었다.

(2) 두 개 이상의 어구가 밀접한 관련이 있음을 나타내고자 할 때 쓴다.

　　예 드디어 서울-북경의 항로가 열렸다.
　　예 원-달러 환율
　　예 남한-북한-일본 삼자 관계

17. 물결표 (~)

기간이나 거리 또는 범위를 나타낼 때 쓴다.

　　예 9월 15일~9월 25일
　　예 김정희(1786~1856)
　　예 서울~천안 정도는 출퇴근이 가능하다.
　　예 이번 시험의 범위는 3~78쪽입니다.

[붙임] 물결표 대신 붙임표를 쓸 수 있다.

　　예 9월 15일-9월 25일
　　예 김정희(1786-1856)
　　예 서울-천안 정도는 출퇴근이 가능하다.
　　예 이번 시험의 범위는 3-78쪽입니다.

18. 드러냄표 (˙)와 밑줄(＿＿)

문장 내용 중에서 주의가 미쳐야 할 곳이나 중요한 부분을 특별히 드러내 보일 때
쓴다.

예 한글의 본디 이름은 훈민정음이다.

예 중요한 것은 왜 사느냐가 아니라 어떻게 사느냐이다.

예 지금 필요한 것은 <u>지식</u>이 아니라 <u>실천</u>입니다.

예 다음 보기에서 명사가 <u>아닌</u> 것은?

[붙임] 드러냄표나 밑줄 대신 작은따옴표를 쓸 수 있다.

예 한글의 본디 이름은 '훈민정음'이다.

예 중요한 것은 '왜 사느냐가 아니라 '어떻게 사느냐'이다.

예 지금 필요한 것은 '지식'이 아니라 '실천'입니다.

예 다음 보기에서 명사가 '아닌' 것은?

19. 숨김표 (○, ×)

(1) 금기어나 공공연히 쓰기 어려운 비속어임을 나타낼 때, 그 글자의 수효만큼 쓴다.

예 배운 사람 입에서 어찌 ○○○란 말이 나올 수 있느냐?

예 그 말을 듣는 순간 ×××란 말이 목구멍까지 치밀었다.

(2) 비밀을 유지해야 하거나 밝힐 수 없는 사항임을 나타낼 때 쓴다.

예 1차 시험 합격자는 김○영, 이○준, 박○순 등 모두 3명이다.

예 육군 ○○ 부대 ○○○ 명이 작전에 참가하였다.

예 그 모임의 참석자는 김×× 씨, 정×× 씨 등 5명이었다.

20. 빠짐표 (□)

(1) 옛 비문이나 문헌 등에서 글자가 분명하지 않을 때 그 글자의 수효만큼 쓴다.

예 大師爲法主□□賴之大□薦

(2) 글자가 들어가야 할 자리를 나타낼 때 쓴다.

예 훈민정음의 초성 중에서 아음(牙音)은 □□□의 석 자다.

21. 줄임표 (……)

(1) 할 말을 줄였을 때 쓴다.

> 예 "어디 나하고 한번……." 하고 민수가 나섰다.

(2) 말이 없음을 나타낼 때 쓴다.

> 예 "빨리 말해!"
> "……."

(3) 문장이나 글의 일부를 생략할 때 쓴다.

> 예 '고유'라는 말은 문자 그대로 본디부터 있었다는 뜻은 아닙니다. …… 같은 역사적 환경에서 공동의 집단생활을 영위해 오는 동안 공동으로 발견된, 사물에 대한 공동의 사고방식을 우리는 한국의 고유 사상이라 부를 수 있다는 것입니다.

(4) 머뭇거림을 보일 때 쓴다.

> 예 "우리는 모두…… 그러니까…… 예외 없이 눈물만…… 흘렸다."

[붙임 1] 점은 가운데에 찍는 대신 아래쪽에 찍을 수도 있다.

> 예 "어디 나하고 한번......" 하고 민수가 나섰다.
> 예 "실은...... 저 사람...... 우리 아저씨일지 몰라."

[붙임 2] 점은 여섯 점을 찍는 대신 세 점을 찍을 수도 있다.

> 예 "어디 나하고 한번…." 하고 민수가 나섰다.
> 예 "실은... 저 사람... 우리 아저씨일지 몰라."

[붙임 3] 줄임표는 앞말에 붙여 쓴다. 다만, (3)에서는 줄임표의 앞뒤를 띄어 쓴다.

문교부 고시 85-11호
1986. 1. 7.

외래어 표기법

제1장 표기의 기본 원칙

'외래어'는 다른 언어 체계의 어휘를 국어의 체계에 빌려 와서 사회적으로 사용이 승인된 말을 이른다. 외래어에는 국어의 음운 체계·문법 체계·어휘 체계의 특징이 반영되어 있다. 따라서 '외래어'는 국어의 어휘이고 <외래어 표기법>은 외국에서 들어온 국어를 대상으로 하는 표기법이다.

그런데 이러한 사실을 무시하고 외래어를 외국어로 잘못 알고, <외래어 표기법>을 외국어 표기법으로 오해하는 사람이 많다. 외래어 표기법은 외국어의 발음을 그대로 옮겨 적기 위한 방법이 아니며, 국어 생활을 하는 가운데 외래어를 통일되게 표기하는 방법이다.

외래어는 어느 외국어로부터 받아들였는가에 따라 상당히 많은 유형으로 나눌 수 있다. 국어에서 일반적으로 외래어라고 하면 중국의 한자에서 온 외래어는 제외하고 기타 동양이나 서양에서 들어온 말을 이르게 된다.

고유어나 한자어의 표기를 통일하기 위하여 <한글 맞춤법>의 규정이 마련되어 있듯이, 외래어를 표기할 때에도 표기 형태를 통일하여야 한다. 예를 들어서 일상 언어에서 'placard'를 '플래카드, *프랭카드, *플랙카드, *프랑카드' 등으로 적고, 'supermarket'도 '슈퍼마켓, *슈퍼마켙, *슈퍼마킷, *수퍼마켓, *수퍼마켇' 등으로 적는 경우가 많다. 이렇게 되면 언어 생활이 매우 혼란스러워지므로 외래어의 표기를 통일하는 일이 필요하다. <외래어 표기법>은 이처럼 외래어를 표기할 때에 생길 수 있는 혼란을 방지하기 위하여, 외래어의 어형을 통일되게 적기 위하여 마련한 규정이다.

외래어를 적을 때에는 <한글 맞춤법>을 따르는 것이 아니라, <외래어 표기법>에 따라야 한다. 곧 비록 외래어가 우리말에 동화된 말이기는 하지만, 출신 언어에 나타나는 특질을 고려해서 적어야 하기 때문에 <외래어 표기법>을 따로 정한 것이다. <외래어 표기법>은 조선어 학회에서 제정한 <외래어 표기법 통일안>(1940), 해방 후에 제정된 <로마자의 한글화 표기법>(1958)을 거쳐서 지금은 <외래어 표기법>(1986)이 시행되고 있다.

> **제1항** 외래어는 국어의 현용 24자모만으로 적는다.

  [풀이] 제1항은 외래어를 표기할 때에는 어떤 나라에서 들어온 외래어를 표기하든 간에 현행 한글에 없는 새로운 글자를 만들어서 표기하지는 않는다는 규정이다. 수많은 외래어에 나타나는 모든 음운을 한글에 반영하기 위하여 일일이 새로운 문자를 만들다 보면, 외래어를 표기하는 데에 필요한 글자의 수가 한정 없이 늘어날 수 있다. 따라서 외래어를 표기할 때에는 현재 쓰이고 있는 한글의 자모 24자만으로 적는다.

  예를 들어서 한글의 자모에는 영어의 [f], [v], [z]의 발음에 정확하게 대응되는 것이 없다. 따라서 이들 발음을 정확하게 적기 위하여 현행의 한글 자모에는 없는 '퐁, 봉, △'의 글자를 사용하자고 주장하는 이도 있다.

  하지만 모든 외래어의 수많은 발음을 정확하게 표기하기 위하여 이에 대응되는 새로운 글자를 일일이 만들어 낸다는 것은 불가능하다. 그리고 외래어는 외국어와는 달리 우리말의 음운 체계와 어휘 체계에 동화된 어휘이므로, 현행의 한글 자모만으로도 적을 수 있어야 한다. 이러한 이유로 외래어는 현용의 24개의 한글 자모만으로 적기로 하였다.

> **제2항** 외래어의 1음운은 원칙적으로 1기호로 적는다.

  [풀이] 음소 글자인 한글은 당연히 우리말의 1음운을 1글자로만 적도록 되어 있다. 이러한 한글 표기의 원칙을 외래어 표기에도 그대로 적용하여 외래어의 1음운을 1기호로 적는다는 것이다. 곧 특정한 국가에서 들어온 외래어의 특정한 음운을 여러 종류의 한글 자모를 이용하여 적는다면, 외래어 표기에 일관성이 없어져서 혼란이 일어날 수 있기 때문이다.

  예를 들어서 영어의 'fashion'은 '패션'으로 적고 'file'은 '*화일'로 적어서 영어의 [f]를 'ㅍ'과 'ㅎ'으로 적거나, 혹은 'biscuit'은 '비스킷'으로 'bus'는 '*뻐스'로 적어서 영어의 [b]를 'ㅂ'과 'ㅃ'으로 적는 경우가 있다. 그러나 이렇게 하나의 음운을 둘 이상의 글자로 적으면 외래어의 표기에 일관성이 없으므로 혼란이 생긴다. 따라서 외래어의 1음운은 원칙적으로 한 글자로 적는다.

  다만, 원래의 외국어로서는 하나이던 음운이 그것이 외래어가 되는 과정에서 둘 이상의 음운으로 소리 나는 경우가 있는데, 이때는 예외적으로 두 가지 이상의 글자를 사용할 수도 있다. 예를 들어 영어의 음운 [t]는 table[teibl]에서는 '테이블'과 같이 'ㅌ'로 적지만, triangle[traiæŋgl]에서는 '트'로, shot[ʃɑt]에서는 '샷'과 같이 'ㅅ'으로 적는다.

제3항 받침에는 'ㄱ, ㄴ, ㄹ, ㅁ, ㅂ, ㅅ, ㅇ'만을 적는다.

[**풀이**] 우리말의 음절 구조상 받침으로 쓰일 수 있는 소리는 [ㄱ, ㄴ, ㄷ, ㄹ, ㅁ, ㅂ, ㅇ]의 7자음뿐이다. 이 일곱 자음 이외의 음소를 받침소리로 가진 형태소가 실현될 때에는 이 일곱 자음 중의 하나로 바뀌게 된다.(평파열음화, 음절 끝소리 규칙)

이러한 음절 구조에도 불구하고 <한글 맞춤법>에서는 우리말의 받침을 적는 데에 모든 자음을 다 쓸 수 있도록 하였다. 예를 들어서 '낫, 낯, 낱'이 모두 [낟]으로 소리 날지라도 각각의 단어의 원형을 밝히기 위하여 받침을 각각 달리 표현한 것이다.

이처럼 받침 표기에서 원형을 밝히는 것은, 이들 단어가 자음 앞에서 나타나거나 단독으로 실현되면 모두 [낟]으로 발음되지만 '-으로'와 같이 모음으로 시작하는 형태소 앞에서 나타나면 [나스로, 나츠로, 나트로] 등과 같이 발음되기 때문이다.

(1) ㄱ. 낫 + 으로 → [나스로] ─┐
　　ㄴ. 낯 + 으로 → [나츠로] ─┼─→ [낟]#
　　ㄷ. 낱 + 으로 → [나트로] ─┘

그런데 외래어를 표기할 때에는 굳이 이와 같이 원형을 밝힐 필요가 없다. 예를 들어 'book'에 모음으로 시작하는 조사 '-이, -을, -에'를 붙이면 [부키, 부클, 부케]로 발음되지 않고, [부기, 부글, 부게]로 발음된다. 또한 'shop'에 조사 '-이, -을, -에'를 붙이면, [쇼피, 쇼플, 쇼페]로 소리 나지 않고 반드시 [쇼비, 쇼블, 쇼베]로만 소리난다.

(2) book [buːk], shop [ʃɔp]

(3) ㄱ. book + 이 → [부기], *[부키]　　(4) ㄱ. shop + 이 → [쇼비], *[쇼피]
　　ㄴ. book + 을 → [부글], *[부클]　　　　ㄴ. shop + 을 → [쇼블], *[쇼플]
　　ㄷ. book + 에 → [부게], *[부케]　　　　ㄷ. shop + 에 → [쇼베], *[쇼페]

곧 외래어의 끝음절의 받침 소리가 [k]와 [p]일 때에는 [k]는 [ㄱ]으로, [p]는 [ㅂ]으로 소리 나므로 'book, shop'은 '북, 숍'으로 적어야 한다.[1] 이렇게 되면 외래어를 적을 때에 받침 글자로 'ㄱ, ㄴ, ㄹ, ㅁ, ㅂ, ㅅ, ㅇ'의 일곱 개의 자음 글자만으로 충분히 적을 수 있다.

여기서 한 가지 유의할 사항이 있다. 우리말에서는 음절의 끝소리로 날 수 있는 자음에 'ㄷ'이 포함되는 반면에 외래어 표기에는 'ㄷ' 대신에 'ㅅ'이 쓰인다.

(5) ㄱ. robot# → [로볻]   (6) ㄱ. biscuit# → [비스킨]
    ㄴ. robot + 이 → [로보시]   ㄴ. biscuit + 이 → [비스키시]
    ㄷ. robot + 을 → [로보슬]   ㄷ. biscuit + 을 → [비스키슬]
    ㄹ. robot + 에 → [로보세]   ㄹ. biscuit + 에 → [비스키세]

(7) ㄱ. 못# → [몯], 못 + 에 → [모세]
    ㄴ. 깃# → [긷], 깃 + 에 → [기세]

예를 들어 (5)와 (6)의 'robot, biscuit'에서 끝음절의 받침은 [t]로 소리 나므로 이들 외래어는 끝음절의 받침을 'ㄷ'으로 적어야 할 것 같다. 그러나 이들 외래어에 모음으로 시작하는 조사 '-이, -을, -에'를 붙여 보면 각각 [로보시, 로보슬, 로보세]와 [비스키시, 비스키슬, 비스키세]로 발음된다. 이는 (7)처럼 우리말에서 'ㅅ' 받침을 가진 말이 음절 말에서는 [ㄷ]으로 소리 나지만 모음으로 시작하는 조사 아래에서는 [ㅅ]으로 실현되는 현상과 꼭 같다. 결국 외국어의 음절 말의 [t]는 우리말에 동화되는 과정에서 [ㅅ]으로 바뀌어서 실현된다고 할 수 있다. 그러므로 외래어 표기를 할 때에 음절 말의 받침으로 'ㄷ' 대신에 'ㅅ'을 쓰게 되었다.

제4항 파열음 표기에는 된소리를 쓰지 않는 것을 원칙으로 한다.

[풀이] 우리말의 파열음은 예사소리, 된소리, 거센소리로 제3항으로 대립하는 반면에 유성음과 무성음의 대립이 없다. 따라서 영어, 독일어, 프랑스어, 일본어처럼 파열음이 유성음과 무성음으로 제2항 대립을 가진 언어에서 유입된 외래어의 파열음을

---

1) 이러한 현상은 외래어가 우리말에 동화되면서 그 음절 구조가 바뀐 것으로 볼 수 있다.

적는 방법에 문제가 생긴다.

제4항의 규정은 이러한 차이를 고려하여서 외래어의 무성 파열음 [p, t, k]는 거센소리 글자인 'ㅍ, ㅌ, ㅋ'로 적고 유성 파열음 [b, d, g]는 예사소리 글자인 'ㅂ, ㄷ, ㄱ'로 적어서, 외래어의 파열음 표기에 된소리 글자인 'ㅃ, ㄸ, ㄲ'를 쓰지 않는다는 규정이다. 곧, 외국어의 파열음이 대부분 제2항 대립하는 것을 고려하여, 이들 국가에서 들어온 외래어의 파열음을 적을 때도 예사소리 글자와 거센소리 글자로만 적는다는 것이다.

참고로 무성 파열음 [p, t, k]는 각각의 언어마다 그 음가가 차이가 있다. 곧, 영어, 독일어의 무성 파열음은 우리말의 거센소리인 [ㅍ, ㅌ, ㅋ]에 가깝다. 반면에 프랑스어, 러시아어, 스페인어, 이탈리아어의 무성 파열음은 우리말의 된소리인 [ㅃ, ㄸ, ㄲ]에 가깝다. 이처럼 언어마다 음가가 조금씩 차이가 나는 무성 파열음 [p, t, k]을 한글의 거센소리로 적을지, 된소리로 적을지를 결정하기가 어렵다. 이 때문에 외래어의 무성 파열음은 모두 거센소리 글자인 'ㅍ, ㅌ, ㅋ'로 통일하여 적기로 하였다. 곧 'Paris'는 '빠리'로 적지 않고 '파리'로, 'conte'는 '꽁뜨'로 적지 않고 '콩트'로 적는다. 그리고 'piano, talent, cream' 등은 각각 '피아노, 탤런트, 크림'으로 적는다.[2]

그런데 영어의 유성 파열음인 [b, d, g]를 우리말로 발음할 때에도 일부 사람들이 된소리로 발음하는 경우가 있다. 곧, 일반 언중들이 'bus, dollar, gang'을 '뻐스, 딸러, 깽'과 같이 된소리로 발음하기도 한다. 그러나 원래 우리말에서는 유성 파열음이 독립된 음소로서 인식되지 않으므로, 외래어의 유성 파열음은 예사소리 글자인 'ㅂ, ㄷ, ㄱ'이나 된소리 글자인 'ㅃ, ㄸ, ㄲ'으로 적어야 한다. 그런데 앞에서 외래어의 무성 파열음 [p, t, k]를 적을 때에는 된소리 글자를 쓰지 않기로 하였으므로, 외래어의 유성 파열음을 적을 때도 된소리 글자를 쓰지 않는다. 곧, 외래어를 국어로 옮길 때에 발음을 완벽하게 전사하는 것은 어차피 불가능하다. 그러므로 규정을 간결하게 하기 위하여 유성 파열음을 적을 때에도 된소리 글자를 쓰지 않고 예사소리 글자인 'ㅂ, ㄷ, ㄱ'로 적는다. 따라서 'bus, dollar, gang'은 '버스, 달러, 갱'으로 적는다.[3]

---

[2] 우리말에서 된소리가 거센소리에 비해서 잘 쓰이지 않는다는 점도 무성 파열을 표기하는 데에 된소리를 쓰지 않기로 결정한 요인이 되었다.

[3] 참고로 유성 파찰음인 [ʤ]로 발음되는 'jazz, jeep, jam'의 'j'도 예사소리인 'ㅈ'으로 적어서, 이들 단어를 '재즈, 집, 잼'으로 적는다. 그리고 마찰음인 [s]를 가진 'service, sale, sonata, surfing ; circle, census' 등도 된소리 글자 'ㅆ'을 쓰지 않고 '서비스, 세일, 소나타, 서핑 ; 서클, 센서스'로 적는다.

외래어의 발음		대응 한글	보 기		비 고
			영어 표기	한글 표기	
유성 파열음	[b]	ㅂ	bus	버스	뻐스(×)
	[d]	ㄷ	dollar	달러	딸러(×)
	[g]	ㄱ	gang	갱	깽(×)
무성 파열음	[p]	ㅍ	piano, Paris	피아노, 파리	삐아노(×), 빠리(×)
	[t]	ㅌ	talent, conte	탤런트, 콩트	땔런뜨(×), 꽁뜨(×)
	[k]	ㅋ	cream, cognac	크림, 코냑	끄림(×), 꼬냑(×)

그런데 파열음을 적을 때에 된소리 글자를 전혀 쓰지 않는 것은 아니다. '빨치산 (partizan)', '껌(gum)' 등에는 된소리가 글자가 쓰였는데, 이는 이들 단어가 이미 된소리 로 굳어져서 널리 쓰이기 때문이다.(제5항 참조)

제5항 이미 굳어진 외래어는 관용을 존중하되, 그 범위와 용례는 따로 정한다.

[풀이] 언어는 사회적인 제약을 받는다. 곧 언중들 사이에 널리 사용되어서 이미 굳어진 말은 바꾸기도 어렵고, 또 억지로 바꾸게 되면 글자 생활에 혼란을 일으킬 수 도 있다. 따라서 어떠한 외래어가 일단 우리말에 들어와 그 형태가 이미 굳어져서 널 리 쓰이는 경우에는, 비록 그 어형이 외래어 표기법에 어긋나더라도 관용을 존중하여 널리 쓰이는 형태를 인정한다.4)

예를 들어 영어 'radio, piano, vitamin'은 <외래어 표기법>의 규정대로 표기하자면 '레 이디오, 피애노, 바이터민'으로 적어야 한다. 하지만 이러한 외래어는 이미 우리나라 에서 오랫동안 쓰여서 '라디오, 피아노, 비타민'으로 아주 굳어져 버렸다. 따라서 이러 한 말은 관용어로 처리하여 이전부터 적어 오던 방식대로 적는다.

---

4) 외래어는 원래 다양한 시기와 경로를 통해서 국어에 흡수되었기 때문에, 하나의 표기 원칙만 을 적용하여서 외래어를 표기할 수 없는 경우도 있다. 예를 들어서 영어의 'cut'은 '컷'이라고 표기하기도 하고 '커트'라고 하기도 한다. 곧 인쇄 작업을 할 때에 쓰이는 도판의 뜻으로 쓰 이나, 영화나 사진술의 용어로 쓰일 때에는 '컷'이라고 한다. 반면에 머리털을 짧게 깎는 행 동이나, 테니스나 탁구공을 깎아서 치는 행동을 표현할 때에는 '커트'라고 한다. 현행의 <외 래어 표기법>을 엄격히 적용한다면 '컷'으로만 표기해야 하지만, 언중들이 이미 오랫동안 관 습적으로 '커트'로 발음하고 있는 언어 현실도 무시할 수는 없기 때문이다.

제2장 표기 일람표

외래어는 표 1~5에 따라 표기한다.

[표 1. 국제 음성 기호와 한글 대조표]

자 음			반 모 음		모 음	
국제 음성 기호	한 글		국제 음성 기호	한 글	국제 음성 기호	한 글
	모음 앞	자음 앞 또는 어말				
p	ㅍ	ㅂ, 프	j	이*	i	이
b	ㅂ	브	ɥ	위	y	위
t	ㅌ	ㅅ, 트	w	오, 우*	e	에
d	ㄷ	드			ø	외
k	ㅋ	ㄱ, 크			ɛ	에
g	ㄱ	그			ɛ̃	앵
f	ㅍ	프			œ	외
v	ㅂ	브			œ̃	욍
θ	ㅅ	스			æ	애
ð	ㄷ	드			a	아
s	ㅅ	스			ɑ	아
z	ㅈ	즈			ɑ̃	앙
ʃ	시	슈, 시			ʌ	어
ʒ	ㅈ	지			ɔ	오
ʦ	ㅊ	츠			ɔ̃	옹
dz	ㅈ	즈			o	오
ʧ	ㅊ	치			u	우
ʤ	ㅈ	지			ə**	어
m	ㅁ	ㅁ			ɚ	어
n	ㄴ	ㄴ				
ɲ	니*	뉴				
ŋ	ㅇ	ㅇ				
l	ㄹ, ㄹㄹ	ㄹ				
r	ㄹ	르				
h	ㅎ	흐				
ç	ㅎ	히				
x	ㅎ	흐				

* [j], [w]의 '이'와 '오, 우', 그리고 [ɲ]의 '니'는 모음과 결합할 때 제3장 표기 세칙에 따른다.

** 독일어의 경우에는 '에', 프랑스어의 경우에는 '으'로 적는다.

[표 2. 에스파냐어 자모와 한글 대조표]

자모	한 글		보 기
	모음 앞	자음 앞 어말	
자음			
b	ㅂ	브	biz 비스, blandon 블란돈, braceo 브라세오
c	ㅋ, ㅅ	ㄱ, ㅋ	colcren 콜크렌, Cecilia 세실리아, coccion 콕시온, bistec 비스텍, dictado 딕타도
ch	ㅊ	—	chicharra 치차라
d	ㄷ	드	felicidad 펠리시다드
f	ㅍ	프	fuga 푸가, fran 프란
g	ㄱ, ㅎ	그	ganga 강가, geologia 헤올로히아, yungla 융글라
h	—	—	hipo 이포, quehacer 케아세르
j	ㅎ	—	jueves 후에베스, reloj 렐로
k	ㅋ	크	kapok 카포크
l	ㄹ, ㄹㄹ	ㄹ	lacrar 라크라르, Lulio 룰리오, ocal 오칼
ll	이*	—	llama 야마, lluvia 유비아
m	ㅁ	ㅁ	membrete 멤브레테
n	ㄴ	ㄴ	noche 노체, flan 플란
ñ	니*	—	ñoñez 뇨녜스, mañana 마냐나
p	ㅍ	ㅂ, 프	pepsina 펩시나, plantón 플란톤
q	ㅋ	—	quisquilla 키스키야
r	ㄹ	르	rescador 라스카도르
s	ㅅ	스	sastreria 사스트레리아
t	ㅌ	트	tetraetro 테트라에트로
v	ㅂ	—	viudedad 비우데다드
x	ㅅ, ㄱㅅ	ㄱㅅ	xenón 세논, laxante 락산테, yuxta 육스타
z	ㅅ	스	zagal 사갈, liquidez 리키데스
반모음			
w	오·오*	—	walkirias 왈키리아스
y	이*	—	yungla 융글라
모음			
a	아		braceo 브라세오
e	에		reloj 렐로
i	이		Lulio 룰리오
o	오		ocal 오칼
u	우		viudedad 비우데다드

* ll, y, ñ, w의 '이, 니, 오, 우'는 다른 모음과 결합할 때 합쳐서 1음절로 적는다.

[표 3. 이탈리아어 자모와 한글 대조표]

| 자모 | 한 글 | | 보 기 |
	모음 앞	자음 앞·어말	
b	ㅂ	브	Bologna 볼로냐, bravo 브라보
c	ㅋ, ㅊ	크	Como 코모, Sicilia 시칠리아, credo 크레도
ch	ㅋ	―	Pinocchio 피노키오, cherubino 케루비노
d	ㄷ	드	Dante 단테, drizza 드리차
f	ㅍ	프	Firenze 피렌체, freddo 프레도
g	ㄱ, ㅈ	그	Galileo 갈릴레오, Genova 제노바, gloria 글로리아
h	―	―	hanno 안노, oh 오
l	ㄹ, ㄹㄹ	ㄹ	Milano 밀라노, largo 라르고, palco 팔코
m	ㅁ	ㅁ	Macchiavelli 마키아벨리, mamma 맘마, Campanella 캄파넬라
n	ㄴ	ㄴ	Nero 네로, Anna 안나, divertimento 디베르티멘토
p	ㅍ	프	Pisa 피사, prima 프리마
q	ㅋ	―	quando 콴도, queto 퀘토
r	ㄹ	르	Roma 로마, Marconi 마르코니
s	ㅅ	스	Sorrento 소렌토, asma 아스마, sasso 사소
t	ㅌ	트	Torino 토리노, tranne 트란네
v	ㅂ	브	Vivace 비바체, manovra 마노브라
z	ㅊ	―	nozze 노체, mancanza 만칸차
a	아		abituro 아비투로, capra 카르라
e	에		erta 에르타, padrone 파드로네
i	이		infamia 인파미아, manica 마니카
o	오		oblio 오블리오, poetica 포에티카
u	우		uva 우바, spuma 스푸마

자음: b, c, ch, d, f, g, h, l, m, n, p, q, r, s, t, v, z
모음: a, e, i, o, u

[표 4. 일본어의 가나와 한글 대조표]

가 나					한 글									
					어 두					어 중·어 말				
ア	イ	ウ	エ	オ	아	이	우	에	오	아	이	우	에	오
カ	キ	ク	ケ	コ	가	기	구	게	고	카	키	쿠	케	코
サ	シ	ス	セ	ソ	사	시	스	세	소	사	시	스	세	소
タ	チ	ツ	テ	ト	다	지	쓰	데	도	타	치	쓰	테	토
ナ	ニ	ヌ	ネ	ノ	나	니	누	네	노	나	니	누	네	노
ハ	ヒ	フ	ヘ	ホ	하	히	후	헤	호	하	히	후	헤	호
マ	ミ	ム	メ	モ	마	미	무	메	모	마	미	무	메	모
ヤ	イ	ユ	エ	ヨ	야	이	유	에	요	야	이	유	에	요
ラ	リ	ル	レ	ロ	라	리	루	레	로	라	리	루	레	로
ワ	(ヰ)	ウ	(ヱ)	ヲ	와	(이)	우	(에)	오	와	(이)	우	(에)	오
		ン					ㄴ					ㄴ		
ガ	ギ	グ	ゲ	ゴ	가	기	구	게	고	가	기	구	게	고
ザ	ジ	ズ	ゼ	ゾ	자	지	즈	제	조	자	지	즈	제	조
ダ	ヂ	ヅ	デ	ド	다	지	즈	데	도	다	지	즈	데	도
バ	ビ	ブ	ベ	ボ	바	비	부	베	보	바	비	부	베	보
パ	ピ	プ	ペ	ポ	파	피	푸	페	포	파	피	푸	페	포
キャ	キュ	キョ			갸	규	교			캬	큐	쿄		
ギャ	ギュ	ギョ			갸	규	교			갸	규	교		
シャ	ツュ	ツョ			샤	슈	쇼			샤	슈	쇼		
ジャ	ジュ	ジョ			자	주	조			자	주	조		
チャ	チュ	チョ			자	주	조			차	추	초		
ヒャ	ヒュ	ヒョ			햐	휴	효			햐	휴	효		
ビャ	ビュ	ビョ			뱌	뷰	뵤			뱌	뷰	뵤		
ピャ	ピュ	ピョ			퍄	퓨	표			퍄	퓨	표		
ミャ	ミュ	ミョ			먀	뮤	묘			먀	뮤	묘		
リャ	リュ	リョ			랴	류	료			랴	류	료		

[표 5. 중국어의 주음 부호(注音符號)와 한글 대조표]

성모(聲母)

음의 분류	주음 부호	한어병음 음자모	웨이드식 로마자	한글
(重脣聲) 중순성	ㄅ	b	p	ㅂ
	ㄆ	p	p'	ㅍ
	ㄇ	m	m	ㅁ
순치성*	ㄈ	f	f	ㅍ
(舌尖聲) 설첨성	ㄉ	d	t	ㄷ
	ㄊ	t	t'	ㅌ
	ㄋ	n	n	ㄴ
	ㄌ	l	l	ㄹ
(舌根聲) 설근성	ㄍ	g	k	ㄱ
	ㄎ	k	k'	ㅋ
	ㄏ	h	h	ㅎ
(舌面聲) 설면성	ㄐ	j	ch	ㅈ
	ㄑ	q	ch'	ㅊ
	ㄒ	x	hs	ㅅ
(翹舌尖聲) 교설첨성	ㄓ	zh[zhi]	ch[chih]	ㅈ[즈]
	ㄔ	ch[chi]	ch'[ch'ih]	ㅊ[츠]
	ㄕ	sh[shi]	sh[shih]	ㅅ[스]
	ㄖ	r[ri]	j[jih]	ㄹ[르]
(舌齒聲) 설치성	ㄗ	z[zi]	ts[tzǔ]	ㅉ[쯔]
	ㄘ	c[ci]	ts'[tz'ǔ]	ㅊ[츠]
	ㄙ	s[si]	s[ssǔ]	ㅆ[쓰]

운모(韻母)

음의 분류	주음 부호	한어병음 자모	웨이드식 로마자	한글
단운(單韻)	ㄚ	a	a	야
	ㄛ	o	o	오
	ㄜ	e	ê	어
	ㄝ	ê	e	에
	ㄧ	yi(i)	i	이
	ㄨ	wu(u)	wu(u)	우
	ㄩ	yu(u)	yü(ü)	위
복운(複韻)	ㄞ	ai	ai	아이
	ㄟ	ei	ei	에이
	ㄠ	ao	ao	아오
	ㄡ	ou	ou	어우
부성운(附聲韻)	ㄢ	an	an	안
	ㄣ	en	ên	언
	ㄤ	ang	ang	앙
	ㄥ	eng	êng	엉
권설운*	ㄦ	er(r)	êrh	얼
제치류(齊齒類)	ㄧㄚ	ya(ia)	ya(ia)	야
	ㄧㄛ	yo	yo	요
	ㄧㄝ	ye(ie)	yeh(ieh)	예
	ㄧㄞ	yai	yai	야이
	ㄧㄠ	yao(iao)	yao(iao)	야오
	ㄧㄡ	you(ou, iu)	yu(iu)	유
결합운모(結合韻母)	ㄧㄢ	yan(ian)	yen(ien)	옌
	ㄧㄣ	yin(in)	yin(in)	인
	ㄧㄤ	yang(iang)	yang(iang)	양
	ㄧㄥ	ying(ing)	ying(ing)	잉
합구류(合口類)	ㄨㄚ	wa(ua)	wa(ua)	와
	ㄨㄛ	wo(uo)	wo(uo)	워
	ㄨㄞ	wai(uai)	wai(uai)	와이
	ㄨㄟ	wei(ui)	wei(uei, ui)	웨이(우이)
	ㄨㄢ	wan(uan)	wan(uan)	완
	ㄨㄣ	wen(un)	wên(un)	원(운)
	ㄨㄤ	wang(uang)	wang(uang)	왕
	ㄨㄥ	weng(ong)	wêng(ung)	웡(웅)
촬구류(撮口類)	ㄩㄝ	yue(ue)	yüeh(üeh)	웨
	ㄩㄢ	yuan(uan)	yüan(üan)	위안
	ㄩㄣ	yun(un)	yün(ün)	윈
	ㄩㄥ	yong(iong)	yung(iung)	융

[ ]는 단독 발음될 경우의 표기임.
( )는 자음이 선행할 경우의 표기임.
*순치성(脣齒聲), 권설운(捲舌韻)

제3장 표기 세칙

제1절 영어의 표기

표 1에 따라 적되, 다음 사항에 유의하여 적는다.

[풀이] 영어에서 차용된 외래어 중에서 미국 영어에서 차용된 외래어는 미국식 발음에 따라서 표기하고, 영국 영어에서 차용된 외래어는 영국식 발음에 따라서 표기한다. 그리고 제2장 '표 1'의 '국제 음성 기호와 한글 대조표'와 제3장 제1절의 영어 표기의 세칙에 따라서 적는다.

제1항 무성 파열음([p], [t], [k])

1) 짧은 모음 다음의 어말 무성 파열음([p], [t], [k])은 받침으로 적는다.

(보기) gap [gæp] 갭   cat [kæt] 캣

     book [buk] 북

2) 짧은 모음과 유음·비음([l], [r], [m], [n]) 이외의 자음 사이에 오는 무성 파열음([p], [t], [k])은 받침으로 적는다.

(보기) apt [æpt] 앱트   setback [setbæk] 셋백

     act [ækt] 액트

3) 위 경우 이외의 어말과 자음 앞의 [p], [t], [k]는 '으'를 붙여 적는다.

(보기) stamp [stæmp] 스탬프   cape [keip] 케이프

---

* <외래어 표기법>의 '제3장 표기 세칙'에는 '영어, 독일어, 프랑스어, 에스파냐어, 이탈리아어, 일본어, 중국어' 등의 세칙이 실려 있다. 그러나 여기서는 편의상 표기 세칙 중에서 사용 빈도가 높은 '제1절 영어의 표기 세칙'만 소개한다.

nest [nest] 네스트　　　part [pɑ : t] 파트

desk [desk] 데스크　　　make [meik] 메이크

apple [æpl] 애플　　　mattress [mætris] 매트리스

sickness [siknis] 시크니스　　　chipmunk [ʧipmʌŋk] 치프멍크

[제1항] 무성의 파열음인 [p, t, k]의 표기법

'표 1'의 '국제 음성 기호와 한글 대조표'에서는 영어에서 실현되는 무성의 파열음인 [p, t, k]는 모음 앞에서는 'ㅋ, ㅌ, ㅍ'로 적는다고 규정했다. 제1항의 내용은 [p, t, k] 뒤에 모음 이외의 소리가 실현될 때, [p, t, k]를 한글로 적는 방법을 규정한 것이다.

가. 1)과 2)의 규정

규정 1)과 2)는 짧은 단모음 뒤에서 실현되는 [p, t, k]가, ① 단어의 끝에 실현될 때와 ② 유음이나 비음을 제외한 자음의 앞에 실현될 때에는, 받침 글자인 'ㅂ, ㅅ, ㄱ'으로 표기한다는 규정이다. 곧, 1)과 2)의 규정에 따라서 아래의 (1)과 (2)의 음운론적 환경에서 실현되는 [p, t, k]는 해당 음절의 받침으로 적는다.

 ⑴ 짧은 단모음 + [p, t, k][#] [1]
  gap [gæp] 갭, cat [kæt] 캣, book [buk] 북

(1)의 'gap, cat, book'의 [æ]나 [u]처럼 짧게 발음되는 단모음(單母音) 뒤에 실현되는 [p, t, k]는 해당 음절에서 받침 소리인 'ㅂ, ㅅ, ㄱ'으로 적는다.

 ⑵ 짧은 단모음 + [p, t, k] + 자음(유음과 비음은 제외)
  apt [æpt] 앱트, setback [setbæk] 셋백, act [ækt] 액트

그리고 (2)의 'apt, setback, act'처럼 짧은 모음과 (유음과 비음을 제외한) 자음 사이에 실현되는 [p, t, k]는 해당 음절의 받침인 'ㅂ, ㅅ, ㄱ'으로 적는다. (1)과 (2)의 예에서 [p, t, k]는 서로 다른 음성적 환경에 놓여 있지만 실제로 실현되는 발음은 동일하다.

---

1) '[#]'의 기호는 어말(단어의 끝)의 위치를 나타낸다.

나. 3)의 규정

규정 3)은 [k, t, p]가 1)이나 2)에서 제시된 것을 제외한 음운론적 환경에서는, 'ㅋ, ㅌ, ㅍ'에 '으'를 붙여서 '크, 트, 프'로 표기한다는 규정이다.

첫째, 짧은 단모음이 아닌 소리2)의 뒤에 실현되는 [p, t, k]가, 단어의 끝에서 실현될 때에는 'ㅍ, ㅌ, ㅋ'의 아래에 '으'를 붙여서 '프, 트, 크'로 적는다.

(3) 짧은 단모음이 아닌 소리 + [p, t, k]#

　　ㄱ. stamp [stæmp] 스탬프, cape [keip] 케이프
　　ㄴ. nest [nest] 네스트, part [pɑ : t] 파트
　　ㄷ. desk [desk] 데스크, make [meik] 메이크

(ㄱ)의 'stamp'에서는 [p]가 비음인 [m] 뒤에, 'cape'에서는 이중 모음인 [ei] 뒤에 실현되었으며, (ㄴ)의 'nest'에서는 [t]가 자음인 [s] 뒤에, 'part'에서는 긴 단모음인 [ɑ :] 뒤에 실현되었다. 그리고 (ㄷ)의 'desk'에서는 [k]가 [s] 뒤에, 'make'에서는 이중 모음인 [ei] 뒤에 실현되었다. 이러한 환경에서 실현되는 [k, t, p]를 한글로 적을 때에는, 각각 'ㅋ, ㅌ, ㅍ'의 아래에 '으'를 붙여서 '크, 트, 프'로 적는다.

둘째, 짧은 단모음의 뒤에서 나타나는 [p, t, k]는, 그 뒤에 유음인 [r, l]이나 비음인 [m, n]이 실현될 때에는, 'ㅍ, ㅌ, ㅋ'에 '으'를 붙여서 '프, 트, 크'로 적는다.

(4) ㄱ. 짧은 단모음 + [p, t, k] + 유음 : apple [æpl] 애플, mattress [mætris] 매트리스
　　ㄴ. 짧은 단모음 + [p, t, k] + 비음 : sickness [siknis] 시크니스, chipmunk [tʃipmʌŋk] 치
　　　　　　프멍크

(ㄱ)의 'apple'에서는 [p]의 뒤에 유음인 [l]이, (ㄴ)의 'mattress'에서는 [t]의 뒤에 유음인 [r]이 실현되었는데, 이러한 환경에서 실현된 [p]와 [t]는 'ㅍ'과 'ㅌ'에 '으'를 붙여서 '프'와 '트'로 적는다. 그리고 (ㄴ)의 'sickness'에서는 [k]의 뒤에 비음인 [n]이, 'chipmunk'에서는 [p]의 뒤에 비음인 [m]이 실현되었는데, 이때도 [k]와 [p]는 'ㅋ'과 'ㅍ'에 '으'를 붙여서 '크'와 '트'로 적는다.

---

2) 여기서 말하는 '짧은 단모음이 아닌 소리'는 '자음'을 비롯하여 '긴 단모음'이나 '이중 모음'을 가리킨다.

제2항 유성 파열음([b], [d], [g])

어말과 모든 자음 앞에 오는 유성 파열음은 '으'를 붙여 적는다.

(보기)　　bulb [bʌlb] 벌브　　　　　　land [lænd] 랜드

zigzag [zigzæg] 지그재그　　lobster [lɔbstə] 로브스터

kidnap [kidnæp] 키드냅　　　signal [signəl] 시그널

[제2항] 유성의 파열음인 [b], [d], [g]의 표기법

'표 1'의 '국제 음성 기호와 한글 대조표'에 따르면 유성의 파열음인 [b, d, g]는 모음 앞에서는 'ㅂ, ㄷ, ㄱ'으로 적는다. 반면에 제2항에서는 [b, d, g]가 단어의 끝이나 자음의 앞에 실현될 때에는, 'ㅂ, ㄷ, ㄱ'에 '으'를 붙여서 '브, 드, 그'로 적는다는 것을 규정하였다.

(5) ㄱ. [b, d, g]$^{\#}$　　: bulb [bʌlb] 벌브, land [lænd] 랜드, zigzag [zigzæg] 지그재그

ㄴ. [b, d, g] +자음 : lobster [lɔbstə] 로브스터, kidnap [kidnæp] 키드냅, signal [signəl]
시그널

(ㄱ)의 'bulb, land, zigzag'에서 [b, d, g]는 단어의 끝에서 '브, 드, 그'로 적으며, (ㄴ)의 'lobster, kidnap, signal'에서 [b, d, g]는 자음 앞에서 '브, 드, 그'로 적는다.

제3항 마찰음([s], [z], [f], [v], [θ], [ð], [ʃ], [ʒ])

1) 어말 또는 자음 앞의 [s], [z], [f], [v], [θ], [ð]는 '으'를 붙여 적는다.

(보기)　　mask [mɑ : sk] 마스크　　　jazz [ʤæz] 재즈

graph [græf] 그래프　　　　olive [ɔliv] 올리브

thrill [θril] 스릴　　　　　　bathe [beið] 베이드

2) 어말의 [ʃ]는 '시'로 적고, 자음 앞의 [ʃ]는 '슈'로, 모음 앞의 [ʃ]는 뒤따르는 모음에 따라 '샤', '섀', '셔', '셰', '쇼', '슈', '시'로 적는다.

(보기)　　flash [flæʃ] 플래시　　　　shrub [ʃrʌb] 슈러브

shark [ʃɑ : k] 샤크   shank [ʃæŋk] 섕크

fashion [fæʃən] 패션   sheriff [ʃerif] 셰리프

shopping [ʃɔpiŋ] 쇼핑   shoe [ʃu :] 슈

shim [ʃim] 심

3) 어말 또는 자음 앞의 [ʒ]는 '지'로 적고, 모음 앞의 [ʒ]는 'ㅈ'으로 적는다.

(보기)   mirage [mirɑ : ʒ] 미라지   vision [viʒən] 비전

[제3항] 마찰음인 [s], [z], [f], [v], [θ], [ð], [ʃ], [ʒ]의 표기법

'표 1'의 '국제 음성 기호와 한글 대조표'에서는 마찰음인 [s], [z], [f], [v], [θ], [ð], [ʃ], [ʒ]는 그 뒤에 모음이 실현되면 각각 'ㅅ, ㅈ, ㅍ, ㅂ, ㅅ, ㄷ, ㅅ, ㅈ'으로 적도록 규정했다. 제3항은 그 뒤에 모음 이외의 소리가 올 때에, 이들 마찰음을 적는 방법을 규정한 것이다.

1) 어말 또는 자음 앞에 실현된 마찰음 [s], [z], [f], [v], [θ], [ð], [ʒ]를 적는 방법

마찰음 중에서 [ʃ]를 제외한 나머지 [s, z, f, v, θ, ð, ʒ]는 단어의 끝이나 자음의 앞에서는 '으'를 붙여서 '스, 즈, 프, 브, 스, 드, 즈'로 적는다.

> (6) ㄱ. [s, z, f, v, θ, ð]#   : jazz [dʒæz] 재즈, graph [græf] 그래프, olive [ɔliv] 올리브, bathe [beið] 베이드
>
> ㄴ. [s, z, f, v, θ, ð] + 자음 : mask [mɑ : sk] 마스크, thrill [θril] 스릴,

(6)에서 마찰음인 [s, z, f, v, θ, ð, ʒ]는 단어의 끝이나 자음의 앞에 실현되었는데, 이러한 음운론적 환경에서 'mask'의 [s]는 '스'로, jazz의 [z]는 '즈'로, 'graph'의 [f]는 '프'로, 'olive'의 [v]는 '브'로, 'thrill'의 [θ]는 '스'로, 'bathe'의 [ð]는 '드'로 적는다.

2) 마찰음인 [ʃ]를 적는 방법

단어 끝의 [ʃ]는 '시'로 적고, 자음 앞의 [ʃ]는 '슈'로 적는다. 그리고 모음 앞의 [ʃ]는 '시'로 발음하되, 뒤따르는 모음인 '아, 애, 어, 예, 오, 우, 이' 등과 한 음절로 축약하

여 '샤', '섀', '셔', '셰', '쇼', '슈', '시'로 적는다.

    (7) ㄱ. [ʃ][#]   : flash [flæʃ] 플래시

       ㄴ. [ʃ] + 자음 : shrub [ʃrʌb] 슈러브

       ㄷ. [ʃ] + 모음 : shark [ʃɑ : k] 샤크, shank [ʃænk] 섕크, fashion [fæʃən] 패션, sheriff
                [ʃerif] 셰리프, shopping [ʃɔpiŋ] 쇼핑, shoe [ʃu :] 슈, shim [ʃim] 심

마찰음인 [ʃ]는 (ㄱ)의 'flash'처럼 단어의 끝에서는 '시'로, (ㄴ)의 'shrub'처럼 자음 앞에서
는 '슈'로, (ㄷ)의 'shark'처럼 모음의 앞에서는 '시'와 '아크'를 축약해서 '샤크'로 적는다.

3) 마찰음인 [ʒ]를 적는 방법

  '표 1'의 '국제 음성 기호와 한글 대조표'에서는, 마찰음인 [ʒ]는 단어의 끝이나
자음 앞에서는 '지'로 적고, 모음 앞에서는 'ㅈ'으로 적는다고 규정했다.

    (8) ㄱ. [ʒ][#], [ʒ] + 자음 : mirage [mirɑ : ʒ] 미라지

       ㄴ. [ʒ] + 모음   : vision [viʒən] 비전

예를 들어서 (8)에서 [ʒ]는 (ㄱ)의 'mirage'처럼 단어의 끝에서는 '지'로, (ㄴ)의 'vision'처
럼 모음 앞에서는 'ㅈ'로 적는다.

  제3항의 3)의 규정은 [ʒ]는 '지'로 적는다고 표현하면 규정이 매우 간단해진다. 그런
데 'vision [viʒən]'처럼 모음 앞에서 실현되는 [ʒ]를 '지'로 적으면 그 뒤의 모음 '어'와
축약되어서 '비젼'으로 적어야 한다. 그러나 국어에서는 '져'는 '저'로만 발음되므로,
외래어의 한글 표기인 '져'가 국어의 실제 발음인 '저'와 달라져 버리는 문제가 생긴
다.3) 따라서 외래어를 '쟈, 죠, 쥬' 등으로 적을 필요가 없기 때문에 영어의 [ʒ]는 단어
의 끝이나 자음의 앞에서만 '지'로 적고, 모음 앞에서는 'ㅈ'으로만 적는다.

---

3) 국어에서 '쟈, 져, 죠, 쥬, 챠, 쳐, 쵸, 츄'는 실제로는 '자, 저, 조, 주, 차, 처, 초, 추'로만 발음
   된다.(<표준 발음법>의 제5항 '다만 1'의 내용을 참조.) 국어의 맞춤법에서 '가져, 다쳐'와 같
   은 표기가 있기는 하지만, 이러한 표기는 이들 단어의 형태가 '가지어, 다치어'의 준말이라는
   문법적인 사실을 보여 주기 위한 표기에 불과하다. 제4항의 1)과 2)도 이와 같은 뜻으로 이해
   하면 된다.(『국어 어문 규정집』(2012:370)의 내용을 참조..)

제4항 파찰음([ʦ], [dz], [ʧ], [ʤ])

> **1)** 어말 또는 자음 앞의 [ʦ], [dz]는 '츠', '즈'로 적고, [ʧ], [ʤ]는 '치', '지'로 적는다.
>
> | (보기) | Keats [kiːʦ] 키츠 | odds [ɔdz] 오즈 |
> |---|---|---|
> | | switch [swiʧ] 스위치 | bridge [briʤ] 브리지 |
> | | Pittsburgh [piʦbəːg] 피츠버그 | hitchhike [hiʧhaik] 히치하이크 |
>
> **2)** 모음 앞의 [ʧ], [ʤ]는 '치', 'ᄌ'으로 적는다.
>
> | (보기) | chart [ʧɑːt] 차트 | virgin [vəːʤin] 버진 |
> |---|---|---|

[제4항] 파찰음인 [ʦ], [dz], [ʧ], [ʤ]의 표기법

1) 단어의 끝이나 자음 앞에서 실현되는 [ʦ], [dz], [ʧ], [ʤ]의 적기

첫째, 무성의 파찰음인 [ʦ]는 '츠'로 적고 유성의 파찰음인 [dz]는 '즈'로 적는다.

(9) ㄱ. [ʦ]#, [ʦ] + 자음 : Keats [kiːʦ] 키츠, Pittsburgh [piʦbəːg] 피츠버그
ㄴ. [dz]#, [dz] + 자음 : odds [ɔdz] 오즈

(ㄱ)의 'Keats'에서는 단어의 끝에서 무성의 파찰음인 [ʦ]를 '츠'로 적으며, 'Pittsburgh'에서는 자음 앞에서 '츠'로 적는다. 그리고 (ㄴ)의 'odds'에서는 유성의 파찰음인 [dz]를 '즈'로 적는다.

둘째, 무성의 파찰음인 [ʧ]는 '치'로 적고, 유성의 파찰음인 [ʤ]는 '지'로 적는다.

(10) ㄱ. [ʧ]#, [ʧ] + 자음 : switch [swiʧ] 스위치, hitchhike [hiʧhaik] 히치하이크
ㄴ. [ʤ]#, [ʤ] + 자음 : bridge [briʤ] 브리지

(ㄱ)의 'switch'에서는 단어의 끝에서 무성의 파찰음인 [ʧ]를 '치'로 적으며, 'hitchhike'에서는 자음 앞에서 '치'로 적는다. 그리고 (ㄴ)의 'bridge'는 유성의 파찰음인 [ʤ]를 '지'로 적는다.

2) 모음 앞에서 실현되는 [ʧ]과 [ʤ]의 적기

모음 앞에서 무성의 파찰음인 [ʧ]는 'ㅊ'으로, 유성의 파찰음인 [ʤ]는 'ㅈ'으로 적는다.

(11) ㄱ. [ʧ] + 모음 : chart [ʧɑ : t] 차트
　　 ㄴ. [ʤ] + 모음 : virgin [və : ʤin] 버진

(ㄱ)의 'chart'에서는 무성의 파찰음인 [ʧ]가 모음 [ɑ :] 앞에 실현되었는데, [ʧ]를 'ㅊ'으로 적어서 뒤의 모음 '아'와 결합하여 '차'로 적는다. (ㄴ)의 'virgin'에서는 유성의 파찰음인 [ʤ]이 모음 [i] 앞에 실현되는데, [ʤ]를 'ㅈ'으로 적어서 뒤의 모음 '이'와 결합하여 '지'로 적는다.

제5항 비음([m], [n], [ŋ])

　　1) 어말 또는 자음 앞의 비음은 모두 받침으로 적는다.

　　(보기)　　steam [sti : m] 스팀　　　　corn [kɔ : n] 콘

　　　　　　　ring [riŋ] 링　　　　　　　lamp [læmp] 램프

　　　　　　　hint [hint] 힌트　　　　　　ink [iŋk] 잉크

　　2) 모음과 모음 사이의 [ŋ]은 앞 음절의 받침 'ㅇ'으로 적는다.

　　(보기)　　hanging [hæŋiŋ] 행잉　　　　longing [lɔŋiŋ] 롱잉

[제5항] 비음의 [m], [n], [ŋ]의 표기법

제5항은 비음인 [m], [n], [ŋ]이 실현되는 음운론적인 환경에 따라서 이들 비음을 한글로 적을 때의 방법을 규정한 것이다.

1) [m], [n], [ŋ]이 단어의 끝 또는 자음 앞에서 실현될 때에는 받침으로 적는다.

(12) ㄱ. [m, n, ŋ]#　　　　: steam [sti : m] 스팀, corn [kɔ : n] 콘, ring [riŋ] 링
　　 ㄴ. [m, n, ŋ] + 자음 : lamp [læmp] 램프, hint [hint] 힌트, ink [iŋk] 잉크

(ㄱ)의 'steam, corn, ring'에서 [m], [n], [ŋ]은 모두 단어의 끝에 실현되었는데, 이때는 'ㅁ, ㄴ, ㅇ'을 받침 글자로 적는다. 그리고 (ㄴ)의 'lamp, hint, ink'에서는 [m], [n], [ŋ]이 자음 앞에서 실현되었는데, 이때도 'ㅁ, ㄴ, ㅇ'을 받침 글자로 적는다.

2) [ŋ]이 모음과 모음 사이에 실현될 때에는 앞 음절의 받침 'ㅇ'으로 적는다.

국어에서 [ŋ]은 음절의 첫소리로는 실현될 수가 없고 끝소리로만 쓰인다. 그러므로 영어 외래어의 [ŋ]이 모음과 모음 사이에서 실현된 경우에는, 'ㅇ'을 앞 음절의 받침으로 적는다.

(13) 모음 + [ŋ] + 모음 : hanging [hæŋiŋ] 행잉, longing [lɔŋiŋ] 롱잉

(13)에서 'hanging'과 'longing'에 실현된 [ŋ]은 모음과 모음 사이에 실현되었는데, 이때는 국어의 음절 구조상 'ㅇ'을 앞 음절의 받침 글자로 적는다.

제6항 유음([l])

1) 어말 또는 자음 앞의 [l]은 받침으로 적는다.

    (보기)   hotel [houtel] 호텔   pulp [pʌlp] 펄프

2) 어중의 [l]이 모음 앞에 오거나, 모음이 따르지 않는 비음([m], [n]) 앞에 올 때에는 'ㄹㄹ'로 적는다. 다만, 비음([m], [n]) 뒤의 [l]은 모음 앞에 오더라도 'ㄹ'로 적는다.

    (보기)   slide [slaid] 슬라이드   film [film] 필름
                    helm [helm] 헬름   swoln [swouln] 스월른
                    Hamlet [hæmlit] 햄릿   Henley [henli] 헨리

[제6항] 유음 [l]의 표기법

영어에서는 유음은 탄설음인 [r]과 설측음인 [l]이 별개의 음소로서 구분된다. 그러나 [r]과 [l]은 국어에서는 동일한 음소인 [ㄹ]로 인식되므로, 영어의 [r]과 [l]를 모두 'ㄹ'로 적는다.4) 그런데 영어의 설측음인 [l]은 그것이 실현되는 음운론적인 환경에 따

라서 국어의 'ㄹ'과는 꽤 다르게 발음되므로, 영어의 [l]을 한글로 적는 방법을 제6항에서 별도로 규정하였다.

1) 유음인 [l]이 단어의 끝이나 자음 앞에서 실현될 때는 받침 글자 'ㄹ'로 적는다.

영어의 설측음인 [l]이 단어의 끝이나 자음 앞에서 실현될 때에는 국어에서 받침으로 쓰이는 설측음인 [ㄹ]과 비슷하므로, 영어의 [l]은 받침 글자 'ㄹ'로 적는다.

  (14) ㄱ. [l][#]   : hotel [houtel] 호**텔**
       ㄴ. [l] + 자음 : pulp [pʌlp] **펄**프

(ㄱ)의 'hotel'에서는 단어의 끝에 [l]이 실현되었고, (ㄴ)의 'pulp'에서는 자음의 앞에 [l]이 실현되었다. 이러한 음운론적 환경에서는 영어의 [l]을 받침 글자 'ㄹ'로 적어서 '호텔'과 '펄프'로 적음으로써, 국어의 'ㄹ'을 설측음으로 발음하게 하였다.

2) 어중의 [l]이 모음 앞에 오거나, 모음이 따르지 않는 비음([m], [n]) 앞에 올 때에는 'ㄹㄹ'로 적는다.

단어의 가운데에 실현된 [l]이 모음 앞에 오거나 모음이 따르지 않는 비음 앞에 올 때에, 이 [l]을 'ㄹ'로만 적는다면 국어에서는 탄설음인 [ɾ] 소리로 발음된다. 따라서 이렇게 [l]이 국어에서 탄설음으로 바뀌는 현상을 막고 영어에서 발음되는 원래의 [l] 소리로 발음하기 위하여, 'ㄹ'를 겹쳐서 'ㄹㄹ'로 적는다.

  (15) ㄱ. [l] + 모음 : slide [slaid] **슬라**이드
       ㄴ. [l] + 비음[#] : film [film] **필름**, helm [helm] **헬름**, swoln [swouln] 스**월른**

(ㄱ)의 'slide'에서는 [l]이 모음 [ai] 앞에 실현되었고, (ㄴ)의 'film, helm, swoln'에서는 [l]이 모음이 뒤따르지 않는 비음 [m]과 [n] 앞에서 실현되었다. 이러한 음운론적 환경에서는

---

4) 국어에서는 [ㄹ]은 하나의 음소로서 모음 앞에서는 탄설음인 [ɾ]로 발음되며, 단어의 끝이나 자음 앞에서 음절의 끝소리로 실현되면 설측음인 [l]로 발음된다. 반면에 영어에서는 탄설음인 [ɾ]과 설측음인 [l]이 별개의 음소로 인식되고, 이들 소리에 대응되는 글자도 'r'과 'l'로 구분되어 있다.

[l]을 '근근'로 적어야 국어에서 탄설음인 [ɾ]이 아닌 설측음 [l]로 발음할 수 있다.

다만, [m], [n]의 뒤에 실현되는 [l]은, 모음의 앞에 실현되더라도 'ㄹ'로 적는다.

그런데 어중의 [l]이 모음 앞에서 실현되더라도, 비음인 [m]과 [n]의 뒤에서 실현될 때에는 '근근'로 적지 않고 'ㄹ'로만 적는다.

(16) Hamlet [hæmlit] 햄릿, Henley [henli] 헨리

(16)에서 'Hamlet'과 'Henley'에서는 [l]이 모음 앞에 실현되었지만, 각각 비음인 [m]과 [n] 의 뒤에 실현되었다. 그런데 현행 한글의 표기 방법으로는 음절의 첫소리 자리에서 '근근'의 겹자음을 함께 표기할 수 없기 때문에 'ㄹ'만으로 표기하는 것이다.

제7항 장모음

장모음의 장음은 따로 표기하지 않는다.

(보기)　　　team [ti：m] 팀　　　　　　route [ru：t] 루트

[제7항] 장모음의 표기법

현대 국어에서는 영어와 마찬가지로 '소리의 길이'에 따라서 단어의 뜻이 분화될 수 있지만5), <한글 맞춤법>에서는 소리의 길이를 표기하지 않는다. 이에 따라서 영어의 외래어에서 나타나는 장모음의 긴 소리도 한글로 표기할 때에는 따로 표기하지 않는다.6)

---

5) 예를 들어서 국어의 <표준 발음>에서는 '[눈] [目]-[눈：] [雪]', '[말] [馬]-[말：] [言]', '[밤] [夜]-[밤：] [栗]', '[벌] [罰]-[벌：] [蜂]' 등과 같이 '소리의 길이'가 단어의 뜻을 분화할 수 있다.
6) 현대 국어의 문자 체계에서 장모음을 표기하는 별도의 방법이 없으므로, 만일 영어의 장모음을 한글로 표기하려면 별도의 부호를 마련해야 한다. 그러나 그렇게 되면 '외래어는 국어의 현용 24자모만으로 적는다.'라고 하는 <외래어 표기법>의 제1장 제1항의 규정을 어기게 된다. 그리고 새로운 부호를 만들지 않고 같은 모음 글자를 두 번 적어서 외래어 장모음을 표기할 수도 있지만, 이러한 방법 또한 독립된 두 음절로 인식되어서 하나의 장모음을 표기하는 방법으로 적절하지 않다. 그리고 영어는 단어의 둘째 음절 이하에서도 장모음이 실현되지만 국어의 장모음은 둘째 음절 이하에서는 지켜지지 않기 때문에 외래어에서 장모음을 표기하는

> **제8항** 중모음([ai], [au], [ei], [ɔi], [ou], [auə])
>
> 중모음은 각 단모음의 음가를 살려서 적되, [ou]는 '오'로, [auə]는 '아워'로 적는다.
>
> | (보기) | | |
> | --- | --- | --- |
> | | time [taim] **타임** | house [haus] **하우스** |
> | | skate [skeit] **스케이트** | oil [ɔil] **오일** |
> | | boat [bout] **보트** | tower [tauə] **타워** |

[제8항] 이중 모음 [ai], [au], [ei], [ɔi], [ou], [auə]의 표기법

<표준 발음법>의 제5항에 따르면 현대 국어에 쓰이는 [ㅖ, ㅒ, ㅕ, ㅑ, ㅠ, ㅛ ; ㅞ, ㅙ, ㅝ, ㅘ, ㅟ, ㅚ ; ㅢ]는 모두 상향식 이중 모음이다. 그런데 영어에 나타나는 [ai], [au], [ei], [ɔi]는 하향식 이중 모음이므로, 이들 이중 모음을 정확하게 현대 한글로 표기할 방법이 없다.[7] 따라서 영어의 이중 모음인 [ai], [au], [ei], [ɔi]을 적을 때는, 단모음을 나타내는 한글을 겹쳐서 사용하여 '아이, 아우, 에이, 오이' 등으로 적는다.[8]

   (17) time [taim] **타임**, house [haus] **하우스**, skate [skeit] **스케이트**, oil [ɔil] **오일**

(17)에서 'time'의 [ai]는 '아이'로, 'house'의 [au]는 '아우'로, 'skate'의 [ei]는 '에이'로, 'oil'의 [ɔi]는 '오이'로 적는다.

   그런데 영어의 이중 모음인 [ou]와 [auə]에서 [u]는 일종의 과도음으로서, 이중 모음의 일부라기보다는 앞의 [o]와 [a]의 장음을 표시하는 발음에 가깝다. 따라서 [ou]와 [auə]에서 [u]의 발음을 한글로 표기하지 않고, [ou]는 '오'로 [auə]는 '아워'로 적는다.

   (18) boat [bout] **보트**, tower [tauə] **타워**

   것이 국어의 음운 체계에 맞지 않을 수도 있다. 이와 같은 여러 가지 문제점 때문에 영어를 비롯한 모든 외래어의 장모음을 표기하지 않는다.

7) '이중 모음'은 음절의 주모음(主母音)과 음절의 부모음(副母音)이 결합하는 선후 관계에 따라서 '상향적 이중 모음'과 '하향적 이중 모음'으로 나누어진다. 곧, 부모음인 반모음이 주모음인 단모음 앞에 있는 '상향적 이중 모음(上向的 二重母音, rising diphthong)'과 반대로 반모음이 단모음의 뒤에 실현되는 '하향적 이중 모음(下向的 二重母音, falling diphthong)'으로 구분된다. '이중 모음'에 대하여는 이 책 91쪽 이하의 내용을 참조

8) 이렇게 표기하면 영어에서 하나의 음절을 구성하는 이중 모음 [ai], [au], [ei], [ɔi]를 국어에서는 '아이, 아우, 에이, 오이'와 같이 두 음절의 글자로 나누어서 적게 되는 셈이다.

(18)에서 'boat'의 [ou]는 '오우'로 적지 않고 '오'로 적으며, 'tower'의 [auə]는 '아우어' 대신에 '아워'로 적는다.

제9항 반모음([w], [j])

1) [w]는 뒤따르는 모음에 따라 [wə], [wɔ], [wou]는 '워', [wɑ]는 '와', [wæ]는 '왜', [we]는 '웨', [wi]는 '위', [wu]는 '우'로 적는다.

> (보기)　　word [wə : d] 워드　　　　want [wɔnt] 원트
> 　　　　　woe [wou] 워　　　　　　wander [wɑndə] 완더
> 　　　　　wag [wæg] 왜그　　　　　west [west] 웨스트
> 　　　　　witch [wiʧ] 위치　　　　wool [wul] 울

2) 자음 뒤에 [w]가 올 때에는 두 음절로 갈라 적되, [gw], [hw], [kw]는 한 음절로 붙여 적는다.

> (보기)　　swing [swiŋ] 스윙　　　　twist [twist] 트위스트
> 　　　　　penguin [peŋgwin] 펭귄　whistle [hwisl] 휘슬
> 　　　　　quarter [kwɔ : tə] 쿼터

3) 반모음 [j]는 뒤따르는 모음과 합쳐 '야', '얘', '여', '예', '요', '유', '이'로 적는다. 다만, [d], [l], [n] 다음에 [jə]가 올 때에는 각각 '디어', '리어', '니어'로 적는다.

> (보기)　　yard [jɑ : d] 야드　　　　yank [jæŋk] 얭크
> 　　　　　yearn [jə : n] 연　　　　　yellow [jelou] 옐로
> 　　　　　yawn [jɔ : n] 욘　　　　　you [ju :] 유
> 　　　　　year [jiə] 이어　　　　　Indian [indjən] 인디언
> 　　　　　battalion [bətæljən] 버탤리언　union [ju : njən] 유니언

[제9항] 반모음인 [w], [j]의 표기법

영어와 국어에는 반모음 [w]와 [j]가 있는데, 이들 반모음이 결합하여서 된 이중 모음을 각각 '우'계 이중 모음과 'ㅣ'계 이중 모음이라고 한다.9) 제9항의 내용은 영어 외

래어의 반모음을 국어로 적는 방법을 제시한 것이다.

1) 음절의 첫소리로 실현되는 반모음 [w]를 적는 방법

영어의 반모음인 [w]는 뒤따르는 모음에 따라 [wə], [wɔ], [wou]는 '워', [wɑ]는 '와', [wæ]는 '왜', [we]는 '웨', [wi]는 '위', [wu]는 '우'로 적는다.

> (19) ㄱ. word [wə : d] 워드, want [wɔnt] 원트, woe [wou] 워
>> ㄴ. wander [wɑndə] 완더
>> ㄷ. wag [wæg] 왜그
>> ㄹ. west [west] 웨스트
>> ㅁ. witch [wiʧ] 위치
>> ㅂ. wool [wul] 울

(ㄱ)의 'word, want, woe'처럼 [w]의 뒤에 각각 [ə], [ɔ], [ou]가 실현되어서 [wə], [wɔ], [wou] 의 이중 모음이 될 때에는 '워'로 적는다. 영어의 반모음 [w]와 [ə]가 결합한 [wə]는 국 어에서 이중 모음 글자인 '워'로 자연스럽게 대응되지만, 영어의 [wɔ], [wou]에 대응되 는 국어의 이중 모음 글자가 존재하지 않는다. 따라서 영어의 이중 모음인 [wə], [wɔ], [wou]는 국어에서는 모두 '워'로 적는다.[10) 이들 이중 모음 중에서 [ou]의 [u]는 일종의 과도음으로서 장음 표시에 가깝기 때문에 별도의 한글 표기를 하지 않는다. 그리고 (ㄴ)의 wander에서 [wɑ]는 '와'로, (ㄷ)의 'wag'에서 [wæ]는 '왜'로, (ㄹ)의 'west'에서 [we] 는 '웨'로, (ㅁ)의 'witch'에서 [wi]는 '위'로 적는다. 끝으로 (ㅂ)에서 'wool'의 [wu]에 대 응되는 국어의 이중 모음이 없으므로 단모음 글자인 '우'로 적는다.

2) 자음 뒤에 실현되는 반모음 [w]를 적는 방법

영어의 음절 구조로는 'spring[spriŋ]'처럼 음절의 첫소리 자리에 겹자음이 올 수 있 지만, 국어에서는 음절의 첫소리 자리에 겹자음이 올 수 없다. 따라서 한국인들은 영 어에서 실현되는 어두의 겹자음은 자음의 끝에 '으'를 붙여서 '스프링'으로 인식하게 된다. 소리를 인식하는 이러한 차이에 따라서 영어에서 자음 뒤에 반자음(반모음)인

---

9) 이중 모음의 유형에 대하여는 <표준 발음법> 제5항(이 책 60쪽 이하)의 내용을 참조
10) [ɔ], [ou]는 '표 1'의 '국제 음성 기호와 한글 표기법'에 따르면 모두 '오'로 적어야 한다.

[w]가 이어지는 소리는, 국어에서는 앞 자음은 앞 음절의 첫소리로 인식하고 [w]는 뒤 음절을 구성하는 소리(반자음, 반모음)로 인식한다. 따라서 영어에서 자음 뒤에 반모음 [w]가 실현되면, 국어에서는 앞의 자음과 [w]를 두 음절에 나누어서 적는다.

    (20) swing [swiŋ] 스윙/*쉥, twist [twist] 트위스트/*튀스트

(20)에서 'swing'의 [sw]를 [s]와 [w]로 구분하여 [s]는 앞 음절에서 '스'로 표기하고 [w]는 뒤 음절에서 모음 [i]와 결합하여서 이중 모음인 '위'로 적는다. 마찬가지로 'twist'의 [tw]는 [t]와 [w]로 구분하여 [t]는 앞 음절에 '트'로 표기하고, [w]는 뒤 음절에서 [i]와 결합하여 '위'로 적는다.11)

    다만, [gw], [hw], [kw]는 자음 뒤에 [w]가 실현되었지만, 예외적으로 한 음절로 붙여 적는다.

        (21) ㄱ. penguin [peŋgwin] 펭귄/*펭그윈
              ㄴ. whistle [hwisl] 휘슬/*흐위슬
              ㄷ. quarter [kwɔːtə] 쿼터/*크워터

'penguin, whistle, quarter'는 각각 '펭귄, 휘슬, 쿼터'로 적으면 영어의 원 발음과 음절 수가 같다. 반면에 이들 단어를 *펭그윈, *흐위슬, *크워터'로 적으면 영어의 발음에 비해서 한 음절이 늘어나서 음절의 수가 달라진다. 따라서 제9항의 2)에서는 영어의 원 발음과 외래어 표기의 음절 수를 맞추기 위하여, [gw], [hw], [kw]는 예외적으로 한 음절로 붙여서 적는다.

3) 반모음 [j]를 적는 방법

    반모음인 [j]가 뒤의 단모음과 합쳐져서 상향식 이중 모음을 형성하는 방법이 영어와 국어와 거의 같다. 따라서 영어의 반모음 [j]와 그에 뒤따르는 단모음인 [ɑ, æ, ə, e, ɔ, u, i]가 합쳐서 형성된 상향식 이중 모음인 [jɑ, jæ, jə, je, jɔ, ju, ji]는 각각 '야', '애',

---

11) (20)에서 'swing'의 [sw]와 'twist'의 [tw]를 국어에서 하나의 음절로 적으면, 각각 '쉥'과 '튀스트'로 적어야 한다. 그러나 이렇게 한 음절로 모아서 적으면, 한국인들은 이들 외래어의 어형이 영어의 원 발음과 다른 것으로 인식하게 된다.

'여', '예', '요', '유', '이'로 적는다.

(22) yard [jɑ : d] 야드, yank [jæŋk] 얭크, yearn [jə : n] 연, yellow [jelou] 옐로, yawn [jɔ : n] 욘, you [ju :] 유, year [jiə] 이어

(22)에서 'yard'의 [jɑ]는 '야'로, 'yank'의 [jæ]는 '얘'로, 'yearn'의 [jə]는 '여'로, 'yellow'의 [je]는 '예'로, 'yawn'의 [jɔ]는 '요'로, 'you'의 [ju]는 '유'로, 'year'의 [ji]는 '이'로 적었다.

다만, 예외적으로 [d], [l], [n] 다음에 [jə]가 올 때에는 각각 '디어', '리어', '니어'로 적는다. 곧 [djə], [ljə], [njə]를 (22)에서처럼 각각 '뎌', '려', '녀'로 적으면 영어의 본디 발음에 비해서 음절의 길이가 짧게 발음되므로, 영어의 본디 발음을 고려하여 [djə], [ljə], [njə]를 '디어', '리어', '니어'와 같이 두 음절로 적는다.

(23) ㄱ. Indian [indjən] 인디언/*인뎐
ㄴ. battalion [bətæljən] 버탤리언/*버탤련
ㄷ. union [ju : njən] 유니언/*유년

(ㄱ)에서 'Indian'의 [djə]는 '디어'로, (ㄴ)에서 'battalion'의 [ljə]은 '리어'로, (ㄷ)에서 'union'의 [njə]는 '니어'로 적었다.

제10항 복합어

1) 따로 설 수 있는 말의 합성으로 이루어진 복합어는 그것을 구성하고 있는 말이 단독으로 쓰일 때의 표기대로 적는다.

(보기)   headlight [hedlait] 헤드라이트   touchwood [tʌʃwud] 터치우드
sit-in [sitin] 싯인   bookmaker [bukmeikə] 북메이커
flashgun [flæʃgʌn] 플래시건   topknot [tɔpnɔt] 톱놋

2) 원어에서 띄어 쓴 말은 띄어 쓴 대로 한글 표기를 하되, 붙여 쓸 수도 있다.

(보기)   Los Alamos [lɔs æləmous] 로스 앨러모스/로스앨러모스
top class [tɔpklæs] 톱 클래스/톱클래스

[제10항] 합성어의 표기법

제10항에서는 독립적으로 쓰이는 단어(어근)들이 모여서 이루어진 영어의 합성어에 대한 표기를 규정했다.

1) 합성어는 그것을 구성하는 어근이 단독으로 쓰일 때의 표기대로 적는다.

어근과 어근이 결합하여 이루어진 영어의 합성어는 그 어근의 형태 그대로 한글로 표기한다는 규정이다. 이는 어근과 어근이 결합하는 과정에서 어근의 형태가 바뀌는 경우가 있더라도, 어근의 본디 형태를 유지하여서 합성어에 대한 짜임새를 이해하기 쉽도록 하는 것이다.

(22) ㄱ. headlight [**hedl**ait] 헤드라이트

ㄴ. touchwood [tʌʧwud] 터치우드

ㄷ. flashgun [**flæʃ**gʌn] 플래시건

(23) ㄱ. sit-in [sitin] 싯인 / *시틴

ㄴ. bookmaker [bukmeikə] 북메이커 / *부크메이커

ㄷ. topknot [tɔpnɔt] 톱놋 / *토프놋

(22)에서 (ㄱ)의 'headlight'는 각각 어근인 'head'와 'light'가 결합되었는데, 외래어의 표기에도 어근의 형태 그대로 '헤드'와 '라이트'를 결합하여 '헤드라이트'로 표기한다. (ㄴ)의 'touchwood'와 (ㄷ)의 'flashgun'도 마찬가지로 어근 형태 그대로 적는다. (22)에서 제시된 합성어는 모두 어근과 어근이 결합하는 과정에서 형태의 변화가 없기 때문에, 영어의 합성어를 외래어로 표기하는 데에 별다른 문제가 없다.[12]

그런데 일부 영어의 합성어는 외래어로 적는 과정에서 어근 표기의 형태와 달라지는 경우가 있다. 곧 (23)에서 (ㄱ)의 'sit-in [sitin]'은 '싯인'에서 '*시틴'으로, (ㄴ)의 'bookmaker [bukmeikə]'는 '북메이커'에서 '*부크메이커'로, (ㄷ)의 'topknot [tɔpnɔt]'은 '톱놋'에서 '*토프놋'으로 표기 형태가 바뀐다. 이러한 경우에는 비록 영어 합성어의 형태와는 달라지더라도, 어근이 단독으로 쓰인 외래어 표기 형태를 그대로 유지하여서 각각 '싯인,

---

12) 'sit, book, top'은 단독으로 쓰이면 '싯, 북, 톱'의 형태로 표기된다.(<외래어 표기법> 제3장 제1절 제1항 1)의 내용을 참조)

북메이커, 톱놋'으로 적도록 하였다.[13]

2) 원어에서 띄어 쓴 말은 띄어 쓴 대로 한글로 표기하되, 붙여 쓸 수도 있다.

2)의 규정은 영어에서 이미 띄어 쓰고 있는 말을 외래어로 표기할 때에는, 원어의 형태를 고려하여 띄어 쓴다. 다만, 영어가 국어에 들어와서 마치 하나의 복합어처럼 인식되어서 쓰이는 말들은, 비록 원어에서는 띄어 쓰지만 국어에서는 붙여 쓸 수도 있게 하였다.

(23) ㄱ. Los Alamos [lɔs æləmous] 로스 앨러모스/로스앨러모스
　　　ㄴ. top class [tɔpklæs] 톱 클래스/톱클래스

(ㄱ)의 'Los Alamos'와 'top class'는 영어의 원어에서는 띄어서 적는다. 이들 단어를 국어에서 외래어로 적을 때에는 '로스 앨러모스'와 '톱 클래스'처럼 띄어서 적는 것을 원칙으로 한다. 그렇지만 '로스앨러모스'와 '톱클래스'처럼 앞 어근과 뒤 어근을 붙여 쓸 수도 있게 하였다. 이는 이들 외래어가 영어에서는 분명히 두 개의 단어로 인식되지만, 국어에서는 하나의 단어로 인식되는 경향이 강하기 때문이다. 두 언어에서 나타나는 이러한 인식의 차이를 반영하여서, 영어 원어에서 띄어 쓴 말은 띄어 쓴 대로 한글로 표기하되 붙여 쓸 수 있도록 허용하였다.

---

13) 이는 단독으로 쓰일 수 있는 어근의 외래어 표기에 한정되며, 단독으로 쓰일 수 없는 접사에 의한 파생어는 이 규정의 적용을 받지 않는다.

제4장 인명, 지명 표기의 원칙

제1절 표기 원칙

> **제1항** 외국의 인명, 지명의 표기는 제1장, 제2장, 제3장의 규정을 따르는 것을 원칙으로 한다.

[제1항] 인명과 지명 표기의 원칙

외국의 인명(人名)이나 지명(地名)도 외래어이기 때문에, 원칙적으로 다른 외래어처럼 제1장의 '표기의 기본 원칙', 제2장의 '표기 일람표', 제3장의 '표기 세칙'에 따른다. 다만, 인명과 지명은 고유 명사이므로, 외래어의 고유 명사에 나타나는 여러 가지 특성을 표기에 어떻게 반영하는가를 규정한 것이 제4장의 내용이다.

> **제2항** 제3장에 포함되어 있지 않은 언어권의 인명, 지명은 원지음을 따르는 것을 원칙으로 한다.
>
> (보기)　　Ankara 앙카라　　　　　　Gandhi 간디

[제2항] 외래어 표기법에 되지 않은 언어권의 인명과 지명의 표기법

외래어의 '표기 세칙'에 표기 방법이 제시되어 있지 않은 언어권의 인명과 지명은 그 지역에서 실제로 쓰이는 인명과 지명의 발음을 반영하여서 적어야 한다.

　(1)　ㄱ. Ankara 앙카라 / *앵커러
　　　　ㄴ. Gandhi 간디 / *갠디

튀르키예(터키)의 지명인 'Ankara'는 영어식 발음으로는 [ǽŋkərə]인데 이를 '표 1'의

'국제 음성 기호와 한글 대조표'에 따라 적으면 '앵커러'로 적어야 한다. 하지만 제2항에 따라서 'Ankara'를 현지어에 따라서 '앙카라'로 적는다. 그리고 'Gandhi'는 간디[gá:ndi], 갠드히[gǽndi], 갠디[gǽndi], 간드히[gá:ndhi] 등으로 적을 가능성이 있다. 그러나 인도의 현지에서는 [gá:ndi]로 발음하고 있으므로 원지음에 따라서 '간디'로 적는다.14)

제3항 원지음이 아닌 제3국의 발음으로 통용되고 있는 것은 관용을 따른다.

　(보기)　　Hague 헤이그　　　　　Caesar 시저

[제3항] 원지음이 아닌 발음으로 통용되고 있는 인명과 지명의 표기

　인명과 지명을 표기할 때에는 원지음을 따른 것이 원칙이지만, 특정한 인명과 지명이 이미 제3국의 발음으로 널리 통용되고 있을 때에는 그 관용적인 표기를 인정한다.

　(2)　ㄱ. Hague 헤이그/*덴 하흐(*덴 하그)
　　　　ㄴ. Caesar 시저/*카이사르

네덜란드의 지명인 'Hague'는 현지에서는 'Den Haag(덴 하흐/덴 하그)'로 부르는데, 이를 영어식 발음인 'Hague[héig]'를 '표 1'에 따라서 한글로 표기한 것이 '헤이그'이다. 그런데 원지음인 '덴 하흐'보다 영어식 발음인 '헤이그'가 국제적으로 더 널리 통용됨에 따라서 예외적으로 관용에 따라서 '헤이그'로 적는다. 그리고 'Caesar'는 로마 시대의 통치자인 'Julius Caesar'의 성(姓)인데, 원지음인 라틴어로는 '카이사르'로 적는다. 반면에 'Caesar'를 영어식으로 발음하면 [síːzər]가 되는데, 이를 '표 1'에 따라서 한글로 적으면 '시저'가 된다. 그런데 국제적으로는 원지음인 '카이사르'보다는 영어식의 발음인 '시저'가 더 통용되고 있으므로, 관용에 따라서 '시저'로 적는 것이다.

제4항 고유 명사의 번역명이 통용되는 경우 관용을 따른다.

　(보기)　　Pacific Ocean 태평양　　　　Black Sea 흑해

---

14) 다만, 원래 지명의 발음을 알기 어려울 때에는 영어나 프랑스어와 같은 매개 언어의 발음에 따라서 표기할 수도 있다.

[제4항] 고유 명사의 번역명에 대한 표기법

고유 명사의 의미를 국어로 번역한 이름이 이미 국어에서 통용되는 경우에는, 고유 명사의 발음을 한글로 표기하는 것이 아니라 관용에 따라서 번역명으로 표기한다.

⑶ Pacific Ocean 태평양, Atlantic Ocean 대서양, Black Sea 흑해, Red Sea 홍해

⑶에서 'Pacific Ocean'과 'Black Sea'는 원지명의 발음과는 관계 없이, 국어에서는 예전 부터 번역명인 '태평양(太平洋)[15]'과 '흑해(黑海)[16]'를 통용하고 있다. 이처럼 이미 번역 명으로 굳어서 쓰이는 외래어의 고유 명사는 번역명으로 적는다.

제2절 동양의 인명, 지명 표기

여기서 '동양'이라고 하는 말은 중국과 일본을 가리킨다. 이들 나라는 오랜 기간 동 안 우리나라와 정치, 경제, 문화적으로 밀접한 관계를 맺어 왔기 때문에, 중국과 일본 에서 쓰이는 인명, 지명의 표기법에 대한 원칙을 별도로 정하였다.

그런데 오랜 옛적부터 중국이나 일본의 인명과 지명은 우리나라의 한자음으로 읽 어 왔다. 예전에 교통이나 통신의 발달이 어려웠던 시절에 중국이나 일본의 현지 발 음을 알 수 없었기 때문에, 불가피하게 인명이나 지명의 고유 명사까지도 우리나라의 한자음으로 적을 수밖에 없었다. 그러나 현대의 <외래어 표기법>에서는 중국과 일본 의 인명과 지명을 고유 명사로 간주하여, 다른 외국의 고유 명사와 마찬가지로 기본 적으로 원지음을 존중하는 태도를 취한다.[17] 이러한 점에서 <외래어 표기법>에서는

---

15) 'Pacific Ocean'은 '평온한 바다'를 한자어로 번역하여 '태평양(太平洋)'이라고 부른다. 원래 'Pacific'은 '평온하다'의 뜻으로 쓰이는 형용사인데, 이 말은 포르투갈 태생의 스페인 항해사 인 마젤란(Magellan, 1480?~1521)이 세계 일주를 하는 도중에 태평양에 이르러 '바다가 고요하 다'라고 한 말에서 유래된 지명이다.

16) 15~16세기에 오스만투르크가 흑해 연안 지역을 정복하고 그 지역이 투르크의 바다가 되었을 때, '광막한 바다에서 이따금 때아닌 폭풍이나 짙은 안개로 위험에 휩싸이게 되는 바다'라는 뜻으로 'Black Sea(흑해)'라고 부르게 되었다.

17) 실제로 예전에는 중국인의 인명인 '毛澤東'을 '마오쩌둥'으로 적지 않고 '모택동'으로 적거나, 일본의 지명인 '東京'을 '도쿄'로 적지 않고 '동경'으로 적는 경우가 많았다. 그러나 해당 국 가 사람들은 이러한 한국 한자음 표기를 전혀 이해하지 못하는 문제가 있다.

중국이나 일본의 인명과 지명을 국어의 한자음으로 표기해 온 표기 전통도 고려하고, 인명과 지명을 원지음으로 표기하기를 원하는 현실적인 요구도 수용하는 절충적인 태도를 취한다.

> **제1항** 중국 인명은 과거인과 현대인을 구분하여[18] 과거인은 종전의 한자음대로 표기하고, 현대인은 원칙적으로 중국어 표기법에 따라 표기하되, 필요한 경우 한자를 병기한다.

[제1항] 중국 인명의 표기법

중국의 옛 인명은 고전의 서적을 통하여 국어의 한자음으로 기록되어서 우리의 생활 속에서 통용되고 있다. 따라서 표기의 역사성을 고려하여서 중국의 옛 사람의 인명은 우리나라의 한자음으로 적기로 하였다.

> (1) ㄱ. 공자(孔子), 항우(項羽), 한신(韓信), 유비(劉備), 소동파(蘇東坡)
>   ㄴ. 장쩌민(江澤民)/*강택민, 후진타오(胡錦濤)/*호금도, 시진핑(習近平)/*습근평

예를 들어서 (ㄱ)의 '孔子, 項羽, 韓信, 劉備'의 옛 인명은 우리나라의 한자음으로 적어서 '공자, 항우, 한신, 유비'처럼 표기한다. 반면에 (ㄴ)의 인물들은 신해혁명(辛亥革命, 1911년)의 이후에 존재하는 현대인의 이름이므로, 중국어 표기법에 따라서 적되 필요한 경우에는 한자를 병기한다.[19]

> **제2항** 중국의 역사 지명으로서 현재 쓰이지 않는 것은 우리 한자음대로 하고, 현재 지명과 동일한 것은 중국어 표기법에 따라 표기하되, 필요한 경우 한자를 병기한다.

---

18) 현대인과 과거인은 1911년에 발생한 중국의 신해혁명(辛亥革命)을 분기점으로 구분한다.
19) 다만, 현대인이라고 할지라도 우리나라의 한자음으로 읽는 관행이 있는 인명에 대해서는 '장개석(蔣介石)', '모택동(毛澤東)'과 같은 표기를 관용으로 허용할 수 있을 것이다. 이것은 지명의 경우 '상해(上海)', '황하(黃河)'를 허용하는 정신과도 통한다.(『국어 어문 규정집』(2012:376)의 내용 참조)

[제2항] 중국 지명의 표기법

제2항의 취지는 제1항의 인명의 경우와 동일하다. 중국의 옛 지명 가운데에서 현재 쓰이지 않는 지명은 고전(古典)을 통하여 우리 한자음으로 이미 굳어졌다. 그리고 이들 지명은 현대 중국에서는 사용되지 않으므로 현대 중국의 원지음 발음으로 표기하는 것이 별의미가 없다. 따라서 이러한 옛 지명은 우리 한자음으로 표기한다.

  (2) ㄱ. 北平(북평), 三巴(삼파), 大山(대산), 回溪(회계)[20]
    ㄴ. 상하이(上海), 베이징(北京), 톈진(天津), 칭타오(靑島), 난징(南京)

(ㄱ)의 '北平, 三巴, 大山, 回溪' 등의 옛 지명은 현대 중국에서는 쓰이지 않는데, 이들 지명은 국어의 한자음으로 '북평, 삼파, 대산, 회계' 등으로 표기한다. 이에 반해서 (ㄴ)의 '상하이, 베이징, 톈진, 칭타오, 난징' 등은 현대에도 중국에서 지명으로 쓰이고 있으므로, '표 5'에 제시된 중국어 표기법에 따라서 적는다.

> **제3항** 일본의 인명과 지명은 과거와 현대의 구분 없이 일본어 표기법에 따라 표기하는 것을 원칙으로 하되, 필요한 경우 한자를 병기한다.

[제3항] 일본의 인명과 지명의 표기법

일본의 인명과 지명은 과거와 현대를 구분하지 않고 '표 4'의 일본어 표기법에 따라서 적는 것을 원칙으로 한다. 중국의 인명과 지명은 예전부터 고전을 통하여 우리나라 사람에게 우리 한자음 적혀서 통용되는 전통이 있었다. 반면에 일본의 인명과 지명은 이러한 전통이 거의 없었고, 우리 한자음으로 적는 경우가 있다고 해도 그 수가 극히 적었다. 따라서 일본의 인명과 지명은 과거와 현대를 구분하지 않고 일본어의 표기법에 따라서 적는다.

  (3) ㄱ. 도요토미 히데요시(豊臣秀吉), 도쿠가와 이에야스(德川家康), 이토 히로부미
     (伊藤博文)

---

20) 중국 고대 지명은 '中華博物(http://www.gg-art.com/dictionary)'의 '中國古代地名大詞典(중국고대지명대사전)'의 내용을 참조했다.

ㄴ. 히로히토(裕仁), 스즈키 이치로(鈴木一朗), 요시모토 하지메(吉本一), 고이즈미
준이치로(小泉純一郎)

(3)에서 (ㄱ)의 '도요토미 히데요시, 도쿠가와 이에야스, 이토 히로부미' 등은 옛날 사
람의 이름이며, (ㄴ)의 '히로히토, 스즈키 이치로, 요시모토 하지메, 고이즈미 준이치
로' 등은 현대인의 이름이다. 이들은 과거인과 현대인을 가리지 않고 모두 일본어의
발음대로 적었으며, 필요한 경우에는 한자를 병기하여 혼동을 피할 수 있게 하였다.

제4항 중국 및 일본의 지명 가운데 한국 한자음으로 읽는 관용이 있는 것은 이를
허용한다.

(보기)　東京 도쿄, 동경　　　　京都 교토, 경도
　　　　　上海 상하이, 상해　　　臺灣 타이완, 대만
　　　　　黃河 황허, 황하

[제4항] 지명 중에서 한국 한자음으로 읽는 관용이 있는 것의 표기법

제4항은 중국과 일본의 지명 중에서 관용적으로 한국 한자음으로 사용해 오던 것
에 한해서, 한국 한자음으로 표기하는 것을 허용하는 규정이다. 이러한 처리는 중국
이나 일본의 지명을 한자로 표기해 온 전통도 고려하고, 지명을 원지음으로 표기하기
를 원하는 현실적인 요구도 수용하는 절충적인 태도를 취한 것이다. 제4항의 규정에
따라서 '東京(동경)'과 '臺灣(대만)'은 원지음인 '도쿄', '타이완'으로 적는 것뿐만 아니
라 한국 한자음인 '동경', '대만'으로 적는 것도 허용한다.

제3절 바다, 섬, 강, 산 등의 표기 세칙

제1항 바다는 '해(海)'로 통일한다.

(보기)　홍해, 발트해, 아라비아해

[제1항] '바다'의 표기법

외래어를 표기할 때에 '바다'는 한자말인 '해(海)'로 통일해서 적고, 그 앞 말이 한자어일 때와 외래어일 때를 구분하지 않고 모두 앞 말에 붙여서 적는다.

(4) ㄱ. 홍**해**, 흑**해**, 북극**해**, 남극**해**
　　ㄴ. 발트**해**, 아라비아**해**, 카스피**해**, 아랄**해**

(4)의 '바다'에 관련된 외래어 지명은 모두 '해(海)'로 통일해서 적는다. (ㄱ)의 '홍해, 흑해, 북극해, 남극해' 등에서는 '해'가 우리말 한자어 지명 다음에 실현되었고, (ㄴ)의 '발트해, 아라비아해, 카스피해, 아랄해' 등에서는 외래어로 된 지명에 '해'가 붙었다. 이러한 차이에도 불구하고 '해'는 모두 앞 말에 붙여서 적는다.21)

제2항 우리나라를 제외하고 섬은 모두 '섬'으로 통일한다.

（보기）　　타이완**섬**, 코르시카**섬** (우리나라 : 제주도, 울릉도)

[제2항] '섬'의 표기법

외국의 섬(島)에 붙이는 이름은 모두 '섬'으로 통일하여 적고, 그 앞 말이 한자어일 때와 외래어일 때를 구분하지 않고 모두 앞 말에 붙여서 적는다.

(5) ㄱ. 타이완**섬**, 코르시카**섬**, 포클랜드**섬**
　　ㄴ. 제주**도**, 울릉**도**, 거제**도**

(5)의 '섬'에 관련된 외래어 지명은 모두 '섬'으로 통일해서 적는다. 곧, (ㄱ)의 '타이완섬, 코르시카섬, 포클랜드섬' 등에서는 '섬'으로 적고, (ㄴ)의 '제주도, 울릉도, 거제도' 등에서는 '도'로 적었다.22)

---

21) 예전에는 (4ㄱ)처럼 한자말로 된 지명 뒤에 쓰이는 '해'는 '홍해, 흑해, 북극해, 남극해'처럼 앞 말에 붙여쓰고, (4ㄴ)처럼 외래어로 된 지명 뒤에 쓰이는 '해'는 '발트 해, 아리비아 해, 카스피 해, 아랄 해'처럼 앞 말에 띄어서 적었다. 그러나 2017년 3월에 발표된 <문화체육관광부 고시> 제2017-14호에 따르면, '해, 섬, 강, 산, 산맥' 등은 모두 앞 말에 붙여 적는다.
22) '제주도, 울릉도, 거제도' 등은 우리나라의 지명이므로 외래어 표기법의 대상이 되지 않으므

> **제3항** 한자 사용 지역(일본, 중국)의 지명이 하나의 한자로 되어 있을 경우, '강',
> '산', '호', '섬' 등은 겹쳐 적는다.
>
> | (보기) | 온타케산(御岳) | 주장**강**(珠江) |
> |---|---|---|
> | | 도시마**섬**(利島) | 하야카와**강**(早川) |
> | | 위산**산**(玉山) | |

[제3항] 일본이나 중국의 지명 중에서 한 글자의 한자로 된 지명의 표기법

제3항은 한자를 기준으로 하나의 글자로 된 '산'이나 '강' 등의 이름이 일반적이지
않다는 점을 고려하여서 만든 규정이다.

(6) ㄱ. 위-산-**산**(玉-山-산), 온-타케-**산**(御-岳-산)
ㄴ. 주-장-**강**(珠-江-강), 하야-카와-**강**(早-川-강)
ㄷ. 도-시마-**섬**(利-島-섬), 가미-시마-**섬**(神-島-섬)

'산(山), 타케(岳) ; 장(江), 카와(川) ; 시마(島)' 등은 중국어와 일본어에서 '산, 강, 섬'을
나타내는 단어이므로, (6)의 지명은 원칙적으로 '위산, 온산, 주강, 하야강, 도섬, 가미
섬' 등으로 표기해야 한다. 그런데 (6)의 한자 지명에서 '山, 岳, 江, 川, 島' 앞에 붙은
'玉, 御, 珠, 早, 利, 神'는 1음절의 한자이라는 특징이 있는데, 이처럼 1음절의 한자로
된 지명은 국어에는 잘 쓰이지 않는다. 따라서 (6)에서처럼 '위산, 온타케 ; 주장, 하야
카와 ; 도시마, 히로시마' 뒤에 동일한 뜻을 나타내는 '산, 강, 섬'을 다시 붙여서 '위
산산, 온타케산 ; 주장강, 하야카와강 ; 도시마섬, 가미시마섬' 등으로 적는다.

> **제4항** 지명이 산맥, 산, 강 등의 뜻이 들어 있는 것은 '산맥', '산', '강' 등을 겹쳐 적
> 는다.
>
> | (보기) | Rio Grande 리오그란데**강** | Monte Rosa 몬테로사**산** |
> |---|---|---|
> | | Mont Blanc 몽블랑**산** | Sierra Madre 시에라마드레**산맥** |

로, 제2항의 규정은 "외국의 섬은 모두 '섬'으로 통일하여 표기한다."로 고쳐야 한다.

[제4항] '산맥, 산, 강'의 표기법

제4항은 관용적인 지명 표기에 관련된 규정이다. 곧 외래어의 원어 중에는 그 자체에 '산, 강, 산맥'의 뜻을 나타내는 말이 들어 있는 것이 있는데, 우리나라 사람들이 이들 외래어에 들어 있는 '산, 강, 산맥'의 뜻을 인식하지 못한 채로 사용하는 경우가 있다. 제4항에서는 이러한 말의 관용적인 쓰임을 인정하여서, 이들 지명에 '강, 산, 산맥'을 겹쳐서 적는 것을 인정한다.

(7) ㄱ. Rio Grande 리오그란데**강**
　　ㄴ. Monte Rosa 몬테로사**산**, Mont Blanc 몽블랑**산**
　　ㄷ. Sierra Madre 시에라마드레**산맥**

(ㄱ)의 'Rio Grande'에서 'Rio'는 '강'의 뜻을, (ㄴ)의 'Monte Rosa'와 'Mont Blanc'에서 'Monte'와 'Mont'는 '산'의 뜻을, (ㄷ)의 'Sierra Madre'에서 'Madre'는 '산맥'의 뜻을 나타낸다. 그러나 우리나라 사람들은 이들 외래어에서 '산, 강, 산맥'의 뜻을 인식하지 못하기 때문에, 이들 단어 뒤에 '강, 산, 산맥'을 겹쳐서 적어서 '리오그란데**강**, 몬테로사**산**, 몽블랑**산**, 시에라마드레**산맥**' 등으로 표기해 왔다. 제5항에서는 외래어 지명에서 나타나는 이러한 관용적 표현이 국어에서 이미 굳어진 것으로 인정한 것이다.

〔 부칙 〕

(시행일) 이 규정은 공포한 날부터 시행한다. 다만, 제4장제3절 개정 규정은 2017년 6월 1일부터 시행한다.

문화관광부 고시
제2000-8호
2000. 7. 7.

국어의 로마자 표기법

제1장 표기의 기본 원칙

제1항 국어의 로마자 표기는 국어의 표준 발음법에 따라 적는 것을 원칙으로 한다.

[풀이] 국어를 로마자로 표기하는 방식에는 '전음법'과 '전자법'이 있다.

	표기 대상		로마자	표기법
신라	발음	[실라]	Silla	전음법
	철자	ㅅㅣㄴㄹㅏ	Sinra	전자법
종로	발음	[종노]	Jongno	전음법
	철자	ㅈㅗㅇㄹㅗ	Jongro	전자법

'전음법(轉音法, 전사법, transcription)'은 우리말의 발음을 그대로 로마자로 옮기는 방법이다. 그리고 '전자법(轉字法, transliteration)'은 우리말 표기에 쓰이는 글자, 즉 한글의 철자를 로마자로 적는 방법이다.

(1) ㄱ. 신＋라 → [실라] → Silla(전음법) / Sinra(전자법)
    ㄴ. 종＋로 → [종노] → Jongno(전음법) / Jongro(전자법)

예를 들어 '신라, 종로'라는 단어를 로마자로 적을 때에, 전음법에 따라 발음을 로마자로 옮기면 Silla, Jongno로 옮겨질 것이다. 그러나 반대로 전자법에 따라 철자를 로마자로 옮기면 Sinra, Jongro로 옮겨진다.

전음법은 발음을 로마자로 옮기기 때문에 우리말을 잘 모르는 외국인에게 우리말 발음을 비슷하게 내도록 하는 데에는 효과적이다. 그러나 이 전음법은 우리말을 일단 로마자로 옮기고 난 후에는 원래의 우리말을 복원하기가 어렵다는 단점이 있다. 곧 발음에 따라 Silla, Jongno로 표기되고 나면 이것을 원래의 한글 꼴인 '신라, 종로'로 복원하는 것은 힘든 일이다. 그리고 우리말의 '신라'나 '실라'는 모두 [실라]로만 발음되기 때문에, 한국어로는 분명히 다른 두 단어가 전음법에 따라서 로마자로 적으면 둘 다 Silla로 적힐 수밖에 없는 문제가 있다.[1]

한편 전자법으로 한글을 로마자로 옮기면, 한글의 특정한 글자는 항상 특정한 로마자에 대응되기 때문에 '한글의 로마자 표기'가 체계적으로 이루어진다. 그리고 전음법과는 달리 로마자로 옮겨진 글자를 다시 한글로 복원하기가 쉽다는 장점이 있다. 그러나 한글의 철자를 기준으로 로마자로 적으면, 우리말을 모르는 외국인이 그것을 보고서 정확하게 발음하기는 어렵다. 우리말의 음운 규칙을 모르는 외국인들은 '신라, 종로'를 Sinra, Jongro로 적어 놓으면 [실라], [종노]로 발음하지 못하고 글자의 꼴에 이끌려서 [*신라/*신나], [*종로] 등으로 발음할 가능성이 있다.

결국 전음법이나 전자법에는 각각 장단점이 있는데, 현행의 <국어의 로마자 표기법>에서는 제1항과 같이 '국어의 표준 발음에 따라 적는 것을 원칙으로 한다.'라고 하여 전음법으로 적는다는 것을 원칙으로 삼았다. 외국인들이 우리말의 발음을 정확하게 발음하는 것이 로마자 표기의 가장 큰 목적임을 생각할 때에, 전음법에서 생기는 몇 가지 불편한 점은 감수할 수밖에 없는 것이다.[2]

제2항 로마자 이외의 부호는 되도록 사용하지 않는다.

[풀이] 1984년의 <로마자 표기법>에도 제2항의 규정이 나와 있었으나, 실제로는 반달표(˘)와 어깨점(')을 사용하였기 때문에 엄격하게 지켜진 규정이라고는 할 수 없다.

(2) ㄱ. /ə/ → ŏ
　　ㄴ. /ㅋ/, /ㅌ/, /ㅍ/, /ㅊ/ → k', t', p', ch'

1984년의 로마자 표기법에서는 자음의 경우 거센소리 계열의 소리 [ㅋ, ㅌ, ㅍ, ㅊ]는 k', t', p', ch'와 같이 어깨점을 찍어서 적었고, 단모음 가운데 '어'와 '으'는 ŏ, ŭ처럼 반

---

1) <한글 맞춤법>이 소리 나는 대로만 적는 방식이 아니고, 경우에 따라서는 형태소의 원형을 밝혀 적을 수도 있기 때문에 이러한 문제가 발생한다.
2) 2000년의 '로마자 표기법'에서는 학술적인 용도 등 특수한 상황에서 한글 복원을 전제로 표기할 경우에는 전자법에 따라 할 수 있도록 규정을 마련하였다.

달표를 찍어서 적었기 때문이다.

그런데 타자기나 컴퓨터가 발달하여 글자 생활이 점차 기계로 이루어짐에 따라서 로마자 이외의 부호를 사용하는 데에는 큰 어려움이 있었다. 특히 최근에는 인터넷 환경이 급격하게 확산되고, 앞으로 이러한 추세가 더욱 더 확대될 것이 틀림없는 상황에서, 컴퓨터의 자판에 없는 반달표를 로마자로 적으려면 불편하기 짝이 없었다.[3]

로마자 이외의 부호가 가진 이러한 문제점 때문에 2000년에 개정된 <국어의 로마자 표기법>에서는 a부터 z까지의 로마자 스물여섯 글자 이외의 부호는 가능한 한 쓰지 않는다는 원칙을 세웠다. 이러한 내용은 1984년의 로마자 표기법에도 규정되어 있었으나, 2000년의 로마자 표기법에서는 그 규정을 더욱 강화한 것이다. 이에 따라 거센소리인 [ㅋ, ㅌ, ㅍ, ㅊ]를 적는 때에는 어깨점을 없애고 k, t, p, ch로 적기로 하였고, 단모음인 '어, 으'를 적을 때에는 반달표를 사용하지 않고 로마자 두 글자를 합쳐서 eo와 eu로 적기로 했다.

그러나 2000년에 개정된 '국어의 로마자 표기법'을 적용하여 국어를 로마자로 적을 때에도 부호를 전혀 사용하지 않는 것은 아니다. 부호 가운데 붙임표만은 제한된 조건 하에서 사용할 수도 있다.

(3) ㄱ. 중앙(Jung-ang), 반구대(Ban-gudae), 해운대(Hae-undae)
    ㄴ. 제주도(Jeju-do), 의정부시(Uijeongbu-si)

예를 들어 발음상 혼동의 우려가 있을 때나(보기 : 해운대→Hae-undae), '도, 시, 군, 구, 읍, 면, 리, 동, 가'의 행정 구역 단위 앞에는 붙임표(‐)를 넣는다.(보기 : 제주도→ Jeju-do, 의정부시→Uijeongbu-si)

아무튼 2000년의 로마자 표기법은 '84년의 로마자 표기법에 비해서, 로마자 이외의 부호 사용에 엄격해진 것만은 사실이다.

---

3) 특히 인터넷의 주소를 표기할 때에는 반달표(˘) 나 어깨점(')을 검색창에 입력하기가 매우 어렵다.

제2장 표기 일람

제1항 모음은 다음 각 호와 같이 적는다.

1. 단모음

ㅏ	ㅓ	ㅗ	ㅜ	ㅡ	ㅣ	ㅐ	ㅔ	ㅚ	ㅟ
a	eo	o	u	eu	i	ae	e	oe	wi

2. 이중 모음

ㅑ	ㅕ	ㅛ	ㅠ	ㅒ	ㅖ	ㅘ	ㅙ	ㅝ	ㅞ	ㅢ
ya	yeo	yo	yu	yae	ye	wa	wae	wo	we	ui

[붙임 1] 'ㅢ'는 'ㅣ'로 소리 나더라도 'ui'로 적는다.

   (보기) 광희문 Gwanghuimun

[붙임 2] 장모음의 표기는 따로 하지 않는다.

[제1항] 모음의 로마자 표기법

제1항은 모음의 표기법을 규정하였는데, '단모음의 표기법'과 '이중 모음의 표기법'으로 나누어서 규정하였다.

1. 단모음의 로마자 표기법

단모음은 발음을 할 때에 처음과 끝의 입 모양이 변하지 않는 모음인데, 이들 단모음은 원칙적으로 한 글자의 로마자로 표기한다. 그러나 [ㅓ, ㅡ, ㅐ, ㅚ, ㅟ]는 로마자 한 글자로 대응시키기가 어렵기 때문에 두 글자로 적는다. 곧, [ㅓ]는 'eo'로 적고, [ㅡ]는 'eu'로, 'ㅐ'는 'ae'로, 'ㅚ'는 'oe'로, 'ㅟ'는 'wi'로 적는다.1)

2. 이중 모음의 로마자 표기법

이중 모음은 모음을 발음할 때에 반모음인 [j]와 [w]에 이어서 단모음을 발음하는 모음이다. 이러한 특징을 감안하여 반모음인 [j]를 표기하는 'y'와 [w]를 표기하는 글자인 'w'를 단모음을 적는 로마자를 함께 써서 국어의 이중 모음을 적었다.

(2) ㄱ. ㅑ(ya), ㅕ(yeo), ㅛ(yo), ㅠ(yu), ㅒ(yae), ㅖ(ye)

ㄴ. ㅘ(wa), ㅙ(wae), ㅝ(wo), ㅞ(we)

ㄷ. ㅢ(ui)

(ㄱ)의 'ㅣ'계 이중 모음은 반모음 [j]를 표기하는 로마자 'y'와 단모음을 표기하는 로마자를 함께 적어서, 'ㅑ(ya), ㅕ(yeo), ㅛ(yo), ㅠ(yu), ㅒ(yae), ㅖ(ye)'로 표기한다. (ㄴ)의 'ㅜ'계 이중 모음은 반모음 [w]를 표기하는 로마자 'w'와 단모음을 표기하는 로마자를 함께 적어서, 'ㅘ(wa), ㅙ(wae), ㅝ(wo), ㅞ(we)'로 적는다.[2] (ㄷ)의 'ㅢ'는 [ɨj]의 음성 형태에 가깝게 'ui'로 표기하였다.[3]

[붙임 1] 'ㅢ'는 'ㅣ'로 소리 나더라도 'ui'로 적는다.

<표준 발음법>의 제5항 '다만 3'에 따르면 자음 뒤에 실현되는 'ㅢ'는 [ㅣ]로만 소리난다.

(3) 늴리리, 닁큼, 무늬, 띄어쓰기, 씌어, 틔어, 희어, 희떱다, 희망, 유희

---

1) 'ㅐ, ㅚ, ㅟ'는 국제 음성 부호(IPA)의 부호를 빌려와서 두 글자로 표기하였다. 곧, [ㅐ]는 '국제 음성 부호'의 [æ]와 유사하게 'ae'로 표기했고, [ㅚ]도 국제 음성 부호인 [œ]의 모양과 유사하게 'oe'로 표기했다. 그리고 [ㅟ]는 대체로 이중 모음인 [wi]로 발음되기 때문에 'wi'로 표기했다.

2) [ㅝ]는 반모음의 로마자와 단모음의 로마자를 합성하여 이중 모음을 표기하는 원칙에 따르면 'weo'로 적어야 한다. 그러나 현행의 <국어의 로마자 표기법>에서는 'weo'로 적지 않고 'wo'로 적도록 규정하고 있다. 이는 영어에서 'worry[wʌri]'나 'wonder[wʌndər]'처럼 [워]의 발음은 'wo'로 적는 경우가 많기 때문이다.

3) [ㅢ]도 원칙적으로는 단모음인 [ㅡ]를 표기하는 로마자 'eu'에 반모음인 [j]를 표기하는 글자인 'y'를 합하여 'euy'로 표기하여야 한다. 그러나 영어, 독일어, 프랑스어를 비롯하여 로마자를 표기 수단으로 쓰는 언어에서 'euy'로 표기하는 예가 없기 때문에 그냥 'ui'로 적는다.

곧, (3)에서처럼 자음 뒤에 실현되는 'ㅢ'는 모두 [ㅣ]로 발음된다. 따라서 '닐리리'는 [닐리리]로, '넝큼'은 [넝큼]으로, '무늬'는 [무니]로 소리난다. '붙임 1'에서는 비록 (3)처럼 'ㅢ'가 자음 뒤에서 [ㅣ]로 소리 나더라도 로마자로 표기할 때에는 'i'로 적지 않고 이중 모음을 적는 방법으로 'ui'로 적기로 하였다.

(4) 광희문 Gwanghuimun, 박정희 Bak Jeonghui

(4)에서 '희'는 자음인 'ㅎ' 뒤에 'ㅢ'가 실현되었는데, '희'는 [히]로 발음되지만 'hi'로 적지 않고 'hui'로 적었다.4)

[붙임 2] 장모음의 표기는 따로 하지 않는다.

<표준 발음법>의 제6항과 제7항에서는 국어의 모음은 짧은 소리와 긴 소리를 구분하여 발음하도록 규정하고 있다. 그러나 국어와 마찬가지로 세계의 거의 대부분의 언어에서 '장단'이나 '고저', '강세'와 같은 운소를 표기에 반영한 예가 없다. 따라서 국어에서 발음되는 장모음을 로마자로 적을 때에도 별도로 표기하지 않는다.

제2항 자음은 다음 각 호와 같이 적는다.

1. 파열음

ㄱ	ㄲ	ㅋ	ㄷ	ㄸ	ㅌ	ㅂ	ㅃ	ㅍ
g, k	kk	k	d, t	tt	t	b, p	pp	p

2. 파찰음

ㅈ	ㅉ	ㅊ
j	jj	ch

---

4) 이렇게 자음 뒤에서 [ㅣ]로 발음되는 'ㅢ'를 이중 모음의 표기 방법인 'ui'로 적는 것은 국어의 소리를 로마자로 표기한다는 전음법(轉音法)의 원칙에 맞지 않는다. 그러나 '희망'처럼 자음 뒤에 'ㅢ'가 쓰인 인명이나 지명이 아주 많으므로, 국어에 쓰인 원래의 표기 형태를 로마자에 충실하게 반영하려는 의도에서 'ㅢ'를 'ui'로 적는 것으로 보인다.

3. 마찰음

ㅅ	ㅆ	ㅎ
s	ss	h

4. 비음

ㄴ	ㅁ	ㅇ
n	m	ng

5. 유음

ㄹ
r, l

[붙임 1] 'ㄱ, ㄷ, ㅂ'은 모음 앞에서는 'g, d, b'로, 자음 앞이나 어말에서는 'k, t, p'로 적는다. ([ ] 안의 발음에 따라 표기함.)

(보기)	구미 Gumi	영동 Yeongdong
	백암 Baegam	옥천 Okcheon
	합덕 Hapdeok	호법 Hobeop
	월곶 [월곧] Wolgot	벚꽃 [벋꼳] beotkkot
	한밭 [한받] Hanbat	

[붙임 2] 'ㄹ'은 모음 앞에서는 'r'로, 자음 앞이나 어말에서는 'l'로 적는다. 단, 'ㄹㄹ'은 'll'로 적는다.

(보기)	구리 Guri	설악 Seorak
	칠곡 Chilgok	임실 Imsil
	울릉 Ulleung	대관령 [대괄령] Daegwallyeong

[제2항] 자음의 로마자 표기법

제2항은 국어의 자음을 로마자로 표기하는 방법을 규정하였는데, 발음할 때의 조음 방법에 따라서 로마자의 표기 방법을 정리하였다.

1. 파열음의 로마자 표기

국어의 파열음에는 [ㄱ, ㄲ, ㅋ ; ㄷ, ㄸ, ㅌ ; ㅂ, ㅃ, ㅍ] 등이 있다. 이러한 파열음은 소리의 세기에 따라서 '예사소리, 된소리, 거센소리'로 나뉘는데, 이들을 다음과 같이 로마자로 표기한다.[5]

첫째, 예사소리 [ㄱ, ㄷ, ㅂ]는 그것이 실현되는 음운론적 환경에 따라서 두 가지 종류의 로마자로 표기한다.

(5) 모음 앞(g, d, b) : 고기 gogi, 도다리 dodari, 바보 babo

(6) ㄱ. 자음 앞(k, t, p) : 박수 baksu, 돋보기 dotbogi, 압정 apjeong

　　ㄴ. 단어 끝(k, t, p) : 물독 muldok, 곧 got, 발굽 balgup

곧, 예사소리인 [ㄱ, ㄷ, ㅂ]가 (5)에서처럼 모음 앞에 실현될 때에는 유성의 자음자인 'g, d, b'로 적는데, '고기, 도다리, 바보'를 각각 'gogi', 'dodari', 'babo'로 표기한다. 그리고 (6)처럼 자음 앞이나 단어의 끝(어말)에 실현될 때에는 무성의 자음자인 'k, t, p'로 적는다. 이에 따라서 'k, t, p'가 자음의 앞에 실현되는 '박수, 돋보기, 압정'은 각각 'baksu, dotbogi, apjeong'으로 표기하고, 'k, t, p'가 단어의 끝에 실현되는 '물독, 곧, 발굽'은 'muldok, got, balgup'으로 표기한다.

둘째, 된소리인 [ㄲ, ㄸ, ㅃ]는 무성 자음자인 'k, t, p'를 겹쳐서 'kk, tt, pp'로 적는다.

(7) ㄱ. 'ㄲ'(kk) : 꿀 kkul, 주꾸미 jukkumi

　　ㄴ. 'ㄸ'(tt) : 또아리 ttoari, 산딸기 santtalgi

---

5) 현행의 '국어의 로마자 표기법(2000년)'에서는 파열음인 [ㄱ, ㄷ, ㅂ]과 파찰음의 [ㅈ]을 유성음으로 발음되는 것과 무성음으로 발음되는 것을 구분하지 않고 모두 'g, d, b'와 'j'로 표기한다. 이러한 방식으로 표기하는 것은 우리나라 사람이 유성 자음과 무성 자음의 차이를 인식하지 못하기 때문이다. 이러한 점을 감안하면 현행의 '국어의 로마자 표기법'은 우리나라 사람의 언어 인식을 중심으로 파열음과 파찰음의 표기법을 제정하였음을 알 수 있다.

ㄷ. '배'(pp) : 뿌리 ppuri, 오빠 oppa

(ㄱ)의 [ㄲ]는 'k'를 겹쳐서 'kk'로 적어서 '꿀'과 '주꾸미'를 'kkul', 'jukkumi'로 표기하며, (ㄴ)의 [ㄸ]는 't'를 겹쳐서 'tt'로 적어서 '또아리'와 '산딸기'를 'ttoari'와 'santtalgi'로 표기한다. 그리고 (ㄷ)의 [ㅃ]는 'p'를 겹쳐서 'pp'로 적어서 '뿌리'와 '오빠'를 'ppuri'와 'oppa'로 표기한다.

셋째, 거센소리인 [ㅋ, ㅌ, ㅍ]는 각각 무성의 자음 글자인 'k, t, p'로 표기한다.[6] 국어에서 자음 앞이나 단어의 끝에 실현되는 'ㅋ, ㅌ, ㅍ'는 평파열음화에 따라서 각각 [ㄱ, ㄷ, ㅂ]로 변동한다. 그 결과 'ㅋ, ㅌ, ㅍ'는 자음 앞이나 단어의 끝에서는 모두 [ㄱ, ㄷ, ㅂ]로 발음되어서 로마자로는 'k, t, p'로 적는다. 이러한 이유로 무성의 예사소리 파열음인 [ㄱ, ㄷ, ㅂ]와 거센소리의 파열음인 [ㅋ, ㅌ, ㅍ]를 똑같이 'k, t, p'로 표기할 수 있는 것이다.[7]

2. 파찰음의 로마자 표기

국어의 파찰음에는 [ㅈ, ㅉ, ㅊ]이 있는데, 이들 파찰음은 각각 'j, jj, ch'로 표기한다.[8]

(9) ㄱ. ㅈ (j) : 제주 Jeju, 과자 gwaja
ㄴ. ㅉ (jj) : 짜깁기 jjagipgi, 공짜 gongjja
ㄷ. ㅊ (ch) : 추석 chuseok, 고추 gochu

(ㄱ)에서 파찰음인 [ㅈ]는 유성음으로 실현될 때와 무성음으로 실현될 때를 구분하지 않고, 모두 'j'로 적어서 '제주'와 '과자'를 각각 'Jeju'와 'gwaja'로 표기한다. (ㄴ)에서

---

6) 1984년의 로마자 표기법에서는 거센소리인 [ㅋ, ㅌ, ㅍ, ㅊ]를 적을 때에는 어깨점을 얹어서 k', t', p', ch'로 적었는데, 2000년의 로마자 표기법에서는 이러한 어깨점을 없앴다. 이렇게 되면 현행의 로마자 표기법에서는 자음 앞이나 단어의 끝에서 실현되는 예사소리인 'ㄱ, ㄷ, ㅂ'과 거센소리인 'ㅋ, ㅌ, ㅍ'를 로마자로는 모두 k, t, p로만 표기하게 된다.

7) 그리고 영어나 독일어에서는 k, t, p의 글자가 '유기성(有氣性, aspirated)'을 띠고 있다는 점도 [ㅋ, ㅌ, ㅍ]를 k, t, p로 적는 근거가 된다.

8) [ㅈ]을 'j'로 적고 [ㅊ]을 'ch'로 표기하는 것은 국어의 [ㅈ]에 가까운 소리인 [ʤ]가 영어에서는 'jewry'와 'judge'처럼 j로 표기되고, [ㅊ]에 가까운 소리인 [ʧ]가 영어에서는 'church'와 'chain'처럼 'ch'로 적히기 때문이다.

[찌]는 j를 겹쳐 적어서 '짜깁기'와 '공짜'를 'jjagipgi'와 'gongjja'로 표기한다.

3. 마찰음의 표기

국어의 마찰음에는 [ㅅ, ㅆ ; ㅎ]이 있는데, 이들 소리는 각각 's, ss, h'로 표기한다.

    (10) ㄱ. ㅅ (s) : 사과 sagwa, 가수 gasu
         ㄴ. ㅆ (ss) : 쓰레기 sseuregi, 찹쌀 chapssal
         ㄷ. ㅎ (h) : 호랑이 horang-i, 대한민국 Daehanmin-guk

(ㄱ)에서 [ㅅ]은 's'로 적어서 '사과'와 '가수'를 각각 'sagwa'와 'gasu'로 표기하며, (ㄴ)에
서 [ㅆ]는 'ss'로 적어서 '쓰레기'와 '찹쌀'을 'sseuregi'와 'chapssal'로 표기한다. 그리고
(ㄷ)에서 'ㅎ'는 'h'로 적어서 '호랑이'와 '대한민국'을 각각 'horang-i'와 'Daehanmin-guk'
으로 표기한다.

4. 비음의 표기

국어의 비음에는 [ㄴ, ㅁ, ㅇ]이 있는데, 이들 소리는 각각 'n, m ng'로 표기한다.

    (11) ㄱ. ㄴ (n) : 나무 namu, 손바닥 sonbadak
         ㄴ. ㅁ (m) : 말씀 malsseum, 이마 ima
         ㄷ. ㅇ (ng) : 홍어 hong-eo, 멍게 meong-ge

(ㄱ)에서 [ㄴ]은 'n'으로 적어서 '나무'와 '손바닥'을 'namu, sonbadak'으로 표기하며, (ㄴ)
에서 [ㅁ]은 'm'으로 적어서 '말씀'과 '이마'를 'malsseum, ima'로 표기한다. 그리고 (ㄷ)
에서 [ㅇ]은 'ng'로 적어서 '홍어'와 '멍게'를 'hong-eo'와 'meong-ge'로 적는다.

5. 유음의 표기

국어의 유음에는 [ㄹ]이 있는데, 그것이 실현되는 [ㄹ]은 음운론적 환경에 따라서 'r'
과 'l'로 구분하여 표기한다.
첫째, 모음 앞에 실현되는 [ㄹ]은 탄설음(彈舌音)⁹⁾인 [ɾ]로 발음되는데, 로마자에는
'ɾ'의 글자가 없으므로 대신에 로마자로 쓰이는 'r'로 적는다.

(12) 모음 앞 (r) : 구리 Guri, 도시락 dosirak

(12)에서 '구리'와 '도시락'의 [ㄹ]은 모두 모음 앞에서 [ɾ]로 발음는데, 이러한 [ㄹ]은 'r'로 적어서 각각 'Guri'와 'dosirak'으로 표기한다.

둘째, 자음 앞이나 단어의 끝에서 실현되는 [ㄹ]은 설측음(舌側音)10)인 [l]로 발음되는데, 이처럼 설측음으로 발음되는 [ㄹ]은 'l'로 적는다.

(13) ㄱ. 자음 앞 (l) : 달밤 dalbam, 들판 deulpan
     ㄴ. 단어 끝 (l) : 밤실 Bamsil, 달걀 dalgyal

셋째, 설측음인 [l]이 겹쳐서 실현된 [ㄹㄹ]은 음운론적인 환경으로는 자음 앞에서 실현되는 설측음 'l'과 모음 앞에서 실현되는 탄설음인 'r'로 적어야 한다. 그러나 실제로는 [ㄹㄹ]은 설측음이 겹쳐서 나는 [ll]로 발음되므로, 'll'로 적는다.

(14) 울릉 Ulleung, 대관령[대괄령] Daegwallyeong

(14)에서는 '울릉'과 '대관령[대괄령]'의 'ㄹㄹ'은 설측음이 겹쳐서 [ll]로 발음되므로, 'ㄹㄹ'을 'll'로 적어서 이들 단어를 'Ulleung'과 'Daegwallyeong'로 표기한다.

[붙임 1] 'ㄱ, ㄷ, ㅂ'은 모음 앞에서는 'g, d, b'로, 자음 앞이나 어말에서는 'k, t, p'로 적는다.

국어의 파열음이 실현되는 음운론적이 환경에 따라서 두 가지의 로마자 표기법을 설정하였다. 곧 모음 앞에서 실현되는 [ㄱ, ㄷ, ㅂ]는 외파음(外破音)으로 발음되는데, 이러한 외파음은 유성 자음의 음가를 나타내는 'g, d, b'의 글자로 적는다. 반면에 자음 앞이나 단어의 끝에 실현되는 파열음은 내파음(內破音)으로 발음되는데, 이러한 내파음은 무성 자음의 음가를 나타내는 'k, t, p'의 글자로 적는다.

---

9) '탄설음(彈舌音)'인 [ɾ]은 혀끝과 잇몸 사이가 한 번 닫혔다가 열리는 동안에, 혀 옆으로 공기가 새어 나가면서 나는 소리이다.
10) '설측음(舌側音)'인 [l]은 혀끝을 윗잇몸에 아주 붙이고, 혀 양쪽의 트인 데로 날숨을 흘려 내는 소리이다.

(15) 모음 앞 : 구미 Gumi, 영동 Yeongdong, 백암 Baegam

(16) ㄱ. 자음 앞 : 옥천 Okcheon, 곧장 gotjang, 합덕 Hapdeok

　　ㄴ. 단어 끝 : 호박 hobak, 말뚝 malttuk ; 호법 Hobeop, 손톱 sontop ; 월곶[월곧] Wolgot, 벚꽃[벋꼳] beotkkot, 한밭[한받] Hanbat

(15)의 '구미, 영동, 백암'에서 [ㄱ, ㄷ, ㅂ]은 모음 앞에 실현되었는데, 이들은 각각 유성 자음인 'g, d, b'로 적어서, 'Gumi, Yeongdong, Baegam'으로 표기한다. 그리고 (16ㄱ)의 '옥천, 곧장, 합덕'에서 [ㄱ, ㄷ, ㅂ]은 자음 앞에 실현되었는데, 이들은 무성 자음인 'k, t, p'로 적어서, 이들 단어를 'Okcheon, gotjang, Hapdeok'으로 표기한다. 그리고 (16ㄴ)의 '호박, 호법, 월곶' 등에서는 각각 [ㄱ, ㄷ, ㅂ]이 단어의 끝에 실현되었는데, 이들도 무성 자음인 'k, t, p'로 적어서 각각 'hobak, Hobeop, Wolgot'으로 표기한다.

[붙임 2] 'ㄹ'은 모음 앞에서는 'r'로, 자음 앞이나 어말에서는 'l'로 적는다. 단, 'ㄹㄹ'은 'll'로 적는다.

'붙임 2'의 내용은 국어의 [ㄹ]을 로마자로 적는 방법에 관한 내용으로 본항 5에서 제시한 유음 표기에서 자세히 설명하였다. 따라서 아래에서는 예시를 중심으로 간단하게 풀이하는 데에 그친다.

(17) ㄱ. 구리 Guri, 설악 Seorak

　　ㄴ. 칠곡 Chilgok, 임실 Imsil

　　ㄷ. 울릉 Ulleung, 대관령 [대괄령] Daegwallyeong

(ㄱ)처럼 모음 앞에 실현된 탄설음의 [ㄹ]은 'r'로 적으며, (ㄴ)처럼 자음 앞이나 단어의 끝에 실현된 설측음의 [ㄹ]은 'l'로 적는다. 그리고 (ㄷ)처럼 설측음의 [ㄹ]이 겹쳐서 발음되는 [ㄹㄹ]은 'll'로 적는다.

제3장 표기상의 유의점

제1항 음운 변화가 일어날 때에는 변화의 결과에 따라 다음 각 호와 같이 적는다.

1. 자음 사이에서 동화 작용이 일어나는 경우

    (보기)　　백마 [**뱅**마] Baengma　　　신문로 [신문**노**] Sinmunno
    　　　　　종로 [종**노**] Jongno　　　　왕십리 [왕심**니**] Wangsimni
    　　　　　별내 [별**래**] Byeollae　　　신라 [**실**라] Silla

2. 'ㄴ, ㄹ'이 덧나는 경우

    (보기)　　학여울 [항**녀**울] Hangnyeoul　알약 [알**략**] allyak

3. 구개음화가 되는 경우

    (보기)　　해돋이 [해도**지**] haedoji　　같이 [가**치**] gachi
    　　　　　*맞히다 [마**치**다]^11) machida

4. 'ㄱ, ㄷ, ㅂ, ㅈ'이 'ㅎ'과 합하여 거센소리로 소리 나는 경우

    (보기)　　좋고 [조**코**] joko　　　　놓다 [노**타**] nota
    　　　　　잡혀 [자**펴**] japyeo　　　낳지 [나**치**] nachi

    다만, 체언에서 'ㄱ, ㄷ, ㅂ' 뒤에 'ㅎ'이 따를 때에는 'ㅎ'을 밝혀 적는다.

    (보기)　　묵호 Mukho　　　　　　집현전 Jiphyeonjeon

---

11) '맞히다'가 [마치다]로 변동한 것은 '자음 축약이므로 구개음화와는 관련이 없다

[**붙임**] 된소리되기는 표기에 반영하지 않는다.

(보기)	압구정 Apgujeong	낙동강 Nakdonggang
	죽변 Jukbyeon	낙성대 Nakseongdae
	합정 Hapjeong	팔당 Paldang
	샛별 saetbyeol	울산 Ulsan

[제1항] 음운의 변화가 일어나는 국어의 로마자 표기법

제1항은 국어의 단어 내부에서 형태소와 형태소가 결합하는 과정에서 소리가 바뀔 때에, 변동된 단어를 적는 방법을 제시하였다. 외국인들은 국어의 음운 변동에 대한 내재적인 언어 능력이 없으므로, 제1항에서는 변동이 일어난 단어는 원칙적으로 변동이 일어난 형태대로 로마자로 적기로 하였다.

1. 자음 사이에서 동화 작용이 일어나는 경우

'비음화'나 '유음화'가 일어난 단어를 로마자로 적을 때에는, 변동이 일어난 형태대로 표기한다.

> (18) ㄱ. 백마[**뱅**마] Bae**ng**ma, 신문로[신문**노**] Sinmun**n**o, 종로[종**노**] Jong**n**o, 왕십리 [왕심**니**] Wangsim**ni**
> ㄴ. 별내[별**래**] Byeo**ll**ae, 신라[**실**라] Si**ll**a

자음끼리 동화된 유형으로는 '비음화'와 '유음화'가 있다. 먼저 (ㄱ)의 예는 비음화[12] 가 일어난 단어를 변동된 대로 적은 것인데, '백마[**뱅**마]'는 'Bae**ng**ma'로, '신문로[신문 **노**]'는 'Sinmun**n**o'로, '종로[종**노**]'는 'Jong**n**o'로, '왕십리[왕심**니**]'는 'Wangsim**ni**'로 적는다. 그리고 (ㄴ)의 예는 '유음화[13]'가 일어난 단어를 변동된 대로 적은 것인데, '별내[별**래**]' 는 'Byeo**ll**ae'로, '신라[**실**라]'는 'Si**ll**a'로 적는다.

---

12) '비음화(鼻音化)'는 파열음인 [ㄱ, ㄷ, ㅂ]이나 유음인 [ㄹ]이, 앞이나 뒤에서 실현된 비음 'ㄴ, ㅁ, ㅇ'에 동화되어서 비음인 [ㅇ, ㄴ, ㅁ]으로 변동하는 현상이다.

13) '유음화(流音化)'는 [ㄹ]에 이어서 [ㄴ]이 실현되거나 반대로 [ㄴ]에 이어서 [ㄹ]이 실현될 때에, 비음인 [ㄴ]이 유음인 [ㄹ]에 동화되어서 [ㄹ]로 변동하는 현상이다.

2. 'ㄴ, ㄹ'이 덧나는 경우

합성어에서 두 개의 형태소가 결합할 때에 [ㄴ]이나 [ㄹ]이 첨가되어 발음되는 경우가 있는데, 이를 '음운의 첨가'라고 한다.14) 이렇게 합성어가 형성되는 과정에서 [ㄴ]이나 [ㄹ]이 첨가될 때에는, 변동된 대로 로마자로 적는다.

(19) ㄱ. 학여울[항녀울] Hangnyeoul, 솜이불[솜니불] somnibul, 막일[망닐] mangnil, 식용유[시룡뉴] sigyongnyu

ㄴ. 알약[알략] allyak, 솔잎[솔립] sollip, 물엿[물렫] mullyeot, 서울역[서울력] Seoullyeok

(ㄱ)에서는 합성어에서 어근과 어근이 결합하는 과정에서 [ㄴ]이 첨가되었다. 이에 따라서 '학여울[항녀울]'은 'Hangnyeoul'로, '솜이불[솜니불]'은 'somnibul'로, '막일[망닐]'은 'mangnil'로, '식용유[시룡뉴]'는 'sigyongnyu'로 표기한다. 그리고 (ㄴ)에서는 어근과 어근이 결합하는 과정에서 [ㄹ]이 첨가되었다. 이에 따라서 '알약[알략]'은 'allyak'으로, '솔잎[솔립]'은 'sollip'으로, '물엿[물렫]'은 'mullyeot'으로, '서울역[서울력]'은 'Seoullyeok'으로 표기한다.

3. 구개음화가 되는 경우

'구개음화(口蓋音化)'는 끝소리가 [ㄷ, ㅌ]인 형태소가 모음 [ㅣ]나 이중 모음인 [ㅑ, ㅕ, ㅛ, ㅠ]로 시작되는 형식 형태소15)와 만날 때에, [ㄷ, ㅌ]이 센입천장소리인 [ㅈ, ㅊ]으로 바뀌는 변동 현상이다. 이렇게 구개음화가 일어나는 단어는 변동된 대로 로마자로 적는다.

(20) ㄱ. 해돋이[해도지] haedoji, 같이[가치] gachi

ㄴ. 받히다[바치다] bachida, 붙이다[부치다] buchida

ㄷ. 밭이[바치] bachi, 끝이[끄치] kkeuchi, 솥이[소치] sochi

---

14) 합성어에서 뒤 어근이 /ㅣ/나 /ㅑ, ㅕ, ㅛ, ㅠ/로 시작할 때에는 두 어근 사이에 /ㄴ/이 첨가될 수 있다. 단, 앞 어근이 /ㄹ/로 끝날 때에는 유음화에 따라서 첨가된 /ㄴ/이 /ㄹ/로 교체된다.

15) 여기서 말하는 형식 형태소인 'ㅣ'는 [ㅣ]로 소리 나는 조사나 파생 접사, 혹은 서술격 조사인 '-이다'의 어간이다.

(20)의 단어에서는 형태소와 형태소가 결합하는 과정에서 구개음화가 일어났는데, 이들 단어의 형태를 변동된 대로 로마자로 적는다. (ㄱ)의 '해돋이[해도지]'는 'haedoji'로, (ㄴ)의 '받히다[바치다]' 'bachida'로, (ㄷ)의 '밭이[바치]'는 'bachi'로 적는다.

4. 'ㄱ, ㄷ, ㅂ, ㅈ'이 'ㅎ'과 합하여 거센소리로 소리 나는 경우

두 형태소가 결합하는 과정에서 예사소리인 [ㄱ, ㄷ, ㅂ, ㅈ]과 [ㅎ]이 서로 만나면 거센소리인 [ㅋ, ㅌ, ㅍ, ㅊ]로 축약되는데, 이를 '자음 축약(子音 縮約)'이라고 한다.

(21) 좋고[조코] joko, 놓다[노타] nota, 잡혀[자펴] japyeo, 낳지[나치] nachi

(21)의 단어들은 예사소리인 [ㄱ, ㄷ, ㅂ, ㅈ]와 [ㅎ]이 합쳐져서 자음 축약이 일어난다. 이에 따라서 '좋고[조코]'는 'joko'로, '놓다[노타]'는 'nota'로, '잡혀[자펴]'는 'japyeo'로, '낳지[나치]'는 'nachi'로 적었다.

이처럼 형태소가 결합되는 과정에서 자음 축약이 일어나면 변동된 대로 로마자로 적는다. 이렇게 자음 축약이 적용된 발음을 로마자로 적는 것은 용언이 활용하는 경우에만 적용된다.

다만, 체언에서 'ㄱ, ㄷ, ㅂ' 뒤에 'ㅎ'이 따를 때에는 'ㅎ'을 밝혀 적는다.

체언에서 나타나는 '자음 축약'의 현상은 표기에 반영하지 않고 형태소의 기본 형태대로 적는다.

(22) 묵호[무코] Mukho, 집현전[지편전] Jiphyeonjeon

(22)에서 '묵호'와 '집현전'은 자음 축약에 따라서 [무코]와 [지편전]으로 발음되더라도, 원래의 기본 형태대로 'Mukho'와 'Jiphyeonjeon'으로 적는다.

이처럼 체언에서 나타나는 자음 축약 현상을 로마자 표기에 반영하지 않는 것은, 일반 언중들이 체언에 대하여 단어의 원형태에 대한 의식을 매우 강하게 하고 있기 때문이다. 만일 '묵호[무코]'를 소리 나는 대로 적으면 'Muko'가 되는데, 이렇게 적어 놓으면 로마자인 'k'를 '묵'의 끝소리인 [ㄱ]와 '호'의 첫소리인 [ㅎ]가 결합된 거센소리라는 사실을 인식하기 어렵다. 곧, 단순히 소리 나는 대로 'Muko'로만 적어 놓으면, 'Muko'의 원래 형태(발음)가 '무코'인 것으로 오해할 가능성이 있다. 이러한 혼동을 막기 위해서, 체언에서 일어나는 자음 축약 현상은 표기에 반영하지 않는다.16)

[붙임] 된소리되기는 표기에 반영하지 않는다.

두 형태소가 이어지는 과정에서 앞 형태소의 끝 소리에 영향을 받아서 뒤 형태소의 예사소리가 된소리로 바뀌는 현상을 '된소리되기(경음화, 硬音化)'라고 한다.17) 제1항 '4'의 '붙임'에서는 된소리되기는 로마자 표기에 반영하지 않는다고 규정하고 있다.

(23) ㄱ. 압구정[압꾸정] Apgujeong, 옷고름[온꼬름] otgoreum
　　ㄴ. 낙동강[낙똥강] Nakdonggang, 팔당[팔땅] Paldang
　　ㄷ. 죽변[죽뼌] Jukbyeon, 샛별[샏뼐] saetbyeol
　　ㄹ. 낙성대[낙썽대] Nakseongdae, 울산[울싼] Ulsan
　　ㅁ. 합정[합쩡] Hapjeong, 겁쟁이[겁쨍이] geopjeng-i

(23)의 단어를 이루는 형태소와 형태소가 결합하는 과정에서 예사소리인 [ㄱ, ㄷ, ㅂ, ㅅ, ㅈ]이 된소리인 [ㄲ, ㄸ, ㅃ, ㅆ, ㅉ]으로 바뀌었다. 이와 같이 된소리되기가 실현되더라도 이들 단어를 로마자로 적을 때에는 예사소리로 적는다.18)

이처럼 된소리되기를 로마자 표기에 반영하지 않는 데에는 몇 가지 이유가 있다. 첫째, 국어에서 된소리되기가 일어나는 양상이 대단히 복잡하여, 된소리되기가 반영된 어휘의 형태를 완벽하게 로마자 표기에 반영하기가 어렵다.19) 둘째, 된소리되기가

---

16) 체언과는 달리 용언의 내부에서는 이런 현상이 일어나지 않으므로, 'ㅎ'을 밝혀 적는 경우를 체언의 발음을 로마자로 표기할 때만으로 한정한다.
17) '된소리되기'가 실현되는 유형에 대하여는 <표준 발음법>의 제6장에 규정된 '된소리되기'의 내용을 참조하기 바란다.
18) (23)의 보기에서 '옷고름[온꼬름]'과 '샛별[샏뼐]'을 'otgoreum'과 'saetbyeol'로 표기하였는데, 여기서 '옷'과 '샛'의 끝소리 'ㅅ'이 [ㄷ]으로 변동된 것은 '평파열음화'가 적용된 예이다. 이러한 예를 볼 때에 제1항에서 명시적으로 규정하지는 않았지만, 실제로는 평파열음화에 따른 변동도 로마자 표기법에 반영하고 있음을 알 수 있다.
19) 한자어 복합어의 내부에서 일어나는 된소리되기는 그 실현 양상이 매우 불규칙하다. 따라서 국어의 표준 발음에서도 특정한 한자어 내부에서 된소리되기가 적용되는지에 대하여 혼란을 겪고 있다. 된소리되기가 적용된 한자어에서 일어나는 발음에 대하여는 <표준 발음법> 제26항의 내용을 참조하기 바란다.

적용된 단어 형태를 로마자 표기에 그대로 반영하면, 외국인들이 로마자로 표기한 단어를 잘못 읽을 가능성이 높다.

(24) ㄱ. 압구정[압꾸정] Apgujeong/*Apkkujeong, 낙성대[낙썽대] Nakseongdae/*Naksseongdae

　　　ㄴ. 밥보[밥뽀] bapbo/*bapppo

만일 된소리인 [ㄲ, ㅆ] 등을 'kk, ss'로 적는다면, '압구정'과 '낙성대'처럼 자음 뒤에서 발음되는 된소리를 표기할 때에는, 'Apkkujeong'이나 'Naksseongdae'처럼 세 개의 자음을 연속적으로 표기해야 한다. 이렇게 되면 외국인들, 특히 국어의 된소리에 익숙하지 않은 영어나 독일어를 모국어로 하는 화자들은 '압구정'을 [*아픅구정]이나 [*압그구정]로 잘못 발음하거나, '낙성대'를 [*나크스성대]나 [*낙스성대]로 잘못 읽을 수 있다. 셋째, 만일 된소리되기에 따르는 변동을 로마자 표기에 반영한다면 '밥보[밥뽀]'는 'bapppo'로 적어야 하는데, 이 'bapppo'를 외국인들이 실제로 어떻게 발음할지 판단하기 어렵다. 이와 같은 문제를 감안하여 제1항의 붙임에서는 국어를 로마자로 적을 때에는 된소리되기를 표기에 반영하지 않는다.

제2항 발음상 혼동의 우려가 있을 때에는 음절 사이에 붙임표(-)를 쓸 수 있다.

(보기)　　중앙 Jung-ang　　　　　　반구대 Ban-gudae

　　　　　세운 Se-un　　　　　　　해운대 Hae-undae

[제2항] 붙임표(-)의 표기

<국어의 로마자 표기법>에서는 원칙적으로 로마자 이외의 다른 부호는 사용하지 않는다.(제1장 2항) 그러나 예외적으로 발음상 혼동이 생길 가능성이 있을 때에는 음절 사이에 붙임표(-)를 쓸 수 있다.

(25) ㄱ. 중앙 Jungang,　반구대 Bangudae

　　　ㄴ. 중앙 Jun-gang,　반구대 Ban-gudae

(26) ㄱ. 해운대 Haeundae,　세운 Seun

　　　ㄴ. 해운대 Hae-undae,　세운 Se-un

(25)과 (26)에서 (ㄱ)처럼 '중앙'과 '해운대'에 붙임표를 쓰지 않고 로마자로 적으면, 각
각 'Jungang'과 'Haeundae'로 표기하여야 한다. 이처럼 'Jungang'과 'Haeundae'로 적으면
외국인들이 원래의 발음인 [중앙]과 [해운대]뿐만 아니라 [준강]과 [하은대]로도 발음
할 수도 있다. 이와 같이 발음상 혼동할 가능성이 있을 때에는, (25)와 (26)의 (ㄴ)처럼
로마자 표기의 음절과 음절 사이에 붙임표를 넣어서 발음의 혼동을 막을 수 있다.

제3항 고유 명사는 첫 글자를 대문자로 적는다.

    (보기)   부산 Busan   세종 Sejong

[제3장] 고유 명사의 표기

특정한 사물이나 사람을 다른 것들과 구별하여 부르기 위하여 고유의 기호를 붙인
이름을 '고유 명사(固有名詞)'라고 한다. 이러한 고유 명사는 영어나 독일어, 프랑스어,
이탈리아어를 비롯하여 로마자를 사용하여 표기하는 언어에서는 관례적으로 첫 글자
를 대문자로 쓴다.

이러한 관례에 따라서 국어의 사람 이름, 땅의 이름, 특수한 사물의 이름 등을 로마
자로 표기할 때에는 첫 글자를 대문자로 표기한다.

    (27) ㄱ. 부산 Busan, 서울 Seoul

            ㄴ. 세종 Sejong, 율곡 Yulgok

(ㄱ)의 '부산, 서울'과 같은 지명의 고유 명사는 'Busan, Seoul'로, (ㄴ)의 '세종, 율곡
'Sejong, Yulgok'과 같은 인명은 로마자로 표기할 때에 첫 글자를 대문자로 표기한다.

제4항 인명은 성과 이름의 순서로 띄어 쓴다. 이름은 붙여 쓰는 것을 원칙으로 하
   되 음절 사이에 붙임표(-)를 쓰는 것을 허용한다. ((   )안의 표기를 허용함.)

    (보기)   민용하 Min Yongha (Min Yong-ha)
              송나리 Song Nari (Song Na-ri)

---

(1) 이름에서 일어나는 음운 변화는 표기에 반영하지 않는다.

  (보기) 한복남 Han Boknam (Han Bok-nam)

       홍빛나 Hong Bitna (Hong Bit-na)

(2) 성의 표기는 따로 정한다.

[제4항] 인명의 표기법

 인명은 성(姓)과 이름으로 구분되는데, 서양에서는 이름과 성의 순서로 적되 이름과 성을 띄어 쓴다. 반면에 동양에서는 성과 이름의 순으로 적되 성과 이름을 붙여서 적는다. 이러한 동양의 관용에 따라서 국어에서도 사람의 인명은 성과 이름의 순서로 적고, 성과 이름을 하나의 단위로 붙여 쓴다.(〈한글 맞춤법〉 제48항)

 로마자 표기법의 제4항에서는 〈한글 맞춤법〉에서 규정한 국어의 인명 표기법을 그대로 적용하여 성과 이름의 순서로 적는다. 다만, 서양의 인명 표기법에 따라서 성과 이름은 각각 띄어 쓴다. 그리고 이름 내부의 음절은 붙여 쓰는 것을 원칙으로 하되, 음절 사이에 붙임표(-)를 쓰는 것을 허용한다.

  (28) ㄱ. 민용하 Min Yongha / Min Yong-ha

     ㄴ. 송나리 Song Nari / Song Na-ri

이러한 규정에 따라서 (ㄱ)의 '민용하'는 'Min Yongha'나 'Min Yong-ha'로, (ㄴ)의 '송나리'는 'Song Nari'나 'Song Na-ri'로 적는다.

(1) 이름의 내부에서 일어나는 음운 변화는 표기에 반영하지 않는다.

 (1)에서는 이는 이름을 구성하는 형태소의 원형을 그대로 유지함으로써, 이름 속에 들어 있는 형태소의 기본 형태를 로마자 표기에 반영하고자 하였다.

  (29) ㄱ. 한복남[한봉남] Han Boknam / Han Bo**k**-nam

     ㄴ. 홍빛나[홍빈나] Hong Bitna / Hong Bit-na

이름은 대부분 두 음절로 구성되어 있으며, 각 음절이 한자어로 되어 있어서 독립된 형태소의 역할을 한다.[20] 제4항 (1)의 규정에서는 이름 내부에 있는 형태소의 기본 형태를 유지하여 적기 위하여, 이름 내부에서 일어나는 음운 변동은 표기에 반영하지 않는다. 만일 '한복남[한봉남]'에서 일어나는 음운 변동을 반영하여 'Han Bongnam'으로 적으면, 원래부터 [한봉남]으로 소리 나는 '한봉남'과 로마자 표기가 구분되지 않는다. 인명은 특정한 개인에 붙은 고유 명사라는 특수성을 감안하여, 지명과는 달리 이름에 일어나는 음운 변동을 로마자 표기에 반영하지 않기로 하였다. 이러한 표기 원칙에 따라서 '한복남[한봉남]'은 'Han Boknam'이나 'Han Bok-nam'으로 표기하며, '홍빛나[홍빈나]'는 'Hong Bitna' 혹은 'Hong Bit-na'로 표기한다.

참고로 이름의 내부에서 일어나는 음운 변화 중에서 '평파열음화'에 따른 변화는 로마자 표기에 반영한다. 예를 들어서 '빛나'는 먼저 '평파열음화'에 따라서 [빋나]로 변한 다음에 다시 비음화에 따라서 [빈나]로 발음된다. 이러한 소리 변동에도 불구하고 제4항에서 (1)의 보기처럼 '홍빛나'를 'Hong Bitna'로 적는데, 이 경우에 비음화 현상의 결과는 로마자 표기에 반영하지 않았지만 평파열음화는 반영한 결과가 된다.[21]

(2) 성의 표기는 따로 정한다.

제4항의 (2)에서는 향후에 성의 표기법을 통일하여서 단일한 로마자 표기법을 만들려고 하는 규정이다.

그렇지만 '성(姓)'을 로마자로 표기하는 데에는 개인에 따라서 매우 다양한 방법으로 적어온 관용이 있다.

(30) ㄱ. 김(金) : Gim / *Kim

ㄴ. 나(羅) : Na / *Ra

ㄷ. 노(盧) : No / *Rhno

ㄹ. 이(李) : I / *Lee / *Rhee / *Yi

---

20) (ㄱ)에서 '한복남'에서 '복남(福男)'은 '복(福)'과 '남(男)'의 두 형태소로 결합되어 있으며, (ㄴ)에서 '홍빛나'에서 '빛나'는 '빛[光]'과 '나[出]'의 형태소가 결합되어 있다.

21) 만일 '평파열음화'에 따라서 일어나는 음운 변동을 이름의 표기에 반영하지 않는다면, '빛나'를 'Bichna'로 표기해야 한다. 이렇게 되면 외국인들은 'Bichna'를 [홍비치나]로 읽을 가능성이 있다. 따라서 이름의 내부에서 일어나는 음운의 변화 중에서 '평파열음화'는 로마자 표기법에 적용한다.

한국인의 '성'을 로마자로 표기할 때에는 그동안 (30)처럼 개인에 따라서 관용적으로 다양하게 적어 왔다. 곧 '성(姓)'은 그 성을 쓰는 개인들이 오랫동안 자의적으로 로마자로 적어 왔고, 그 성씨를 쓰는 가문(家門)에서도 자신의 성을 표기하는 방법에 대하여 매우 다양한 의견을 내놓고 있다. 이러한 이유로 정부에서는 제4항의 (2)의 규정에도 불구하고 성에 대하여 통일된 로마자 표기법을 아직 마련하지 못하고 있다.

제5항 '도, 시, 군, 구, 읍, 면, 리, 동'의 행정 구역 단위와 '가'는 각각 'do, si, gun, gu, eup, myeon, ri, dong, ga'로 적고, 그 앞에는 붙임표(-)를 넣는다. 붙임표(-) 앞뒤에서 일어나는 음운 변화는 표기에 반영하지 않는다.

(보기)	충청북도 Chungcheongbuk-**do**	제주도 Jeju-**do**
	의정부시 Uijeongbu-**si**	양주군 Yangju-**gun**
	도봉구 Dobong-**gu**	신창읍 Sinchang-**eup**
	삼죽면 Samjuk-**myeon**	인왕리 Inwang-**ri**
	당산동 Dangsan-**dong**	봉천1동 Bongcheon 1(il)-**dong**
	종로 2가 Jongno 2(i)-**ga**	퇴계로 3가 Toegyero 3(sam)-**ga**

[붙임] '시, 군, 읍'의 행정 구역 단위는 생략할 수 있다.

(보기)	청주시 Cheongju	함평군 Hampyeong
	순창읍 Sunchang	

[제5항] 행정 구역의 단위의 표기법

'도, 시, 군, 구, 읍, 면, 리, 동' 등의 행정 구역 단위와 '거리'나 '지역'의 뜻을 더하는 접미사인 '가(街)'는 각각 'do, si, gun, gu, eup, myeon, ri, dong, ga'로 적는다. 그리고 이들 단위의 앞에는 붙임표(-)를 넣어서 표기하되, 붙임표의 앞뒤에서 일어나는 음운의 변동은 로마자 표기에 반영하지 않는다. 이러한 로마자 표기는 행정 구역의 고유 명칭과 그에 붙은 단위를 나타내는 말의 형태를 명확하게 구분하여서 표기하기 위한 방편이다.

(29) ㄱ. 충청북도[충청북또] Chungcheongbuk-do, 제주도(濟州道) Jeju-do

　　ㄴ. 의정부시 Uijeongbu-si, 양산시 Yangsan-si

　　ㄷ. 양주군 Yangju-gun, 장수군 Jangsu-gun

　　ㄹ. 도봉구 Dobong-gu, 부산진구 Busanjin-gu

　　ㅁ. 신창읍 Sinchang-eup, 장안읍 Jangan-eup

　　ㅂ. 삼죽면 Samjuk-myeon, 철마면 Cheolma-myeon

　　ㅅ. 인왕리[인왕니] Inwang-ri, 신전리[신전니] Sinjeon-ri

　　ㅇ. 당산동 Dangsan-dong, 봉천1동[봉천일똥] Bongcheon 1(il)-dong

　　ㅈ. 종로 2가 Jongno 2(i)-ga, 퇴계로 3가 Toegyero 3(sam)-ga

(29)에서 행정 구역 명칭에 붙여서 그 단위를 나타내는 '도, 시, 군, 구, 읍, 면, 리, 동'과 '가(街)'는 'do, si, gun, gu, eup, myeon, ri, dong'으로 적으면서, 그 앞 말과 사이에 붙임표를 넣어서 표기한다. 그리고 (ㄱ)의 '충청북도[충청북또]'는 'Chungcheongbuk-do'로, (ㅅ)의 '신전리[신전니]'는 'Sinjeon-ri'로, (ㅇ)의 '봉천1동[봉천일똥]'은 'Bongcheon 1(il)-dong'으로 적는데, 이들 단어는 붙임표의 앞과 뒤에서 실현되는 음운 변동은 반영하지 않는다.

[붙임] '시, 군, 읍'의 행정 구역 단위는 생략할 수 있다.

'시, 군, 읍'의 단위의 행정 구역은 대부분 관례적으로 '시, 군, 읍'를 생략하고 고유 명사로만 표현하는 경우가 많다. 따라서 '시, 군, 읍'의 지명 단위를 나타내는 말을 로마자로 표기할 때에는 '시, 군, 읍'을 생략하고 표기할 수 있다.

(30) ㄱ. 청주시 Cheongju-si / Cheongju, 경주시 Kyeongju-si / Kyeongju

　　ㄴ. 함평군 Hampyeong-gun / Hampyeong, 무주군 Muju-gun / Muju

　　ㄷ. 순창읍 Sunchang-eup / Sunchang, 화양읍 Hwayang-eup / Hwayang

(ㄱ)의 '청주시'와 '경주시'는 'si'를 생략하고 Cheongju와 Kyengju로 적으며, (ㄴ)의 '함평군'과 '무주군'은 '군'을 생략하고 'Hampyeong'와 'Muju'로 적는다. 그리고 (ㄷ)의 '순창읍, 화양읍'은 '읍'을 생략하고 'Sunchang'과 'Hwayang'으로 적는다.

'도로명, 주소 등 표기에 관한 법률(2006. 10. 4)' 및 '시행령(2007. 4. 5)'에 따라서 새로운 주소 체계를 도입했다. 이 법률에 따라서 기존 행정 구역 단위를 대체하는 '대로(大路)', '로(路)', '길'을 각각 'daero', 'ro', 'gil'로 적고, 그 앞에는 붙임표를 넣어서 표기하기로 하였다.

(31) ㄱ. 광안대로 Gwangan-daero, 강남대로 Gangnam-daero
   ㄴ. 수영로 Suyeong-ro, 세종로 Sejong-ro, 진남로 Jinnam-ro
   ㄷ. 달맞이길 Dalmaji-gil, 수영로 267번길 Suyeong-ro 267beon-gil

(ㄱ)의 '광안대로'는 '대로(大路)'를 -daero로 적어서 'Gwangan-daero'로, (ㄴ)의 '수영로'는 '로(路)'를 'ro'로 적어서 'Suyeong-ro'로 표기한다. 그리고 (ㄷ)에서 '달맞이길'은 '길'을 'gil'로 적어서 'Dalmaji-gil'로, '수영로 267번길'은 'Suyeong-ro 267beon-gil'로 표기한다.

제6항 자연 지물명, 문화재명, 인공 축조물명은 붙임표(-) 없이 붙여 쓴다.

(보기)		
남산 Namsan	속리산 Songnisan
금강 Geumgang	독도 Dokdo
경복궁 Gyeongbokgung	무량수전 Muryangsujeon
연화교 Yeonhwagyo	극락전 Geungnakjeon
안압지 Anapji	남한산성 Namhansanseong
화랑대 Hwarangdae	불국사 Bulguksa
현충사 Hyeonchungsa	독립문 Dongnimmun
오죽헌 Ojukheon	촉석루 Chokseongnu
종묘 Jongmyo	다보탑 Dabotap

[제6항] 자연 지물명, 문화재명, 인공 축조물명의 표기법

자연 지물명, 문화재명, 인공 축조물명은 붙임표(-) 없이 붙여 쓴다. 이는 앞의 제5항에서 행정 구역의 단위인 '도, 시, 군, 구, 읍, 면, 리, 동, 가'를 그 앞에 붙임표를 넣어서 표기하는 처리 방법과는 상반된다. 예를 들어서 '남산'은 '남'과 '산'의 복합어이지만, 이 두 단어를 구분하지 않고 '남산' 자체를 하나의 고유 명사로 처리하는 것이다.

(31) ㄱ. 남산 Namsan, 속리산 Songnisan, 금강 Geumgang, 독도 Dokdo, 제주도(濟州島) Jejudo

ㄴ. 경복궁 Gyeongbokgung, 무량수전 Muryangsujeon, 연화교 Yeonhwagyo, 극락전 Geungnakjeon

ㄷ. 안압지 Anapji, 남한산성 Namhansanseong, 화랑대 Hwarangdae, 불국사 Bulguksa, 현충사 Hyeonchungsa, 독립문 Dongnimmun, 오죽헌 Ojukheon, 촉석루 Chokseongnu, 종묘 Jongmyo, 다보탑 Dabotap

(ㄱ)에서 자연 지물의 이름인 '남산'은 'Namsan'으로, (ㄴ)에서 문화재의 이름인 '경복궁'은 'Gyeongbokgung'으로, 인공 축조물인 '안압지'는 'Anapji'로 적는다. 이때 '산(山), 궁(宮), 지(池)'와 같은 어근이나 접미사는 붙임표 없이 앞의 고유 명사에 붙여 적는다. (31)의 예에서 '독도[독또] Dokdo, 경복궁[경복꿍] Gyeongbokgung, 안압지[안압찌] Anapji, 극락전[궁낙쩐] Geungnakjeon, 불국사[불국싸] Bulguksa, 촉석루[촉썽누] Chokseongnu' 등은 된소리되기에 따라서 된소리로 바뀐 발음이 들어 있다. 그러나 된소리되기에 따른 변동은 로마자 표기법에서는 반영하지 않으므로 예사소리로 적는다. 그리고 명사에서는 로마자 표기에 자음 축약에 따라서 생긴 발음의 변화를 반영하지 않으므로 '오죽헌[오주컨]'을 'Ojukheon'으로 적는다.

제7항 인명, 회사명, 단체명 등은 그동안 써 온 표기를 쓸 수 있다.

[제7항] 인명, 회사명, 단체명의 표기법

사람 이름, 회사 이름, 단체 이름 등은 그동안 사용해 오던 관용적인 표기를 인정하여서, 예전에 쓰던 로마자의 표기 방법 그대로 적을 수 있도록 허용한다.

(32) ㄱ. 김유신 Kim Yusin, 박찬호 Park Chanho

ㄴ. 현대 Hyundai, 삼성 Samsung

ㄷ. 부산대학교 Pusan University, 경성대학교 Kyungsung University

예를 들어서 사람 이름인 '김유신'을 'Kim Yusin'으로, 회사 이름인 '현대'를 'Hyundai'로, 단체 이름인 '부산대학교'를 'Pusan University'로 적는 것을 허용한 것이다.

이와 같은 제7항의 규정은 모두 해당 사람이나 회사 단체가 그동안 써 오던 관용적 표기를 존중하기 위하여 허용한 기준이다. 다만, 모든 로마자 표기에 대하여 이러한 관용적인 표기를 인정하는 것이 아니라, '인명, 회사명, 단체명'의 세 가지에 한정해서 인정한다.

제8항 학술 연구 논문 등 특수 분야에서 한글 복원을 전제로 표기할 경우에는 한글 표기를 대상으로 적는다. 이때 글자 대응은 제2장을 따르되 'ㄱ, ㄷ, ㅂ, ㄹ'은 'g, d, b, l'로만 적는다. 음가 없는 'ㅇ'은 붙임표(-)로 표기하되 어두에서는 생략하는 것을 원칙으로 한다. 기타 분절의 필요가 있을 때에도 붙임표(-)를 쓴다.

<table>
<tr><td>(보기)</td><td>집 jib</td><td>짚 jip</td></tr>
<tr><td></td><td>밖 bakk</td><td>값 gabs</td></tr>
<tr><td></td><td>붓꽃 buskkoch</td><td>먹는 meogneun</td></tr>
<tr><td></td><td>독립 doglib</td><td>문리 munli</td></tr>
<tr><td></td><td>물엿 mul-yeos</td><td>굳이 gud-i</td></tr>
<tr><td></td><td>좋다 johda</td><td>가곡 gagog</td></tr>
<tr><td></td><td>조랑말 jolangmal</td><td>없었습니다 eobs-eoss-seubnida</td></tr>
</table>

[제8항] 특수 분야에서 한글 복원을 전제로 한 전자법 표기법

학술 연구 논문과 같은 특수 분야에서 한글로 다시 복원할 것을 염두에 두고서 국어를 로마자로 표기할 때에는, '전자법(轉字法)'에 따라서 국어를 로마자로 표기할 수 있다. 이러한 전자법에 따른 로마자 표기법의 기본 원칙은 다음과 같다.

첫째, 글자 대응은 제2장의 표기 일람을 따르되, 'ㄱ, ㄷ, ㅂ, ㄹ'은 'g, d, b, l'로만 적는다. 로마자 표기법의 일반 원리인 전음법(轉音法)에 따르면 [ㄱ, ㄷ, ㅂ, ㄹ]은 모음 앞에서는 'g, d, b, r'로 적고, 자음 앞이나 어말에서는 'k, t, p, l'로 적는다. 그러나 제8항에는 한글 복원을 전제로 할 때에는, 전자법에 따라서 'ㄱ, ㄷ, ㅂ, ㄹ'을 음운론적인 환경과 관계없이 'g, d, b, l'로 통일하여 적도록 하였다.

단어	발음	전음법 표기	전자법 표기
집	[집]	jip	jib
값	[갑]	gap	gabs
먹는	[멍는]	meongneun	meogneun
독립문	[동님문]	Dongnimmun	Doglibmun
문리	[문리]	mulli	munli
물엿	[물렫]	mullyeot	mul-yeos

[표 2. 전음법 표기와 전자법 표기의 비교]

다음의 (33)의 예는 일반적인 로마자 표기법인 전음법에 따라서 표기한 예이다. 그리고 (34)의 예는 모두 학술 논문 등에서 한글 복원을 위하여 전자법에 따라서 표기한 로마자의 예이다.

(33) 집[집] jip, 짚[집] jip, 밖[박] bak, 값[갑] gap, 붓꽃[붇꼳] butkkot, 먹는[멍는] meongneun, 독립[동닙] dongnip, 문리[물리] mulli, 물엿[물렫] mullyeot, 좋다[조타] jota, 가곡[가곡] gagok, 조랑말[조랑말] jorangmal

(34) 집[집] jib, 짚[집] jip, 밖[박] bakk, 값[갑] gabs, 붓꽃[붇꼳] buskkoch, 먹는[멍는] meogneun, 독립[동닙] doglib, 문리[물리] munli, 물엿[물렫] mul-yeos, 좋다[조타] johda, 가곡[가곡] gagog, 조랑말[조랑말] jolangmal

전음법으로 표기한 (33)의 로마자에 비하여, 전자법으로 표기한 (34)의 로마자는 'ㄱ, ㄷ, ㅂ, ㄹ'을 발음과 관계없이 'g, d, b, l'로 통일하여 적은 것이 특징이다.

둘째, 음가 없는 'ㅇ'은 붙임표(-)로 표기하되, 단어의 첫머리에서는 생략하는 것을 원칙으로 한다.

(35) ㄱ. 물엿 mul-yeos, 할아버지 hal-abeoji, 아이 a-i
    ㄴ. 여자 yeoja, 우산 usan, 이발 ibal

(ㄱ)에서 '물엿, 할아버지, 아이' 등은 음가 없는 'ㅇ'을 붙임표를 써서 적어서, 각각 'mul-yeos, hal-abeoji, a-i'로 표기한다. 그리고 (ㄴ)에서 '여자, 우산, 이야기'는 단어의 첫

머리에 음가 없는 'ㅇ'이 쓰였는데, 이때는 붙임표(-)를 표기하지 않는다.

　셋째, 기타 형태소 분석과 같은 학술적인 용도로 단어를 분절할 필요가 있을 때에도 붙임표(-)를 쓴다.

　　(36) ㄱ. 군말 gun-mal, 굳이 gud-i
　　　　ㄴ. 없었습니다 eobs-eoss-seubnida

국어학에 관련된 논문이나 사전, 학술서 등에서 형태소를 분석할 때에는, 붙임표를 적어서 형태소의 경계를 표시한다. 예를 들어서 (ㄱ)에서 '군말'과 '굳이'는 어근에 접두사인 '군-'과 접미사인 '-이'가 붙어서 된 파생어인데, 이때는 붙임표(-)를 적어서 형태소의 경계를 표시한다. 그리고 (ㄴ)에서 '없었습니다'는 어간인 '없-'에 '-었-'과 '-습니다'가 붙어서 활용하였는데, 이를 분석하여 형태소의 경계를 표시할 때에도 붙임표를 사용한다.

〔부칙〕

① (시행일) 이 규정은 고시한 날부터 시행한다.
② (표지판 등에 대한 경과 조치) 이 표기법 시행 당시 종전의 표기법에 의하여 설치된 표지판(도로, 광고물, 문화재 등의 안내판)은 2005. 12. 31.까지 이 표기법을 따라야 한다.
③ (출판물 등에 대한 경과 조치) 이 표기법 시행 당시 종전의 표기법에 의하여 발간된 교과서 등 출판물은 2002. 2. 28.까지 이 표기법을 따라야 한다.

부록

추가된 표준어

〔부록〕　　　　　　　　　　　　　추가된 표준어

국립국어원에서는 2011년부터 연도별로 새로운 표준어를 추가하여 발표하였다. 〔부록 1〕에서는 국립국어원에서 표준어로 새롭게 지정한 어휘를 정리하여 소개한다.[1]

1. 2011년에 추가된 표준어

국립국어원에서는 2011년에 새로 표준어로 인정한 항목을 발표하였는데, 이들 표준어는 크게 세 가지로 분류된다. 국립국어원에서는 "복수 표준어는 1988년 제정된 '표준어 규정'이 이미 허용한 원칙을 따르는 것으로, 지금까지 이미 써 오던 것과 추가로 인정된 것을 모두 교과서나 공문서에 쓸 수 있도록 하는 것"이라고 밝혔다.

첫째, 현재 표준어로 규정된 말 이외에 같은 뜻으로 널리 쓰이는 말을 복수 표준어로 인정하였다.[2]

(1) 간질이다/간지럽히다, 남우세스럽다/남사스럽다[3], 목물/등물[4], 만날/맨날[5], 묏자리/못자리, 복사뼈/복숭아뼈, 세간/세간살이, 쌉싸래하다/쌉싸름하다[6], 고운대/토란대[7], 허섭스레기/허접쓰레기[8], 토담/흙담

---

1) 국립국어원에서 새롭게 지정한 표준어 중에는 기존의 <표준어 규정>에서 비표준어로 지정한 것도 포함되어 있다.
2) 앞의 단어는 기존의 표준어이고 뒤의 단어는 새로 인정받은 표준어이다.
3) 남우세스럽다/남사스럽다: 남에게 놀림과 비웃음을 받을 듯하다. 예 처녀가 애를 배도 할 말이 있다지만 소문이 남우세스러워/남사스러워 바깥출입을 어찌할꼬?
4) 목물/등물: 팔다리를 뻗고 엎드린 사람의 허리 위에서부터 목까지를 물로 씻겨 주는 일이다. 예 아내가 남편의 목물/등물을 해 주다
5) 만날/맨날: 매일같이 계속하여서. 예 너는 시험이 코앞인데 만날/맨날 놀기만 하니?
6) 쌉싸래하다/쌉싸름하다: 조금 쓴 맛이 있는 듯하다. 예 씀바귀가 쌉싸래하다/쌉싸름하다.
7) 고운대/토란대: 토란의 줄기로서, 주로 국거리로 쓴다.
8) 허섭스레기/허접쓰레기: 좋은 것이 빠지고 난 뒤에 남은 허름한 물건이다. 예 사방에 허섭스레기/허접쓰레기가 널려 있다.

예를 들어서 '간지럽히다'는 비표준어로서 이에 해당하는 말로는 '간질이다'로 써야 했으나 둘 다 인정됐다. 그 외에도 '남우세스럽다/남사스럽다, 목물/등물, 만날/맨날, 묏자리/묫자리, 복사뼈/복숭아뼈, 세간/세간살이, 쌉싸래하다/쌉싸름하다, 고운대/토란대, 허섭스레기/허접쓰레기, 토담/흙담' 등 모두 11개 항목이 있다.

둘째, 현재 표준어로 규정된 말과는 뜻이나 어감 차이가 있어서, 이를 인정해서 별도의 표준어로 인정했다.

(2) -기에[9]/-길래[10], 괴발개발/개발새발[11], 날개/나래[12], 냄새/내음[13], 눈초리[14]/눈꼬리[15], 떨어뜨리다/떨구다[16], 뜰[17]/뜨락[18], 먹을거리[19]/먹거리[20], 메우다/메꾸다[21], 손자(孫子)[22]/손주[23], 어수룩하다[24]/어리숙하다[25], 연방[26]/연신[27], 횡허케[28]/횡하니[29]

---

9) -기에: 원인이나 근거를 나타내는 연결 어미이다. 뵈 반가운 손님이 오셨기에 달려 나갔다.
10) -길래: '-길래'는 '-기에'의 구어적 표현이다. 뵈 배가 고프길래 라면을 끓여 먹었다.
11) 괴발개발/개발새발: 글씨를 되는대로 아무렇게나 써 놓은 모양을 이르는 말이다. '괴발개발'은 '고양이의 발과 개의 발'의 뜻이고, '개발새발'은 '개의 발과 새의 발'의 뜻이다. 뵈 담벼락에는 괴발개발/개발새발 아무렇게나 낙서가 되어 있었다.
12) 날개/나래: '나래'는 '날개'의 문학적 표현이다.
13) 냄새/내음: '내음'은 향기롭거나 나쁘지 않은 냄새로 제한된다. 뵈 신록의 내음.
14) 눈초리: '눈초리'는 어떤 대상을 바라볼 때 눈에 나타나는 표정이다. 뵈 매서운 눈초리
15) 눈꼬리: '눈꼬리'는 눈의 귀 쪽으로 째진 부분이다. 뵈 눈꼬리가 올라가다.
16) 떨어뜨리다/떨구다: '떨구다'에는 '시선을 아래로 향하다'라는 뜻이 별도로 있다. 뵈 그녀는 시선을 발끝에 떨구고 또 걷기 시작하였다
17) 뜰: 집 안의 앞뒤나 좌우로 가까이 딸려 있는 빈터이다.
18) 뜨락: '뜨락'에는 '뜰'의 뜻뿐만 아니라, 추상적 공간을 비유하는 뜻이 별도로 있다. 뵈 내 마음의 뜨락에 당신을 향한 소중한 기억이 낙엽처럼 하나둘 떨어져 있다.
19) 먹을거리: '먹을거리'는 먹을 수 있거나 먹을 만한 음식 또는 식품이라는 뜻으로 쓰인다. 뵈 시장에 가서 먹을거리를 장만했다.
20) 먹거리: 사람이 살아가기 위하여 먹는 음식을 통틀어 이른다. 뵈 전통 먹거리
21) 메우다/메꾸다: '메꾸다'에는 '무료한 시간을 적당히 또는 그럭저럭 흘러가게 하다.'라는 뜻이 별도로 있다. 뵈 입을 다문 채 시간을 메꾼다는 것도 지겨운 노릇이다
22) 손자(孫子): 아들의 아들이나 딸의 아들이라는 뜻을 나타낸다.
23) 손주(孫): 손자와 손녀를 아울러 이르는 말이다. 뵈 요즘 손주들 보는 재미에 푹 빠졌다
24) 어수룩하다: '어수룩하다'는 '순박함'이나 '순진함'의 뜻이 강하다. 뵈 그 사람은 어수룩한 시골 사람들을 상대로 장사를 해서 많은 돈을 모았다.
25) 어리숙하다: '어리숙하다'는 '어리석음'의 뜻이 강하다. 뵈 아이는 늘 어리숙한 척하였다.
26) 연방: '연방'은 연속성을 강조한다. 뵈 학생이 버스에서 연방 머리를 떨어뜨리며 졸고 있다.
27) 연신: '연신'은 반복성을 강조한다. 뵈 봉순이는 연신 옷고름으로 눈물을 닦아 낸다
28) 횡허케: '횡허케'는 '횡하니'의 예스러운 표현이다.

(3) 거치적거리다/걸리적거리다, 끼적거리다/끄적거리다, 두루뭉술하다/두리뭉실하다, 맨송맨송/맨숭맨숭/맹숭맹숭, 바동바동/바둥바둥, 새치름하다/새초롬하다, 아웅다웅/아옹다옹, 야멸치다/야멸차다, 오순도순/오손도손, 찌뿌듯하다/찌뿌둥하다, 치근거리다/추근거리다

(2)의 단어들은 원래의 표준어와 의미가 약간 다르므로 복수 표준어로 인정한 예이다. 예를 들어서 '눈꼬리'는 원래는 '눈초리'로 써야 했지만 두 말은 쓰임이 달라서, '눈꼬리'도 따로 표준어로 인정했다. 이와 같은 예로서 '날개/나래'와 '냄새/내음' 등이 있다. 그리고 (3)은 의미적으로 큰 차이는 없지만 자음 또는 모음의 차이로 인한 어감 및 미세한 뜻의 차이가 있어서, 복수 표준어로 인정한 예이다. 예를 들어서 '거치적거리다'와 '걸리적거리다' 등이 이에 해당한다. 두 단어 중에서 '거치적거리다'는 '거추장스럽게 자꾸 여기저기 거치거나 닿다.'의 뜻으로 쓰이며, '걸리적거리다'는 '거추장스럽게 자꾸 여기저기 거치거나 닿다.'의 뜻으로 쓰인다. 이들 두 단어의 뜻이 거의 유사하지만 약간의 차이가 있음을 알 수 있다.

셋째, 표준어로 인정된 표기와 다른 표기 형태도 널리 쓰인 것은, 두 가지 표기를 모두 표준어로 인정하였다.

(4) 택견/태껸[30], 품새/품세[31], 짜장면/자장면

그동안 '자장면', '태껸', '품세'만 표준어로 인정됐지만, 이들과 형태가 다른 '짜장면', '택견', '품새'도 현재 널리 쓰이고 있으므로 새롭게 복수 표준어로 인정했다.

2. 2014년에 추가된 표준어

2014년에 국립국어원에서 새로 표준어로 인정한 항목은 크게 두 가지로 나누어 볼 수 있다.

---

29) 횅하니: '중도에서 지체하지 아니하고 곧장 빠르게 가는 모양이다. 톼 횅하니 밖으로 나갔다.
30) 택견/태껸: 우리나라 고유의 전통 무예 가운데 하나. 유연한 동작을 취하며 움직이다가 순간적으로 손질·발질을 하여 그 탄력으로 상대편을 제압하고 자기 몸을 방어한다.
31) 품새/품세: 태권도에서, 공격과 방어의 기본 기술을 연결한 연속 동작이다.

첫째, 현재 표준어와 같은 뜻으로 널리 쓰이는 말을 복수 표준어로 인정한 경우이다.[32]

(5) 구안괘사(口眼喎斜)/구안와사(口眼喎斜)[33], 굽실거리다/굽신거리다[34], 눈두덩/눈두덩이, 삐치다/삐지다[35], 초장초/작장초[36]

그동안 '구안와사'는 비표준어로서 '구안괘사'로 써야 했으나 앞으로는 '구안와사'도 '구안괘사'와 뜻이 같은 표준어로 인정된다. 이렇게 복수 표준어로 인정된 말은 '구안와사', '굽신거리다', '눈두덩이', '삐지다', '초장초' 등 모두 5항목이다. 복수 표준어를 인정하는 것은 '발음이 비슷한 단어들이 다 같이 널리 쓰이는 경우에는 그 모두를 표준어로 삼는다'는 <표준어 규정>의 원칙을 따르는 것으로, 이미 써 오던 것('삐치다')과 추가로 인정된 것('삐지다')을 모두 교과서나 공문서에 쓸 수 있도록 하는 것이다. 따라서 새로운 표준어를 익히기 위해 따로 수고를 들일 필요 없이 둘 중 선호하는 어휘를 자유롭게 사용하면 된다.

둘째, 현재 표준어와는 뜻이나 어감이 달라 이를 별도의 표준어로 인정한 경우다.

(6) 개개다[37]/개기다[38], 꾀다[39]/꼬시다[40], 장난감[41]/놀잇감[42], 딴죽[43]/딴지[44], 사그라들다[45]

---

32) 표준어의 예에서 앞의 단어는 기존의 표준어이고 뒤의 단어는 새로 인정받은 표준어이다.

33) 구안괘사/구안와사: 얼굴 신경 마비 증상. 입과 눈이 한쪽으로 틀어지는 병이다.

34) '굽신'이 표준어로 인정됨에 따라, '굽신거리다, 굽신대다, 굽신하다, 굽신굽신, 굽신굽신하다' 등도 표준어로 함께 인정된다. 예 봉룡은 고수머리를 긁적이며 허리를 굽신거렸다.

35) 삐치다/삐지다: 성나거나 못마땅해서 마음이 토라지다. 예 그렇게 조그만 일에 삐치다니/삐지다니 큰일을 못할 사람일세.

36) 초장초/작장초: 괭이밥이다. 괭이밥과의 여러해살이풀. 높이는 10~30cm이며, 잎은 어긋나고 세 갈래로 갈라지며, 작은 잎은 거꾸로 된 심장 모양이다.

37) 개개다: 성가시게 달라붙어 손해를 끼치다. 예 비빌 언덕이 따로 있지 능력도 없는 나에게 개갤 거야?

38) 개기다: (속되게) 명령이나 지시를 따르지 않고 버티거나 반항하다. 예 이 일병, 그렇게 개기지 말고 내가 시키는 대로 해.

39) 꾀다: 그럴듯한 말이나 행동으로 남을 속이거나 부추겨서 자기 생각대로 끌다. 예 그는 돈 많은 과부를 꾀어 결혼하였다.

40) 꼬시다: '꾀다'를 속되게 이르는 말이다.

41) 장난감: 아이들이 가지고 노는 여러 가지 물건이다.

42) 놀잇감: 놀이 또는 아동 교육 현장 따위에서 활용되는 물건이나 재료이다. 예 나뭇잎이나 돌, 흙도 아이들에게는 훌륭한 놀잇감이 된다.

43) 딴죽: 이미 동의하거나 약속한 일에 대하여 딴전을 부림을 비유적으로 이르는 말이다. 예 약

/사그라들다[46], 섬뜩[47]/섬찟[48], 속병[49]/속앓이[50], 허접스러다[51]/허접하다[52]

그동안 '놀잇감'은 '장난감'으로 써야 했으나 '놀잇감'과 '장난감'은 쓰임이 다르기 때문에 '놀잇감'을 별도의 표준어로 인정하였다. 이렇게 별도의 표준어로 인정된 말은 '놀잇감, 개기다, 사그라들다, 속앓이, 허접하다, 딴지, 섬찟, 꼬시다' 등 8항목이다.

한편 외래어 표기와 관련하여 국어심의회에서는 영어의 'RADAR(radio detecting and ranging)'에 대응하는 한글 표기로 '레이다'와 '레이더'를 복수로 인정하기로 결정하였다. 원어 발음이 [reɪdɑː(r)]인 것을 반영하여 '레이다'를 기본적인 표기로 새로 인정하되, 교과서 등에서 그동안 널리 써온 '레이더'도 관용적인 표기로 인정하기로 한 것이다.

3. 2015년에 추가된 표준어

국립국어원에서 2015년에 새로 표준어로 인정한 항목은 크게 세 가지로 나누어 볼 수 있다.

첫째, 현재 표준어와 같은 뜻으로 널리 쓰이는 말을 복수 표준어로 인정한 경우다.

(7) 예쁘다/이쁘다[53], 마을/마실[54], 차지다/찰지다[55], -고 싶다/-고프다[56]

속해 놓고 이제 와서 딴죽을 치면 어떻게 하니?

44) 딴지: (주로 '걸다, 놓다'와 함께 쓰여서) 일이 순순히 진행되지 못하도록 훼방을 놓거나 어기대는 것이다. 뵈 무슨 일이든 꼭 딴지를 놓는 사람들이 있다.

45) 사그라지다: 삭아서 없어지다. 뵈 끓어올랐던 울분이 점차 사그라졌다.

46) 사그라들다: 삭아서 없어져 가다. 뵈 장충은 제 노여움이 사그라들기를 기다렸다.

47) 섬뜩: 갑자기 소름이 끼치도록 무섭고 끔찍한 느낌이 드는 모양이다. 뵈 어둠 속에서 퍼런 서슬의 칼날이 섬뜩 비쳤다.

48) 섬찟: 갑자기 소름이 끼치도록 무시무시하고 끔찍한 느낌이 드는 모양이다. 그리고 '섬찟'이 표준어로 인정됨에 따라, '섬찟하다, 섬찟섬찟, 섬찟섬찟하다' 등도 표준어로 인정된다. 뵈 배달수는 이병대의 시선에서 싸늘한 적개심을 느끼고 섬찟 놀랐다.

49) 속병: ① 몸속의 병을 통틀어 이르는 말. ② '위장병'을 일상적으로 이르는 말. ③ 화가 나거나 속이 상하여 생긴 마음의 심한 아픔.

50) 속앓이: ① 속이 아픈 병. 또는 속에 병이 생겨 아파하는 일. ② 겉으로 드러내지 못하고 속으로 걱정하거나 괴로워하는 일.

51) 허접스럽다: 허름하고 잡스러운 느낌이 있다. 뵈 허접스러운 집안 물건을 내다 버렸다.

52) 허접하다: 허름하고 잡스럽다. 뵈 그녀가 만들어 온 모형은 허접하기 이를 데가 없었다.

53) 이쁘다: '예쁘다'와 같은 말이다. '이쁘장스럽다, 이쁘장스레, 이쁘장하다, 이쁘디이쁘다'도 표

그동안 '이쁘다'는 비표준어로서 '예쁘다'로 써야 했으나 앞으로는 '이쁘다'도 '예쁘다'와 뜻이 같은 표준어로 인정된다. 이렇게 복수 표준어로 인정된 말은 '마실', '이쁘다', '찰지다', '-고프다' 등 모두 4항목이다. 이 가운데 '마실'은 '이웃에 놀러 다니는 일'과 '여러 집이 모여 사는 곳'이라는 두 가지 뜻 중에서 '이웃에 놀러 다니는 일'이라는 뜻에 대해서만 표준어로서의 지위가 인정되었다. 복수 표준어를 인정하는 것은 '발음이 비슷한 단어들이 다 같이 널리 쓰이는 경우에는 그 모두를 표준어로 삼는다'는 <표준어 규정>의 원칙을 따르는 것으로, 이미 써 오던 것('예쁘다')과 추가로 인정된 것('이쁘다')을 모두 교과서나 공문서에 쓸 수 있도록 하는 것이다. 따라서 새로운 표준어를 익히기 위해 따로 수고를 들일 필요 없이 둘 중 선호하는 어휘를 자유롭게 사용하면 된다.

둘째, 현재 표준어와는 뜻이나 어감이 달라 이를 별도의 표준어로 인정한 경우다.

> (8) 푸르다[57]/푸르르다[58], 가오리연[59]/꼬리연[60], 의논(議論)[61]/의론(議論)[62], 이키[63]/이크[64], 잎사귀[65]/잎새[66]

준어로 인정한다. 예 그녀의 두 뺨이 꽈리같이 이쁘다.

54) 마실: 이웃에 놀러 다니는 일'의 의미에 한하여 표준어로 인정한다. '여러 집이 모여 사는 곳'의 의미로 쓰인 '마실'은 비표준어이다. '마실꾼, 마실방, 마실돌이, 밤마실'도 표준어로 인정한다. 예 나는 아들의 방문을 열고 이모네 마실 갔다 오마고 말했다.

55) 찰지다: 사전에서 '차지다'의 원말로 풀이한다. 예 화단의 찰진 흙에 하얀 꽃잎이 화사하게 떨어져 날리곤 했다.

56) -고프다: 사전에서 '-고 싶다'가 줄어든 말로 풀이한다. 예 그 아이는 엄마가 보고파 앙앙 울었다.

57) 푸르다: 맑은 가을 하늘이나 깊은 바다, 풀의 빛깔과 같이 밝고 선명하다. 예 가을 하늘이 푸르게 맑아 왔다.

58) 푸르르다: '푸르다'를 강조할 때에 이르는 말이다. '푸르르다'는 '으' 불규칙 용언('으' 탈락)으로 분류한다. 예 겨우내 찌푸리고 있던 잿빛 하늘이 푸르르게 맑아 왔다.

59) 가오리연: 가오리 모양으로 만들어 꼬리를 길게 단 연이다. 띄우면 오르면서 머리가 아래위로 흔들린다.

60) 꼬리연: 긴 꼬리를 단 연이다. 예 대형 꼬리연이 끊임없이 창공을 향해 날아올랐다.

61) 의논(議論): 어떤 일에 대하여 서로 의견을 주고 받는 것이다. 예 그는 한마디 의논도 없이 제멋대로 결정했다.

62) 의론(議論): 어떤 사안에 대하여 각자의 의견을 제기하는 것이나, 그런 의견이다. '의론되다, 의론하다'도 표준어로 인정한다. 예 이러니저러니 의론이 분분하다.

63) 이키: 당황하거나 놀랐을 때 내는 소리이다. '이끼'보다 거센 느낌을 준다. 예 누런 돌멩이만 보아도 '이키! 저게 금덩이가 아닌가?' 하고 가슴을 두근거렸다.

64) 이크: 당황하거나 놀랐을 때 내는 소리이다. '이키'보다 큰 느낌을 준다. 예 이크, 이거 큰일

그동안 ‘푸르르다’는 ‘푸르다’로 고쳐 써야 했으나 ‘푸르르다’와 ‘푸르다’는 쓰임이 다르기 때문에 ‘푸르르다’를 별도의 표준어로 인정하였다. 이렇게 별도의 표준어로 인정된 말은 ‘꼬리연, 의론(議論), 이크, 잎새’ 등 모두 5항목이다.

셋째, 비표준적인 것으로 다루어 왔던 활용형을 표준형으로 인정한 경우이다.

> (9) ㄱ. 마/말아[67], 마라/말아라[68], 마요/말아요[69]
>
> ㄴ. 노라네/노랗네[70], 동그라네/동그랗네[71], 조그마네/조그맣네[72]

그동안 ‘말다’가 명령형으로 쓰일 때에는 ‘ㄹ’을 탈락시켜 ‘(잊지) 마/마라’와 같이 써야 했으나, 현실의 쓰임을 반영하여 ‘(잊지) 말아/말아라’와 같이 ‘ㄹ’을 탈락시키지 않고 쓰는 것도 인정하기로 하였다. 또한, 그동안 ‘노랗다, 동그랗다, 조그맣다’ 등과 같은 ㅎ 불규칙 용언이 종결어미인 ‘-네’와 결합할 때에는 ‘ㅎ’을 탈락시켜 ‘노라네/동그라네/조그마네’와 같이 써야 했으나, 불규칙 활용의 체계성과 현실의 쓰임을 반영하여 ‘노랗네/동그랗네/조그맣네’와 같이 ‘ㅎ’을 탈락시키지 않고 쓰는 것도 인정하기로 하였다. 이렇게 복수의 표준형으로 인정된 말은 ‘말아, 말아라, 말아요’처럼 ‘말다’에 ‘-아(라)’가 결합할 때에 /ㄹ/이 탈락하지 않는 활용형과 ‘노랗네, 동그랗네, 조그맣네’처럼 ‘ㅎ’ 불규칙 용언에 어미 ‘-네’가 결합할 때에 ‘ㅎ’이 탈락하지 않는 활용형 등 모두 2항목이다.

4. 2016년에 추가된 표준어

국립국어원에서 2016년에 새로 표준어로 인정한 항목은 크게 두 가지로 나누어 볼

났구나 싶어 허겁지겁 뛰어갔다.
65) 잎사귀 : 낱낱의 잎. 주로 넓적한 잎을 이른다. 囲 할머니는 떡갈나무의 <u>잎사귀</u>를 뜯었다.
66) 잎새 : 나무의 잎사귀. 주로 문학적 표현에 쓰인다. 囲 버드나무 <u>잎새</u> 사이로 달빛이 가늘게 새어들었다.
67) 마/말아 : 囲 내가 하는 말 농담으로 듣지 <u>마/말아</u>.
68) 마라/말아라 : 囲 얘야, 아무리 바빠도 제사는 잊지 <u>마라/말아라</u>.
69) 마요/말아요 : 囲 아유, 말도 <u>마요/말아요</u>.
70) 노라네/노랗네 : 囲 단풍의 색깔이 생각보다 훨씬 <u>노랗네/노라네</u>.
71) 동그라네/동그랗네 : 囲 이 빵은 모양이 <u>동그랗네/동그라네</u>.
72) 조그마네/조그맣네 : 囲 건물이 아주 <u>조그맣네/조그마네</u>.

수 있다.

첫째는, 현재 표준어와는 뜻이나 어감이 달라 별도의 표준어로 인정한 경우로서 모두 4항목이다.

> (10) 실몽당이[73]/실뭉치[74], 거방지다[75]/걸판지다[76], 건울음[77]/겉울음[78], 까다롭다[79]/까탈스럽다[80]

예를 들어서 그동안 '실뭉치'는 '실몽당이'로 고쳐 써야 했으나 '실뭉치(실을 한데 뭉치거나 감은 덩이)'와 '실몽당이(실을 풀기 좋게 공 모양으로 감은 뭉치)'는 의미가 서로 다르기 때문에 '실뭉치'를 별도의 표준어로 인정하였다. 이렇게 별도의 표준어로 인정된 말은 '실뭉치, 걸판지다, 겉울음, 까탈스럽다' 등이다.

둘째는, 비표준적인 것으로 다루어 왔던 표현을 표준어로 인정한 경우로서 모두 2항목이다.

> (11) 주책없다[81]/주책이다[82], 그곳에는/그곳엘랑[83]

---

73) 실몽당이: 실을 풀기 좋게 공 모양으로 감은 뭉치이다. 囲 <u>실몽당이</u>를 풀다.
74) 실뭉치: 실을 한데 뭉치거나 감은 덩이이다. 囲 뒤엉킨 <u>실뭉치</u>. 할머니가 <u>실뭉치</u>를 풀다.
75) 거방지다: ① 몸집이 크다. 囲 <u>거방진</u> 허우대 ② 하는 짓이 점잖고 무게가 있다. 囲 덩치 큰 사내가 <u>거방지게</u> 사람들을 쫙 훑어보았다. ③ 걸판지다 囲 모두들 <u>거방지게</u> 놀았다.
76) 걸판지다: ① 매우 푸지다. 囲 술상이 <u>걸판지다</u>. ② 동작이나 모양이 크고 어수선하다. 囲 소리판은 옛날이 <u>걸판지고</u> 소리할 맛이 났었지.
77) 건울음: 눈물 없이 우는 울음, 또는 억지로 우는 울음이다.(= 강울음) 囲 어떤 여자가 나를 찾아와 온갖 악담과 푸념에 <u>건울음</u>까지 울었다.
78) 겉울음: ① 드러내 놓고 우는 울음. 囲 간혹 속울음이 <u>겉울음</u>으로 터질 때가 있다. ② 마음에도 없이 겉으로만 우는 울음. 囲 눈물도 안 나면서 슬픈 척 <u>겉울음</u> 울지 마.
79) 까다롭다: ① 조건 따위가 복잡하거나 엄격하여 다루기에 순탄하지 않다. 囲 복어는 손질하기가 매우 <u>까다롭다</u>. ② 성미나 취향 따위가 원만하지 않고 별스럽게 까탈이 많다. 囲 성격이 <u>까다롭기</u>로 이름난 선생님
80) 까탈스럽다: ① 조건, 규정 따위가 복잡하고 엄격하여 적응하거나 적용하기에 어려운 데가 있다. 囲 반도체는 매우 <u>까탈스러운</u> 공정을 거쳐서 만든다. ② 성미나 취향 따위가 원만하지 않고 별스러워 맞춰 주기에 어려운 데가 있다. 囲 <u>까탈스러운</u> 입맛. 성격이 <u>까탈스럽다</u>.
81) 주책없다: 일정한 줏대가 없이 이랬다저랬다 하여 몹시 실없다. 囲 누가 그런 <u>주책없는</u> 소리를 하더냐?
82) 주책이다: 표준어 규정 제25항에 따라 '주책없다'의 비표준형으로 규정해 온 '주책이다'를 표준어로 인정하였다. '주책이다'는 '일정한 줏대가 없이 되는대로 하는 짓'을 뜻하는 '주책'에 서술격조사 '이다'가 붙은 말로 보았다. 囲 이제 와서 오래 전에 헤어진 그녀를 떠올리는 나

그동안 '주책'에 '이다'가 붙은 '주책이다'는 잘못된 용법으로 다루어져 왔고 그 대신 '주책없다'를 쓰도록 해 왔다. 그러나 현실에서는 '주책이다'도 널리 쓰일 뿐만 아니라 문법적으로도 잘못되었다고 볼 만한 근거가 없어 '주책이다'도 표준어로 인정하기로 하였다. 또한, 그동안 '그곳엘랑'은 <표준어 규정>에 따라 '그곳에는'으로 고쳐 써야 했다. 그러나 '엘랑'도 '에는'과는 어감상 차이가 있고 문법에 어긋난 표현도 아니므로, 표준어로 인정하기로 하였다.

5. 2017년에 추가된 표준어

국립국어원에서는 2017년에 다음의 단어를 새롭게 표준어로 인정하였다.

(12) ㄱ. 배춧잎[84], 양반다리[85], 차시(次時)[86], 풍물패[87], 합격점[88], 홑받침[89]

ㄴ. 기반하다[90], 여쭈어보다/여쭤보다[91], 기다래지다[92]

ㄷ. 주책맞다/주책스럽다[93], 짧디짧다[94],

자신을 보며 '나도 참 <u>주책이군</u>' 하는 생각이 들었다.

83) -엘랑: <표준어 규정>의 제25항에서 '-에는'의 비표준형으로 규정해 온 '-엘랑'을 표준어로 인정하였다. '-엘랑' 외에도 '-ㄹ랑'에 조사 또는 어미가 결합한 '-에설랑, -설랑, -고설랑, -어설랑, -질랑'도 표준어로 인정한다. 園 서울<u>엘랑</u> 가지를 마오. 교실<u>에설랑</u> 떠들지 마라.

84) 배춧잎: 배추의 잎. 園 <u>배춧잎</u>을 넣고 국을 끓였다

85) 양반다리: 한쪽 다리를 오그리고 다른 쪽 다리는 그 위에 포개어 얹고 앉은 자세이다. 園 <u>양반다리</u>로 너무 오래 앉아 있었더니 다리가 저리다.

86) 차시(次時): ① 단원별로 가르쳐야 하는 교과 내용 전체를 시간별로 쪼갠 것이다. 園 수업<u>차시</u>를 구성하다. ② (한자어 수 뒤에 쓰여) 세는 단위이다. 園 일 차시. 총 12차시.

87) 풍물패: 나발, 태평소, 소고, 꽹과리, 북, 장구, 징 따위를 불거나 치면서 노래하고 춤추며 때로는 곡예를 곁들이기도 하는 무리이다. 園 수십 명의 <u>풍물패</u>가 거리로 몰려나와 떠들썩하게 공연을 하고 있다.

88) 합격점: 시험, 검사, 심사 따위에서 합격을 할 수 있는 점수이다. 園 이번 시험에서 합격점을 얻지 못하면 유급이 된다.

89) 홑받침: 하나의 자음자로 이루어진 받침이다. 園 'ㄱ', 'ㄴ', 'ㄷ', 'ㄹ', 'ㅁ', 'ㅂ', 'ㅅ', 'ㅇ', 'ㅈ', 'ㅊ', 'ㅋ', 'ㅌ', 'ㅍ', 'ㅎ' 따위가 있다.

90) 기반하다: 바탕이나 토대를 두다. 園 그는 오랜 경험에 <u>기반하여</u> 사건을 해결했다.

91) 여쭈어보다: '물어보다'의 높임말이다. 園 아이가 할아버지께 연을 만드는 방법을 <u>여쭈어본다</u>.

92) 기다래지다: 기다랗게 되다. 園 머리가 <u>기다래지다</u>. 피노키오의 코가 <u>기다래졌다</u>.

93) 주책맞다: 일정한 줏대가 없이 이랬다저랬다 하여 몹시 실없는 데가 있다.(=주책스럽다) 園 <u>주책맞게</u> 들리는 소리만 한다.

94) 짧디짧다: 매우 짧다. 園 우리의 인생은 <u>짧디짧다</u>.

ㄹ. 금쪽같이[95], 아침내[96]

ㅁ. 그거참/거참[97], 이보십시오[98](이보세요/이보쇼/이보시게/이보시오/이봐요)

(12)의 단어들은 언중들이 널리 쓰면서도 그동안 표준어로 인정받지 못한 것들인데, 2017년에 표준어로 인정하여 사전에 등재하였다. (ㄱ)의 '배춧잎', '양반다리, 차시(次時), 풍물패, 합격점, 홑받침'은 명사이다. (ㄴ)의 '기반하다, 여쭈어보다/여쭤보다, 기다래지다'는 동사이며, (ㄷ)의 '주책맞다/주책스럽다, 짧디짧다'는 형용사이다. (ㄹ)의 '금쪽같이'와 '아침내'는 부사이며, (ㅁ)의 '그거참'과 '이보십시오/이보세요/이보쇼/이보시게/이보시오/이봐요'는 감탄사이다.

6. 2019년에 추가된 표준어

국립국어원에서는 2019년에 다음의 단어를 새롭게 표준어로 인정하였다.

(13) ㄱ. 문신(免身) : 아이를 낳음.(= 해산)

ㄴ. 문신(免身)하다 : 아이를 낳다.(= 해산하다)

'免'은 '아이를 낳다, 해산하다'의 의미일 때에는 [문]으로 읽음에 따라서, 표제어를 추가하였다.

---

95) 금쪽같이 : 매우 귀하고 소중하게. 예 많은 농민들이 금쪽같이 여기던 땅을 버리고 달아난 까닭도 비로소 알 수 있을 것 같았다.

96) 아침내 : 아침동안 줄곧. 예 사무실 이전으로 아침내 짐을 쌌는데 아직 반도 못 쌌다.

97) 그거참 : '그것참'을 구어적으로 이르는 말이다. 예 그거참, 신이 곡할 노릇이네.

98) 이보십시오 : 듣는 이를 부를 때에 쓰는 말이다.(감탄사) 아주 높임의 등분으로 쓴다. 예 이보십시오! 여긴 제자린데요.

참고 문헌

고영근(1991), 『표준 중세 국어 문법론』, 탑출판사.

고영근·남기심(1996), 『표준 국어 문법론』, 탑출판사.

교육인적자원부(2010), 『고등학교 교사용 지도서 문법』, ㈜두산동아.

교육인적자원부(2010), 『고등학교 문법』, ㈜두산동아.

구현정·전영옥(2005), 『의사 소통의 기법』, 박이정.

국립국어연구원(1999), 『표준 국어 대사전』, 동아출판사.

국립국어연구원(2001), 『국어연구원에 물어보았어요 -일반용-』.

국어연구소(1988), 『한글 맞춤법 해설』.

권종성(1987), 『문자학』, 과학 백과사전 출판사.

김문창(1984), 『문자 표기론』, 세계문학사.

김문창(1994), 정서법 연구 서설, 인하어문연구 1, 인하대 국어국문학과.

김수태(1999), 『인용월 연구』, 부산대학교 출판부.

김영송(1963), 『방언-음운, 경상남도지 중권』, 경상남도지 편찬위원회.

나진석(1963), 『방언-어법, 경상남도지 중권』, 경상남도지 편찬위원회.

나찬연(1993), 「우리말의 이음에서의 생략과 삭제 현상 연구」, 석사학위 논문, 부산대학교

나찬연(1997), 「우리말 의미중복표현의 통어·의미 연구」, 박사학위 논문, 부산대학교.

나찬연(2004), 『우리말 잉여표현 연구』, 도서출판 월인.

나찬연(2010), 『언어·국어·문화』, 도서출판 월인.

나찬연(2011), 『수정판 옛글 읽기』, 도서출판 월인.

나찬연(2013ㄱ), 『제2판 훈민정음의 이해』, 도서출판 월인.

나찬연(2013ㄴ), 『제2판 언어·국어·문화』, 도서출판 월인.

나찬연(2017), 『제5판 현대 국어 문법의 이해』, 도서출판 월인.

나찬연(2018), 『제2판 학교 문법의 이해 1, 2』, 도서출판 경진.

나찬연(2019), 『국어 어문 규정의 이해』, 도서출판 월인.

나찬연(2019), 『현대 국어 의미론의 이해』, 도서출판 경진.

나찬연(2020ㄱ), 『국어 교사를 위한 학교 문법』, 도서출판 경진.

나찬연(2020ㄴ), 『중세 국어의 이해』, 도서출판 경진.

나찬연(2020ㄷ), 『중세 국어 강독』, 도처출판 경진.

나찬연(2020ㄹ), 『근대 국어 입문』, 도서출판 경진.

나찬연(2020ㅁ), 『근대 국어 강독』, 도서출판 경진.

나찬연(2021ㄱ), 『길라잡이 현대 국어 문법』, 도서출판 경진.

나찬연(2021ㄴ),『길라잡이 국어 어문 규정』, 도서출판 경진.

문화체육관광부(2012),『국어 어문 규정집』, 대한교과서(주).

민현식(1999),『국어 정서법 연구』, 태학사.

신지영(2000),『말소리의 이해』, 한국문화사.

연규동(1998),『통일시대의 한글 맞춤법』, 박이정

원영섭(1997),『예문으로 배우는 한글 맞춤법』 세창출판사.

이광호·한재영·장소원(1998),『국어 정서법』, 한국방송대학교 출판부.

이기문(1998),『국어사개설(신정판)』, 태학사.

이문규(2013),『국어 교육을 위한 현대 국어 음운론』, 한국문화사.

이은정(1988),『개정한 한글 맞춤법·표준어 해설』, 대제각.

이익섭(1995),『국어학 개설』, 학연사.

이진호(2012),『국어 음운론 강의』, 삼경문화사.

이현복(2000),『개정판 한국어의 표준 발음』, 교육과학사.

이호영(1996),『국어음성학』, 태학사.

이희승·안병희(1995),『고친판 한글 맞춤법 강의』, 신구문화사.

임지룡(1993),『국어 의미론』, 탑출판사.

정경일 외(2000),『한국어의 탐구와 이해』, 박이정.

정철(1962),「국어 음소 배열의 연구」, 석사학위 논문. 경북대학교.

정희원(1997),「역대 주요 로마자 표기법 비교」,『새국어생활』제7권 제2호, 국립국어연구원.

주시경(1914),『말의 소리』역대문법대계. 탑출판사.

차현실 외(1998),『현대 국어의 사용 실태 연구』, 태학사.

최현배(1980),『깁고 고침 우리말본』, 정음사.

한글과 컴퓨터(1995), 흔글 우리말 큰사전.

허웅(1981),『언어학』, 샘문화사.

허웅(1984),『국어학』, 샘문화사.

허웅(1986),『국어 음운학』, 샘문화사.

河野六郎(1945), 朝鮮方言學試攷 -「鋏」語考, 京城帝國大學校文學會論聚 第十一輯, 京城 : 東都書籍株式會社 京城支店.

Daniel Jones(1960), an outline of English phonetics", Nine editions. Cambridge. W. Heffer & Sons LTD.

Denes & Pinson(1970), "The Speech Chain", Seventh printing. Bell Telephone Laboratories.

찾아보기